宏观质量管理学术丛书编委会名单

主任：程 虹

编委：（以姓氏拼音排序）

陈 洁　陈启卷　丁 煌　邓大松　董 慧

方爱华　范寒冰　廖 丽　李工真　李丹丹

刘学元　齐绍洲　邱力生　阮 云　吴天明

伍新木　向运华　张 俊　张继宏　张星久

赵留俊　周叶中　祝 捷

宏观质量管理学术丛书

Hongguan Zhiliang Tongji yu Fenxi

宏观质量
统计与分析

程虹 李丹丹 范寒冰 / 著

北京大学出版社
PEKING UNIVERSITY PRESS

图书在版编目(CIP)数据

宏观质量统计与分析/程虹,李丹丹,范寒冰著.—北京:北京大学出版社,2011.12

(宏观质量管理学术丛书)

ISBN 978-7-301-19392-1

Ⅰ.①宏⋯ Ⅱ.①程⋯ ②李⋯ ③范⋯ Ⅲ.①质量管理-统计 ②质量分析 Ⅳ.①F273.2

中国版本图书馆 CIP 数据核字(2011)第 166628 号

书　　　名：宏观质量统计与分析
著作责任者：程　虹　李丹丹　范寒冰　著
责 任 编 辑：陈相宜　胡利国
标 准 书 号：ISBN 978-7-301-19392-1/C·0692
出 版 发 行：北京大学出版社
地　　　址：北京市海淀区成府路 205 号　100871
网　　　址：http://www.pup.cn　电子邮箱：ss@pup.pku.edu.cn
电　　　话：邮购部 62752015　发行部 62750672　编辑部 62753121
　　　　　　出版部 62754962
印　刷　者：北京大学印刷厂
经　销　者：新华书店
　　　　　　787 毫米×1092 毫米　16 开本　22.25 印张　398 千字
　　　　　　2011 年 12 月第 1 版　2011 年 12 月第 1 次印刷
定　　　价：68.00 元

未经许可,不得以任何方式复制或抄袭本书之部分或全部内容。
版权所有,侵权必究
举报电话：010—62752024　电子邮箱：fd@pup.pku.edu.cn

本书是科技部、财政部公益性行业科研专项经费项目
——"我国宏观质量统计与分析研究"(项目编号201010081)的研究成果

前 言
—— 关于宏观质量统计与分析几个基本问题的研究

本书是科技部、财政部公益性行业科研专项经费项目(质检行业)——"我国宏观质量统计与分析研究"(项目编号 201010081)课题的成果。项目由国家质量监督检验检疫总局(以下简称"国家质检总局"),委托武汉大学质量院承担具体的研究任务,并为此成立了由国家质检总局刘平均副局长直接领导,张纲总工程师为组长,现国家标准委孙波副主任(时任质检总局质量司司长)和武大质量院程虹院长为副组长,有国家认监委、国家标准委,质检总局办公厅、质量司、计量司、通关司、食品局、特设局、监督司、食品司、执法司、科技司、人事司、计财司,中国航空综合技术研究所,中国标准化研究院等机构的负责人参加的研究项目组。孙波兼任项目工作组组长,程虹兼任项目技术组组长。武汉大学质量院成立了以程虹为负责人的课题组,课题组成员包括宏观质量管理、公共管理、经济学、法学、管理科学与工程、应用数学、信息管理与信息系统、概率与统计、工业工程等多个专业的 30 余名专家学者。

本项目的研究是国家质量综合管理部门直接提出的,源于其开展宏观质量管理的迫切需要。要实现加快经济发展方式的转型,核心是要提高质量要素对经济发展的贡献,更要以质量的最终结果来评价经济发展。因而,如何科学地对一个区域的质量状况进行总体的评价,就成为政府质量公共管理的一个必需的决策支撑条件。课题组在整个课题的研究过程中,始终把握国家这一重要的战略需求,特别是对项目应用的直接需要。为此,课题组将研究建立在对各级政府质量部门的深入调查和访谈的基础上,赴黑龙江、新疆、广西、河南、广东和上海等 15 个省市自治区,召开了 41 场项目座谈会,共计有 520 人次参加。座谈人员中既有中央一级主管质量的官员,也有县乡级基层质量管理和执法人员。课题组不仅听取地方党委和政府负责人对项目研究的意见,也深入到企业研究其应用质量统计和评价的方法。在项目设计的阶段,课题组成员就对实证研究形成了共识,那就是一定要深入到政府和企业的一线,去真实地观察质量统计和分析的状况与作用,一定要掌握质量统计和分析实际运行的真实状况。研究的结果也证明,这种看似不计成本和投入的做法,恰恰是最为"节约"和"经济"的,因为本课题中最关键的研究成果,都是来自于实证中所发现的问题,以及在实践中一线管理人员的摸索。课题组就是在面对这些真实问题的基础上,加之实践中一些初步的探索,展开系统和深入的研究,并最终提炼出解决问题的一般性理论。

国内外,尤其是国内一些研究单位,近些年来都开展了对类似课题的研究和探索,有些研究成果还在实践当中得到了应用。课题组在进行实证调查研究的同时,还对已有的研究成果进行了广泛的收集、学习和分析,既包括中央一级综合性专业研究单位的成果,也包括央企下属科研机构的成果,还有大量的地方政府、工业行业组织对宏观质量统计与分析实际应用成果。课题组共收集了总计130 卷、2200 万字、1000 万条数据的各类文献资料,其中一些具体的研究成果、分析方法和实际应用,对课题组的研究发挥了巨大的作用,不仅使本项目的研究可以在这些已有成果的基础上进行更深入的探讨,而且也使本项目的研究路径减少了一些不必要的失误。特别重要的是,通过对这些文献的分析和应用效果的评价,课题组更加准确地把握了宏观质量统计与分析的需求定位。

本项目的研究虽然是一个以问题为导向、以应用为目标的课题,但是要真正得出有科学价值的研究成果,特别是要能得到有效的应用,却必须在基础理论的研究上取得突破,因为讨论某一项质量统计指标或分析,重要的并不是该项指标或分析是否完美,而是要寻找这项指标反映的是哪一类质量现象,它的应用能够为使用者提供什么样的决策支撑。项目组在研究的过程中发现,每一项具体指标或分析方法的应用,除了自身的科学性和可行性之外,更重要的是要看其是否反映了使用者的需要、是否反映了质量这一现象的某一本质特征。因为,对质量的统计和分析,基于不同的视野、角度或主体,可以提出若干种指标和方法,这些主要的指标和方法在本书的第一编中作了相应归纳。从这些指标中我们可以发现,如果没有基础理论的研究,这些指标的取舍就缺乏相应的科学支撑。为此,课题组主要在如下的基础理论上进行了深入的研究,探索的主要成果反映在本书第二编的基础理论研究中:

第一,宏观质量统计与分析的研究应符合质量的一般性定义。

所谓质量,就是"一组固有特性满足要求的程度"①。在质量的定义中,有两

---

① 引自 GB/T19000—2000,该标准等同采用 ISO9000:2000《质量管理体系:基础和术语》。

个关键性的词组,一个是"固有特性",另一个是"满足要求"。固有特性是质量的客观状态,更多的是反映在各类不同标准之中,所以质量是可以被衡量的,衡量的最重要的依据就是各类不同的标准。在宏观质量统计与分析的研究中,有些指标的分析,反映的是质量客观存在的固有特性,对于一个国家的政府来说,不可能去统计和反映一个产品的全部的固有特性,它最为关心的,是质量的固有特性中对消费者的伤害情况,也就是它要通过一系列的标准,在国外更多的是通过政府的技术性法规,来约束和规范企业的质量行为。从质量的固有特性角度分析,质量安全显然是其中最核心的需要去加以统计分析的对象。满足要求是质量的主观状态,也就是固有特性是否适应和满足使用者的要求,在国际上一般都是用顾客满意度这一指标来衡量。满足要求在很大程度上是消费者对质量客观状态的一种主观反映,不同的消费者,基于价格、爱好,乃至于文化等因素,其主观的反映都有相应的区别,具有多层次性和多元化的特征。作为企业而言,相对于质量安全的衡量,满足要求更多的是基于消费者对质量发展的偏好,要通过竞争来满足消费者对更优质量的追求。从这一分析可以得出的基本结论是,相对于质量安全的统计和分析而言,满足要求的质量统计和分析并不是政府最重要和最基本的需要。

第二,宏观质量统计与分析的研究应满足政府对质量安全管理的公共需要。

正如以上对质量定义的分析,质量包括质量安全与质量发展这两大维度。质量安全,对于一个社会的企业和消费者而言,在很大程度上不是一个能够自我定义和自由选择的领域,具有明显的公共产品属性。它是一个主要由政府通过相应的强制性标准来予以规制的对象。武大质量院在另一个关于质量体制研究项目的成果中证明,世界上几大经济体的政府,都设立了众多的质量行政管理部门,这些部门最核心的职能,就是对质量安全的管理。因而,宏观质量统计与分析的研究,在本项目中的主要需求者是各级政府,而各级政府对质量进行宏观管理,就需要相应的质量统计和分析的支撑,政府对质量统计和分析的需求,最基本、最核心和最关键的,就是有关质量安全的统计和分析。质量安全的统计和分析,是政府质量公共管理的需要,相对而言,质量发展的统计与分析至少在目前不是政府宏观质量管理的关键需要。从另外一个角度分析,质量发展在很大程度上具有多元化和多层次的特点,不同的消费者对质量发展水平的评价,带有浓厚的个性化色彩,具有明显的私人产品属性,将其纳入政府的宏观质量统计与分析,其必要性、科学性和可行性,都不具有充分的理由。

第三,宏观质量统计与分析的应用价值主要表现在宏观上的可比性。

宏观质量的统计和分析,具有两层含义:第一层是指它涵盖了尽可能多领域的质量对象,既包括产品质量,也包括服务质量、工程质量和环境质量,这些领域质量水平的总体评价,就是宏观质量的统计与分析。在本项目中,我们的研究主要聚焦在对产品质量的统计和分析,在今后的研究中会不断拓展研究的领域。第二层是指它是一个总量的概念,也就是说它并不主要研究不同产品质量的个性特点,而是对所有不同产品质量共有的质量特征进行研究,对这些反映共有质量特征的宏观质量统计与分析结论进行加总。目前的一些宏观质量统计与分析在应用中面临的根本性问题在于,很难准确地对不同区域、不同行业和不同时间的宏观质量统计与分析进行科学的对比。其中的原因要么来自于统计与分析设计本身的缺陷,要么来自于数据获取的高成本障碍。任何统计与分析的重要价值,都取决于能够使不同区域进行横向的对比,从而判断出本区域发展的水平;也取决于能够进行本区域内不同时段的纵向对比,从而分析本区域发展的阶段性特征。同样,宏观质量统计与分析,只有使全国各省、市、县都能通过与相似地区的对比,判断和分析本地区的质量发展水平,才具有真正的应用价值。结论就在于,任何宏观质量统计与分析的设计,都要基于能够使不同的地区展开横向和纵向的比较,这样才能激励和约束不同地区的政府通过比较和分析,采取相应的质量公共管理政策。

第四,宏观质量统计与分析要基于消费者质量感知的观测。

质量评价的主体到底是谁?这是一个绝对不容回避的基础理论问题。可以是政府,因为政府在宏观质量管理过程中,通过行政管理、执法和技术检验,可以获得对质量水平的一些评价信息。但是,由政府来对质量的结果进行评价,很显然替代了作为质量的生产者和消费者的主体地位,政府只能通过对生产者和消费者质量信息的收集和加总,来掌握质量的状况,而并不能直接对质量的结果进行统计和分析。正如政府统计 GDP 和 CPI,都是对企业最终生产的市场价值和消费者一篮子物品支付价格的加总统计一样。也可以是企业,因为企业在产品生产的全过程中,都会设定相应的标准或遵从国家和社会的标准,来判定自身供应的产品是否达到某个质量的水平。但是,企业对自身产品质量的统计和分析,其实质还是一种自我评价,而即使自我评价再好的产品,如果没有消费者最终使用的评价,这种评价都不具有最终的客观性。实际上,课题组在调研中得到的结论也印证了这一分析,企业一致认为只有那些反映产品消费者感知的质量信息,才是对企业最有价值的判断产品质量的依据。从另外一个角度分析也许更有意义,即对质量的判断可以完全基于对产品的检测吗?诺贝尔经济学奖获得者阿克洛夫,在其分析旧车交易市场的经典论文中,已经充分证明信息不对称是质量领域的一个一般性的规律。人们不可能通过对产品的事前检测,发现一个产品所有潜在的质量风险,或可能出现的质量安全问题,因为人类认识能力的有限性使人类不可能穷尽一个产品所有的质量安全风险,另外人类基于成本的约束,也不可能去检测产品所有未来可能面临的风险,这就是产品的质量安全不可能为零的根本性原因,也是质量统计与评价不能以企业的自我判断为依据的原因所在。因而,质量评价的主体只能是质量的使用者,因为作为质量使用主体的消费者,他们在产品的使用过程中,能够真实地感知产品给他们带来的价值或伤害,将产品给消费者带来的价值或伤害进行统计,就能够分析出产品的最终质量状况。这种理论方法,就是基于结果的质量统计与分析,实际上无论是 GDP,还是 CPI,以及 HDI(人类发展指数),都是基于对结果的统计分析。

第五,宏观质量统计与分析最主要的观测对象是产品质量伤害和顾客满意状况。

既然宏观质量统计与分析要基于消费者的质量感知,加之政府对质量安全公共管理的核心定位,我们首先要观测的是消费者在产品的使用过程中,是否会因为质量问题而受到伤害。某一类产品如果对消费者产生较大程度或较大数量的伤害,很显然该类产品就出现了较为严重的质量问题。这类质量问题不仅在数量上可以被统计,而且也是政府公共管理的职责之所在,政府最需要的是对这类涉及公共安全问题的宏观质量状况的统计与分析。统计和分析产品质量的伤害情况,绝不意味着政府对产品质量伤害的放任,恰恰相反,承认产品质量伤害的客观性和必然性,不仅可以使政府在最早的时间监测产品质量安全的隐患,而且可以将政府有限的公共资源投入到对质量信息获取的最关键的安全领域。因而,在本项目中,我们对质量安全伤害的国际应用情况进行了比较研究,并在本书的第四编指标研究中,对质量伤害率提出了具体的构建方案。其次,消费者对质量感知的另一个维度就是质量发展。质量发展的核心就是测量消费者对产品的满意程度,也就是在国际和国内已经得到广泛使用的顾客满意度的测量。顾客满意度通过对影响消费者满意的关键质量变量的抽取,来精确地测量产品中的哪些因素对消费者的满意度有不同定量程度的影响,从而判断出消费者对质量发展的感知程度。很多国家的政府,通过具有公信力的第三方机构的顾客满意度测量,来统计和评价行业和区域的质量发展水平。在本书的第四编,通过对国外顾客满意度测评的详细比较研究,建构了在我国全面推进顾客满意度测量的实施方案。作为项目的研究者,我们坚持认为,政府对宏观质量的统计与分析,主要应该是基于对质量伤害的观测。当然,由于相应的技术手段还没有得到建立,要获取质量伤害的指标,还有一个时间的约束,因而课题组提出了一些目前就可以获取的质量安全指标。

第六，宏观质量统计与分析应用的主要目标是支撑常态性"质量分析报告"的形成。

宏观质量统计与分析项目研究的根本目的在于应用，应用的主要表现形态是质量分析报告的形成。作为国家质量综合管理部门，有责任主要向各级政府提供动态性的宏观质量状况的分析，为政府质量安全的公共管理提供及时、科学的决策支持。课题组对政府主要的分析报告进行了比较研究，发现分析报告的主要构成要件包括：关键的统计指标、对统计指标结果的对比分析、主要的公共政策措施。这些分析报告一般是按季度进行，实际上各季度指标的变化情况不可能是跳跃的，如果某个季度的指标出现了突然的变化，那一般都是管理的领域出现了异常情况。因而，季度性质量分析报告的作用，就在于异常情况出现时，能得到及时的反映；在常态情况下，指标的微弱变化表现的正是区域的质量状况处于正常区间。在本书的第二编和第五编，对质量分析报告都做了基础理论和应用范例的研究。

在本书编写过程中，由于我们必须要比较全面真实地表达项目研究的成果，在著作的很多内容上，都有各个不同专题研究报告的痕迹。同时，我们又要按照研究著作的体例，对各个不同的专题研究报告加以进一步凝练，使其符合科研专著的学术性要求。

程虹负责著作的总体构思、体例安排、章节确定和最后定稿；李丹丹负责项目研究的日常组织、各研究报告转化成著作章节的统筹与构思；范寒冰负责项目中关键指标的构建研究、著作中主要章节逻辑架构的梳理。其中，程虹进行了第五、六、七、八、二十、二十一章的写作；李丹丹进行了第一、三、十二、十五、十六、二十、二十一章的写作；范寒冰进行了第一、十一、十三章的写作；胡志超进行了第一、九、十、十七章的写作；王泉进行了第二、九、十、十七章的写作；阎晓莹进行了第四、十四、十八、十九章的写作。

目 录

第一编 文献与实证研究

第一章 应用性宏观质量统计与分析文献研究 ·················· 3
　　一、政府应用的宏观质量统计与分析文献评析 ·················· 3
　　二、工业行业应用的宏观质量统计与分析文献评析 ·············· 9
第二章 宏观质量统计与分析的实证调研 ······················ 15
　　一、调研目的和调研对象 ···································· 15
　　二、调研对象的主要观点 ···································· 15
　　三、调研的一般性结论 ······································ 26
第三章 宏观质量统计与分析问卷的基本结论 ·················· 28
　　一、调查问卷和计算方法 ···································· 28
　　二、调查问卷结果统计 ······································ 31
　　三、对问卷调查结果的简要分析 ······························ 34
第四章 主要统计分析指标的一般性研究 ······················ 37
　　一、主要统计分析指标的选取 ································ 37
　　二、对选取指标的分析 ······································ 38
　　三、选取指标对宏观质量统计与分析的借鉴 ···················· 46

第二编 基础理论研究

第五章 宏观质量统计与分析理论 ···························· 53
　　一、宏观质量统计与分析研究的目标需求 ······················ 53

二、宏观质量统计与分析的基本原则 …………………………… 55
　　三、宏观质量统计与分析的一般性 …………………………… 59
　　四、宏观质量衡量的基本维度 ………………………………… 64

第六章　宏观质量统计分析指标的结构和论证 ………………… 68
　　一、宏观质量统计分析指标与分析指标体系的结构安排 …… 68
　　二、质量安全统计分析指标的选取 …………………………… 70
　　三、质量发展统计分析指标的选取 …………………………… 74
　　四、宏观质量统计分析指标体系的论证 ……………………… 78

第七章　现有经济社会和质量分析报告的研究 ………………… 88
　　一、经济与社会分析报告的基本特征 ………………………… 88
　　二、宏观质量分析报告的评析 ………………………………… 95

第八章　宏观质量分析报告的结构体系设计 …………………… 101
　　一、宏观质量分析报告的需求研究 …………………………… 101
　　二、宏观质量分析报告的主要内容 …………………………… 107
　　三、宏观质量分析报告的工作主体 …………………………… 111
　　四、宏观质量分析报告的范式 ………………………………… 114

第三编　技术方法研究

第九章　宏观质量统计与分析的技术理论和计算方法 ………… 123
　　一、质量评价的技术性需求 …………………………………… 123
　　二、抽样方法的可行性分析 …………………………………… 126
　　三、确定指标权重方法的可行性分析 ………………………… 130
　　四、质量安全预警方法的可行性分析 ………………………… 145

第十章　宏观质量统计与分析质量预警的模拟检验 …………… 159
　　一、质量预警设计 ……………………………………………… 159
　　二、质量预警的模拟计算 ……………………………………… 162
　　三、质量预警的模拟计算分析 ………………………………… 164
　　附录Ⅰ：质量统计分析体系中正向指标和负向指标质量
　　　　　　预警临界值的计算公式 ……………………………… 166
　　附录Ⅱ：质量趋势预测方法 …………………………………… 167

附录Ⅲ：质量预警级别临界值的确定方法 …………………… 168

第四编　指标研究

第十一章　"产品质量伤害率"指标的构建 …………………… 173
　　一、指标含义 ………………………………………………… 173
　　二、国际应用状态实证研究 ………………………………… 174
　　三、指标统计与计算方法 …………………………………… 178

第十二章　"监督抽查不合格率"指标的构建 ………………… 182
　　一、指标含义 ………………………………………………… 182
　　二、现有基础和条件——我国产品质量监督检查制度的实证分析 … 182
　　三、指标统计和计算方法 …………………………………… 223
　　四、指标的模拟运算 ………………………………………… 226
　　五、工作保障机制 …………………………………………… 226

第十三章　"产品质量违法货值(率)"指标的构建 ……………… 228
　　一、指标含义 ………………………………………………… 228
　　二、现有基础和条件 ………………………………………… 229
　　三、指标统计与计算方法 …………………………………… 229
　　四、指标的模拟运算 ………………………………………… 231
　　五、工作保障机制 …………………………………………… 232

第十四章　"出口产品质量退货货值(率)"指标的构建 ………… 234
　　一、指标含义 ………………………………………………… 234
　　二、现有基础和条件 ………………………………………… 235
　　三、指标统计和计算方法 …………………………………… 235
　　四、模拟运算 ………………………………………………… 238
　　五、工作保障机制 …………………………………………… 242

第十五章　"顾客满意度"指标的构建 ………………………… 244
　　一、指标含义 ………………………………………………… 244
　　二、国内外研究现状分析 …………………………………… 244
　　三、测评行业、产品和企业的确定 ………………………… 247
　　四、统计流程和关键环节 …………………………………… 262

第十六章 "投诉举报量"指标的构建 ... 267
- 一、指标含义 ... 267
- 二、现有基础和条件 ... 268
- 三、指标计算方法 ... 269
- 四、指标的模拟运算——某省投诉举报量的走势图 ... 269
- 五、工作保障机制 ... 271

第十七章 "名牌产品贡献率"指标的构建 ... 272
- 一、指标含义 ... 272
- 二、现有基础和条件 ... 273
- 三、名牌产品贡献率测算方法的分析和选取 ... 273
- 四、名牌产品贡献率的统计和计算方法 ... 276
- 五、名牌产品贡献率的模拟运算 ... 278
- 六、工作保障机制 ... 279

第十八章 "新产品产值率"指标的构建 ... 280
- 一、指标含义 ... 280
- 二、现有基础和条件 ... 281
- 三、指标统计和计算方法 ... 281
- 四、模拟运算 ... 285
- 五、工作保障机制 ... 288

第十九章 "环境适应率"指标的构建 ... 290
- 一、指标含义 ... 290
- 二、现有基础和条件 ... 291
- 三、指标统计和计算方法 ... 291
- 四、模拟运算 ... 294
- 五、工作保障机制 ... 297

第五编 应用范例和政策建议

第二十章 编写规范和应用范例 ... 303
- 一、《产品质量分析报告》编写规范 ... 303

二、国家产品质量分析报告范例 ················· 308
　　三、省级产品质量分析报告范例 ················· 316
　　四、对编写规范的说明 ······················· 324
第二十一章　政策建议 ························· 331
　　一、研究背景 ···························· 331
　　二、我国宏观质量统计与分析制度的若干政策建议 ········ 331
　　三、后续研究思路 ························· 334
参考文献 ································· 337
后记 ··································· 341

— 第一编 —

文献与实证研究

第一章 应用性宏观质量统计与分析文献研究

在我国,宏观质量统计与分析的相关应用文献,包括政府质量综合管理部门出版发行的年鉴、行业协会对全行业的分析报告等。以下将基于大量现有的、正在实际应用的宏观质量统计与分析文献(共计约 130 卷,2200 万字,1000 万条数据)进行一定的分析。

一、政府应用的宏观质量统计与分析文献评析

(一)政府应用的宏观质量统计分析指标概述

目前,国家质量综合管理部门所使用的宏观质量统计与分析指标主要包括:

表 1-1 国家质量综合管理部门所用的宏观质量统计分析指标

分析周期	统计目的	宏观质量统计分析指标
年度	工业企业产品质量	1. 产品质量等级品率
		2. 质量损失率
		3. 工业产品销售率
		4. 新产品产值率
	产品质量国家监督抽查	1. 产品监督抽查合格率(按批次计算)
	标准	1. 采标率
	工业产品生产许可证管理	1. 合格率、认证率
	计量法制管理	1. 批次合格率
		2. 3C 标志认证率

续表

分析周期	统计目的	宏观质量统计分析指标
年度	质量行政执法	1. 立案查处案件（起）
		2. 查获货值（万元）
		3. 结案案件（起）
		4. 罚没款（万元）
		5. 处罚到位（万元）
		6. 销毁货值（万元）
		7. 建议吊销营业执照（个）
		8. 责令改正（起）
		9. 移送公安司法机关（起）
		10. 公安司法机关受理（起）
		11. 受党纪政纪处分干部（人）
		12. 依法追究刑事责任（人）
	食品生产许可证管理	1. 认证率（证书有效企业总数、有效证书总数）
	化妆品生产许可证管理	1. 认证率（证书有效企业总数、有效证书总数）
	特种设备	1. 定检率
		2. 死亡率
年度	主要货物出境检验检疫	1. 不合格批次
		2. 不合格数重量
		3. 不合格货值
		4. 货值不合格率
	纤维检验	1. 检验批次合格率
		2. 重量（吨）
		3. 经济差额（万元）
	出入境检验检疫与海关对比	1. 检验检疫批次
		2. 检验检疫货值
		3. 海关货值
	卫生检疫监督	1. 检疫查验[出入境人员查验（人次）、特殊物品（批）、行李（件）、快件（件）、邮包（件）、尸体/棺柩、骸骨（具）]
		2. 卫生处理（次数）（消毒、除虫、除鼠）
		3. 突发公共卫生事件（起）

续表

分析周期	统计目的	宏观质量统计分析指标
年度	卫生检疫监督	4.口岸从业人员体检(人次)[体检总数、发现病例数(活动性肺结核、肝炎、痢疾、伤寒)、发放从业人员健康证份数]
		5.发现医学媒介数(只)
		6.签发除鼠证书(份)
		7.签发卫生证书(份)
		8.签发灭蚊证书(份)
		9.签发卫生许可证(份)(食品生产经营单位、口岸服务行业、储存场地)
	出入境交通工具检疫	1.来自疫区交通工具数量
		2.检出问题交通工具数量
		3.检出种类数
		4.检出动植物病虫害及医学媒介生物实际数量
		5.卫生除害处理交通工具数量
	出入境集装箱检疫	1.报检箱数和查验箱数
		2.卫生除害处理(卫生除害处理总数、卫生处理总数、除害处理总数)

地方政府质量综合管理部门所使用的宏观质量统计与分析指标包括：

表 1-2 地方政府使用的宏观质量统计与分析指标

宏观质量统计分析指标类型	计算公式	上报周期
1.监督抽查合格率	$\text{监督抽查合格率} = \dfrac{\text{合格批次数}}{\text{抽查批次数}} \times 100\%$	月度
2.产品质量等级品率	$\text{产品质量等级品率} = \dfrac{\text{优等品、一等品和合格品产值加权之和}}{\text{工业总产值}} \times 100\%$	季度
3.质量损失率	$\text{质量损失率} = \dfrac{\text{内部损失} + \text{外部损失}}{\text{工业总产值}} \times 100\%$	季度
4.产销率	$\text{产销率} = \dfrac{\text{销售产值}}{\text{工业总产值}} \times 100\%$	季度

宏观质量统计与分析

续表

宏观质量统计 分析指标类型	计算公式	上报 周期
5.新产品产值率	新产品产值率 $= \dfrac{\text{新产品产值}}{\text{工业总产值}} \times 100\%$	季度
6.消费者投诉变化	/	月度
7.质量指数	质量指数 $= \dfrac{\text{合格产品销售收入}}{\text{产品销售收入}} \times 100$	半年
8.批次合格率	批次合格率 $= \dfrac{\text{合格批次数}}{\text{抽查批次数}} \times 100\%$	季度
9.进出口商品检验检疫不合格率	不合格率 $= \dfrac{\text{不合格批次数}}{\text{抽查批次数}} \times 100\%$	月度
10.一次检验合格率	一次检验合格率 $= \dfrac{\text{一次检验合格数}}{\text{一次送检数}} \times 100\%$	月度
11.进出口商品退运比率	进出口商品退运比率 $= \dfrac{\text{进出口退运商品货值}}{\text{进出口商品货值}} \times 100\%$	月度

其中,出口工业品质量和安全评价指标体系包括如下指标:

表1-3　出口工业品质量和安全评价指标

指标名称	计算公式
1.产品问题发现率	产品问题发现率 $=$ $\dfrac{\text{抽检不合格批次}+\text{核查不符合项目数}+\text{国外反馈问题产品次数}}{\text{抽样检测总批次}+\text{产品核查项目总数}+\text{国外反馈问题次数}} \times 100\%$
2.产品型式试验首次不合格率	产品型式试验首次不合格率 $= \dfrac{\text{型式试验首次不合格批次}}{\text{型式试验检测批次}} \times 100\%$
3.企业问题发现率	企业问题发现率 $=$ $\dfrac{\text{诚信守法和质量保证能力不符合项目数}+\text{国外反馈企业问题次数}}{\text{现场监督检查项目总数}+\text{国外反馈问题次数}} \times 100\%$
4.出口商品抽检不合格率	批次不合格率 $= \dfrac{\text{不合格批次数}}{\text{抽查批次数}} \times 100\%$
5.出口商品不合格率	出口商品不合格率 $= \dfrac{\text{出口商品不合格批次}}{\text{出口商品检验总批次}} \times 100\%$

(二) 政府应用的宏观质量统计分析指标评析

1. 抽查合格率是各级政府质量监管部门主要使用的指标

抽查合格率是1985年国家实施国家监督抽查制度以后出台的指标,可以说如果没有监督抽查的法定制度,也就无法获取质量信息数据。产品质量监督抽查这一公共行为的强制性特征,为数据能够稳定地产生,提供了更有力的制度保障。宏观质量统计分析指标体系的设计,不仅包括指标本身,还应包括数据来源渠道的制度设计。

抽查合格率,是政府质量监管部门依靠自己的人员、技术、资金和管理等要素,通过广泛开展抽查和检验所获得的宏观质量统计分析指标,因而在可以从其他渠道(企业、消费者等)获取质量数据的情况下,自行进行质量的检测、统计和判定也应该是一个重要的数据产生渠道。

2. 监督抽查合格率数值高企

从实际数据获知,东部某省的监督抽查合格率已高达99.50%,趋近于100%;西部某省监督抽查合格率最低,但同样高达85.70%。监督抽查合格率,其结果的高位运行与消费者的感知存在一定的出入。

如表1-4所示,将已有质量分析报告中所使用的宏观质量统计分析指标按照正负向进行整理可知,将正向描述的抽查合格率转化为负向描述的抽查不合格率,从某种程度上说更容易被接受。

表1-4 已有质量分析报告中所使用的宏观质量统计
分析指标正负向归类表

过程性指标	正、负向性	所属领域	结果性指标	正、负向性	所属领域
采标率	+	标准	产品质量等级品率	+	工业产品
认证率	+	认证认可	工业产品销售率	+	工业产品
综合质量等级	+	纤维	新产品产值率	+	工业产品
风险检出率	-	食品生产	产品监督抽查合格率	+	几乎涵盖各个领域
质量损失率	-	工业产品	产品抽样一次合格率	+	认证认可、检验检疫
定检率	+	特种设备	产品实物质量抽样合格率	+	几乎涵盖各个领域

续表

过程性指标	正、负向性	所属领域	结果性指标	正、负向性	所属领域
			产品批次抽样合格率	+	几乎涵盖各个领域
			进出口食品批次合格率	+	食品安全
			死亡率	-	特种设备
			事故率	-	特种设备、食品生产
			批次不合格率	-	出入境检验检疫
			货值不合格率	-	出入境检验检疫
			问题率	-	出入境集装箱检疫
			投诉率	-	产品质量申诉（几乎涵盖各个领域）
			食品输入国通报批次	-	食品安全

同时，负向指标比正向指标更容易衡量质量，也与政府质量监管（依靠法律或行政规章，对不好的质量进行行政管理）的职能更为贴近。

3. 地方政府领导特别关注对质量安全的评价

东部某省依据"消费者投诉变化"，对危害消费者人身安全的产品进行重点监管，并形成质量专报上报省级领导，数次获得省级领导的批示；东部另一省份对监督抽查合格率的较低、对消费者人身健康构成一定威胁的产品，实行风险等级管理，受到省级领导的认可和重视，并已经明确提出"出口工业品质量和安全评价指标体系"，严格控制"质量安全"，形成的质量安全报告得到省级领导批示数次。

能够引起地方各级党委政府关注的质量报告，多是涉及消费者人身健康的质量安全问题，包括质量安全状态的现状和发展趋势，其目的是为全体公民提供真实的质量安全信号和质量安全环境。可见，质量的安全性属于典型的公共物品，是消费者最普遍、最基本的质量需求，也是地方各级党委政府质量监管的核心职能。

消费者是产品质量风险的体验者和接受者,质量不等于产品,它是依附于消费过程之中的,这种非直观性的质量风险,只有当消费者对产品进行使用体验之后才能逐渐明确起来。因而,消费者的使用体验(客户投诉记录、退货返修记录、电子病历等)就成为收集、甄别产品质量风险的渠道和手段之一。

4. 质量损失率直接反映了质量的经济性

产品质量等级品率、质量损失率、产销率、新产品产值率,是我国自1994年起,在全国范围内投入使用的四项宏观质量统计分析指标。质量损失率则是直接联系质量和经济的指标,从经济的角度直接评价质量的有效性和企业消耗资源实际状况。但是目前对"内部损失"和"外部损失"的界定、计算口径还没有与国际真正接轨。也就是说,质量损失率不是无法进行统计,而是其计算的科学性和规范性还需完善。根据国家统计局2008年公布的年报显示,2008年我国产品质量损失率平均值仅为0.21%,这显然与现实情况不相符。

质量损失率为企业自报指标,由于企业诚信建设滞后和市场竞争激烈等问题,数据质量很难保证。因而,质量数据尽量不要采取企业上报的方式,如果必须要采集上报性数据,那么首先要解决问题应该是如何激励企业上报真实、可靠数据。

5. 进出口商品质量数据收集渠道较为规范

进出口商品的检验(不)合格率和一次检验合格率,尤其是更为客观的一次检验合格率,属于监管部门抽查的指标,进出口商品退运比率属于顾客反映的指标,它们都属于客观性指标。进出口商品一次检验合格率、进出口商品退运比率这两项指标,应该可以纳入到进出口商品宏观质量统计分析指标中。

由于信息管理系统的引入,进出口商品的抽检(不)合格率、一次检验合格率和进出口商品退运比率等指标,可以按月进行统计,并基于月度数据进行季度、年度的环比和同比。因而,科学的数据统计系统需要应用信息化的手段,建立上下级相关部门、同级不同部门的信息传递有效机制。

二、工业行业应用的宏观质量统计与分析文献评析

(一) 工业行业应用的宏观质量统计分析指标概述

我国建筑材料、机械、钢铁、有色金属、石油和化学、食品、轻工业和纺织工业等行业所使用的质量统计与分析指标,如表1-5所示。

表 1-5 行业质量统计与分析报告使用的主要宏观质量统计分析指标

周期	行业	宏观质量统计分析指标
年度	水泥	1. 对比验证合格率
		2. 监督抽检合格率
		3. 委托检验合格率
		4. 等级品率
	平板玻璃及制品	1. 抽查企业合格率
		2. 抽查产品合格率
	建筑装饰装修主要建材	1. 产品监督抽查合格率
年度	装备制造业（质量特征）	1. 性能（功能、零部件、成套设备、结构方面、操作方面、外观方面）
		2. 寿命（产品在规定条件下满足规定功能要求的工作时间）
		3. 可信性（可靠性、维修性、可用性）
		4. 安全和环境适应性（人身财产安全、噪音、环境污染、回收利用、节能环保等）
		5. 经济性（售价、使用费用）
	装备制造业（质量基本要求）	1. 产品技术水平（新原理、新结构、新材料和新工艺的采用）
		2. 产品实物质量（一般符合性、安全性、可靠性、维修性、保障性、可用性）
		3. 节能环保（环境污染、回收利用）
		4. 经济性（性价比）
		5. 服务要求（顾客满意度）
		6. 心理、美学要求（企业形象、品牌形象、企业文化）
	电子信息产品（硬件：电子材料）	1. 成分含量（特别是有毒有害物质的含量）
	电子信息产品（硬件：元器件/IC、部件/组件、整机产品）	1. 合格率/直通率
		2. 安全性
		3. 电磁兼容特性
		4. 环境适应性
		5. 可靠性（平均故障间隔、失效率、可靠度）
	电子信息产品（软件）	1. 缺陷密度
		2. 平均故障间隔
		3. 响应速度
		4. 并发用户数
		5. 安全性

续表

周期	行业	宏观质量统计分析指标
年度	电子信息产品（其他常用宏观质量统计分析指标）	1. 顾客满意度
		2. 产品标准等级
		3. 合格品率
	化工产品（总体）	1. 监督抽查合格率
		2. 品牌知名度及市场占有率、企业规模集约度、专业性划分
		3. 产品标准水平、标准使用率
		4. 一次交验合格率
		5. 优等品率
	化工产品（化肥）	1. 实物质量（标准符合性、实物质量稳定性和主要质量技术指标）
		2. 使用性能（测土配方、缓释性能和化肥施用技术）
		3. 产品结构（氮磷钾比例结构、复合化水平和高浓度化）
		4. 品牌效应（市场竞争力和产品附加值）
	化工产品（农药）	1. 实物质量（有效成分含量、理化性能）
		2. 监督抽查合格率
		3. 用户满意度
		4. 品牌知名度
	化工产品（内墙涂料）	1. 安全性
		2. 装饰性
		3. 基本特征（如：施工性、遮盖性、耐洗刷性、耐碱性）
		4. 特种功能（如：防霉、防火、抗菌、释放负离子）
	化工产品（外墙涂料）	1. 耐水性
		2. 耐玷污性
		3. 耐久性
		4. 基本特征（施工性、遮盖性、耐洗刷性、耐碱性、耐温变性）
		5. 环保和特种功能（如：隔热保温、防火、防蚊蝇、隔音）
	服装	1. 服装产品生产合格率
		2. 产品实物质量（安全性、尺寸稳定性和直观性等）抽检合格率
		3. 竞争力系数、品牌竞争力
		4. 标准水平、采标率

续表

周期	行业	宏观质量统计分析指标
年度	轻工(鞋类)	1.产品监督抽查合格率
		2.消费者投诉率
	轻工(家电)	1.产品监督抽查合格率
		2.产品实物质量抽检合格率
		3.消费者投诉率
		4.维修率
		5.安全性
		6.可靠性
		7.出口产品一次性检验合格率
	轻工(玩具)	1.监督抽查合格率
		2.安全性
		3.外观、功能
年度	钢铁	1.综合成材率
		2.综合合格率
		3.内控合格率
		4.一次检验合格率

(二) 工业行业应用的宏观质量统计分析指标评析

将上述指标按照过程性指标和结果性指标,以及正向指标和负向指标进行分类,如表1-6所示。可以看到,过程性指标不能直接反映最终产品的质量状况,结果性指标则可以直接反映最终产品的质量状况。

表1-6 质量监督和检验检疫的过程性和结果性宏观质量
统计分析指标一览表

过程性指标	正、负向性	所属领域	结果性指标	正、负向性	所属领域
采标率	+	通用设备制造业、食品行业	顾客满意度指数	+	通用设备制造业、食品行业
认证率	+	通用设备制造业、食品行业	产品退换货率(返修率)	−	通用设备制造业、食品行业

续表

过程性指标	正、负向性	所属领域	结果性指标	正、负向性	所属领域
内外部质量损失成本	−	通用设备制造业、食品行业	综合成材率	+	钢铁行业
			综合合格率	+	钢铁行业
			内控合格率	+	钢铁行业
			一次检验合格率	+	钢铁行业
			实物监督抽查合格率	+	钢铁行业
			对比验证合格率	+	建材(水泥)
			监督抽检合格率	+	建材(水泥)
			委托检验合格率	+	建材(水泥)
			抽查企业合格率	+	平板玻璃及制品
			抽查产品合格率	+	几乎涵盖各个领域
			可靠性	+	装备制造业、电子信息产品、轻工(家电)
			稳定性	+	装备制造业、电子信息产品
			一致性	+	装备制造业
			成套性	+	装备制造业
			送样检验首次合格率	+	电子信息产品
			安全性	+	电子信息产品、轻工(家电)、轻工(玩具)
			利用率	+	化工产品
			质量技术指标	+	化工产品
			标准符合性	+	化工产品
			竞争力系数	+	服装
			服装产品生产合格率	+	服装
			产品实物质量抽检合格率	+	服装、轻工(家电)
			出口产品一次性检验合格率	+	轻工(家电)
			故障率	−	电子信息产品
			投诉率	−	电子信息产品、轻工(鞋类)、轻工(家电)

如上表所示，正向指标居多，并且行业之间的正向指标具有明显的行业特色，只有少数几个指标能够同时反映不同行业之间的产品质量水平，如一次交验合格率，在轻工（家电）、电子信息产品和钢铁等行业均有使用。

结果性指标居多，同样只有少数几个指标能够同时反映不同行业之间的产品质量水平，如顾客满意度指数可以作为多个行业质量水平的指标，在通用设备制造业、食品行业和轻工等行业均有使用。

同时，可以考虑将内外部质量损失成本、产品退换货率（返修率）、故障率和投诉率等指标转化或者直接采用作为在不同行业之间进行对比的指标。

第二章 宏观质量统计与分析的实证调研

一、调研目的和调研对象

调研目的——为了更加全面、深入地掌握各级政府质量综合管理部门开展质量统计与分析的工作现状，质量统计与分析的现行指标、获取渠道、制度规范以及对质量统计与分析工作的意见和建议，同时了解企业进行质量统计的指标以及对质量统计与分析的建议。

调研对象——包括国家质量综合管理部门、地方质量综合管理部门，以及大型工业生产企业。

二、调研对象的主要观点

在下文中约定，一级表示非常重要、反复强调的观点，二级表示重要观点，三级表示一般性观点。

(一) 国家质量综合管理部门的观点

1. 行政管理部门

一级：
- 宏观质量统计分析应该特别注重质量这一要素及其对于社会经济发展贡献的分析。

二级：
- 现有的很多质量分析报告没有发挥重要作用的原因主要是：数据的可比

性和延续性不强,措施建议结合实际工作不够,与经济社会发展的联系不够紧密,对各地方的产业特点分析不够深入。

• 宏观质量统计分析的目的应该分为两个层面:一是针对产品质量本身,要通过分析报告得出产品质量的总体状况;二是要通过分析报告显现各级质量管理部门的工作成效。

三级:

• 宏观质量统计分析应该更多地落脚到如何真实反映区域质量状况、如何适应经济社会需要等方面,应该从质量监管部门的角度来进行分析。

• 宏观质量统计分析的核心并不仅仅是构建一套宏观质量统计分析指标体系,其核心是基于宏观质量统计分析指标体系的质量状况分析。

2. 技术性监管部门

一级:

• 质量分析报告中,要体现质量对社会经济发展的影响,现在认证认可的社会经济发展贡献率测算已经比较成熟,这对于质量的社会经济发展贡献率测算有参考价值。

• 指标的数据来源和渠道要梳理出来,很有必要建立专门针对质量统计与分析的规范的调查体系。

• 质量统计与分析涵盖内容不能过于广泛或狭窄,应同时关注质量安全和质量发展。

• 质量的高低不是一个人为和一成不变的标准,是消费者选择和对比出来的,消费者对某个产品的满意度应该作为一个指标。

• 监督抽查制度是为了抑制一度出现的工业产品质量下滑,而出台的质量监管的主要方法和手段。

• 监督抽查是以监督为基础的,因为受到某些问题产品的跟踪、时令产品的抽查、不同产品的抽检比例不同等众多因素的影响,质量监督抽查并不具备时间上和产品间的可比性,其结果——合格率,并不能完全等同于该产品的总体平均合格率。

• 产品的质量标准是会逐步提高的,抽查的产品也会有所不同,因此,监督抽查的结果的历史可比性并不强。

• 伤害率可以作为衡量特种设备质量的一个指标,但是现在统计的伤害率是一个笼统数字,需要改进为由质量问题造成的伤亡率。

• 首次检验不合格率最接近真实的质量水平。进口国的检验合格率也比较真实地反映了出口国的产品质量水平。

- 质量统计分析报告应突出不同地域和产品的特色,针对国务院领导关心的内容进行分析。
- 质量统计的对象是产品质量,分析报告应该包含贸易数据、品质数据、安全数据(疫情、食品卫生)几方面的内容,进出口的农产品可以单独写一部分内容(一般不是质量方面的问题,而是重大疫情和食品安全卫生方面的问题)。农产品的质量,进出口质量,可能只算全国总体质量的很小一块,如何评价,有待研究。
- 进出口农产品合格率的三种情况:报检合格率、最终合格率(100%)和国外反馈回来的合格率,报检合格率能够在出口方面比较真实地反映产品质量。
- 现有的针对质量状况的统计数据较少、不完整,且都是过程性数据而不是结果性数据,应加强指标体系的数据来源体系建设。
- 质量统计分析报告的内容不必每一次都很全面,要结合实际和热点问题来写,指导性、可行性和实用性最重要。
- 食品对政府和老百姓,都是最密切和最关心的问题,希望能有一个食品总体质量或者某一个行业质量的发展和预测指标,食品真正出问题多在消费者环节和流通领域,因此,如何确保指标的真实性和上报渠道的畅通,以及如何从食品生产企业获取真实的第一手数据,需要研究建立一套专门的调查制度。
- 生产许可的获证企业越多,宏观质量状况越好。
- 影响产品质量主要参考数据是型式试验和一次产品合格率,因此,目前产品的监管也开始从单一的产品检验到型式试验、产品召回等制度方面的综合监管,也就是从产品监管向厂家监管的转变。
- 作为质量统计和分析来说,要看一些具体措施的执行情况,也就是结果性的指标。
- 现在评判产品检验合格一般用的是最终合格率,可以考虑以首次报检合格率来评判,这个指标更为真实地反映产品质量,然而如何稳定、准确地获取这一指标数据,还需要研究。
- 农产品没有合格不合格之分,只是以等级来划分产品,这些等级都是国家标准内规定的等级,而且基本上都是强制性标准。
- 可以通过1等品、2等品及每年所占的比率,得到平均等级指数,来评价全国棉花的质量,其他纤维品同样可以以这种方式来评价。

二级:
- 质量发展的指标应该包含质量认证的相关发展情况(体系通过率、国抽)。质量安全的指标中,可以考虑强制性产品认证(3C),还有信息安全管理体系的认证(中国信息安全管理中心)。

- 强制性产品认证目录中的产品与老百姓息息相关,主要是电子产品、机械产品和橡胶产品。质量统计分析报告可以重点关注这些产品。
- 实验室对于国民经济的提升、促进对外贸易和打破技术壁垒等作用很明显,可以作为一个指标,从安全角度来说,实验室也很重要。
- 标准的批准数量、国家标准的采标率和生产过程的实物产品达标率不能反映产品质量真实水平,但整体上成正比例关系。
- 宏观质量统计分析指标及质量统计分析应具有权威性,对于经济发展具有指导作用。
- 统计周期最好半年或者一年,推荐性标准的发布时间为半年,强制性标准需要一年才能实施。
- 目前,可以考虑纳入质量统计与分析指标体系的有数量(频次)、质量、结构(强制标准和推荐标准的比例)等指标。
- 对于宏观质量统计分析而言,监督抽查是重要的统计指标和数据来源。
- 监督抽查的数据不能直接用于质量统计和分析,分析报告中针对产品质量安全的分析,可以参考监督抽查的数据,而针对质量与经济社会发展的联系方面,监督抽查的数据可用性不大。
- 作为质量监管的重要手段和方法,监督抽查应该被纳入质量统计和分析的指标体系中,来反映质量安全状态。
- 计量在提高质量上的作用大约在20%—30%左右,计量基准有175项,很多年都没有变了,比较稳定。
- 计量方面的工作应在质量分析报告中予以体现。
- 质量统计分析报告按年度进行分析和发布比较好。
- 特种设备的质量安全,与单纯产品质量不同,涉及安装、使用、维护等各个环节的质量安全,因此,特种设备的质量安全是一个系统性的安全问题,更重要的是日常使用的监测指标。
- 伤亡指标、节能指标、发现的质量安全数量及整改后的合格数、特种设备的GDP产值和出口能力指标等,可以考虑作为反映特种设备质量的指标。
- 可以建立基于语义网的特种设备网络安全预警平台,但首先要明确监管者的责任,解决合法性的问题、监管资金来源问题。
- 单一指标不能反映宏观质量状况的全貌。
- 产品不合格率的统计计算方法科学性不足,不能反映真实的产品质量状况,产品不合格的原因有安全、卫生、环保和质量等多方面的因素,分析具体原因时应更细化。

- 产品不合格分为检验不合格和检疫不合格。检疫不涉及产品质量,只涉及安全;检验关注的是产品质量。在质量统计与分析中如何处理这两者的关系,有待研究。
- 与银行类似,应该建立企业的诚信评价体系,参考西方国家,了解如何得到企业的真实的数据,以及如何统计这些数据。
- 形成一个统一的质量分析报告太过理想化,不能一步到位,要有个改进的过程,因为监管的手段和水平在发生变化,应该形成针对不同方面工作的质量分析报告。
- 现有的质量分析报告,统计方法和数据来源没有统一,也没有成熟的方法体系来进行统计和分析,内容比较粗浅,可以指导具体工作,却不能面向上层和宏观层面。
- 出口是按照目标国的标准来判定的,国内标准与国外是不一致的,是否应将进出口单独进行统计分析需要进一步讨论。
- 现在专门针对棉花做的分析报告,涉及棉花等级、长度等专业指标及各省的棉花状态比对。通过这个报告可以了解我国棉花的总体质量状况、区域产量和档次等,可以协助国家计划进口和宏观调控。
- 棉花等的统计分析周期,要按照棉花等作物的生长自然年来进行。

三级:

- 经过认证的产品,其安全性或产品合格率肯定会更高,即产品质量与认证认可的规模呈正比。
- 生产许可证的发放数量不能十分明确地说明总体质量状况,但监督抽查是对发证企业的产品进行抽查,生产许可证的发放数量一定程度上说明监督抽查结果的代表性。
- 计量反映的是微观的计量器具的质量,如何间接反映宏观的整体质量,还需要研究。
- 计量的宏观质量统计分析指标主要有技术机构授权的每年开展检定项目数、每年发多少许可证企业、C标志企业和社会公正计量等。
- 特种设备综合统计的数据来源渠道已经建立,可以为质量统计提供数据,但还需加强数据统计的准确性和时效性。
- 通关业务有比较完善和稳定的数据来源渠道。
- 检验检疫量、货值指标能否作为宏观质量统计分析指标,有待研究。
- 通过对疫情信息的收集和流行趋势的分析,能够做到及时预警并采取预防措施。
- 评价体系的数据来源和分析报告的模式很关键,可行性和实用性最重要。
- 应加强质量统计与分析的基础研究,减少重复性劳动,多做深层次的分析。
- 质量统计与分析重点在于指标体系的框架构建和质量状况的分析,要选取代表性的指标,突出质量特色,目前着重解决宏观质量统计分析指标的有无问题。
- 现有的4个工业产品宏观质量统计分析指标:产品质量等级品率、质量损失率、工业产品销售率和新产品产值率能否作为宏观质量统计分析指标,有待研究。
- 质量统计和分析按季度进行的难度太大,可以按季度统计,按年度进行分析。
- 应该同时开展、建立针对质量统计与分析的协调机制的工作。
- 对于市场商品的监管,不应由政府来负责,而是按照产品溯源体系,找到生产厂家来负责。
- 目前大部分精力还是放在了出口产品的监管上。
- 在风险分析的基础上,对产品的某一些指标进行检验,而不是对可能上千种指标逐一进行检验,因此,需要风险分析来进行指导,针对风险较大的指标,进行检验。
- 市场是对棉花质量的最直接的影响因素,供大于求,质量提高,供小于求,质量下降。
- 棉花、羊毛、亚麻等产品的质量分开来评价比较好,而不应把所有纤维制品整合成一个值。

3.执法性监管部门

一级:
- 我国的监督抽查,本质上是针对总体质量状况不好的产品进行的,因此,监督抽查合格率不能完全反映产品质量的真实水平。
- 现有的质量分析报告宏观上思路不够,很多还停留在就事论事层面。要对区域的主导产业说清楚,到底存在什么质量问题,分析透彻,提出建设性的可采纳的意见。

二级:
- 不可能一个指标解决宏观质量状态的所有问题。对宏观上要有把握,对顾客满意,也要有所顾及。不能完全寄希望于某一个或几个指标,这不完全是一个技术性问题。
- 宏观质量统计与分析应定位于国家层面。行政执法打假量可以从反面来说明质量状况,案件多了说明质量状况不好,案件少了说明质量状况好了。
- 国家质量分析报告,一年发布一次比较好,面对内部的或者地方的报告,可以一季度做一次。

(二)地方质量综合管理部门的观点

A省

一级:
- 指标的建立要兼顾科学性和可操作性。
- 数据源的获取一定要实现信息化,及时更新。
- 指标中应该有一定的自主创新能力指标,因为自主创新的能力与产品质量是紧密相关的。
- 应设计反向指标来考核质量,如一年中全国大的质量事故所包含的损失在国民经济中所占的比例。

二级:
- 宏观质量统计分析指标越少越好,来源越简单越好,尽量采用调查获取的方式,而不是企业上报的方式,因为企业上报的数据,很难保证其真实性。
- 宏观质量统计与分析要建立常态化的运行机制,数据要定期更新。
- 不应重新建立一套宏观质量统计分析指标,而应基于现有的指标进行统计。
- 指标数量不能太多,以免给企业造成比较大的负担,会直接影响数据的准确性和真实性。
- 指标应该简化,不应当在厂家产品内销的时候设计一些指标,产品出口再设计一些不同的指标。
- 监督抽查的统计和计算是不科学的,不能反映产品总体质量状况。
- 监督抽查应该以市场占有率作为抽查比例。
- 宏观质量统计分析指标应该包含两个大的方面,一方面反映生产领域,一方面反映消费领域。

三级:
- 企业对这些上报指标必须要有一定的了解。

B省

一级:
- 本省在质量统计与分析方面主要有三项工作:宏观质量统计分析指标统

计、建立企业质量档案、开展质量状况分析。

- 质量分析报告篇幅不能太长。
- 现在的质量分析报告,基本上是以企业填报的数据为基础,而不是对政府部门自行获取的数据进行分析,和实际情况还有一些距离。
- 监督抽查结果纵横都不可比。而且,监督抽查就是针对监督质量安全而言的,而不是针对统计而来的。
- 建议以企业质量档案为基础,整合业务数据。
- 质量分析一定要有可操作性,数据的罗列没有太大意义。
- 不同层次的政府需求是不同的,应该分级设计。

二级:

- 质量状况分析应形成统一的模板,目前各地都在不断探索。
- 现在还没有统计分析的制度,应形成定时上报、收集的固定模式,由专人负责。
- 现有的质量分析报告更像工作报告,且过长,难以得到地方政府回应。
- 质量分析报告要突出行业和质量安全,名牌应该在质量分析报告中反映。
- 质量专项报告效果很好。
- 反映质量水平的指标和提供给政府的质量分析报告,应该包括产品质量、工程质量、服务质量和环保质量。
- 应该有专门的队伍进行调查,得到统计数据,而不是由企业上报数据。
- 各地的产业特点不同,应解决可比性的问题。
- 综合分析应该将各行业的权重比加进去,不同地区,根据产业特点针对行业来分析。
- 标准的水平情况和标准的实施情况,都应该在总体指标中得以体现。
- 希望能够建立符合实际、具有可操作性的指标体系和分析系统,服务对象应该定位政府,应参考政府综合部门的统计指标。

C省

一级:

- 要跳出质量统计质量,将质量与经济、质量与社会、质量与企业发展等结合起来统计,从宏观角度来统计质量。
- 应该整合监督抽查的资源,利用监督抽查制度来进行质量统计。

二级:

- 现有的质量分析报告内容并不丰富,有总体数据,但分项数据不完善,主要包括4个方面:总体情况、按国民经济29个大类分类的9个重点行业、问题和对策及监管工作情况。
- 原则上各地市每半年统计分析一次，各县每季度一次，基本上整个省各地都在推进、开展。
- 希望提供质量分析报告的编写指南。
- 要先定统计指标体系，明确统计渠道，再进行分析。指标体系要全面反映，侧重于制造业产品质量。
- 标准水平应该进入指标体系中，装备工艺水平，也是反映质量的一个指标。
- 质量统计与分析要基于软件信息系统来开发。

D省

一级：
- 定期的质量监督抽查，并没有固定每次抽查的内容，不能客观反映总体质量状况。
- 质量统计与分析要围绕党和政府的中心工作来做。

二级：
- 本省以合格率为基础开展质量分析报告，涉及区域内生产产品合格率和在区域内销售的产品贡献率。
- 质量统计分析报告，应该分析数据来源渠道。
- 监督抽查应考虑市场占有率、可操作性和可执行性。
- 商品质量突变等问题，应该进行预警，并分析造成的因素和程度。

E省

一级：
- 结果性指标应该更多，而现在的指标体系中很多是过程性指标。
- 分析报告的对象一定要清楚，是产品的质量还是宏观质量，分析总体质量的水平没有意义，应该分行业分析，如果服务对象是社会，那CSI是最好的。
- 企业最关心的四个指标是市场退货率、CSI、交货百分率、品质成本，政府最关心的应该是质量安全指标。

二级：
- 不是所有的指标都要进入统计指标体系，应该确定收集指标的便捷渠道，可以考虑通过网络的方法来获取指标数据。而且，统计数据应该以信息化手段客观记录数据，自动生成统计结果。
- 统计分析的对象应该是各地区占主要产值的产业、销售占大份额的产业，以及一些服务业行业（电信等）。其次，数据渠道一定要保证准确。第三，统计标准应该自上而下的统一。

- 监督抽查是某些行业出了问题而专门进行的抽检,是有目的的抽检,不是统计的方式。应该以一种大范围的、无目的的、平均的抽检,来反映质量水平。
- 改进的监督抽查应该做到,以产品调查合格率的统计软件,按照每一类产品大、中、小企业制定不同的权重。产品的分类困难较大,既要符合国民经济的分类,又要兼顾各行业分类,应制定大、中、小企业的抽样比例,选择指定抽样方式,或者是随机抽样方式。
- 质量分析报告不可能有一个固定的模式,要围绕行业特点、区域特点,有效利用现有的统计数据、方式、渠道,应该做到各区域可比。服务行业应该更强调CSI。
- 质量评价的数据,绝对不能直接来自于企业,应利用信息化的手段,将权威经济类型指标与抽检合格率数据等结合起来。

F省

一级:

- 一直以来都在尝试建立这样一个包括5类指标的体系——各检验实验室的检验结果、抽查巡查突击稽查的结果、来自国外的产品调查结果、质量违法和质量失信的情况、消费者的投诉。
- 统计指标应该有敏感性、及时性、风险意识、真实性和对比性(要区域和时间可比),基层更希望考虑当地支柱产业、产业特点等问题。
- 质量和安全的内涵是不同的,政府的职责应该是更多地考虑安全问题,应该特别强调基于安全的统计分析。
- 监督抽查是为了反映质量问题,而无法反映质量总体状况,其是针对有问题的产业来抽查。应该引入质量指数的概念,附加销售额作为权重,单独从监督抽查生成质量指数是不可行的。目前,以监督抽查作为质量指数的渠道是最理想的方法。
- 顾客满意度CSI应该进入统计指标体系。
- 宏观质量分析报告内容中,不能只用监督抽查的数据,还要反映质量对社会的贡献、对经济的贡献。
- 理论上,质量损失率指标很能客观反映质量水平状况,但目前这个数据获取的准确性和可信度并不高。

二级:

- 制定了"进出口重点商品质量分析报告"以及分析报告的时间表、业务统计的规范、季度通报制度和分析报告的格式,针对进出口商品,提供给政府、行业联合会"季度分析报告"。

- 进口产品主要宏观质量统计分析指标为质检率和质检不合格率,出口工业品主要指标为产品问题发现率和企业问题发现率。
- 注重两个方面:一个是建立统计指标体系,一个是具体实施(采集、渠道)手段。宏观质量的评价应该要包含服务、环境等,分行业、分产品来进行分析更可行。
- 等级品率已经丧失了它的存在意义,现在很多产品已经不分等级,很多是按品牌来分,不是按等级来分的。
- CSI 是很好的评价指标,工程质量、环境质量都可以用 CSI。
- 基于质量安全的预警指标是政府比较关心的。

三级:

- 质量分析报告是否可以就以顾客满意度 CSI 为基础,类似美国一样,不用说具体内容,就是消费者是否满意。

(三)大型生产企业的观点

一级:

- 反映企业产品质量最好的指标是"可靠性指标"(工业制造性企业)、"质量损失率"、"平均运行故障时间"、"可用系数"。
- 面向全部企业,以负向指标(质量损失率)来观测企业产品质量,比较客观。
- 以客户满意度和市场占有率为最终的产品质量评价。
- 质量成本可以反映质量状况。
- 通过外部反映质量的指标:顾客满意、顾客投诉;内部反映质量的指标:一次检验合格率、出厂合格率。
- 产品的质量还涉及装配、服务等,通过客户满意度可以充分反映。
- 质量损失率可以客观反映生产的产品质量。
- 顾客满意度是反映企业产品质量的最好指标。
- 一直以来都通过顾客满意度来观测产品质量。
- 以消费者直接面对的产品作为对象,指标应该统一,地区之间可比。将质量状况统一到一个指标上,是有很大难度的。
- 建议政府建立反映企业宏观质量统计分析指标的数据库,各地质量监管部门共享企业上报的数据。
- 现在财务部门把质量损失率统计出来后,发现这个数据很大,对企业的触动和帮助很大。

二级：
- 企业自身的指标比监督抽查更能反映产品质量。
- 质量统计可以将企业上报（大型企业，诚信）和监督抽查（中小型企业）结合开展。
- 可用系数和质量损失率两个指标可以作为结果性指标，它们基本反映制造企业产品的总体质量，一个是正向，一个是负向。
- 宏观质量统计分析指标应该是一个负向指标，从损失的角度来衡量质量，如"产品不良率"。
- "新产品率"可以体现企业产品的总体质量水平。

三、调研的一般性结论

1. 国家质量综合管理部门观点的归纳

- 宏观质量统计分析指标应该是一个多级指标体系，其中反映安全的指标认可度最高。
- 宏观质量统计分析指标应该更多地使用结果性指标，而不仅仅是过程性指标。
- 质量统计与分析应该界定为产品质量，而不应该涵盖太大范畴。
- 质量监督抽查的目的是对质量状况不好的产品进行抽查，不能全面反映总体质量状况，因此，监督抽查合格率不应该直接作为质量最终的、唯一的统计指标（质量监督抽查结果直接生成为质量指数是不可行的），但可以利用这个渠道获取改进抽样品种和方式后的相关数据。
- 质量分析应该跳出质量来分析质量，要围绕质量与宏观经济的关系展开统计和分析，这样才能得到国务院和各级政府领导的重视。
- 质量统计与分析的频率没有必要太过频繁，1年或半年进行1次即可。

2. 地方质量综合管理部门观点的归纳

- 各地基本都开展了质量统计与分析工作，但缺乏方法指导和制度支持，形成的总体分析报告得到地方政府批示的很少，但一些专项的质量分析报告，得到了有关领导的批示。
- 宏观质量统计分析指标应该更多地反映质量安全。
- 质量统计与分析应建立在专门的信息化软件系统之上，统一上报、分析。

- 宏观质量统计分析指标的数据来源，不能直接由企业上报，应该建立专门的调查制度，从企业收集数据。
- 名牌产品的市场份额、竞争力和顾客满意度 CSI 等指标应该纳入宏观质量统计分析指标体系。
- 宏观质量统计与分析应该涵盖产品质量、工程质量、环境质量和服务质量，这样才能更好地为地方政府服务。
- 质量统计与分析 1 年进行 1 次，各县可以按月度进行统计上报，不必做分析，质量分析应该反映一个较大范围区域的总体状况。
- 监督抽查是对质量状况较差产品的抽查，不能体现区域宏观质量状况，就算以产品市场占有率进行加权，也存在抽检比例与占有率不配套的问题。
- 质量分析应该体现质量与经济的联系，这样才能得到地方政府的重视。

3. 大型生产企业

- 企业的产品质量倾向于以市场的反映来进行评价。
- 企业的产品出厂检验是主观评价，消费者满意才是客观评价，客户满意度可以作为最终的质量评价标准。
- 以"质量成本"和"质量损失率"来衡量企业产品质量，获得较大范围认可，但是有些企业并没有建立良好的统计制度。
- 出厂合格率不能作为质量评价的指标。
- 宏观质量统计分析指标体系中，应该涵盖可以在不同企业间进行比较的指标。

以上座谈调研的观点，对宏观质量统计与分析一般性的看法，均认为宏观质量统计分析指标要反映基于消费者，也就是质量使用者角度的评价；要从结果的层面来提炼宏观质量统计分析指标；在调查中，几乎所有的座谈对象均认为，宏观质量统计分析指标基于安全的评价和分析是最为重要的。

第三章 宏观质量统计与分析问卷的基本结论

一、调查问卷和计算方法

(一) 调查目标与内容

本项问卷调查旨在通过对我国宏观质量统计与分析报告的服务对象的实证调查,充分了解目前已有的宏观质量统计分析指标及其数据来源渠道的现状,系统获取质量统计和分析的现实需求。调查内容的主要内容有:

(1)宏观质量统计和分析报告的服务对象。
(2)现有宏观质量统计与分析指标及其数据来源渠道。
(3)需要改进和补充的宏观质量统计分析指标。
(4)宏观质量分析报告的着力点和侧重点。

(二) 调查问卷

根据调查目标和内容,我们筛选调查问题、设计具体选项并进行测试,最终形成了本项调查的问卷,如表3-1所示:

表 3-1 "宏观质量统计与分析"调查问卷

"宏观质量统计与分析"调查问卷

注：以下问题为单项选择，特别说明的除外。

Q1. 您认为质量统计分析报告的主要服务对象是（　　）

  A. 政府　　　　B. 消费者　　　C. 企业　　　D. 政府、消费者和企业

Q2. 您认为构成宏观宏观质量统计分析指标体系的指标应是（　　）个

  A. 1个　　　B. 2—3个　　　C. 4—8个　　　D. 9—15个　　　E. 更多

Q3. 您认为您现有工作范围内，应该进入宏观质量统计分析指标体系的指标有（　　）个

  A. 1个　　　B. 2—3个　　　C. 4—5个　　　D. 更多

Q4. 您认为您现有工作范围内的业务统计指标体系（　　）

  A. 很完善　　　B. 一般　　　C. 不太完善　　　D. 很不完善

Q5. 您认为您现有工作范围内关键的业务数据来源（　　）

  A. 很准确　　　B. 一般　　　C. 不太准确　　　D. 很不准确

Q6. 您认为质量安全指标和质量发展指标哪个更为重要（　　）

  A. 质量安全指标＞质量发展指标

  B. 质量安全指标＜质量发展指标

  C. 质量安全指标与质量发展指标同等重要

Q7. 您认为现在已有的质量分析报告需进一步改进的方面主要是（　　）

  A. 完善统计指标体系　　　　B. 加强对数据分析的深度

  C. 紧扣党委政府关心的问题

Q8. 您认为影响现有宏观质量统计分析指标的主要制约因素是（　　）

  A. 统计的基础性研究不够　　　B. 统计方法不尽科学

  C. 统计的数据来源困难　　　　D. 统计经费不充足

  E. 统计人员的专业化程度不高

Q9. 您认为产品质量贡献率指标的纳入宏观质量统计分析指标体系的必要性（　　）

  A. 很大　　　B. 一般　　　C. 很小

Q10. 您认为顾客满意度指数（CSI）是否应该纳入到宏观质量统计分析指标体系中？

                （　　）

  A. 应该纳入　　　B. 不应纳入　　　C. 无所谓

Q11. 您认为地方质量分析报告所评价的产品对象应包括（　　）

  A. 本地制造的产品　　　　B. 本地消费的产品

  C. 本地制造和消费的产品

Q12. 你认为质量分析报告的对象是（　　）

  A. 产品质量　　　　B. 产品质量、服务质量、工程质量和环境质量

续表

> Q13. 您认为质量分析报告的发布周期应该是（　　）
> 　　A. 每月　　　B. 每季度　　　C. 每半年　　　D. 每年
> Q14. 您认为党委和政府满意的质量分析报告，主要是（　　）
> 　　A. 真实地反映本地产品的质量现状
> 　　B. 能够对本地产品质量的未来走势作出科学的预测（包括可能会有的质量安全风险）
> 　　C. 能够提出为党委和政府采纳的高水平的政策建议
> 　　D. 能够围绕党委政府的中心工作提出基于质量方面的对策和建议
> Q15. 您认为质量分析报告应涵盖哪些内容？（限写三点）
> _____
> _____
> _____

（三）调查对象与计算方法

1. 调查对象

本项调查对象的范围为国家、省、市、县（区）各级产品质量监管部门，具体调查对象为：

(1) 被调查单位负责人，负责质量统计与分析工作1年以上。

(2) 被调查单位统计与分析业务处室负责人，从事质量统计与分析工作1年以上。

(3) 被调查单位质量统计具体工作人员，从事质量统计与分析工作1年以上。

2. 计算方法

本项问卷调查所采用的方法是百分比算法，即是直接计算选择某选项的人数占调查总人数的百分比，记为 W，其计算方法如公式(3-1)所示：

$$W = \frac{\text{选择该选项的人数}}{\text{调查总人数}} \times 100\% \qquad 公式(3-1)$$

注：调查总人数 = 有效样本量

二、调查问卷结果统计

(一) 问项 Q1 统计结果

Q1:您认为质量统计分析报告的主要服务对象是(　　)

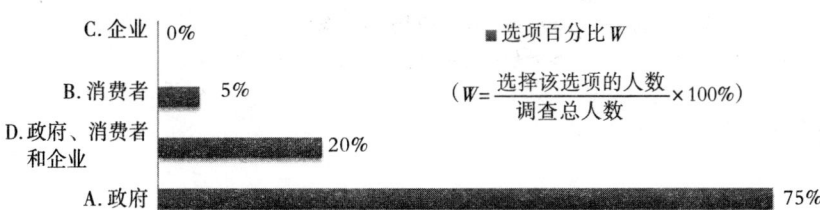

(二) 问项 Q2 统计结果

Q2:您认为构成宏观质量体系的指标应是(　　)个

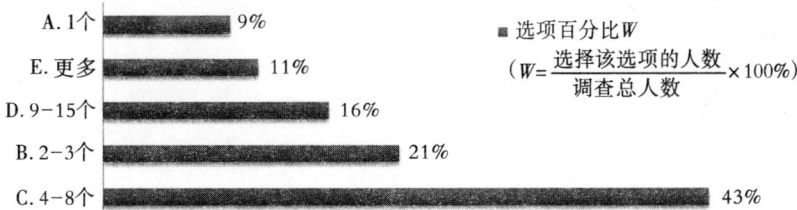

(三) 问项 Q3 统计结果

Q3:您认为您现有工作范围内,应该进入宏观质量指标体系的指标有(　　)个

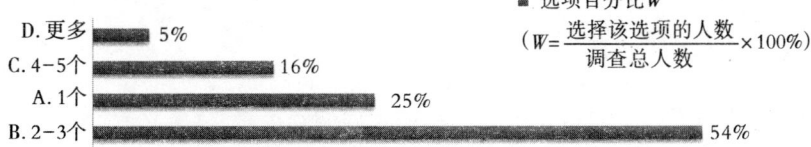

(四) 问项 Q4 统计结果

Q4:您认为现有工作范围内的业务统计指标体系(　　)

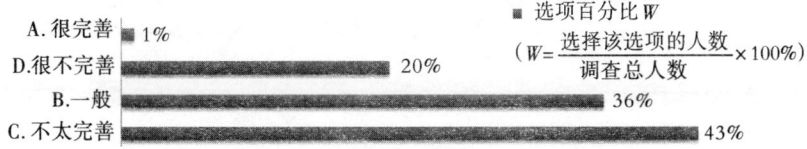

(五) 问项 Q5 统计结果

Q5：您认为您现有工作范围内关键的业务数据来源（   ）

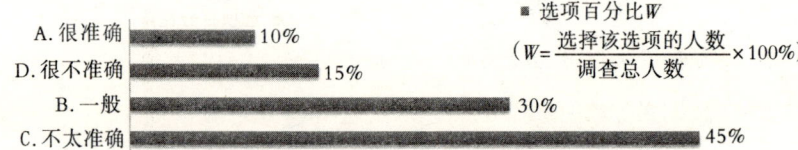

(六) 问项 Q6 统计结果

Q6：您认为质量安全指标和质量发展指标哪个更为重要（   ）

(七) 问项 Q7 统计结果

Q7：您认为现在已有的质量分析报告需进一步改进的方面主要是（   ）

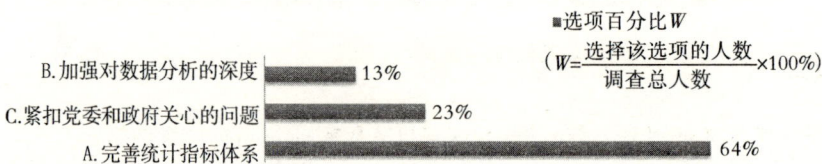

(八) 问项 Q8 统计结果

Q8：您认为影响现有质量统计指标的主要制约因素是（   ）

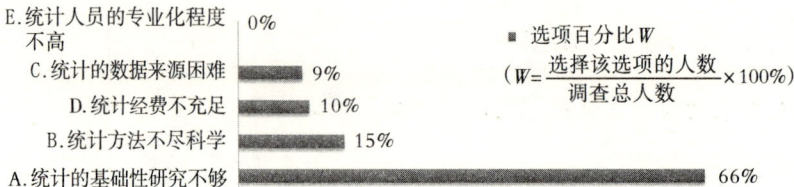

(九) 问项 Q9 统计结果

Q9：您认为产品质量贡献率指标的纳入宏观质量指标体系的必要性（ ）

(十) 问项 Q10 统计结果

Q10：您认为顾客满意度指数（CSI）是否应该纳入到宏观质量统计指标体系中？（ ）

(十一) 问项 Q11 统计结果

Q11：您认为地方质量分析报告所评价的产品对象应包括（ ）

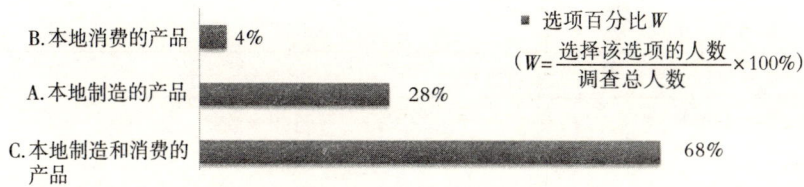

(十二) 问项 Q12 统计结果

Q12：您认为质量分析报告的对象是（ ）

（十三）问项 Q13 统计结果

Q13：您认为质量分析报告的发布周期应该是（　　）

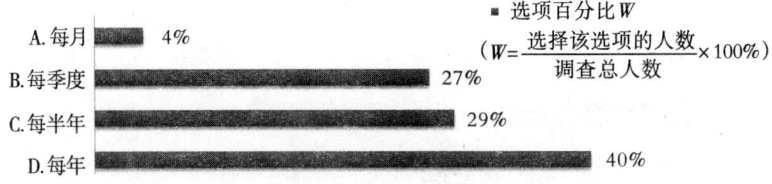

（十四）问项 Q14 统计结果

Q14：您认为党委和政府满意的质量分析报告，主要是（　　）

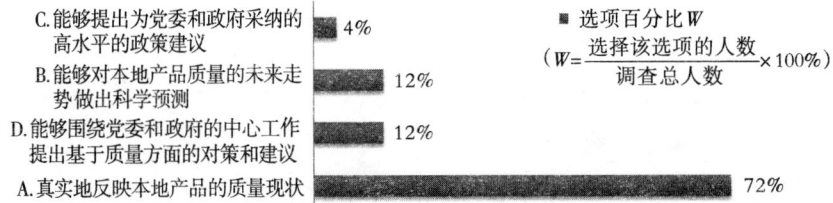

（十五）问项 Q15 统计结果

内容	出现频次占调查总人数的百分比	位次（按频次排序）
产品质量的基本情况	100%	1
影响产品质量的主要因素的变化和波动	100%	1
质量安全的发展趋势	100%	1
针对问题应采取的可行性措施	100%	1
呼吁地方政府给予必要的经费支持	70%	2
体现节能减排	36%	3

三、对问卷调查结果的简要分析

（一）政府是质量统计与分析的主要服务对象

由问项 Q1 统计结果知，75% 的调查对象认为，政府是质量统计与分析的主要服务对象。这说明目前调查对象对质量统计与分析工作的需求较为明确。另外,问项 Q7 的统计结果中,"紧扣党委和政府关心的问题"是已有的质量分析报告需进一步改进的第二大问题,这也印证了这一结论。

(二)宏观质量统计分析指标不应是一个单一指标

由问项 Q2 的统计结果知,只有 9% 的调查对象认为,宏观质量统计分析指标体系的指标个数应为 1 个;其余 64% 的调查对象认为宏观质量统计分析指标体系的指标个数应为 2—8 个。这说明反映总体质量状况的宏观质量统计分析指标,可以考虑为一组指标,从多个角度反映质量状况,而不需要进行加权处理成为一个单一指标。

(三)不能直接利用现有宏观质量统计分析指标

问项 Q4 和问项 Q5 的结果表明,63% 的调查对象认为,现有业务指标体系不完善;60% 的调查对象认为,现有工作范围内关键的业务数据来源不准确。这表明,直接照搬将现有的宏观质量统计分析指标和数据来源方法,将不会产生科学的宏观质量统计分析指标。

(四)质量安全成为最大需求

问项 Q6 的统计结果表明,92% 的调查对象认为质量安全指标的重要性不低于质量发展指标的重要性。另外,由问项 Q9 和问项 Q10 的统计结果知,69% 的调查对象认为,质量贡献率指标纳入到宏观质量统计分析指标体系中很有必要;78% 的调查对象认为,顾客满意度(CSI)指标应该纳入到宏观质量统计分析指标体系。

(五)指标不科学是质量分析报告难被认可的主要原因

依照问项 Q7 的统计结果,64% 的调查对象认为,已有的宏观质量分析报告需进一步改进的最主要方面是完善统计指标体系。由问项 Q8 的结果知,66% 的调查对象认为影响现有宏观质量统计分析指标的主要制约因素是统计的基础研究不够。基于科学的研究,设计能够准确、真实地反映质量状况的宏观质量统计分析指标已经成为影响质量分析报告含金量的首要因素。这一点在问项 Q14 的统计结果中也得以印证,72% 的调查对象认为党委和政府满意的质量分析报告,主要是能够真实地反映本地产品的质量现状。

(六）评价对象为某区域生产和消费的产品质量

由问项 Q11 知,68%的调查对象认为地方质量分析报告所评价的产品对象应包括本地制造和消费的产品；由问项 Q12 知,57%的调查对象认为质量统计与分析的测评对象是产品质量。

(七）对宏观质量分析报告的发布频率分歧较大

根据问项 Q13 的统计结果,40%的调查对象认为质量分析报告的发布周期应是一年一次,29%的调查对象认为发布周期应是每半年一次,27%的调查对象认为发布周期应是一个季度一次,只有4%的调查对象认为发布周期应是一个月一次。

第四章　主要统计分析指标的一般性研究

一、主要统计分析指标的选取

统计指标的定位反映了指标体系建立的基本诉求，但单纯地了解这些基本诉求是远远不够的，必须找到满足这些诉求的正确途径，才能使所研究的宏观质量统计分析指标体系真正具有实用价值。因此，要使指标评价结果真正有价值，除了必须站在使用者的角度去全面地考虑需求以外，还必须要符合指标建立和操作的一般性规律才行。

一套符合一般性规律的指标应当能够得到多方认同，应用范围是非常广泛的，而且这个应用范围在很长时间内是相对稳定的。同时，统计分析指标体系还要反映出趋于总体的趋势和速度。因此，指标需要能够进行比较，尤其是纵向比较。为了能够使不同时期考察的状态具有可比性，必须设定相应的周期，有规律地统计和发布指标结果。

对通行成熟的指标体系的界定是：(1)应用范围广泛：指标在国际上至少有20个国家都在使用，尤其是经济较为发达的国家；(2)生命周期较长：指标建立至今有超过10年的运行期；(3)发布规律性强：每年在固定的时段公布指标；(4)与社会受众联系密切：绝大多数知识分子知道指标名称并对指标有不同程度的认识。

值得说明的是，当前企业使用比较成熟的、通行的质量管理体系有ISO9001、六西格玛管理和HACCP质量管理体系等，并不在本书研究范围之内。主要原因有如下两点：第一，这些管理体系都是基于微观质量的管理控制手段，与区域宏观质量管理的管理对象并不相同。第二，这些管理办法都是一些质量体系，而不是具体的指标，尽管这些管理体系可以转化为某些考核指标，比如衡量企业已经达到6西格玛的程度，是在一百万个机会里，只找得出3.4个瑕疵。基于以上两点,这些成熟的质量管理工具,并不在参考范围之列。

基于通行成熟的指标体系的界定,我们初步选定了以下5个符合条件的指标,分别是:国内生产总值(GDP)、消费者价格指数(CPI)、人类发展指数(HDI)、宏观经济景气指数和全要素生产率(TFP)。

二、对选取指标的分析

(一) 国内生产总值(GDP)

国内生产总值是我国使用最广泛的宏观经济指标之一,这也是目前各个国家和地区常采用的衡量手段。通常情况下,GDP是一定时期内(一个季度或一年),一个国家或地区的经济中所生产出的全部最终产品和提供劳务的市场价值的总值。GDP不仅是考核物量的总指标,还能够通过比较值显示GDP的发展速度来反映国民经济的发展情况。

1. GDP所考察的对象必须是地区内的常驻单位

常驻单位是一个静态的概念,相对于短期内存在的少量低于一定规模的企业来说,常驻单位在数量和经济贡献方面所占比例是非常大的,大到可以在统计过程中忽略非常驻单位对统计指标的影响。因此,对于常驻单位的规定将大量不稳定的"残差"对象挡在了统计门槛之外,不仅减少了统计对象的数量,也保证了一段时间内统计对象的稳定性,这种稳定性不仅降低了核算对象的统计工作量,还保证了统计指标计算结果的可比性。对于常驻单位的时间长度规定,要在1年以上。

2. GDP的统计范围是最终产品

最终产品是与消费者距离最近的产品,尽管中间产品可以进行交易并产生经济价值,但这些经济价值都将在最终产品中得到集中体现。因此,不将中间产品计入统计范畴,直接避免了由于重复计算造成的统计结果错误。这样做的好处是在不影响结果的情况下缩小了对象的范围,简化了数据采集工作的难度,也保障了统计结果的稳定性和可比性。

3. GDP强调统计对象必须是市场活动导致的价值

GDP仅仅是各种最终产品在当期市场上达成交换的价格。这种价值的计量方式没有把生产出来尚未销售的产品纳入到统计当中。由于库存产品在市场需求的波动下可能升值也可能贬值,每个企业对这些产品的价值核算都有自己的统计口径,而且统计起来也非常繁琐。直接选取市场上已成交产品的价格,避免了库存产品价格核算的差异,保证了统计数据的准确性和时效性。从这个角度上讲,人们更喜欢采用支出法作为计算的主要模型,公式为 GDP = 总消费 + 总投资 + 净出口,反映了当期生产的国内生产总值的使用及构成,分类明确、框架清晰。

4. GDP 环比和定基两种发展速度可以相互转化

使用最常用的支出法进行核算,如果用 $Q_1, Q_2, \cdots, Q_n$ 代表各种最终产品的产量,$P_1, P_2, \cdots, P_n$ 代表各种最终产品的价格,则 GDP 的公式是:$Q_1 P_1 + Q_2 P_2 + \cdots + Q_n P_n = GDP$。在用这种核算方法衡量物量的时候,环比发展速度的连乘积等于定基发展速度(如公式 4-1 显示)。

$$\frac{\sum Q_{2003} P_{2000}}{\sum Q_{2002} P_{2000}} \times \frac{\sum Q_{2002} P_{2000}}{\sum Q_{2001} P_{2000}} \times \frac{\sum Q_{2001} P_{2000}}{\sum Q_{2000} P_{2000}} = \frac{\sum Q_{2003} P_{2000}}{\sum Q_{2000} P_{2000}} \qquad 公式(4-1)$$

公式(4-1)中确定的基期为 2000 年,以 2000 年的产品价格为不变价。当基期定为非 2000 年以外的年份,所得出的 GDP 是否会有变化将直接影响对数据的分析。而 GDP 的计算表明:

$$\frac{\sum Q_{2003} P_{2002}}{\sum Q_{2002} P_{2002}} = \frac{\sum Q_{2003} P_{2000}}{\sum Q_{2002} P_{2000}} \qquad 公式(4-2)$$

公式(4-2)显示,按不变价计算的增加值,不论价格以哪年为基期,由此计算出的 GDP 发展速度都相等。从这个角度来说,GDP 的计算剔除了现期市场价格衡量的价格变动因素,反映一定时期内国内生产活动最终成果的实际变动,使评价得出的比较值更加客观,可比性和说服力更强。

GDP 对指标对象的定位,在这四个方面的操作不仅保证了指标在一段时间内的统计稳定性、结果的经年可比性,又大大降低了统计工作的难度和任务量。

(二) 消费者物价指数(CPI)

消费者物价指数作为又一项使用广泛的宏观经济指标,反映的是由与居民生活有关的商品及劳务价格统计出来的物价变动指标,反映了某一国家或地区的消费品的价格水平的变化,以百分比变化为表达形式。

1. CPI 计算使用的理论框架大多为"固定篮子指数"

在编制 CPI 时,有两种不同的理论框架:一是固定篮子指数(Fixed-basket index)理论,另一个是生活费用指数(Cost-of-living index,缩写为 COLI)理论。我国选取的理论框架是多数国家采用的固定篮子指数,假设所选的代表性产品篮子为 $q^b = (q_1^b, q_2^b, \cdots, q_n^b)$,对应的价格向量为:$p^t = (p_1^t, p_2^t, \cdots, p_n^t)$ ($t = 0, 1$)。于是,固定篮子指数可表示为:

$$\frac{\sum_{i=1}^{n} p_i^1 q_i^b}{\sum_{i=1}^{n} p_i^0 q_i^b} \qquad 公式(4-3)$$

固定篮子指数最大的特点就是可观测性强,如公式(4-3)所示,CPI指数计算时使用的两期支出都是基于真实价格数据编制的,不包含虚拟计算的成分,可以直接观测得到,因而可以直接计算。而生活费用指数中,分子与分母至少有一个是根据效用水平不变以及消费者的理性消费行为得到的最小支出,效用是消费者通过使用某一消费品或服务得到的,不能直接观测到,因而生活费用指数一般不能直接计算。即使经过转化将消费效用纳入计算,这种虚拟定价的处理方法仍然带有极大的主观成分,会因为不同主体对效用水平的主观评价不同造成CPI指标编制的误差过大。

2. CPI 所考察的对象与消费者生活的直接相关

CPI 所考察对象都是与消费者直接发生关系的最终产品。对于 CPI 所考察的内容,我国统一执行国家统计局规定的"八大类"体系,即指数的构成包括食品、烟酒及用品、衣着、家庭设备用品及维修服务、医疗保健及个人用品、交通和通信、娱乐教育文化用品及服务、居住等八大类,每个大类中又包含若干个具体项目,总共 262 个基本分类,约有 700 种左右的代表规格品。这种选定方式确保 CPI 衡量的,是消费者真实生活的物价水平。

3. CPI 对考察对象的选取所采用的是重点调查的方法

对于我国 CPI 的计算,穷尽所有产品的价格是非常困难的,这不仅会带来巨大的工作任务量,还会使 CPI 所要反映的情况或趋势受到个别现象的影响。由于 CPI 反映的是物价变化的主要情况和基本趋势,因此,CPI 对"篮子"产品和价格的选定采用重点调查的方法,选取标志值在总体中所占的比重应尽可能大的少量企业作为样本企业,以保证有足够的代表性,比如选取规模以上企业作为样本,对它们进行调查就能够反映全部现象的基本情况。而且,选取的样本一般是那些管理比较健全、业务力量较强、统计工作基础较好的单位。

4. CPI 所考察的对象的权重根据与消费者生活的密切程度确定

在选定考察对象之后,对考察对象的权重分配问题,CPI 也没有将所有考察对象的权重进行平均分配,而是根据这些参考对象与消费者生活的密切程度来确定。我国在 2006 年考察 CPI 项目的构成权重如表 4-1 所示:

表 4-1 CPI 考察项目权重分配一览表

序号	类别	权重(%)
1	食品	33.2
2	娱乐教育文化用品及服务	14.2
3	居住	13.2
4	交通和通信	10.4
5	医疗保健及个人用品	10.0
6	衣着	9.1
7	家庭设备用品及维修服务	6.0
8	烟酒及用品	3.9

表格数据来源:国家统计局官网。

从表 4-1 可以看出,产品权重以与消费者联系密切程度为基准,与消费者生活最密切、消费者敏感度最高的物价所设的权重最高,距离消费者生活越远,消费者感知越不灵敏,权重越低。比如食品是任何人都无法缺少的,给食品分配的权重最大,烟酒相对于衣、食、住、行的需求就显得不是很大了,所以分配的权重最小。而且,这个权重可以根据不同时期、不同地域的实际情况进行调整。比如当房价涨幅过高,引起消费者更高的关注度,则居住类价格在 CPI 中权重也相应地由 2000 年的 9.7% 提高为 2006 年的 13.2%,而 2006 年美国的居住类价格在 CPI 中的权重为 42.1%,远远高于中国任何时期的数值。

CPI 无论是从对象上的选择,还是权重的确定,都体现了一种"目的决定论",即对 CPI 的测量取决于 CPI 的测度目标,由于当前大多数国家将 CPI 作为一种宏观经济指标,测量 CPI 的主要目的是测度通货膨胀,因此这些国家都采用固定篮子指数及相匹配的方法,反映的是消费品和服务的实际交易价格;而当 CPI 的主要目的是为了衡量生活费用的变化和调整补偿或收入、保持货币的购买力时,这些国家更愿意采取生活费用指数及相匹配的方法。

(三) 人类发展指数(HDI)

人类发展指数是由联合国开发计划署在《1990 年人文发展报告》中提出的用以衡量联合国各成员国经济社会发展水平的指标。衡量人类发展水平的指标有很多,不同的角度、不同评论者在不同的时期对"发展"的评价都是不相同的,从这个意义上来讲,HDI 是一个主观性极强的指数,对该指数的界定,最关键的是如何看待"发展"的概念,然后将这个主观概念分解成客观分指标,并进行量化考量。

1. HDI 只选取最基本的人类成就的代表性指标

对于"发展"这个概念,联合国制定该指数的初衷是从测度人文发展的水平入手,力求能够反映所有成员国的进步程度。而联合国的 191 个成员国的发展类型和其所处的发展阶段是不一样的,在衡量社会发展程度时,显然不能将这些国家分门别类,使用不同的计量口径进行统计,那么,既然要对这些国家进行可横向比较的发展程度衡量,就必须从这些国家的共同点入手,而这些共同点,同时也是最基本的人类成就。因此,HDI 对项目的设定只是停留在"达标性"指标的层面上,只判别发展状态是否合格,而对那些"提高性"的指标不进行测算,给"发展"给出的基本定位是:健康水平、知识水平和生活水平。

2. HDI 将代表性指标按优先发展项进行客观性转化

健康水平、知识水平和生活水平,这三个分指标都带有一定的主观色彩,从主观指标反映内容的最基础层面切入设定分指标,基于"最基础层面"的定位,将这三个指标分别量化为"出生时预期寿命"、"成人识字率(2/3 权重)及小学、中学、大学综合入学率(1/3 权重)"和"人均 GDP 的对数"。而且,HDI 对所选定的分指标的量化考核也都是从最基本的要素入手,这些基本成就,对于任何国家都是适用的。而且这些指标的计算也简单易行,比如受教育程度用成人识字率(2/3 权重)及小学、中学、大学综合入学率(1/3 权重)共同衡量,而不是学生的在校平均年限。这是因为计算在校的平均年限的公式很复杂,而且需要大量的数据,增加了统计工作的任务量,而且得到的结果并不全面。

3. HDI 代表性指标的考察覆盖面广泛

HDI 指标自从推出以来就不乏批评者,反对的意见无外乎对 HDI 考察意义的怀疑,认为发展的内涵很大,而该指标只选择了三项进行评价而忽略发展的其他要素。而事实上,HDI 最大的优点正是概括了人类发展最基本的目标、反映了发展最重要的维度,同时并未忽略发展内涵的广泛性。HDI 通过这三项最具代表性的基础指标,同时还考察了诸如公平、贫困、政治自由和环境等其他有关"发展"的重要因素。

知识水平无疑与经济发展的总体水平是相关联的,同时与政治环境、文化宗教传统相互影响;健康水平同样与经济发展、生存环境能够相互映射。比如,Barro 早在 1997 年就发现,一国的民主倾向随着该国的小学入学率的增长而增长;而一个贫困和不公正盛行的国家又是不可能达成高寿命和高教育指标的。近年来越来越多的研究显示,较长的生命、接受初等教育和高等教育的人数的增加进一步促使人均 GDP 的增长,而教育和健康与经济增长是在互相促进和协调中发展的，HDI 反映了这种动态关系。HDI 的生命预期和教育指标可以帮助我们判断一个国家是如何有效地将经济增长转化为人民生活质量的改善。

因此，HDI 选取最基本的指标结构在考察人类优先发展项时，围绕着经济发展的主线，拓宽考察范围，使决策者能够深刻地认识到发展的真实状况、存在何种差距以及弥补差距所需采取的政策措施。

4. HDI 能够通过调整分指标和数值的定位来响应社会发展要求

对基本成就的衡量，HDI 可以通过变更指标的计算公式来响应社会的进步，当某个分指标的变量不再具有代表意义时，HDI 可以将该分指标进行重新定位，比如组合的小学、中学、大学注册率已经取代了"在校平均年限"变量。同时，HDI 还可以通过调整指标设定的最小值来体现指标的时代意义。HDI 为每个分指标都设定了最小值和最大值，将实际值与理想值和最小值联系起来，这样使考察对象能够清楚地认识到实际值与达标点之间的距离，还可以通过调整最小值和最大值的数值定位，来响应社会发展对指标变动的要求。比如最小收入值也从人均实际国内生产总值 200 美元修正到 100 美元。这类举措无形当中延长了这套指标的使用寿命。

HDI 的指标设定从最基本的人类发展成就入手，不仅简化了主观指标考察的多面性和复杂性，也为主观指标的客观转化提供了依据，同时这些指标的选择也间接地考察了人类发展的其他若干重要要素。对指标基准点的设置从侧面延长了指标的使用寿命。

（四）宏观经济景气指数

宏观经济景气指数的统计工作选取的对象是与经济状况直接相关的当前经济基本走势，采用动向分析方法筛选出具有代表性的指标，建立一个经济监测指标体系，并以此建立各种指数或模型来描述宏观经济的运行状况和预测未来走势。由于这套指标的描述和预测功能，该指标体系也被称为宏观经济的"晴雨表"或"报警器"。

1. 宏观经济景气指数的主观评价源于经济的客观状态

宏观经济景气程度本身就带有明显的主观性。这套指标之所以能够用客观经济的发展状况来反映一个主观的"景气"概念，首先是因为经济本身在客观上存在着周期性波动，这些周期性的波动折射出的经济状况直接影响着企业经营状况的好坏；其次是因为在经济波动过程中，经济运行中的一些问题可以通过一些指标率先暴露或反映出来，而这些客观指标的优劣程度将会通过企业家的主观感受得到体现。因此,经济学家和企业家们是通过一系列经济指标的显示结果来衡量当时的宏观经济是否"景气",比如钢产量、铁路货运量等。

2. 宏观经济景气指数对不同统计周期选择的统计对象不同

一般来说,对于同一套指数而言,指数所包含的统计内容应当是一致的。但对于卡斯特经济景气指数来说,由于指数的统计周期不同,选择的统计对象也不相同。对于长期(年度)周期来说,卡斯特指数选择的统计对象有 12 类 1020 项指标,包括国民经济综合平衡指标、人口与劳动力指标、财政金融指标、农业指标、工业指标、交通与邮电指标、固定资产投资指标、商业指标、物价指标、人民生活指标、对外贸易指标、建筑业指标;而对于短期(月度)周期来说,卡斯特指数选择的统计对象有 8 类 397 项指标,包括工业指标、交通与邮电业指标、商业指标、外贸外汇指标、财政金融指标、价格指标、固定资产投资指标、物资指标。在对比长短周期的统计对象时,不难看出,对于国民经济综合平衡指标、人口与劳动力指标、人民生活指标和建筑业指标,卡斯特指数只在长期统计中采用,这是因为短时间内,人民的生活水平状态不会有明显的变化,统计是没有价值的。而对于短期统计使用的"价格指标",在长期统计中被换成"物价指标"。

3. 宏观经济景气指数能够监测经济发展的真实状况

通常意义上讲,景气指数是通过扩散指数法计算得到的,也就是通过计算要描述的整体中样本状况"好"或"上升"等正向状态的比重和"不好"或"下降"的负向状态比重,用正向的比重减去负向的比重后的平衡差。但是,一旦经济进入高速增长阶段,这种方法计算所得到的结果前后就会存在很大差异,以至于无法继续提供有效的景气变动预测,也无法反映经济的波动幅度。因此,采用合成指数法刚好能够弥补扩散指数法在这方面的不足。

合成指数法包括一致指数、先行指数、滞后指数、预警指数。一致指数由工业生产、就业、社会需求(投资、消费、外贸)、社会收入(国家税收、企业利润、居民收入)等 4 个方面合成;先行指数是由一组领先于一致指数的先行指标合成;滞后指数是由落后于一致指数的滞后指标合成得到;预警指数是把经济运行的状态分为不同的级别,反映不同的宏观经济景气程度。通过合成指数法的监测,宏观经济景气指数不仅能够测度周期性衰退的范围与程度;还可以通过经年的对比迅速地监测世界性的衰退和复苏,并评价对外贸易前景;同时,还能够对通货膨胀提出预警信号。

4. 宏观经济景气指数具有预警与评价功能

一般的,景气指数的表示范围为 0~200 之间。100 为景气指数的临界值,表明景气状况变化不大;100~200为景气区间,表明经济状况趋于上升或改善,越接近200越景气;0~100为不景气区间,表明经济状况趋于下降或恶化,越接近0越不景气。然而,对宏观经济"景气"程度进行评价时,如果按照这3个景气区间所得到"乐观"、"一般"和"不佳"3种状态来划分级别的话,就会忽略得分过高或过低所反映的深层次的危害。比如西方在20世纪50年代中期开始的经济高速增长给后来的经济发展带来各种弊端,说明经济"过热"如同经济衰退一样也是应该避免的,而不能因为得分很高而过分乐观。

因此,宏观经济景气指数中的预测指数把经济运行的状态分为5个级别,"红灯"表示经济过热,"黄灯"表示经济偏热,"绿灯"表示经济运行正常,"浅蓝灯"表示经济偏冷,"蓝灯"表示经济过冷。经济景气监测预警系统中引进简单、直观的评价指标,能够引导使用方对经济波动的不同状态给出相应正确的评价。

对于宏观经济景气指数而言,指数本身表现为一个主观指标,与HDI一样需要设置达标区间来判断当前所处的状态。但与HDI不同的是,HDI的分指标同样具有明显的主观性,而宏观经济景气指数则是直接由客观分指标测算得到的。因此,为了不受客观指标计算结果异常的误导,使主观指标能够得到更加准确的评价,在设置评价等级的同时,指标也设置了预警信号来评价异常得分会带来的后果。

(五) 全要素生产率指标(TFP)

全要素生产率是衡量单位总投入的总产量的生产率指标,即总产量与全部要素投入量之比。全要素生产率的增长率常常被视为科技进步的指标。"全要素"的内容,包括了技术进步、组织创新、专业化和生产创新等,因此全要素生产率反映的是技术创新对生产的贡献程度,是一个国家(地区)为了摆脱贫困、落后和发展经济在一定时期里表现出来的能力和努力程度。这个贡献程度是与资金、劳动力和土地要素的投入情况做对比的。

1. TFP使用总合生产函数模型简单易行

总合生产函数又名C—D生产函数,关注的是资本、劳动和科技进步(技术进步)三个生产要素对产出的影响,并对各投入要素与产出之间的关系进行定量的描述和分析。其基本思路是:经济增长中扣除劳动力、资本投入数量增长因素之后,所有产生作用的其他因素的总和,都是由技术进步带来的。公式表达为:TFP=总产量-劳动、资本、土地要素的投入量。对于科技创新和制度进步对经济发展的贡献,一般来说是无法直接衡量的,对于全要素生产率的计算,既然全要素与资金和劳动力共同组成生产的投入要素,C—D生产函数从要素的构成上揭示了广义技术进步对经济增长的作用。在对 TFP 进行计量时所要用到的数据大概有：劳动投入、资金投入、产出量、单位劳动工资等。从数据可获得性角度分析，这些数据在区域统计资料中可直接或通过计算获取。可以说，TFP 的计算工作具有良好的统计基础。

2. TFP 的计算结果可以直接反映各种因素的经济贡献率

当选择使用 CES 模型时，CES 将技术进步分为体现型和非体现型技术进步。体现型技术进步是伴随新要素质量的提高而产生的技术进步，如因劳动质量的提高而产生的技术进步；非体现型技术进步是指不依赖要素质量的外部因素作用产生的技术进步，如管理水平的提高，资源配置更合理等等。不难看出，体现型技术进步指的是一种较为广泛性的普遍的要素质量的提高，那么，既然技术进步中体现型技术进步说明的是要素质量的提高对于经济增长的影响，TFP 的计算结果就可以直接反映各种因素（投入要素增长、技术进步和能力实现等）对经济增长的贡献，识别经济是投入型增长还是效率型增长、确定经济增长的可持续性。因此，TFP 作为经济增长源泉的分析工具是切实有效的。另外，通过全要素生产率增长对经济增长贡献与要素投入贡献的比较，就可以确定经济政策是应以增加总需求为主还是应以调整经济结构、促进技术进步为主。这使估算全要素生产率成为制定和评价长期可持续增长政策的基础，体现了 TFP 的存在价值。

三、选取指标对宏观质量统计与分析的借鉴

通过对国内生产总值（GDP）、消费者物价指数（CPI）、人类发展指数（HDI）等国际上通行的成熟指标体系的分析，可以得到这些典型指标的某些共性特征，这些特征作为通行指标的一般性特征，应当同样适用于宏观质量统计分析指标体系的构建。

（一）指标的评价对象为最终消费品

以上国内生产总值、消费者物价指数、人类发展指数等指标之所以为大众所了解和关注，最关键的是这些指标与人们的需求高度相关。国内生产总值将指标的评价对象设定为地区内常驻单位的最终产品，而不是中间产品，指标所关注的正是使用者能够感受到的，相应的，人们对国内生产总值的敏感度就高。同样的，消费者物价指数的指标评价对象是与人们生活息息相关的最终消费品，直接作用于人们的生活成本；人类发展指数关注人类社会的最基本成就，是所有人都

能够接触得到、所有国家都会关注的发展问题；宏观经济景气指数则把范围锁定在与经济状况直接相关的经济基本走势方面，避免了其他要素对景气程度的干扰；全要素生产率指标考察的对象是技术进步，能够指导使用者准确把握科技创新在投入中所占的真实比重，避免资源浪费。

宏观质量统计与分析所要达到的效果，除了反映宏观质量状态以外，最重要的是要反映宏观质量的安全状况。最能够感受质量安全的人群就是消费者，而与消费者直接相关的就是消费者通过使用能够感受得到的质量，也就是最终消费品的质量。因此，宏观质量统计分析指标也可以将统计对象转向最终消费品。另外，宏观质量统计分析指标的评价对象应当是"不合格"的、直接危害消费者人身健康与安全的重点产品。举个例子，该指标的官方评价对象是小轿车的质量，无需对汽车油箱和汽车地毯等可能构成汽车产品安全的零配件进行官方检测，这些产品的质量检测主权应当交给企业，企业根据这类零配件的行业标准来自行判定产品的安全性，并对该判断负责。

（二）权重设置以消费者的感知为基准

以上国内生产总值、消费者物价指数、人类发展指数等评价指标，均是以不同权重的分配来实现对重要性的表达的。例如消费者物价指数就是按照考察对象与消费者联系的密切程度来分配权重，这样既考察了消费者日常生活所必需的消费项目，又合理地反应了不同项目对消费者生活的影响程度。国内生产总值计算中的现价/不变价，从某种意义上来说，也是一种权重，反映了特定项目对国民经济的贡献程度；人类发展指数认为三个分指标内容对人类发展的意义是同等重要的，因此平均分配权重，但是在对待教育程度分指标时，则认为"成人识字率"这个观测变量的意义比"小学、中学、大学综合入学率"更重要，因此给前者分配的权重就较后者要大，是后者的 2 倍；宏观经济景气指数则以国民经济各行业的增加值比重为权数，反映不同行业对国民经济景气状态的贡献；全要素生产率指标的计算中，劳动份额与资本份额也是一种权重，考察了配额大小对增长率的贡献程度。

（三）将主观统计指标客观化

在指标评价中，当指标存在主观判断的内容时，不可回避的是要将主观指标客观化，并给出数量关系，才能全面地反映指标的真实内涵。在国内生产总值、消费者物价指数、人类发展指数等指标中，人类发展指数和宏观经济景气指数是典型的具有主观评价内容的指标。"发展"的程度，无疑是一个主观性很强的概念,HDI对于"发展"程度的客观表达,首先将"发展"分解成为不同个体主观评价共同关注的对象,再从这些对象最基本的表现内容入手,将各对象的最基本表现设置达标值,从而得到客观的得分。宏观经济景气指数,同样是通过主观指标的分解得到可以观测的客观评估数据,通过客观数据的处理得到指标的得分。

主观指标与客观指标之间存在着不可分割的内在联系,客观指标能够通过顾客的主观体验得到反映,主观指标的得分较高往往是产品的客观属性使然,这使得主客观指标之间的相互转化成为可能。由此,对于主观指标的衡量,就可以参考 HDI 和 TFP 对主观指标的客观化方法,先将主观指标进行分解,再寻找主观质量中最具代表意义的部分,也就是质量的优先发展项,作为主观指标的考量切入点,并设定符合发展阶段的公式和极值。

(四) 明确界定具体指标的考察范围

指标体系对于具体指标的考察,首先必须准确地界定具体指标的考察范围,对于某些界定范围有困难的分指标,可以借助与其他分指标的关系来确定。这样既全面地考查了总体指标,也能够准确地对总体指标中的某个界定模糊的方面进行评价。在对全要素生产率指标 TFP 的计算中,"技术进步"的考察范围比较宽泛,考察内容也很多,不同行业对技术进步的使用角度也不相同,全要素生产率指标 TFP 的计算采用 C—D 生产函数,用减法从总体中扣除其他容易界定的分指标,就可以得到那些不容易评价的分指标的得分。

既然宏观质量统计分析指标的分指标设定,包含主观指标和客观指标两个方面,不可避免地要对主观指标进行观测,一旦遇到界限模糊的主观指标,不进行评价,会影响宏观质量统计分析指标评价的总体性,进行直接评价又很难界定其范围,这时可以效仿 C—D 生产函数的做法,选择从其他项目中剥离出来的方法获取,让使用者能够通过指标得分观察到判断性的结果,直接从指标得分中看出问题所在,弄清解决问题的方向。在这点上,全要素生产率的借鉴意义是十分明显的。同时,体现型技术进步的计算方法同样适用于宏观质量统计分析指标的计算。这样,宏观质量统计分析指标不仅可以满足政府作为主要使用者对宏观质量统计分析指标的使用要求,同时也满足了消费者和生产企业作为宏观质量统计分析指标的间接使用方对宏观质量统计分析指标的需求。

另外,宏观质量统计分析指标涉及的评估对象众多,统计所需采集的数据量也很大,在使用相关性评价分指标时,面临着大量直接相关的和间接相关的具体指标,在测量评价范围模糊的分指标时,可能由于模型过于复杂导致这类分指标的测量失误。这就需要在设计指标体系时要注意指标模型的简洁,使用的数据可获性强,尽量避免数据的重复采集。

(五) 指标应具有预警功能

指标的评价结果数据在反映状态的时候,应当能够令使用者从中看到事物发展的某种趋势,面临的威胁或机遇,这就需要使用者在判断事态发展时必须有据可查。宏观经济景气指数正是这样一类指标,景气指数不仅反映了经济发展的状态如何,还能够通过不同达标点的设置,预警经济景气状态中存在的问题。

人类发展指数 HDI 在指标评价时也设定了理想值与达标值来衡量社会发展的程度,并通过调整达标值和理想值的大小,来响应社会的不断进步。其他指标也是一样,国内生产总值的增长速度超过 8% 时,一般认为国民经济"较快增长";同样地,消费者物价指数也有预警测量值,基于统计经验,一般的 CPI 变化都在 0 到 3% 之间,欧美近些年的变化在 2% 上下浮动,由此,我国对通货膨胀警戒线的规定为 CPI 值等于 3%。

宏观质量统计分析指标也应当是一类"预防性"指标,而不单单作为滞后指标对质量状态进行评估。预防性指标既可以作为产品流通的许可证,也可以作为监管指标进行事后处理参照的依据。

(六) 采用环比评价发展速度

不同的基期发展速度可以为指数测评提供不同的参考内容。国内生产总值既可以采用环比,又可以采用定基方式,通常见到的都是环比的情况,因为可以直观地看到一个连续的变化趋势。而对于定基的方式,则可以考察到总的发展速度的变化,而两者是可以相互转化的。

宏观质量统计分析指标,既可以采用环比发展速度计算,又可以用定基发展速度计算。当要考察一段时间内的总体变化程度时,还可以通过环比结果的连乘得到定基结果。

— 第二编 —

基础理论研究

第五章 宏观质量统计与分析理论

一、宏观质量统计与分析研究的目标需求

宏观质量统计分析指标体系的建立应该能够实现以下目标：

（一）真实反映宏观质量状态

就其本质而言，统计指标是对统计对象本质状态的一种定量化的表达。因而，宏观质量统计分析指标的首要目标，是要反映我国工业产品的总体质量状态；也就是要使企业、消费者，特别是政府决策机构，根据不多的几个数量化的指标，就能够比较准确地判断我国工业产品的总体质量现状。

宏观质量状态具有多维度的特征，因而需要不同维度的指标，才能综合反映其全貌。但是，展现宏观质量状态的特征，又必须把握其关键的变量，也就是要利用能够体现宏观质量状态的基本指标，来表达宏观质量状态的本质特征。

本章将通过最能反映宏观质量状态的分析维度，以及最能支撑这一分析维度的观测指标，来真实地反映我国工业产品的宏观质量状态。另外，宏观质量统计与分析的现阶段目标，是反映产品质量的总体状态，暂时不直接涉及工程质量、环境质量和服务质量的统计。但是，本统计指标在设计时采取总体设计、分步实施的指导思想是，给"大质量"预留可扩展接口，随着统计指标的不断完善，将适时分步将工程质量、环境质量和服务质量纳入"大质量"范畴，最终形成"大质量"宏观质量统计体系。

（二）支撑动态《质量分析报告》的形成

宏观质量统计分析指标的开发和确定，主要目的之一是为了满足我国各级政府形成《质量分析报告》的需要。《质量分析报告》的核心是动态地反映区域的

宏观质量状态,在此基础上分析产生状态的各种原因,并进而提出改进的对策和政策。不难理解,质量分析报告的基础是对宏观质量状态的判断,而这一判断的重要来源是定量化的宏观质量统计分析指标。

质量分析报告的主要服务对象是各级政府,这就要求宏观质量统计分析指标要体现政府管理宏观质量的定位,应该是政府视角的宏观质量统计分析指标。

不仅如此,质量统计分析指标要能通过动态的数据获取而更新。因为宏观质量的某些状态在一定时期内,比如月度、季度、半年度和年度的变化情况是不一致的,这就要求所选取的指标,基本上能反映宏观质量状态在对应时间段的变化情况。只有这样,政府才可以形成有价值的《质量分析报告》。

(三) 为政府宏观质量监管提供科学的决策依据

政府履行质量监管职能的根本目的,是为了给人民提供一个安全的消费环境,特别是要防止重大的质量公共安全事件的发生,降低产品质量安全的总体风险。

政府要履行这一宏观质量管理的基本职责,需要支撑这一职能的科学依据,也就是说,需要根据数量化的趋势性变动,判断宏观质量管理未来可能面临的风险,并进而采取有效的宏观质量管理的公共政策。因而,宏观质量统计分析指标体系的设计,必须要能以若干反映现状的数据为基础,推算得到反映未来一定时间段内宏观质量状态的变化趋势,并基于这一趋势提出质量安全的预警。只有这样,政府才有能力提前采取相应的预警举措,防止重大产品质量安全事件一旦爆发所产生的巨大危害。

(四) 为各地区和各行业的科学发展提供评价引导

统计指标既是对事物的一种评价,又能够对事物的发展起到强有力的引导作用。人们往往会基于某些关键的统计指标,来调整自己对事物的决策行为和资源配置的方式。

改革开放三十多年来,GDP等指标引导了各地区对经济发展规模和速度的追求,对我国的总体经济发展起到了重要的推动作用。但是,仅仅考虑数量指标的评价,这对我国的生态环境、资源消耗和普通民众的幸福感产生了诸多负面的作用。因而,中央才提出要加快转变经济发展方式,其实质就是从数量型的增长转向质量型的增长。要实现这一目标,就需要有相应的质量方面的指标,来评价各地区和各行业的发展状态,并通过这一指标来引导决策者不仅追求一定速度的增长,更要追求有质量的科学发展。

因而,宏观质量统计分析指标的设计,要能够对不同工业行业和不同地区的发展,尤其是以县为区域对象的质量水平,进行科学的评价。特别重要的是,要通过衡量和比较不同地区的产品质量,激励这些地区的决策者,使其在宏观质量统计分析指标体系的引领下,优化本地区的资源配置和决策行为,重视经济发展的投入产出、生态影响和消费环境等宏观质量统计分析指标的评价。

(五)总体设计与分步实施的有机统一

宏观质量统计分析指标的设计,特别是面对宏观质量现象的统计指标的设计,是一个庞大的系统工程,也是一项高难度的科学创新项目。这一指标体系的设计,受制于人们对宏观质量现象认识能力的局限。从哪些角度才能科学而真实地评价宏观质量现象,本身就是一个正在探索的科学难题。同时,指标的设计,还受制于国内外实践探索经验短缺的限制。尤其在中国这样一个地区差别极大的国家,进行区域间的质量统计比较指标的设计,就更具有实践和科学的双重挑战。

因而,宏观质量统计分析指标的设计要有一个中长期的规划,这不仅因为认识能力有一个发展的过程,也因为指标的实际应用需要工作机制的逐步配套。当然,不能因为以上的条件限制而裹足不前,而应该通过逐步的探索和实验,不断地推进指标体系的设计和应用,分过程实施,分时间推进,分阶段完善,积小胜为大胜。

二、宏观质量统计与分析的基本原则

宏观质量统计分析指标体系中变量的选择及其结构的设定,应该遵守一些基本原则。

(一)科学性

宏观质量统计分析指标体系的设计的科学性的最重要的含义是,把握宏观质量现象的本质特征,使指标能够真实地反映宏观质量的状态。

实际上,指标体系设计的难度,并不在于指标的本身的设计或计算上的挑战,而在于对宏观质量现象的分析,尤其是对其本质的准确把握。因而,统计指标设计的前提,是对宏观质量状态的分析,这是整个指标设计科学性赖以建立的基础。

同时,指标设计的科学性,还在于必须能够为政府的宏观质量管理决策提供科学的依据,也就是要基于政府公共行为的视角,来准确地定位政府在宏观质量管理中的职责。只有满足政府的宏观质量管理定位的统计指标,才能支撑政府的科学决策。

特别要说明的是,如果所选取的宏观质量统计分析指标,从表面上看非常容易获得所需的数据,也能够说明某一类产品的特征,但是如果不具有宏观性或总体性,那么该类指标实际上就没有达到科学性的要求。

(二) 可行性

宏观质量统计分析指标在满足科学性的前提下,也应该具备应用上的可行性。可行性的要求包括如下三点:

第一,数据要能够比较方便地获取。这些数据要么是政府质量管理部门多年工作长期使用的,要么是现有的工作条件下经过努力可以得到的。有些数据应该是权威统计部门多年已纳入统计口径的,能够比较方便地引用。有些数据虽尚未纳入统计范围,但其他政府部门或机构在现有的工作平台中已经有类似的数据获取渠道,只需增加相应的栏目,就能在工作中比较方便地获得。

第二,数据要能够比较方便地计算。所纳入的统计数据,一般需要从县级工作部门开始统计,这就要求对所获取的原始数据,能够进行规范的加总和计算,或者是有方便易用的公式,或者是有统计软件工具,使得具体工作的承担者能方便地应用。同时,市、省和中央各级部门,在对下级上报的数据也能够快捷地加总,并生成本级的宏观质量统计分析指标体系。

第三,工作条件要有保障。统计指标的应用取决于相应的人财物和管理能力的配套。一项指标的统计要有专职或兼职人员的配备,确定其工作量要考虑其实际工作负荷,这点对县级部门的工作人员尤为重要。同时还要有相应的经费安排,经费应该纳入正常的工作预算,使质量统计工作常态化,并随着经费的逐步增加,不断完善和充实统计指标。此外,统计工作的运行还需要一定的工作规范提供保障,例如相应的统计工作指南、操作规程和统计软件等。最后,工作条件中最重要的是管理能力的配套,包括工作流程的规范、考核与激励机制的建立、人员培训等方面。

(三) 全面性

统计的对象是工业产品质量,按照质量是一组固有特性满足要求的程度的一般性定义,评价产品总体质量的指标不能只是单一的维度,而必须满足以下的全面性要求:

第一，质量统计分析指标中应有符合性的指标，以此评价产品是否达到了一定的标准要求。我国自 20 世纪 80 年代开始使用的产品监督抽查合格率，就属于符合性指标。

第二，质量统计分析指标中应有适应性的指标，以此衡量产品满足顾客需要的程度。顾客满意度就是一种适应性指标，它从顾客的角度观测产品质量。更准确地讲，在指标设计上应实现符合性和适应性的统一，但应以适应性为主，因为从用户和顾客的角度观测产品质量，具有更大程度的客观性。

第三，质量统计分析指标中应有经济性指标，以此衡量质量本身所付出的成本，以及质量所带来的经济收益。质量之所以成为经济中一个特殊重要的要素，其原因就是来自于好的质量，可以带来不断增加的边际收益，而不好的质量则会产生巨大的企业和社会资源的浪费。因而，经济性的宏观质量统计分析指标，是反映质量属性的重要维度。

第四，质量统计分析指标中应有环境性指标，要能体现产品质量对生态环境的影响，也就是要从资源、环境和生态的角度观测质量。质量的获得，一般都是以自然资源的消耗为前提，资源消耗的高低与质量水平成反向关系，可以从资源消耗的水平，来观测质量的水平。另外，产品的生产、销售、使用和回收的各个环节，都直接影响了外部生态环境的质量。更为重要的是，人们约定俗成的"大质量"范畴，本身就包括了环境质量。

第五，质量统计分析指标中应有科技性指标。质量水平的提高，从根本上来讲，取决于科学技术进步和技术创新的能力。无论是标准的提升，还是产品工艺水平的提高，都直接取决于科技的投入。因而，对产品质量的统计，必须有反映科技能力的指标。

(四) 结果性

质量的统计和分析既能从最终的产品质量结果进行观测，又能从促进质量提高的某些关键性要素角度进行观测，后者也就是所谓的过程性指标，诸如企业采用国际标准的程度、认证的状况、计量水平、科技投入和创新能力、专利开发、实验室能力、人才拥有量等等，这些都是观测质量的过程性指标。这些过程性指标虽然是决定质量水平的因素，但毕竟不能直接等同于产品质量的最终水平。而且，这些指标究竟如何影响质量的最终水平，包括影响的权重、影响的方式都具有很大的不确定性。例如，纯经济投入指标，即资源和资本的投入量，并不能直接反映经济发展的质量，而只有通过劳动生产率、全要素生产率等结果性指标，才能反映经济发展的质量。

宏观质量统计分析指标的设计,应该选取能够反映最终质量状态的结果性指标。比如,因产品质量引起的对人的伤害率,就属于产品质量的结果性指标。当然,更为重要的是,所选择的结果性指标,要能够综合反映影响质量水平的过程性指标的状态。也就是说,测度质量的结果性指标,要能够直观反映技术进步、标准认证和管理能力的投入等因素。如新产品产值率指标,即新产品产值占全部工业总产值的比重,就能直观地反映技术、标准认证和管理能力的投入状态,因此该项结果性指标可以综合反映以上过程性指标。

(五) 可比性

由于所在区域、行业和具体产品形态的不同,作为宏观质量统计分析对象的各种产品的质量,存在多方面的差异,但是,作为统计指标的一般性要求,却必须抽象出它们相互之间的共同点,使之在这些共同属性上具有统计口径的一致性,能够通过相互之间的对比,评判质量水平的高低。

宏观质量的统计分析指标要满足三种可比性条件。第一,必须有属性上的可比性。不同的产品,都有其各自的质量表现形式,但是无论是哪一类产品都必然有其一般性的可比较的属性。例如,消费者对产品的评价或者采取的相应行动,就满足这种可比性的属性要求。对于消费者而言,他们是否愿意使用某些产品都有其共同的原因。厂商将自己的产品销售给销售商或消费者之后,除了商业性的原因之外,如果销售商或消费者将产品退还给厂商,一般而言都是因为厂商所生产的产品出现了显性的或潜在的质量问题,那么描述这一属性的统计指标"产品退货率",就具有对不同产品在产品质量属性上的可比性。

第二,必须有区域空间上的可比性。宏观质量统计分析指标的宏观性的一个突出要求,就是能够基于一个县域的指标加总为一个市域的指标,并进而加总为一个省域的宏观质量统计分析指标,最后加总为全国性的宏观质量统计分析指标。指标在行政区域层次上的逐级加总,就意味着统计指标生成的基础是县级行政区域。因而,基于某个行政区域所产生的宏观质量统计分析指标,就必须具有在不同行政区域之间的空间可比性。也正是因为宏观质量统计分析指标在区域空间上的可比性,它才能够发挥统计指标对不同地区质量政策和行为的引导性作用。

第三,必须有时间上的可比性。统计指标的功能和作用,在很大程度上取决于数据积累的长度,数据积累的时间越长,就越能发现统计对象运行的规律和特征。因而,宏观质量统计分析指标的设计,必须充分考虑该项指标在未来一段时间是否具有稳定性,而稳定性则来源于该项指标是否反映了质量状态的某种本质特征。只有反映产品质量的本质特征的指标,才具有稳定性,也才能够具有时间上的可比性。例如,"质量损失率"就满足这种时间上的可比性要求。质量损失,是指因质量问题而产生的成本。毫无疑问,只要有产品生产的存在,就会有因质量问题而导致的质量成本或损失,无论企业的质量管理能力达到多么高的水平,质量成本都不会等于零。这项指标的稳定性存在,就会提供时间上的可比性。

(六) 趋势性

宏观质量统计分析指标不仅要反映当前的质量状态,还要能反映质量状态变化的趋势,从而为宏观质量管理提供科学的决策依据。

趋势性有两个内涵:第一,通过指标本身的变动反映质量状态的走向。一项指标的高低,特别是在不同时间段的变化,本身就能反映所统计的质量对象的变动。比如,政府部门长期履行的质量执法打假职能,是一项日常性的工作,所产生的打假货值的变化,实际上就能体现一个地方质量状态的变动。如果打假的货值在上升,则该地区的质量状态在恶化,反之亦然。这种指标反映的质量状态的变动情况,需要对指标的定量区间与质量状态水平之间的联系给予准确的解释。

第二,通过一组指标的变动,综合分析和预测未来质量变动的趋势。宏观质量统计分析指标之所以应该是由一组指标所构成的体系,原因就在于这一组指标分别从不同的维度反映了质量状态的变动情况,无论是正向指标的下降,还是负向指标的上升,都是从不同的角度告诉人们质量状态在恶化。如果一个地区质量违法货值率在上升,而顾客满意度在下降,就可以断定该地区质量状态在恶化。

三、宏观质量统计与分析的一般性

(一) 宏观质量是各种不同具体产品质量的加总

宏观质量的研究对象,实际上就是产品质量的总体状态。因此,需要通过对不同行业和不同企业的产品质量的微观观测,提炼这些产品共同的质量属性,来反映这些产品加总后的质量的总体状态。应该说,众多的具体产品质量的状态,构成了宏观质量的微观基础,没有对这些具体产品的质量的衡量,也无法得出整个宏观质量的总体状态。

由于具体产品的表现形态各异,其质量属性的状态也会有不一样的表现。

因而,需要抽象出这些具体产品质量的共同属性,才能加总为总体质量的状态。

衡量这些具体的产品质量的共同属性,首先要看产品是否符合社会、消费者或行业共同认可的某一类标准,以及满足标准的程度和比例。如监督抽查合格率或产品合格率,以及某些产品的出厂或出口检验合格率,就是衡量产品质量的一般性指标。特别重要的是,宏观质量管理的主体是政府,那么政府依照相关的法律规定,按照某些标准对产品质量的监督检查,以及所得出的合格率指标,是典型的加总后的总体质量状态。

其次,宏观质量还是产品进入市场之后消费者在消费过程中对产品质量的反映。衡量某一个企业所生产的产品的质量状态,最重要的是要看其进入市场之后消费者体验的结果,这种体验的结论以及所产生的各种行为,比如满意并追加购买,不满意并向厂商退货或索赔,尤其是大规模的消费者的集体行为的选择,都能够准确地反映产品质量的总体状态。诸如顾客满意度、质量伤害率等指标,就是从消费者角度衡量质量属性的状态。

最后,这种具体产品质量加总,并不是指的对某一个地区所有生产的产品,进行逐项的加总,而是按照一定的抽样比例和权重设置,经过调查部分产品的消费者,得出产品质量的总体状态。比如,顾客满意度就是按照一定的置信度要求,通过对某一区域设定人数的顾客调查,得出该地区的顾客满意程度。在比较中国制造和美国制造产品的顾客满意度时,通过对该区域消费者对本地制造的产品质量的问项回答,就可以得出该地区产品质量的顾客满意度。

(二) 宏观质量可以反映和调控微观质量与行业质量状态

宏观质量是各种不同具体产品质量的加总,反映的是微观产品质量的状态。实际上,宏观质量统计的价值,是来自于它可以更加整体地反映微观质量的状态,便于人们从中找出影响具体产品质量的一般性条件和规律性因素。针对某一个具体产品,当然可以分析出影响其质量的具体因素,但是,通过对宏观质量的分析,更能找出影响具体产品质量的一般规律。这不仅可以更加深刻地把握导致具体产品质量的因素,更能够降低整个社会产品质量的投入成本。

影响产品质量,特别是影响企业产品质量行为的重要因素,是来自于市场的制度环境以及政府公共政策的引导。一个充分竞争的市场环境,特别是其公平、透明的市场规则,往往能够引导企业的质量行为向着与社会利益相一致的方向发展;而一个地方保护主义和潜规则盛行的市场环境,企业的质量行为一般都是以投机的方式来欺瞒消费者。因而,宏观质量的管理,就可以准确地观测出是哪些因素导致了企业具体质量行为的扭曲,并进而可以采取相应的公共政策,包括市场准入、技术法规和强制性认证等手段,来矫正企业的质量行为,提高具体产品的质量水平。

宏观质量的总量,既来自于具体产品质量的加总,也来自于不同工业产业在结构上的质量加总。通过宏观质量的观测,可以分析不同工业产业结构性的质量状态,得出是哪个工业行业的质量更好或者更差。比如,通过产品质量违法货值率的统计,就可以得出不同行业的质量水平的比较。再比如,通过出口产品质量退货率,也可以观测出我国出口产品质量的结构性特征。宏观质量统计分析首要的目的,是要促进和引导区域地方政府的质量公共行为,只有基于一个区域的总体质量状态的统计,才能促使其去分析产生这一总体状态的结构性因素,也就是不同的产业部门,对区域总体质量状态的影响。因而,在总体质量状态的统计中,以区域为基础进行观测有其科学性和合理性。在此基础上,应该更加细化地对不同产业和行业的质量状况进行统计。这一统计,更多的是在《质量分析报告》中,进行深入的展开。

(三)宏观质量的基础是控制最底线的质量标准

宏观质量的状态具有复杂性系统特征,其中最突出的特征是产品在被消费者购买之后,不仅会给消费者带来各种价值的满足,更有可能对消费者产生人身伤害或财产损失,这是宏观质量最为一般性的特征。那么,对宏观质量的统计与分析,除了要观测产品质量的价值创造外,更要观测它对社会可能带来的某些负面影响,也就是质量安全问题。因而,对具体的产品质量进行加总时,必须将质量安全的状态纳入统计范围。

实际上,对一个社会而言,产品质量的公共性,主要表现在它可能带来的对消费者的伤害,防止或减少产品质量对消费者的伤害,是一个社会底线的标准,也是一个社会对质量的最低容忍程度。宏观质量的加总,只有从这个角度而言才是有价值的。因而。统计总体的质量状态,其核心价值就是有助于一个社会把握底线的质量安全标准,通过对质量安全标准的观测和监督,来尽可能地减少产品质量对消费者的伤害。

宏观质量与微观质量的一个重大区别在于,宏观质量更关注产品质量所可能带来的伤害,也就是产品质量的公共性;微观质量在满足产品符合社会最底线标准的基础上,更关注产品质量所带来的价值,也就是产品质量在市场中的竞争能力,这种产品质量有明显的私人性。毫无疑问,宏观质量的公共管理部门更擅长于管理对一个社会来说具有公共属性的质量安全问题,而企业作为微观质量的管理主体更擅长于管理具有私人属性的质量竞争问题。

(四) 宏观质量管理的主要目标是推动质量发展

对一个社会来说,宏观质量管理的重要性不仅表现在要对质量安全进行有效的控制,还表现在质量要对社会经济的发展起到重要的促进作用。

首先,宏观质量管理的重要任务之一,是要提高质量本身的水平,其途径包括:不断提升总体质量的合格率;通过质量投入提高产品的附加值;加强质量管理、标准认证水平、科技投入以提高质量能力等等。因而,宏观质量统计分析指标的设计,要有助于分析影响质量能力提升的因素,引导质量管理行为和质量公共政策的选择。

其次,宏观质量的水平,还体现在产品品牌的丰富程度上。因为,品牌是质量的综合载体,它反映了一个社会质量综合能力的提高。被消费者认可品牌的市场份额的不断扩大,更是直观地反映了质量能力的提升。

再次,质量不仅影响着经济的投入产出,还影响着社会对资源的利用效率以及对生态环境的影响。宏观质量的统计指标,要能够测度这种影响的程度,并进一步提示管理者采取相关的措施。

以上几个方面,可以归纳为宏观质量中质量发展的状态。

(五) 宏观质量管理的核心主体是政府

宏观质量与微观质量一个重要的区别在于,微观质量的管理主体是企业,是企业或某一个私人部门,它们对质量实施微观层面上具体的管理。宏观质量管理是政府机构对总体质量的公共管理行为,其主体是政府。宏观质量的管理主体——政府,可以采取法律的、经济的和行政的公共管理行为,对总体质量进行监督和促进。因此,研究宏观质量管理,就必须研究政府质量管理的行为,包括政府质量监管体制的设立、政府对质量的立法或强制性技术标准的制定、政府对质量的强制检定等等。

质量统计与分析之所以是宏观质量管理的基础性建设,是因为政府要通过质量统计,来观测和判断某一个时间段内某一地区的质量状态,并进而基于这一质量状态采取相应的公共政策。实际上,宏观质量统计分析指标,虽然也可以服务于消费者和企业,但是它的主要需求者还是政府,因为这些总体宏观质量统计分析指标反映的并不是某一个企业或某一个产品的质量状态,而是总体的质量状态。实施宏观质量统计与分析,是基于政府的视角来把握现实存在的宏观质量状态,是政府为了采取相应的公共政策而进行的统计行为。

(六)统计分析指标要能反映总体质量状态的客观性存在

质量统计分析一组指标的设计,是为了客观地反映质量总体存在的状态。它对每一个区域或行业的质量状态,都是一种客观存在的数字化表达。因而,只要是纳入该体系的各项指标,就应该能够反映质量的总体状态。如果某一个区域没有某项指标所反映的质量存在的状态,则该项指标在这一地区就没有得分。这样的统计结果,不仅反映了该地区真实的质量状态,而且能够通过对这一指标的反映,影响该地区在这一统计指标下行为的调整和加强。

如我国各省、直辖市和自治区都开展了省一级名牌的评选,统计该项指标有区域现实的名牌评选行为的支持。如果该项指标纳入到整个统计指标体系内,就能够反映我国各地名牌评选的真实状况。那么,部分没有省级名牌产品的区域,在整个指标体系内,该项指标就不能得分。这样的统计结果,更能促进这些区域的政府去引导企业争取获得省级名牌,从而发挥统计指标体系对区域政府质量管理行为的引导作用。其他类似的指标也具有同样的效应。

(七)宏观质量在统计上的约束条件

宏观质量统计在技术上要实现的目标,主要体现在要得出一组能够反映该区域质量状态的若干具体指标。这组具体指标的选择,面临着如下一些约束条件:

(1)应尽可能选择已经在使用的指标。虽然现在还没有被广泛使用的宏观质量统计分析指标,但并不意味着没有支撑宏观质量的具体产品宏观质量统计分析指标。这些具体的产品宏观质量统计分析指标,不仅是宏观质量统计分析指标的重要来源,同时本身在长期的使用过程中,也具有相应的可行性和科学性。比如监督抽查的指标,就是一个在工作中被长期使用而又为人们所熟知的具体指标。

(2)应理性地暂时忽略已有指标的缺陷。从理论上讲,任何统计指标都有其缺陷,即使是国内生产总值这样的指标,也有诸多的不足。因而,对现有指标的选择,实际上就意味着对现有指标存在缺陷的认识。对存在缺陷的已有指标的选择,是一个在现有条件下,最为理性、最为现实的选择。如果因为现有具体指标存在缺陷,就不予以选择,几乎没有一个现存的指标是没有缺陷的。虽然可以从多个角度对现有的监督抽查合格率等指标的缺陷,予以指责和批评,但是,在多个统计分析指标的比较选择中,不得不承认这一指标的合理性和科学性。从另外一个角度说,正因为使用了这些有一定缺陷的现成指标,才可能对它的改进提出更为迫切的需要。

（3）应假设主观行为在指标统计过程中的中性。任何统计指标的实际产生，特别是数据的获得，都会受到人们主观行为的影响。具体指标的产生，如产品质量违法货值率，当然会受到某些地方保护主义主观行为的影响，从而使其具体的数值出现偏差。但是，辅以其他手段的分析和其他指标相关性的观测，一个地方的主观行为，不可能得出对客观存在事实的完全逆反的数值。同时，特别需要指出的是，宏观质量统计分析指标的产生，一定是来自于以县为基础单位的政府职能部门，并假定该部门的统计行为，从一般意义上来说是中性的，不会完全受到地方保护主义的主观行为偏差的影响。

四、宏观质量衡量的基本维度

（一）宏观质量的构成状态

依据对宏观质量一般性分析，可以得出一个基本的结论：质量安全与质量发展构成了宏观质量的基本状态，从这两个维度就可以判断出某一个区域在某一个时段内产品质量的总体状况。质量安全和质量发展，分别从两个最关键的角度反映了宏观质量状况。

第一个角度考察的是，宏观质量状态是否达到了社会所能容忍的底线。这种底线更多的是从政府强制设定的产品的安全性标准得到体现。安全性标准反映了消费者从产品中所能获得的最基本利益。一个产品要给消费者带来价值，首先就要不对消费者产生生理伤害，否则任何其他的产品功能和创新，对于消费者而言都没有实际的利益。因而，即使是在自由度最高的市场经济国家，一个负责任的政府也会通过各种不同的法规，为产品设定强制性的安全标准。所以，质量安全构成了宏观质量状态的一个基本方面。

第二个角度考察的是，宏观质量状态是否在不断地进步和提升。宏观质量在达到安全底线的基础上，需要通过不断的创新以及市场的充分竞争，来推进质量水平的不断提高。在这里，政府同样起着关键性的作用。如果说，质量安全底线标准的设立，政府更多的是从约束性的角度出发，控制总体质量的状态，那么，质量发展制度规则的建立，则是政府主要从激励性的角度出发，促进总体质量的向上突破和提升。政府在质量发展中的作用，主要表现在通过建立保护竞争的市场机制，以及设立导向性的政府质量奖项，来引导市场主体追求更高水平的产品质量。

总之，宏观质量的基本状态就是质量安全与质量发展的统一。那么，从质量安全与质量发展两个大的角度来观测宏观质量,就是宏观质量的基本衡量方法。通过质量安全与质量发展的衡量,可以得出对宏观质量的基本判断,也可以围绕着这两个最基本的维度,展开对各个区域或各个行业的质量状况的分析。

(二) 能够真实反映一个区域产品总体质量的水平

以上的分析充分说明,质量安全与质量发展是宏观质量的一般性特征。因此,对宏观质量的统计与分析,必须从质量安全与质量发展的角度出发,这样才能实现对质量状态的全面把握。

在分析一个地区在某一时段的质量状态时,只要有真实反映质量安全状态的统计数据,就能够判断这一地区质量状态的最基本的情况——该地生产的产品质量的总体水平是否达到了社会和政府所能容忍的最低标准。如果达到了,则认为该地的产品在总体上是安全的,其消费的环境是正常的。如果没有达到,则断定该地的产品在总体上存在着非安全性,对消费者而言具有现实的和潜在的风险。

质量发展的统计指标,则反映一个地区总体质量提升和进步的能力,也可以用它比较出一个地区相对于另一个地区质量先进的程度。从质量发展的角度,还可以观测出质量要素对经济发展的贡献,特别是对生态环境的影响程度。质量发展指标从正向的角度,体现了一个地区质量进步的水平。

总之,质量安全和质量发展,可以从两个不同的维度真实地反映宏观质量的状态。

(三) 能够支撑《质量分析报告》的形成

编写《质量分析报告》的主要目的,一是为了反映宏观质量状态,二是为了揭示质量状态的形成原因,使得政府能够采取有针对性的质量公共政策。

作为履行公共职能的政府部门,在质量领域的公共性行为,首先表现为对质量安全的管理和控制。政府设立专业的质量部门,其首要的目标是要管理和控制好质量安全,如果质量安全得不到有效的管理和控制,那么一个社会的产品质量的底线就会丧失,这会引起消费者对政府质量公共行为的不满。因而,政府对质量分析报告的第一个需求,就是该报告要能够真实地反映质量安全的状态,以及预测质量安全的趋势并提供预警,为政府的质量决策提供最必要的科学支撑。

宏观质量分析报告,必须围绕着质量安全的状态展开分析,而质量安全状态并不是一成不变的,今天的质量安全状态好,并不必然等于未来质量安全不会出现问题。因而,质量安全需要实时监控,也需要动态分析,这才是质量分析报告生命力的基础所在。

宏观质量分析报告,也需要反映一个地区在质量发展上的状态。围绕质量发展,质量分析报告可以展开对本地区质量合格率、质量满意率、由于技术创新和产业结构的调整所引起的产品品种及销售额的增加以及质量因素对生态环境的影响的分析。实际上,依据质量发展指标,还可以深入地研究一个地区中有哪些因素在促进质量的进步,或有哪些因素在影响质量水平的提升,从而更加全面地认识该地区的质量状况。

尽管宏观质量分析报告有众多需要分析和反映的质量状态,其结构与写法也会有不同的变化,但是其分析要围绕质量安全与质量发展两大主线展开。只有围绕这两大主线展开,它才能全面、客观地反映本地的产品质量状况,才能进行不同时间段宏观质量分析报告的对比。

(四) 能够为政府宏观质量的监管提供科学的决策依据

政府质量监管的目的,首先是有效地管理和控制质量安全。要实现这一目标,就必须有相应的质量安全的数据作为支撑。只有以质量安全数据为基础,才能提出科学的质量安全政策。目前各级政府质量监管部门,都将质量安全作为最重要的工作任务,希望降低质量安全问题所带来的风险。但是,所采取的措施概括起来就是"运动式执法",其效果已被广泛诟病。之所以出现这种政府质监部门自己也不满意的状况,其根本原因在于对质量安全状况的把握缺乏科学的数据支撑。

从另外一个角度看,无论是反映质量安全的数据,还是反映质量发展的数据,其变动的情况都可以揭示出未来质量状况变化的趋势。基于这一趋势,可以捕捉某些质量预警的信号。政府不可能在没有趋势性的预警信号的前提下进行质量公共行为的科学决策。

尚未构建宏观质量的有效衡量方法,这正是目前政府重处理、轻预防的主要原因所在。因而,测度质量安全和质量发展,并提供相应的统计指标,不仅是一项技术性工作,它还将在很大程度上转变和优化政府对质量的监管方式,提高政府的监管效率,有效地预防重大质量问题事件的发生。

(五) 能够为政府推进区域的科学发展提供评价引导

科学发展的行为和水平,需要有相应的指标对其进行衡量。虽然衡量的方法和指标有多个,但是基于质量安全与质量发展的衡量方法及对应的指标体系,无疑是其中重要的组成部分。其主要原因包括:

第一,无论什么样的发展方式,其根本的目的都是为了提高老百姓的幸福感,而幸福感的基础来源则是对日常消费的商品的信任,这种信任一定是建立在产品令人感到安全和放心的前提下。一个连日常消费的商品都让人不放心的消费环境,根本不可能让老百姓获得幸福感,社会的科学发展也就无从谈起。

第二,科学发展必须体现在不断地降低产品制造的投入消耗上,而质量发展的水平,指的就是在同样的消耗量上,因为标准、品牌等质量因素的进步,而使产品的产出得到提高。很显然,质量发展能力的提升,可以显著提高整个经济发展的水平。

第三,质量安全与质量发展指标的衡量,可以让不同地区的决策者认清本地科学发展的状态,并通过与其他地区的比较以及与本地区过去同类指标的比较,找到影响本地科学发展的质量因素,进而制定推进本地科学发展的质量政策和措施。

第六章　宏观质量统计分析指标的结构和论证

一、宏观质量统计分析指标与分析指标体系的结构安排

(一) 宏观质量统计分析指标体系

宏观质量状态表现出复杂性和系统性的特征,很难用一个单一指标反映其全貌。而且,宏观质量统计分析指标主要满足于政府的需要,指标的设计不仅要有反映质量状况的指标,还要有支撑决策的预警性指标以及反映质量对经济社会发展贡献的指标。所以,需要对宏观质量统计分析指标进行结构性的设计,以满足以上的综合性需求。

宏观质量统计分析指标体系中的基础性指标,必须是能够反映宏观质量状态的指标,它们必须能够全面而准确地反映当前总体质量的基本特征。

(二) 反映质量安全和质量发展状态的观测变量

正如要通过质量安全和质量发展这两个关键性的维度来反映一个区域总体质量的状态一样,同样需要通过抽取若干关键性的指标来反映质量安全和质量发展的状态。而反映质量安全和质量发展的这些指标,应该是能够直接地观测出安全和发展的状态。在此,将这一组指标称为质量安全和质量发展的观测变量。

(三) 宏观质量统计分析指标体系结构模型

基于上述讨论,宏观质量统计分析指标的体系结构模型如图 6-1 所示:

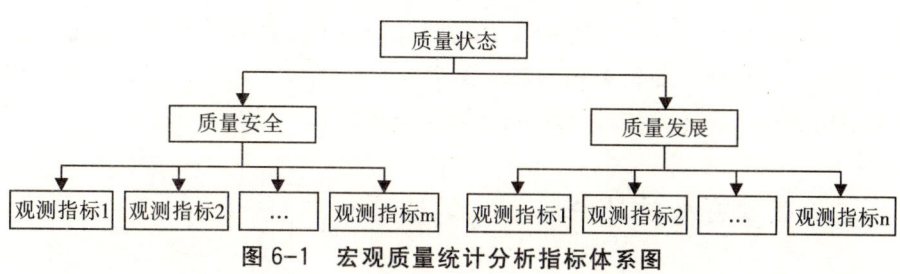

图 6-1　宏观质量统计分析指标体系图

（四）宏观质量统计分析指标体系应用——质量预警

政府对质量状态的需要,除了客观地掌握本区域的质量现状以外,还有一个同样重要的需求,那就是分析和预测本地未来的质量趋势,在趋势中政府最需要的是对未来风险的把握,也就是质量预警。质量预警实际上是对未来质量状态的一种趋势性把握,任何对未来趋势性的分析和判断,都必然地来自于对过去和现在所存在的状态的把握,只有对现状的回归分析,才能推演出未来的趋势预测。因而,宏观质量统计分析指标体系的一个非常自然的应用,就是它对未来的质量状态会起到趋势预测的作用。很明显,宏观质量统计分析指标体系中的任何一个观测变量的变动,都必然会引起未来的某种趋势性的变化。如:假设在"三鹿奶粉事件"发生前,有关于婴幼儿奶粉的顾客满意度的观测变量的测评,一定可以通过其大幅度下降的顾客满意度,预测该类产品在未来会出现极为严重的质量安全问题。我们将在宏观质量统计分析指标体系各个观测变量的研究基础上,进一步对其在质量预警中的应用进行研究。

（五）宏观质量统计分析指标体系的应用——质量分析

必须非常明确地指出,无论是前述理论的研究,还是基于政府对质量统计分析指标的需要,最重要的是要能够得出质量的结果性指标。因而,观测变量的选取是用某一数值表现了该指标的结果性状态。只有结果性的宏观质量统计分析指标,才能使人们对宏观质量统计分析指标所反映的客观对象得出科学而定量的判断。

但是,结果性的宏观质量统计分析指标的重要性还在于,人们会思考和追溯产生这一结果的原因,也就是说统计指标支撑人们进入质量分析的阶段。之所以将质量统计和分析,作为一个并行的研究课题,其原因就在于此。之所以可以作出比较科学的质量分析,也是因为客观地把握了质量的结果性状态。最为重要的是,结果性的宏观质量统计分析指标驱使人们去分析产生的原因,诸如导致质量结果的标准采用状况、认证认可状况、技术投入状况和地方政府的资金投入状况等因素。接着,可以将这些因素的定量化分析称为质量的过程性指标,通过对这些过程性指标的分析来找到影响结果性指标的原因。结论非常清楚,结果性指标用于质量统计,过程性指标用于质量分析。

二、质量安全统计分析指标的选取

通过大量的文献整理,以及对各种指标的分析和比较,有如下指标能够较好地满足衡量宏观质量安全状态的需要。

(一)质量伤害率

质量伤害是指产品质量问题导致的对人产生的生理伤害和人员死亡。伤害人数与当地总人口的比值,就是质量伤害率。

应该说,对质量安全最直观的观测,就来自于因产品质量问题而发生的人员伤害。无论从哪个角度来分析质量安全,质量问题对人的健康和生命的影响,都是最直观而显著的指标。这一比率的升降,可以准确地反映质量安全的状态变化。这一指标也具有相当程度的可观测性,这是因为,因产品质量的缺陷而发生的伤害是一个能够直接观测到的现象。此外,虽然可以采取多种措施去减少质量问题所产生的伤害,但是只要有产品的存在,就不可能完全消除这种伤害,因而,这一指标既具有相当的客观性,又是反映质量安全状态的一种稳定性的存在。

对于这一指标数据的获取,最佳的来源是医院的日常统计。绝大部分因产品质量问题而产生的对人的伤害,其受害者都会在医院接受紧急的救治,而医生基于病情诊断的需要,也会询问该伤害产生的原因。加之,现在的县以上的中心医院,一般都采用电子病历系统,只要在该系统中增加一项"是否因产品质量而导致"的统计功能,就能够比较直接地获取该项数据。如能得到卫生主管部门的支持,并尽量简化该项判断的复杂性,则该项数据的获取就具有更大的可行性。

(二)监督抽查不合格率

质量监督抽查是指政府质量监管部门和检验检疫部门,按照一定的抽样方法,基于某项检验标准,针对某些高安全风险的产品所进行的质量执法行为。被检出产品不合格的批次(质监部门和检验检疫部门该指标的相加),占该区域监督抽查总批次的比率,就是监督抽查不合格率。

监督抽查是我国《产品质量法》明确规定的,政府强制性的质量执法行为,已经实行了二十多年，积累了大量的数据，其获取的来源就是各级质量技术监督部门。因而，该项统计指标不仅具有较高的科学性，更具有极大的可行性。最为重要的是，该项统计指标有着比较完整而成熟的工作机制作为保证，无论是工作部门、工作流程和工作经费，还是技术机构、检测标准和技术人员，都有比较充分的保障。此外，企业已经习惯于政府的这项执法行为，消费者也习惯性地接受了监督抽查合格率的说法。特别是随着近些年来政府主管部门的持续努力，监督抽查已经越来越将执法重点放在了安全风险较高或社会反映比较强烈的假冒产品上。可以说，监督抽查已经是针对不安全产品的一种常规性行政执法行为，所产生的监督抽查不合格率的统计结果，非常直观地反映了某一个地区质量安全的状态。

出入境检验检疫部门长期以来，都是采用监督抽查的方式，对出口产品进行检验。其所产生的出口产品检验不合格率，一直都在正常使用和统计。将出口产品的检验不合格率，与某一个区域质监部门的监督抽查不合格率指标进行相加，就可以比较全面地反映该地区所制造产品的不合格率状况。

需要进一步论证的是，监督抽查对同一地区不同时段的监督抽查合格率的统计，并不是基于该地区稳定的产品抽样状态得出的。也就是说，不同时段的监督抽查合格率，所面对的产品对象并不能在时间上进行同产品的回溯对比。这样就产生了一个问题，即这些基于不同产品的监督抽查所得出的结果指标，能否在时间上和空间上进行科学的对比。本书认为，这样的一种状态，就数据的时间和空间对比来说，并不是一种最优的选择。最优的选择是，对全国各个不同地区，最能反映该地区工业产品总量水平的产业结构和产品结构进行权重比较，然后基于这些产品进行合格率的检查，最后得出其不合格率的指标。然而，这样一种最优的选择，不仅在资金投入上几乎是不可能的，问题还在于，获取这样的指标，以县为单位每个季度进行一次重复的抽查统计，完全不具有可操作性，即使以年为单位进行统计，也不具有可操作性。

现有的监督抽查，已经将其工作的目标明确定位在，对一个区域高安全风险性产品的抽查上。为此，国家质检总局监督司制定了相应的规范性监督检查的产品目录，主要包括食品及食品相关产品、日用消费品、工业生产资料、农业生产资料四大领域，产品品种近400个，较为全面覆盖了涉及安全的产品领域。这些纳入目录的产品，已经比较稳定地成为监督抽查的对象。因而，基于质量安全指数统计的需要，支撑这一指数的产品选择，已经在这一目录中得到了比较全面的体现。虽然并没有像以上理论上的最优选择，但是监督抽查也覆盖了具有代表性的安全产品，所抽样的对象是从这四大类安全风险较高的产品目录库中得到的,其所得到的统计结果,能够反映质量安全的总体状态。从另一个角度说,影响一个地区产品质量安全总体状态的具体产品,不可能在每一个时间段上都是共同的。说得更明确些,影响一个地区质量安全总体状态的具体产品,今年可能是农用化肥,明年可能是食品。这些可变的产品影响变量,恰恰反映了它们对质量安全状态的影响。也就是说,只统计能够前后进行对比的产品抽查结果,由于某项产品经过监督抽查及整改后,其产品质量已得到根本性的改变,已经不是影响该地区产品质量安全状态的因素,再对其进行统计实际上已经没有可比性。而恰恰对每年影响产品质量安全因素的不同产品进行监督抽查,更可以科学地得出该地区产品质量安全的状态。

最后,我国诸多地区,包括一些省、市,都对其所辖的地区,进行了地方监督抽查不合格率的排名,客观地反映了各个不同地区产品质量的状态,尤其是引起了区域政府的高度关注。因而,从实证角度也可以得出这样的结论:监督抽查不合格率虽然有这样或那样的缺陷,但依然是目前反映质量安全的一个重要的、不可或缺的观测变量。它不是一个最优的选择,但它是一个可行的次优选择。

(三) 产品质量违法货值率

产品质量违法货值率是指政府质监部门依照产品质量的相关法规,对违反质量法规的产品进行查处时,其查处的产品的货值占当地工业总产值的比例。

这一指标的统计对象是那些违反质量领域相关法规的产品,有些可能是直接存在质量问题的产品,有些则是违反了国家质量法规相应规定的产品。无论哪一种类型,只要是违反了现行国家质量法规的产品,都可以视为存在产品质量缺陷。国家之所以要制定类似的管制性条款,就是为了预防质量缺陷的出现,既然被查处的产品违反了国家质量法规的相关规定,就可以视为存在安全隐患。因而,将这类产品统一纳入产品质量违法货值率进行统计,有其科学的客观依据。这些违反了质量法规的产品,没有达到国家对产品质量的法定要求,存在明显的质量缺陷,它们一旦其流入市场,就很可能会对消费者造成伤害。因而,这一统计指标直接反映的就是产品质量安全的结果性状态,它直观地反映了质量的安全状态。一个地区所查处的产品质量违法货值率越高,说明该地区产品质量处于越严重的不安全状态;通过对该指标的前后比较,也可以反映一个地区安全状态的变化;通过对比该指标在不同地区之间的值,则可以比较不同区域质量安全的状态。

产品质量违法货值率这一指标是在质监部门的执法工作中产生的,是质监部门的质量执法这项日常性工作的结果,其数据来源具有极大的可行性。目前,相关数据已经实现了以月度为周期从县直至国家一级的统计。

需要说明的是,此处所说的"产品质量违法货值"实际上是各级质监部门成功执法的产品质量违法货值。由于政府职能划分的影响,质监部门的监控对象并不包括社会上所有产品。同时,质监部门受到人力物力、技术手段、地方保护主义的干扰等复杂的约束,这些因素都使得被质监部门查获并依法处理的违法商品,可能只占该地区实际违法商品数量的一部分。因此,产品质量违法货值率,并不等于该地区全部的质量违法货值率。

但是,这并不能否定产品质量违法货值率的统计结果,反映了不同地区该项指标的可比性和稳定性分布。可以将质监部门执法所查处的违法货值,当成对该地区所有违法货值的一种抽样统计,该项统计指标的变化,就可以反映该地区实际存在的违法产品的货值占工业总产值这一比率变化的总体状态。

(四)出口产品质量退货货值率

出口产品质量退货货值率,是指中国制造并出口到其他国家,因质量问题而被退回产品的货值,占该地区出口货品总值的比例。这一指标直观地反映了我国出口产品在国际市场上被出口目的地国因质量问题而退回的情况。尽管退货有一些其他商业方面的原因,但出口产品被退回的一般性原因,是产品质量不被目的地国或商家认可,按其该国的标准被检验为不合格。

退货,特别是因质量问题而产生的退货,实际上是从使用者的角度反映质量的不安全状态。一般而言,使用者只有在发现产品质量存在安全缺陷,或者发现有潜在的安全风险的情况下,才会提出退货。尤为重要的是,中国已经成为世界制造业的大国,对中国产品质量的衡量,不仅要从国内使用者的角度来观测,同样有必要从国外使用者的角度来观测。国外的使用者按照该国的标准评价中国产品的质量安全状态,使得中国产品被置于国际通行的评价规则之下。这对于提高中国质量产品安全的水平,无疑有着更大的约束力。

出口产品质量退货货值率这一数据,可以从我国各地的出入境检验检疫局获取。对于每一批被国外退回来的货品,凡是交由该局查验后才能通关的,该局都可以统计且分析其退货原因,可以载明因质量而产生的退货状态。对这一状态的统计,该局有相应的信息系统作为支撑,其数据的获取、计算和传送也有成熟的信息平台。

(五)质量损失率

质量损失率是指因产品质量问题而产生的内部的零配件更换和外部的退货

维修的成本在工业产值中所占的比重。该项指标是以经济数额来衡量因质量问题而产生的成本损失。因而,这项指标是从经济代价的角度,直接观测质量安全状态的高低。

质量损失一般都来自于产品制造过程中的某些缺陷,而这些缺陷会带来潜在的质量安全问题。从质量损失率的角度,也就是从货币价值的角度,观测产品的质量安全,相当于衡量了质量安全的经济价值。

此外,这项指标不仅可以反映质量安全状态,同时也可以说明质量发展的状态。质量损失率的降低,也意味着质量发展水平的提高。

需要注意的是,该项指标自 20 世纪 80 年代推出以来,就一直被我国质量综合管理部门采用。但使用效果并不是特别理想,主要原因是该项指标需要由企业上报。企业十分重视这项数据,把它作为企业内部质量管理和经济分析的依据,但若如实上报给政府相关部门,则显然会影响其对外形象,因而缺乏激励其上报真实数据的机制。

三、质量发展统计分析指标的选取

通过大量的文献整理,以及对各种指标的分析和比较,如下指标能够较好地满足衡量宏观质量安全状态的需要。它们可以作为宏观质量统计分析指标体系的备选指标。

(一) 顾客满意度(CSI)

顾客满意度是采用问卷调查的形式,对一定区域的顾客样本进行抽样调查,并按照相应的计算方式得出顾客对本地制造或销售的产品的满意程度。顾客满意度,是一项在美国和欧盟等国家和地区,被广泛采用的表示质量状态的一项指标。它通过设置与产品质量密切相关的感知质量和预期质量之间的差额,得出顾客对一项产品的满意程度。

该项指标是以消费者这一主体的感受,对于工业制造的中间产品而言,是对其下游厂商或用户的消费感受,来反映一个区域生产的终端产品和中间产品的质量状态,并基于满意程度的高低,表示质量发展的水平。应该说,一项产品的质量发展水平,最终的评价标准就是消费者满意程度的高低。满意程度越高,说明消费者对该类产品的质量发展水平越认同。因此,顾客满意度是从最终极的角度观测产品质量发展的能力。

采用这一指标的另外一个好处是,以县为单位(设区的市以区为单位)进行顾客满意度的测评,可以逐级加总出市、省和国家的顾客满意度。这样,不但可以实现以县为单位的横向对比,而且可以实现以季度为单位的纵向对比。

特别重要的是,作为一项国际上通行的指标,建立规范的制度来引入该项指标的测评,可以实现我国与主要国家的质量发展水平的对比。

从技术角度来看,顾客满意度的测评,无论是问项的设计,还是样本的确定以及统计计算的方法,都已非常成熟。从实施工作条件来看,此项指标在采集过程中,以县为单位进行,每季度只需要获得有效问卷 250 份,即使按全部问卷 360 份计算,其数量也只占一个 50 万人口县域的 0.072%。加之,该项指标的县级组织单位,可以建立一个样本库,按季度从中随机抽取 360 个样本即可。因此,该项指标具有较好的可行性。

(二) 产品合格率

产品合格率是按照一定的产品抽样方法,依照产品质量的检验标准,得到的合格性产品占整个产品总量的比例。该项指标从正向反映了符合标准的产品占生产的所有同类产品的比例。这一指标,能够揭示我国产品在合格率上逐年提高的程度,因而它是反映总体产品质量发展水平的一项重要指标。随着该项数据的积累,特别是在不同区域的推广应用,更能比较出不同地区、不同时间段之间质量发展水平的变动情况。

产品合格率指标由国家质量综合管理部门和国家统计局联手进行统计,已经进入试点区域的模拟测评中。该项指标的统计将得到专项资金的支持,只要按正常的工作机制进行推进,它的获取就有比较大的可行性。

(三) 投诉举报量

消费者投诉,涵盖面非常广,既有对质量问题的投诉,也有对服务问题的投诉,还包括物价问题、医疗事故等。由于涉及质检、工商、物价、卫生等部门,所以该指标在数据获取时存在着诸多部门的衔接问题,目前在操作上存在着很大的困难。因而,考虑到现实的可操作性,可以先采用质检部门的投诉举报量的数据。

(四) 名牌产品贡献率

名牌产品贡献率,是指省以上政府所认定的名牌产品的产值,占该区域工业总产值的比重。名牌产品集中地体现了质量的各种要素,是质量综合能力的物理载体。

首先,信息经济学的理论研究证明,名牌实际上是一种信号,这种信号表达的是一个产品的质量①。对于一般消费者而言,质量水平很难被直接地观察到,这样,就存在厂商与消费者之间在产品质量上的信息不对称。于是,厂商就需要用一定的信号机制,来向消费者传递自己的质量能力,"名牌产品"无疑是这种信号传递的最佳工具。包括广告和传播推广等,从根本上不是为了提高某个产品的知名度,而是要向消费者告知,之所以敢于不断地推广该产品,是因为它有高于其他同类产品的质量性能。其次,现实经验表明,消费者之所以更愿意选择名牌产品,其最重要的理由是名牌产品代表着同类产品中更高的质量,所以消费者愿意为名牌产品付出更高的价格。这种现象并不主要是由于名牌产品的形象影响力,而更多的是对名牌产品背后更高质量性能的肯定。再次,名牌产品的建立并不等于广告和传播,它最终所依靠的是高于同类产品的质量水平。实际上,名牌产品的形成是多种质量因素共同作用的结果。名牌产品意味着更高的质量标准,只有采用高于同类其他产品的标准,才能形成产品的竞争能力;名牌产品的制造需要先进的全面质量管理体系作保证,只有全过程、全方位和全员的质量管理,才能保证产品具有更好的性能和更高的精度;此外,名牌产品实际上意味着获得了各种形式的认证,诸如环境、安全和社会责任等各个方面,达到了社会所能接受的更高水平。最后,名牌产品还有赖于技术的创新和人力资本的投入。从名牌产品贡献率的角度,可以观测出这些技术性因素的作用。

自 2001 年以来,我国名牌产品的评比已经在国家层面开展了七个年度,共表彰了 1957 个中国名牌产品,基本覆盖了我国现有工业制造业中的高质量产品。虽然 2008 年以后因为多种原因暂停了"中国名牌"产品的评选,但因为已有的中国名牌已经覆盖了大部分的工业领域,所以依然可以考察中国名牌产品的产值占中国制造业产品总值的比重,并通过逐年的比较,观测质量贡献率的变动情况。除了中国名牌产品之外,全国各省、直辖市和自治区,一般都在正常地按年度开展本地名牌产品的评选,因而也可以将省级名牌产品纳入质量贡献率的测算。至于省以下的区域名牌产品的评选,则不纳入质量贡献率的计算,因为在一个较小区域的名牌,与名牌应有较大的区域影响力的要求不一致。

(五) 新产品产值率

新产品产值率是指新产品的产值占全部工业总产值的比例。

对质量发展能力的测度,可以基于多个不同的维度,而新产品产值率是其中最重要的维度之一。这是因为:

第一,新产品体现了质量综合创新的能力。只有标准水平的提高,特别是质

---

① 参见 Tülin Erdem and Joffre Swait,"Brand Equity as a Signaling Phenomenon", *Journal of Consumer Psychology*, Vol. 7, No. 2, 1998, pp. 131–157。

量管理能力的提升,才能有效管理多个产品的同步生产。如果企业缺乏综合的质量管理能力,就不可能应对更多新产品的开发和管理。

第二,新产品体现了技术创新的能力。新技术的开发和引入,一般都表现在对产品功能的提升和改造上,而这些新功能的引入就是新产品的开发和创新。质量的进步在很大程度上,取决于技术的投入和创新,而这些投入和创新最终体现在新产品的开发上。因而,新产品品种和产值的增加,可以体现质量发展能力的提升。

第三,从一般的经验事实也可以观察到,凡是质量发展水平较高的国家和地区,其新产品的创新能力越强,新产品所占的产值比重也较高。企业质量水平的高低,也往往反映在新产品的开发能力上。

该指标的统计已经在我国推行了多年,也纳入了各级统计部门正常的统计指标,其数据获取没有大的障碍。问题在于,该项数据的统计周期一般以年为单位,存在与其他指标在时间上的可比性问题。当然,现在也有很多地区以季度,甚至以月为单位来统计和发布该指标。

(六)环境适应率

环境适应率是指在一个区域内工业领域的能耗占该地区能耗总量的比例。这一指标反映了质量与生态环境的关系。能耗的比重越小,越能说明质量发展的综合能力越高。在书中,之所以将该项指标称之为"环境适应率",是为了更加科学地反映质量与环境的关系。否则,直接用工业能耗率指标,则是一个单一的能源消耗的环境指标,而不能准确地反映本统计分析指标体系对于质量统计的要求。环境适应率指标的引入,其目的在于引导地区和企业更好地在产品质量方面,体现资源节约型和环境友好型的清洁生产。

环境适应率指标之所以能够纳入到宏观质量统计分析指标体系之中,是因为:

第一,正如前面理论论证部分所证明的,任何产品质量一般都需要相应的资源消耗和能耗的投入。环境适应率指标所反映的工业领域的能源消耗量,就是对这一理论直接的实证观察。可以通过这一指标,非常清晰地看到,在质量的获得和能源消耗之间的定量关系。全球工业制造的趋势,也强有力地证明了这一结论,越是高质量的产品,其能耗水平越低。

第二,整体经济发展的质量,在很大程度上取决于结构创新的能力,尤其是一个区域第二产业和第三产业的比例,能够直观地反映该区域经济发展的质量水平。用环境适应率指标来统计不同地区的质量发展水平,可以明显地看到,那些第三产业占比更高的地区,其环境适应率指标也要更好,也能够证明该地区产品质量的发展水平更高。因为在一些第三产业更为发达的地区,其第三产业的构成很大的一部分是生产性服务业的发展,包括产品的设计、创意、品牌和核心技术的控制,而占领这些更高端制造业产业的区域,其产品质量的水平无疑领先于第二产业高于第三产业的地区。而这些地区的环境适应率,也就是能耗率,无疑要更高一些。

第三,产品质量的整个过程,无论是设计与制造环节,还是消费与回收环节,其能耗的使用,都会直接影响整个社会的生态环境。质量水平越高,就越能够降低能耗,也越能较少影响社会的生态环境。因而,从提高质量水平的角度降低能源消耗,无疑可以创造更好的外部生态环境。

第四,能耗的降低和控制,综合地反映了一个地区,在标准、计量、认证和环境质量管理体系等方面,综合性的质量发展能力。工业能耗的高低,取决于一个地区对能耗标准水平设定的程度,以及对能源计量的控制。我国各种不同类型的锅炉消耗了中国70%左右的煤炭,而煤炭又占我国全部能源消耗总量的60%左右。因而,能耗的下降,直接取决于国家或一个地区,对能耗强制性标准计量的程度。另一方面,能耗的水平也是环境强制认证的结果,随着国际上对碳排放指标的强制性约束,一个地区和一个企业的能耗,也必须受这一强制性指标的控制。而碳排放指标的计算,就是能耗指标乘以一定的系数得出。

我国各级统计部门,早已将一个地区的能耗总量,以及工业能耗量,作为正常的指标在进行统计和发布。因而,该项指标的获得,并没有技术上的障碍。需要指出的是,统计部门对该项指标一般也是以年度进行统计,所以在整个宏观质量统计分析体系中,要考虑这一指标的统计周期。另外一个值得注意的趋势是,现在有很多地区由于承受着碳排放指标的强制性约束,越来越关注对这一指标的过程性的统计和控制,因而,也开始按季度,甚至有些按月度,进行能耗指标的统计和发布。

四、宏观质量统计分析指标体系的论证

(一) 统计分析指标结构模型

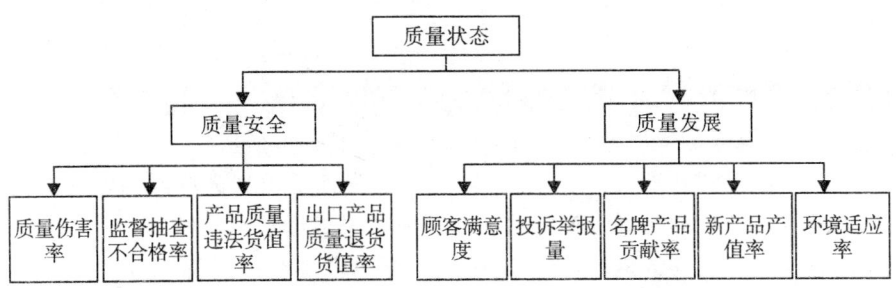

图6-2 宏观质量统计分析指标结构模型图

(二)暂未入选指标的说明

1. 质量损失率

经过反复比较论证,我们决定暂时不将质量损失率纳入指标体系,其原因在于:第一,质量损失率虽然是企业因为质量问题而付出的成本统计,但并未纳入财政部正式认可的企业会计科目。因而,在统计过程中缺乏相应的会计制度的保障以及从会计学的角度更为精确的科学含义。第二,质量损失率从严格意义上讲,只是在现有企业的会计科目中,进行二次提炼的分析性指标。其损失率或成本的数据表达,都覆盖在其他的会计科目之中。比如:产品退货过程中返修成本的统计,其人工损失率,已经进入了企业的人员费用科目中;更换的零配件损失率,也已经进入了企业的原材料成本科目中。第三,最为重要的是,该项指标无论企业如何重视,都是基于提高质量水平,防止因质量问题而产生损失的分析性指标。这一指标,从法律的意义上来讲,完全属于企业内部自我管理行为的需要,企业没有法律义务向外部,即使是政府主管部门,上报该项指标。因而,政府通过强制性的法规手段,责令企业上报该项数据,缺乏严肃的法理依据。

该项指标的确对于质量统计与分析而言,具有特别重要的价值。因而我们将在后续的研究中,进一步思考将该指标纳入体系的方法。质量损失率暂时不纳入统计分析指标体系,对统计结果的科学性并不产生根本性的影响,因为产品质量违法货值率、出口产品质量退货货值率,都是从损失率的角度,计算因产品质量而给社会所带来的经济成本。

2. 产品合格率

经过反复征求意见,不断地比较论证,我们决定暂时不将产品合格率纳入指标体系,其原因主要在于,该项指标还处于试验期,需要一段时间周期的研究和探索。

待该项指标试验完成,并能够推广到县(区)域或省级区域使用后,该项指标将被纳入到整个统计指标体系中。目前,暂不使用该项指标,也不损害整个体系的科学性。因为,顾客满意度和监督抽查不合格率,分别从正向和负向、符合性和适应性等角度,间接观察到产品质量合格率的状态。

3. 其他若干指标

(1) 质量投入指标。

各级政府加强对质量的投入,可以提高区域的质量发展后劲,是质量持续发展的动力。质量投入包括技术标准体系建设、质量监督抽查、检验检测体系建设等必须的经费投入。但质量投入是衡量一个区域的质量发展优势的过程性指标,它本身不能用来评价一个区域最终的总体质量状况好坏,质量投入是否达到预期的目标,还要经过一系列相关过程的最终结果来验证,因此,该指标未能纳入统计指标体系。

（2）采标率。

标准作为我国科技发展的三大战略之一,可以增强我国的科技和经济竞争力。采标率是指企业产品执行标准采用国际标准和国外先进标准的数量,占企业产品执行标准的比例。正如质量管理体系认证率一样,采标率也是一个过程性指标,而不是结果性指标,由于宏观产品质量状态需要结果性指标来反映,所以该指标也未能纳入统计指标体系。

（三）统计指标体系反映了产品质量的本质属性

正如前面所论证的,质量具有适应性与符合性、满意性与环境性、经济性与科技性等多种属性相统一的特征,因而所选取的指标必须能够反映以上的这些属性,是这些属性在数量关系上的定量化表达。

质量属性	统计指标
符合性	• 监督抽查不合格率 • 产品质量违法货值率 • 出口产品质量退货货值率
适用性	• 质量伤害率 • 顾客满意度 • 投诉举报量
经济性	• 名牌产品贡献率
环境性	• 环境适应率
科技性	• 新产品产值率

图 6-3　统计分析指标和质量属性关联图

关联图（图6-3）主要从质量的三个关键属性,即符合性、适用性和经济性,检验了统计指标选取的科学性。监督抽查不合格率、产品质量违法货值率和出口产品质量退货货值率,均是从产品是否符合国家标准的角度,也就是产品是否检验合格来观测质量状态。质量伤害率和顾客满意度,则是从顾客适应性的角度,分别从直接的质量伤害以及顾客满意的角度测量了质量的状态。名牌产品贡献率,则从名牌所创造的产值占整个地区工业总产值的比重,也就是从纯经济性的角度测量质量的状态。

关联图（图6-3）还基于质量的环境性和科技性属性,检验统计指标的全面性。环境适应率,反映了质量对环境的适应性程度和影响。新品产值率,则是从自主创新和技术投入的角度,反映了质量发展和创新的状态。

(四)统计分析指标体系体现了质量客体与质量主体的存在

按照质量的一般性定义,质量既有客观性,也就是产品符合一定标准的客观存在,这一客观存在的承载方一般都是生产者。质量同时还具有主观性,也就是产品质量的衡量,要从是否满足消费者满意的角度予以观测,消费者是质量的主体。因而,统计分析指标既要有反映质量客体,也就是质量生产者的指标;同时也要有反映质量主体,也就是质量消费者的指标。我们充分考虑了这两个不同主体的宏观质量统计分析指标。以下的统计指标和质量主客体关联图(图6-4),表达了两者之间的关系。

质量客体	质量主体
• 监督抽查不合格率 • 产品质量违法货值率 • 出口产品质量退货货值率 • 新产品产值率	• 质量伤害率 • 顾客满意度 • 投诉举报量 • 名牌产品贡献率 • 环境适应率

图 6-4　统计分析指标和质量主客体关联图

关联图(图6-4)表现了质量生产者和消费者不同角度的宏观质量统计分析指标。从质量客体,也就是质量的客观性维度,有监督抽查不合格率、产品质量违法货值率等统计指标;从质量主体,也就是质量的主观性维度,有质量伤害率、顾客满意度等统计指标。

(五)统计分析指标体系覆盖了完整的产品生命周期

产品质量的水平,不单纯表现在已经被生产出来的产品,同时,它还与设计、流通和消费等各个环节密切相关。有些产品在设计和制造阶段,都完全符合质量标准。但是,在物流过程中以及在产品的消费过程中,因为运输、储存和使用不当,同样会出现产品质量问题。因而,在设计以上指标体系的过程中,力求反映产品质量在整个产品生命周期中的表现。我们将产品的生命周期,划分为五个阶段:设计、生产、流通、消费和回收。

产品生命周期	统计指标
设计	• 新产品产值率
生产	• 监督抽查不合格率
流通	• 产品质量违法货值率 • 出口产品质量退货货值率
消费	• 质量伤害率 • 顾客满意度 • 投诉举报量 • 名牌产品贡献率
回收	• 环境适应率

图 6-5　统计分析指标和产品生命周期关联图

统计分析指标和产品生命周期关联图（图 6-5），反映了产品生命周期的五个阶段，不同的宏观质量统计分析指标对应不同的阶段。通过这一组统计指标的应用，地方政府和企业可以对照自己质量的状态，是在哪个阶段出现了问题，又是在哪个阶段具备了相应的优势。所以，统计指标和产品生命周期关联图，不仅可以反映产品质量在不同周期的状态，更可以指导地方政府和企业用于检验自身的质量状态，也是一个非常有效的宏观质量管理的工具图。

（六）统计分析指标体系切合了国家的质量发展战略

统计分析指标的设计，充分地考虑了国家战略在宏观质量统计分析指标中的体现，也就是要寻找既符合质量统计内在规律的指标，又能使这一指标反映国家的发展战略。因为，宏观质量统计分析指标有相当程度的引导性，通过这一指标的应用，可以评价出不同层次的地方政府在质量上的状态，尤其是这一状态是否体现了国家的发展战略。

在宏观质量统计分析指标体系中，国家战略的出发点，首先体现在要为消费者提供安全的消费环境，这也是各级政府恒定的、一般性的、普遍的公共服务职能。质量安全是国家质量战略的基石，因而，在统计指标体系中，我们设计了一组反映安全性的指标。同时，国家战略的目标，体现在要不断地促进产品质量的提升，尤其是要通过自主创新和技术投入来提高产品质量。在我国加快转变经济发展方式的总体战略背景下，通过产品宏观质量统计分析指标来引导产业结构的优化，也是本次设计的重要目标。为此，通过提炼新产品产值率、名牌产品贡献率等统计指标来引导各地方政府和企业，通过新产品的科技创新和实施名牌发展战略，我们希望优化产业结构，促进经济结构的升级和转型。在设计过程中,我们还充分考虑了我国提出的可持续发展战略,建设资源节约和环境友好的经济社会发展目标。为此,凝练设计了"环境适应率"指标,引导地方和企业在这一指标的引领下,优化区域和企业的质量行为。以下的统计分析指标和国家质量发展战略关联图(图6-6),反映了服务国家战略的总体设计思想。

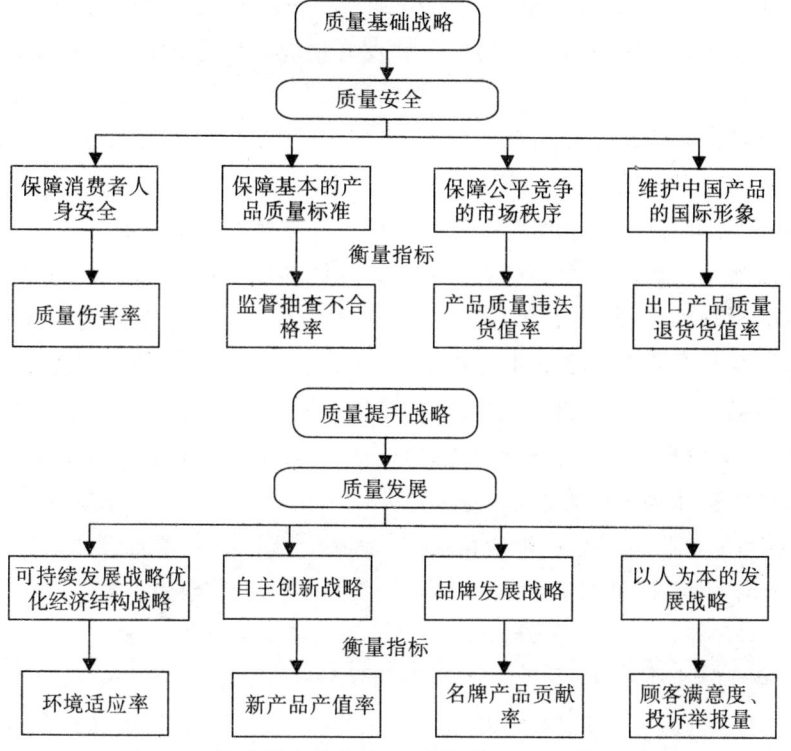

图6-6 统计分析指标和国家质量发展战略关联图

这一统计分析指标和国家质量发展战略关联图,清晰地表达了国家在质量领域的基础战略和提升战略,特别是宏观质量统计分析指标与这些战略的高度相关性。新产品产值率指标,可以明确地引导地方政府和企业,通过自主创新和技术开发,不断地开发有竞争力的新产品。整个自主创新的战略,当然有很多观测的角度,但最终自主创新的成果必须体现在新产品的开发和市场竞争能力上。前文已经论述,新产品是质量的综合体现,因而这一指标既符合质量的特性,又反映了国家自主创新的战略。

(七)统计分析指标体系的内在结构和关联性分析

在统计分析指标体系的设计过程中,特别是在具体指标的选取上,我们充分考虑了指标体系的结构和具体指标的相互关联。

第一，从以上关联图可以清晰地观测到，统计分析指标体系从质量属性、质量主客体、产品生命周期和国家发展战略等四个大的结构角度，考虑了指标体系的确立。全面地反映了本项目统计指标体系设计所应该顾及到的结构性因素。

第二，设计的统计分析指标体系，可以分析构成这一状态的最重要的两个变量，即具体的质量安全水平和质量发展水平，从而有助于地方政府和企业更加深入地判断支撑本地区质量状态的安全和发展情况。不仅如此，应用本统计指标体系，还可以具体地观测是哪些因素对质量安全和质量发展，也就是质量状态，产生了相应的影响。这就是本指标体系中的观测变量，也就是通过这些具体的观测变量，来反映质量安全和质量发展，并最终反映质量状态的情况。

第三，设计过程中，也把握了具体的指标相互之间的关联性。质量伤害率，是从最直观的质量所造成的对消费者的影响的角度观测了产品质量的状态；监督抽查不合格率，则是从政府的角度观测了不安全性产品存在的比例，这些不安全性产品大部分并没有直接构成对消费者的伤害，因而是对质量伤害率直接性观测的有效补充；产品质量违法货值率，则是对那些没有经过国家合法性审批的非法制造、非法销售的产品质量状态的统计，这些产品如果没有被查处，同样会对消费者产生重大的质量伤害，是从另外一个角度观测了产品质量潜在的质量安全风险；出口产品质量退货货值率，则是从全球性的角度观测中国制造的产品，按照国际标准所可能产生的风险，是对以上国内安全指标的重要补充；顾客满意度，与质量伤害率一样，都是从消费者的角度直接评价质量的状态。只是质量伤害率是从安全的角度反映了对顾客的影响，而顾客满意度和投诉举报量是从发展的角度反映了对顾客的影响。因为顾客满意度是从感知与预期的质量差异，正向地反映了顾客对产品满意的程度，延伸下去还要观测顾客的忠诚度；名牌产品贡献率，进一步从消费者选择的角度，分析了一个地区高质量的产品所占比重的状况；新产品产值率，则是从影响新产品产生的关键性因素，即自主创新和技术能力的角度，观测了影响产品质量最终状态的科技因素；环境适应率，反映的是产品质量与整个生态环境的关系，从更宏观的经济社会背景，观察出质量的发展水平。

第四，以上具体统计分析指标的选择，充分考虑了每一个指标的自身价值，又形成了指标相互之间的系统价值，从而构成为一个完整的整体。

第五，正如前文所述，具体统计分析指标的选择，是在当前条件下，综合考虑科学性和可行性的统一，作出的次优选择。因而，本指标体系为其他指标，如产品合格率、质量损失率等的进入，特别是其他可能会有的指标，留下了相应扩展空间。只要这些指标，较之以上指标说明的质量状态，更有科学性和可行性，就可以逐步纳入指标体系中。

（八）统计分析指标体系可以科学地反映总体质量状态

构成一个地区总体质量状态的核心就是质量安全和质量发展，因而，通过质量安全和质量发展来反映一个地区的总体质量状况，具有较高的科学性和合理性。如上一小节所论证的，各项具体指标分别从不同的角度、不同的结构层次以及不同的产品生命周期，反映了质量安全和质量发展的状态，同样具有较高的科学性。

（九）统计分析指标体系的各项数据来源具有可行性

需要特别说明的是，统计分析指标的数据来源，是我们在设计过程中始终注意的一个基本的约束条件。本指标体系所选择的各项具体指标，具有充分的可行性。

指标类别	统计指标	数据来源渠道
1. 现有并可继续使用的指标	（1）监督抽查不合格率	质监部门和出入境检验检疫局
	（2）产品质量违法货值率	质监部门
	（3）新产品产值率	统计局
	（4）投诉举报量	质监部门
2. 已有但需换算的指标	（5）出口产品质量退货货值率	出入境检验检疫局
	（6）名牌产品贡献率	统计局或企业上报
	（7）环境适应率	统计局
3. 现在没有但需补充的指标	（8）质量伤害率	卫生部门（电子病历系统）
	（9）顾客满意度	质监部门的社会调查

图 6-7　统计指标数据来源渠道分类图

如图 6-7 所示，9 个具体统计指标的类别和数据来源渠道分别为：

1. 现有并可继续使用的指标

（1）监督抽查不合格率：国家质检总局一直都在开展质量监督抽查的工作，并形成了大量的日常性的监督抽查的数据，无论是各地方的质监系统，还是直属的区域检验检疫系统，都有与此数据相关的数据来源和工作保障。因而，该指标的数据来源，也有非常高的可行性。

（2）产品质量违法货值率：该项指标一直是国家质检总局有关业务司局日常

工作中所必须掌握的,而且已经在正常运行中,可行性极高。必须指出的是,该项统计指标的对象,不仅包括质检部门所查处的产品,还应该包括工商、农业、卫生和烟草等部门所查处的产品。这些部门的数据,何时纳入该项指标的统计,是一项纯粹工作性的决策。

(3)新产品产值率:该项指标完全来自于区域的统计局,可行性很高。

(4)投诉举报量:是指质监部门受理的消费者对本地工业产品投诉和举报的总案件数。

2. 已有但需换算的指标

(5)出口产品质量退货货值率:国家质检总局的有关司局,以及宁波进出口检验检疫局,已经在日常工作的信息系统中,产生该项指标所需要的关键数据。只要将这些已经具有的工作机制和方法,在全国推行,就可以非常可行地获得该指标的数据。

(6)名牌产品贡献率:这项指标的数据,无论是从拥有名牌产品的企业上报,还是区域统计局获得,都是比较确定而准确的,也具有很大的可行性。

(7)环境适应率:该项指标是统计局常规统计的一个指标,只是在本项目中换算成环境适应率,也不存在数据来源的障碍。

3. 现在没有但需补充的指标

(8)质量伤害率:随着电子病历系统的不断普及,特别是本书设计中,只需要获得该病人是否因产品质量而受到伤害,这一个非常具体的指标,其获得没有大的障碍。本书具体指标的论述,以及"'质量伤害率'指标构建方案",已经对其可行性和具体的操作流程,做了详细的论证。

(9)顾客满意度:顾客满意度的问卷、计算方法和样本的选择,在设计中都已经完成。唯一影响其可行性的,是对样本的实际问卷调查。基于我们国家县域的人口规模平均在45.5万人,相对于这样的一个人口总量,其样本量只占其总量很小的比例(万分之7.91)。更进一步说,就绝对量而言,除了第一次的统计需要一定的完全可以承受的工作量以外,以后按周期进行该项指标的统计工作量,会不断递减。因而,该项指标的应用也是可行的。

4. 总结性陈述

要特别指出的是,数据来源的可行性,绝不意味着目前从质检总局内部相关司局获得数据的工作情况,就等于本统计分析指标体系在正式实施后,所需获得以上数据的工作情况。因为,在目前没有强制性的行政指令和规范的工作流程情况下,相关数据获取不规范、缺乏工作机制的保障是正常的。本统计分析指标体系正式实施后,一定会有相应的工作机制作为保障,目前数据获取存在的一些障碍会随之消失或减少。同样,从统计局和其他政府部门获得相关业务数据,也与以上的分析具有相似性。因为一个统计指标体系的建立和运行,需要一个时间周期才能逐步规范化和流程化,随着时间的推移,数据早期获取的沟通和协调成本会不断的降低。还需要特别补充说明的是,本统计指标体系中的数据源,主要的来自于县域的质监系统,市、省和国家级的统计指标数据的生成,都只是下一级指标的加总。即使本级独立获取的同类型的指标数据,更多的作用也是为了矫正下级指标的准确性。9个主要观测变量的统计,除了出口产品质量退货货值率需要从检验检疫系统获得,监督抽查不合格率中出口产品的检验不合格率,需要从检验检疫系统获得外,其他数据都是县(区)级质监局可以从本级获得。因而,在省、市质监或检验检疫局的帮助、指导下,以县(区)为单位产生质量统计数据,具有现实的必要性和可操作性。

第七章　现有经济社会和质量分析报告的研究

一、经济与社会分析报告的基本特征

在社会发展的各个时期,政府基于决策工作的需要,会对经济社会运行的绩效进行分析,这种分析往往以分析报告的形式呈现。当然,每一个分析的名称并不精确地落脚于"分析报告",但凡是由政府发布的,反映了对上一个统计周期中经济与社会发展状况的系统总结与概括,同时也为国家与地方政府下一周期计划与政策制定提供了决策支持的报告,都属于分析报告的范畴。

诸如国家发改委《2008年中国国民经济与社会发展报告》、武汉市工商行政管理局《高铁经济分析报告》、潮州市《2009年国民经济和社会发展计划执行情况与2010年计划草案的报告》、《2007年舟山市社会发展报告》、菏泽市《2010年上半年社会发展运行分析报告》、《2006浙江省社会发展形势分析报告》、广东省《2008年水运经济形势分析报告》、新华社发布《2009年一季度我国宏观经济与财政政策分析报告》、财政部《2008年一季度国有企业经济运行分析报告》、国家信息中心《一季度经济预测分析报告》、国家信息中心信息化研究部编制的《走进信息社会:中国信息社会发展报告2010》、腾冲县旅游局《2009年上半年旅游经济运行分析报告》、中国地震局《2010年4月14日青海省玉树县7.1级地震分析报告》、民政部《2008年自然灾害应对工作评估分析报告》、中国气象局《佳木斯地区二〇〇九年农业气象年景分析报告》,还有国务院新闻办发布的《中国老龄事业的发展》白皮书、《中国互联网状况》白皮书、《中国的国防》白皮书等等,都可视为分析报告。

对这些经济与社会发展重要分析报告主要特点的剖析,能够总结与提炼出对政府有重要影响的分析报告的一般性特点,进而作为质量分析报告撰写的参照,增强其对国家和地方政府计划与政策制定的影响力。

(一) 基于对象的状态统计指标是报告的起点

1. 主要统计指标完全着眼于反映分析对象的客观状态

任何分析报告的开端,都需要撰写者为阅读者提供一个客观、真实的,有关分析对象目前"是什么"的现状描述。因此,在主流的经济与社会发展分析报告的开篇,均首先描述分析对象的客观状态。如国家发改委《2008年中国国民经济和社会发展报告》所描述的,经济的客观状态为"经济平稳较快增长"、"价格涨幅逐步回落"等。又如财政部《2008年一季度国有企业经济运行分析报告》中描述的,国有企业的总体运行情况是"宏观经济运行环境总体有利于企业发展"、"营业收入增幅与去年相差不大,但实现利润增幅明显回落"等。

由于这样的客观状态描述并不精确,无法让阅读者对分析对象有一个直观、清晰的认识,因而通常通过一系列统计指标来反映这一客观状态。如对"经济平稳较快增长"这一状态,通过GDP、规模以上工业增加值、全年社会消费品零售总额、全社会固定资产投资总额、国家财政收入等指标来反映;"价格涨幅逐步回落"则通过CPI、PPI等指标来反映。又如对"宏观经济运行环境总体有利于企业发展"这一状态,通过国内生产总值、全社会固定资产投资、社会消费品零售总额等指标来反映;对"营业收入增幅与去年相差不大,但实现利润增幅明显回落"这一状态,则通过国有企业营业收入、实现利润等指标来反映。

2. 准确把握分析对象的本质特征是统计指标的主要依据

经济与社会发展的影响变量有非常多,分析报告从这诸多的影响变量当中,抽取核心的、影响面最广的部分变量来反映分析对象的本质特征,使各级政府能从指标的数据当中了解该领域的基本情况。这些指标对各个行业、企业、组织的统计,都是客观的和无差异的。其指标本身并没有行业或领域的特征,而通过指标数据的对比,却能反映不同行业和领域间的差异。如《高铁经济分析报告》中,高铁的通车对武汉的经济社会各个方面都有影响,甚至对环境都有影响,但该报告仅分析了高铁对武汉产业、市场、生活这三个方面的影响,对生活影响仅在出行方式和休闲方式这两个方面进行了分析。又如湖北省《2006年一季度服务业形势分析报告》,服务业所涉及的行业众多,影响因素也非常复杂,但该报告重点从总量、结构、主要行业景气指数、消费增长、金融形势、农民消费性服务支出这六个方面来进行形势分析。

3. 选取一组而不是一个唯一的指标是分析报告的基本方法

所有分析报告对客观状态的本质特征的把握,一个共同的特征是,都选取了一组平行的统计指标。如《中国国民经济和社会发展报告》，对经济的评价选取了如 GDP、产业结构、投资、外贸等一组指标，对社会发展的评价选取了如公共卫生体系建设、环保、就业与社会保障、文化建设等一组指标。又如民政部《2008年自然灾害应对工作评估分析报告》，对灾害的评估选取了地震、洪涝灾害、滑坡与泥石流、台风等一组指标来衡量。

4. 一组状态统计指标下具体个别指标的选取具有开放性和动态性

以国家统计局为例，每五年为一个周期，国家统计局都会定期调整其统计的经济与社会发展指标，增加新生或重要性达到一定程度的指标，而对重要性逐步降低或使用频率越来越小的指标进行删减，因而每一个周期的统计指标都有一定的调整，处在开放与动态的变化当中。最典型的例子是互联网与移动通信，在二十年前，信息化在国民经济中的比重还非常非常小，而现在，这两者成为拉动经济的重要力量，成为经济统计中的重要组成部分之一。又如在 20 世纪的 80 年代，单位人口拥有的自行车数量是统计局的一项定期统计指标，但现在该指标已经逐渐退出了统计与发布的指标列表。

(二) 面向对象分析的重点都落脚在不同区域的可比较

1. 任何经济社会发展的不同领域都只是一个区域系统的子系统

一个经济社会中的各个领域都是普遍联系的，对任何一个变量的分析都不可能孤立地进行，特别是技术性较强的领域，政府更为关心的是这些变量对经济社会的影响，而不仅是纸面上数字的变化。如中国地震局的《2010 年 4 月 14 日青海省玉树县 7.1 级地震分析报告》中，在对地震震源机制和破裂过程进行了详细技术性分析之后，属于地震社会学范畴的工程地震学与城市减灾研究室用了大量的篇幅对地震社会背景进行了分析，包括自然地理、人口与经济、自然资源和公路交通这四个方面，用于共同评估地震的实际影响。

2. 着眼于不同区域的状态分析是整体宏观分析的基础

各级政府不但需要了解本级政府的宏观经济社会基本状态，同时对所辖省、市、县各级政府运行状态的了解，也有着极大的需求，是其评估与分析本区域行业和区域发展结构的基础信息。如潮州市《2009 年国民经济和社会发展计划执行情况与 2010 年计划草案的报告》，在"2009 年国民经济和社会发展计划执行情况"部分的第七点"发展协调性不断增强"中，该结论的依据就是"潮安县、饶平县、湘桥区、枫溪区生产总值分别增长 13.5%、13.2%、11.3% 和 11%，规模以上工业增加值分别增长 14.79%、14.05%、10.18% 和 14.51%，地方财政一般预算收入分别增长 16.5%、14.28%、13.04%和 10.01%"。又如丽水市《2008年上半年经济运行分析报告》,在对市区经济运行基本特点的分析中,对"消费出口继续加快"的解释中,该结论的依据是"实现出口 7464 万美元,同比增长 43%。其中市本级完成出口 5536 万美元,增长 44%;莲都区完成出口 811 万美元,同比下降 3.57%;市开发区完成出口 1117 万美元,同比增长 145%。"

3. 分析报告要能够驱动区域系统核心主体——地方政府的行为

国务院的各个业务职能部,其地方的分支机构,绝大多数受当地政府的直接领导。因而,不论是国家的宏观政策还是区域和产业政策,其具体的落脚点和实施主体是各级地方政府。地方政府依照政策的要求,改造本地区的相关配套规章制度,从而推进本地区的经济与社会发展。相应地,政府通过对所辖区域绩效的考核,来评价各项政策的落实情况。

目前,各级地方政府的绩效考核,涵盖了包括 GDP 增长率及贡献率、财政发展指数、固定资产投资发展指数、人口发展指数、环境质量指数、教育发展指数、公共卫生发展指数、社会保障覆盖率、社会安全指数等在内的二十多个指标。这些考核指标,均是各政府组成部门的日常工作结果性指标,也是其提交给当地政府的分析报告的组成部分。对这些指标完成情况的考核,决定了政府各组成部门的日常工作方向,约束了行政行为,驱动着地方政府为发展创造更优良的制度环境。

(三) 分析报告主要服务于各级政府的宏观决策

1. 分析报告的核心内容是该领域宏观性、一般性和规律性的状态

由于政府的预算与支出有限,出于成本—收益的考虑,政府在履职时首先关心的是上述基本状态中最具有宏观性、一般性和规律性的本质特征,以及描述这些特征的统计指标。因而,一份分析报告的核心内容,应围绕这样的状态来撰写。如菏泽市《2010年上半年社会发展运行分析报告》,对于社会发展状态的把握,政府从人口与计划生育、教育、社会保障、就业、医疗卫生、旅游和文化事业这七个方面来考察,都是与民生最为相关的领域。又如宜兴市发改委《2008年一季度全市服务业运行分析报告》,对全市服务业状态的把握,仅从商贸与假日经济、生态旅游、重点项目与投入结构优化、招商引资与服务外包以及金融与信贷结构这五个方面来考察。

2. 分析报告的功效在于帮助各级政府掌握该领域的基本情况

经济的运行时常受到各种外部环境的影响,特别是当经济体系受到强烈的外部冲击时,政府在此时特别需要及时、深度的分析报告,帮助其掌握目前的基本情况和基本特点。如《2009年一季度我国宏观经济与财政政策分析报告》,准确地评估了自2008年下半年开始实施的一揽子刺激政策的效果,使用了经济总量、就业、金融系统在内的多项数据,这对于2009年初全球极端恶劣的经济与金融环境来说,该报告为中央下一步的政策走向提供了非常重要的决策支撑。又如腾冲县旅游局《2009年上半年旅游经济运行分析报告》,以接待游客人数、旅游收入、门票收入、酒店入住率等指标,加之旅游市场的变化与趋势,向县政府清晰地反映了当地旅游经济的总体特征。

3. 宏观分析是政府进行科学决策的基本前提

中央和地方政府作为经济社会的宏观管理部门,其涉及专业领域的决策制定,需要专业职能部门为其提供专业的宏观分析报告。如由国家信息中心信息化研究部编制的《走进信息社会：中国信息社会发展报告2010》,提出信息社会指数,将中国各省的信息化程度划分为五个层次,为政府下一阶段信息化政策的投入安排提供了决策依据。又如财政部《2008年一季度国有企业经济运行分析报告》,通过对雨雪凝冻灾害对部分行业和企业的影响、人民币币值对不同行业的影响、成本快速上升等因素的客观分析,为政府下一阶段制定保证生产生活供应、完善资源定价机制、节能减排降本增效等政策,提供了充分的依据。

(四) 分析报告的主要内容和结构安排

各种分析报告的篇章结构各不相同,行文长度也相差甚远,但内容的安排通常都分为如下的五个逻辑部分。

1. 分析对象的主要状态统计指标、比较和分析

第一大部分的内容普遍都是分析对象的主要状态统计指标、比较和分析。统计从各种不同的维度着手,对行业、领域、区域间,以及上一统计周期的数据进行了比较。如《2007年舟山市社会发展报告》的第一部分,从人民生活水平、科技事业、教育事业、旅游产业、卫生事业等多个角度进行了阐述;在人民生活水平部分,则对今年与去年收入、农村居民与城镇居民收入进行了充分的比较和分析。又如贵州省发改委《二〇〇八年贵州省服务业发展情况监测分析报告》,在第一部分对服务业的增加值和GDP的贡献率进行了统计分析;同时进行了地区间比较,"分地区看,2008年九个市(州、地)服务业增速均超过10%,其中,铜仁、毕节和贵阳增速居前三位,分别同比增长16.9%、16.7%和15%。贵阳和遵义两市服务业占全省的比重居前两位,比重均达到16%以上,其余地区比重在5%～9.4%

之间";在服务业内进行了行业的细分,在交通运输、消费、金融保险、旅游和房地产这五个主要的行业间进行了比较。

2. 分析周期内主要特点和发展趋势

第二大部分的内容普遍都总结和概括了这一周期内经济或社会发展的主要特点、工作的亮点、显著的变化,以及从上一部分统计指标中所能看到的发展趋势。如丽水市《2008年上半年经济运行分析报告》的第二部分,将市区经济的基本特点概括为工业经济增速良好、农业生产保持稳定、投资增速有所放缓、财政金融运行良好等六点。又如中国气象局《佳木斯地区二〇〇九年农业气象年景分析报告》的第二部分,对4月和4月该地区可能出现的各种农业气象灾害进行了估计。

3. 存在的问题和产生的原因

对于未完成上一周期计划的原因的分析,一般是第三大部分的内容。这包括了对分解目标和计划的完成情况以及中间指标和过程指标的分析。如《2006浙江省社会发展形势分析报告》的第三部分,从城乡统筹发展、基层政府提供公共服务能力、社会事业项目安排和社会中介组织发育这四个方面,提出了存在的问题及产生的原因。又如菏泽市《2010年上半年服务业运行分析报告》的第三部分所分析的,目前该市服务业存在的问题是"总量规模较小、投资结构不优、结构有待改善和居民消费水平低"这四点。

4. 下一分析周期的风险预测和目标

第四大部分的内容一般都是制定下一分析周期的目标与计划,同时指出实现该目标计划的风险因素。如张家界市永定区《2010年上半年经济运行分析报告》的第四部分,将下半年经济运行的风险因素,概括为"全球经济仍存在较大不确定性"和"国内经济面对的六大'两难'(币值、出口比重、收入增加、房地产调控、物价、政策退出)问题"。又如潮州市《2009年国民经济和社会发展计划执行情况与2010年计划草案的报告》,对该市2010年的经济社会发展提出了"每万元生产总值能耗下降3.2%;市区居民人均可支配收入增长9%;城镇登记失业率控制在3%以内"等12项具体指标。

5. 相应的公共政策和对策建议

第五大部分的内容一般都是在上一部分的目标计划与风险因素分析之下,提出相应的政策措施和抚平风险的手段,如国家信息中心《一季度经济预测分析报告》中,对2009年第二季度的宏观经济政策,提出"创造良好就业环境,千方百计增加农民收入"、"增加农村基础设施建设投入,为扩大农村消费创造条件"、"

完善重要物资收储政策,稳定重要商品价格"等五项政策建议。又如内蒙古《2009年自治区科技服务业发展形势分析报告》的第五部分,提出加快自治区科技服务业发展的政策建议是"加大政策扶持力度、继续加大科技中介服务体系的建设、建立健全运行机制"这三点。

6. 分析报告的篇幅与字数

各种分析报告行文的篇幅长短,与分析报告的发布周期和内容主题有密切的关系。一般来说,宏观经济分析类的分析报告文字篇幅较短,而相关图表较多;社会发展类的分析报告文字篇幅较长,整体长于经济分析类的分析报告。90%以上的地方政府月度/季度经济分析报告的字数在3000字左右,而年度的经济分析报告字数则都超过了5000字;60%以上的地方政府社会类分析报告的字数在5000字以上。国家层面的经济与社会发展分析报告,以季度为周期发布的经济类分析报告,其篇幅一般也在3000字;以年度为周期的各种分析报告的篇幅与字数则相差甚远,呈离散状态。

(五) 分析报告的周期

1. 周期选择的依据取决于分析对象在时间上的变化状态

宏观经济变量的波动频繁且迅速,如GDP、CPI这两个最受关注的宏观经济变量,每月的变动可达到1%,对目前的经济存量而言,是一个巨大的变动量。这些变量对宏观调控及时性的需求非常高,同时在统计上并没有特殊的困难,已形成非常成熟的制度。然而,正是因为这种强烈的波动性,导致了这些变量的极短期变化无法看出较为确定的趋势。因而,经济类的统计分析报告一般都是以月度为周期,而带有预测性的分析报告一般都是以季度为周期进行发布和上报。

社会发展类变量的波动较宏观经济变量来说,相对要缓慢且平稳一些,如人口数量、入学率、医院病床数、社会保障覆盖人数等指标,在一个较短的周期之内不会有很大的有经济与社会意义的变化(如入学率,每年仅显著变化一次),加之统计与分析成本的计算,因而社会发展类的分析报告一般以半年或一年度为周期进行发布和上报。

2. 政府对分析报告的时间需求也是周期选择的重要依据

分析报告的核心职能,是为政府的宏观调控和政策制定提供依据。对于经济来说,及时的、相机决策的宏观经济政策是政府有义务提供的公共产品,也是将经济始终保持在潜在产出水平以及保持社会稳定所必需的政策保障,而各变量水平值的高低,并不必然反映经济发展水平和调控水平的高低。相反,关于社会发展的宏观政策,则更多需要的是稳定和向更高水平进化,每一项政策都需要对社会发展有较为有力的推动作用,同时避免来回反复对社会造成的动荡与摩擦,所以社会发展政策的制定需要一个较长的分析与决策周期。因而可以得知,偏重经济性的、有预测性质的分析报告,应采用较短的周期进行发布和上报,一般以季度为宜;偏重社会性的分析报告,采用适中的周期,如一年,进行发布和上报为宜。

二、宏观质量分析报告的评析

(一)宏观质量分析报告工作已在广泛开展

1. 许多地区在定期开展此项工作

据统计,截至 2010 年 12 月,全国已有 30 个省级质监局和 35 个直属检验检疫局,开展了质量状况分析工作,每年都定期发布本地区的质量状况分析报告或白皮书。如安徽省的《安徽省质量状况白皮书(2009 年度)》、浙江省的《关于 2009 年全省产品质量情况分析的报告》、湖北省的《2009 年度产品质量白皮书》、青岛市的《2009 年青岛市产品质量状况分析报告》、宁波出入境检验检疫局编写的《宁波进出口商品质量安全情况季报(2010 年第一季度)》和中国纤维检验局发布的《2007/2008 年度山羊绒质量分析报告》。

2. 宏观质量分析已经延伸到相当一部分县

据统计,陕西、江西、河北、福建、广西和内蒙古等省(区)已形成了省、市、县三级全部开展全部质量统计与分析工作的良好形势。如陕西省《2009 年上半年陕西省各地质量状况分析报告汇编》中就容纳了陕西省十强县及部分工业较集中的县区如高陵县、凤翔县、志丹县和神木县等多个县级的质量状况分析报告。

3. 有部分省已将宏观质量分析纳入到日常工作

除了大部分省份还在探索开展质量分析工作以外,部分省份已将质量分析工作纳入质监局规范的工作中,这些省下发了质量分析的文件,要求按期上报质量分析报告,形成了固定的分析、总结和统计制度。如广东省建立了质量状况分析报告制度,力争省局每季度、市局每两个月、县局每月提交一份质量分析报告,提出政策建议,为政府宏观经济决策服务①。

---

① http://www.gdqts.gov.cn/govinfo/auto29/200905/t20090527_16300.html.

(二) 各级地方政府对宏观质量分析报告有强烈的需求

1. 宏观质量分析是地方政府进行区域宏观经济分析的重要组成部分

在国家转变经济发展方式的战略前提下,许多地方政府已经将本地的经济发展方式从纯粹的"数量型"发展逐步向"质量型"发展转变。有些省的经济分析会议都会通知质监局参加,在会议上反映本地区本阶段的质量状况;有些省、市、县在区域经济发展规划中,都将质量分析作为一个抓手;有些省份在实施质量兴省战略的过程中,将质量分析作为制定战略决策的重要依据。如福建省政府召开经济分析会议,会要求省质监局分析阶段性、关键性的质量状况,作为本省制定经济发展决策的参考。

2. 地方政府对质量分析报告的采纳呈现稳步上升的趋势

随着"以质取胜"意识的普遍加强,地方政府对本区域质量发展也越来越重视,对于质量分析报告中的许多内容,如对策和建议,也进行了更多的批示,对于其中重要的内容予以采纳。如 2006 年至 2009 年,福建省质监部门提供的质量状况分析报告分别为 73 篇、101 篇、160 篇和 203 篇,其中得到各级领导批示的分别有 17 篇、36 篇、82 篇和 102 篇[1],无论是总篇数还是被批示篇数都呈逐年上升趋势。

3. 地方政府最关注宏观质量分析报告所反映的区域质量安全状态

质量安全是底线,它关系着整个经济社会的稳定和发展,也关系着消费者的生命和健康,没有质量安全就更谈不上质量发展。各级地方政府都最为关注本区域质量分析报告中的关于质量安全状态的内容。如:在实施质量分析报告制度和编写质量分析报告方面,福建省质监部门已有多年的探索实践和较为丰富的经验,对于政府部门的需求也有较为深入的了解,而福建省质量技术监督局在《紧紧围绕地方经济发展 深入开展质量状况分析》的报告中提到"我省质量分析工作主要着眼于政府、企业和消费者三个层面,其中第一层面就是政府工作重心中影响经济发展的质量安全问题"[2]。另外,福建省各级领导对于质量分析报告的批示内容中,关于质量安全问题的明显增多。由此可见,政府部门最为关注质量分析报告中的质量安全问题。

---

[1] 参见《福建省 2008 年质量状况分析工作情况汇总表》、《福建省 2009 年质量状况分析工作情况汇总表》、福建省质量技术监督局:《紧紧围绕地方经济发展深入开展质量状况分析》。

[2] 福建省质量技术监督局:《紧紧围绕地方经济发展深入开展质量状况分析》。

(三) 现有宏观质量分析的主要内容

1. 分析的起点是监督抽查的结果性指标

宏观质量状况分析是质量分析报告的重要组成部分,而对于质量总体状况的分析大都是基于监督抽查的结果性指标,如抽查批次合格率等。如浙江省、安徽省和陕西省等各个省的质量状况分析报告中,关于产品质量状况分析的内容都始于监督抽查合格率。如浙江省质监局《关于2009年全省产品质量情况分析的报告》对于2009年产品基本情况的分析是"2009年,我局对全省28610批次的产品进行了质量监督检查,批次合格率为91.2%,比上年提高1.4个百分点"①。

2. 广泛采用本区域统计局已有的统计指标

质量分析报告充分利用统计局已有的统计指标,来对本区域的质量总体状况进行分析,如《2009年上半年陕西省质量状况分析报告》中的"一季度产品宏观质量统计分析指标统计结果分析"部分就采用了"产销率"和"新产品产值率"等指标,并与四川、重庆、广西、新疆、青海和宁夏等部分省、直辖市和自治区进行了对比;《汉中市质量技术监督局关于二〇〇九年质量状况分析的报告》和《西安市质量技术监督局2009年质量状况分析报告》均按照工业生产总值来对本区域的企业进行分类和分析,具体是按年产值将企业分为三个层次:500万元(含)以下、500万元—1000万元和1000万元以上。

3. 注重应用已有的各项工作性过程指标

质量管理状况分析是质量分析报告的重要组成部分,一般都涉及质量认证、质量管理方法、标准化管理、计量管理、特种设备监管和产品质量行政执法状况等内容,其中用到的质检系统已有的各项工作性指标主要有认证率、采标率、受检率和12365投诉率等指标。如《2009年青岛市产品质量状况分析报告》中的"质量基础工作状况分析"部分就涵盖了标准化工作、计量工作、质量管理和认证工作、特种设备安全检查工作,主要用到的指标有采标率、认证率和受检率等;而"产品质量行政执法状况分析"部分涵盖了质量技术监督行政执法查处案件情况、开展产品质量专项整治情况和产品质量申诉和投诉举报处理情况,主要用到的指标有违法案件数、投诉率等。

4. 逐步探索以安全性为核心的宏观质量分析专项报告

宏观质量分析专项报告是对总体的质量分析报告的重要补充和完善,且往往更具有针对性。质量分析专项报告既有针对产品的,也有针对行业的,但倾向

---

① 浙江省质量技术监督局:《关于2009年全省产品质量情况分析的报告》。

突出安全性是它们的共同特征,也是其核心所在。如国家质检总局大豆检验检疫工作协作组编写的《2009年进出境大豆质量分析报告》突出了进口大豆存在的检疫、质量及安全卫生问题;宁波出入境检验检疫局编写的《宁波进出口商品质量安全情况季报》突出了进出口所有产品的质量安全状况。

5. 均有基于统计结果的直观性分析和规律性对策

存在问题、对策和建议是宏观质量分析报告的重要组成部分。现有的质量分析报告对于存在问题的分析往往是基于统计结果的直观性分析,如依据百分比的统计结果就得出一个结论,而对其前因后果的分析深度不够。另外,基于存在的问题提出的对策也往往具有普遍规律性,针对性不足。一般的对策和建议都是,加强质量管理意识、加大监督抽查力度、改善质量管理方法、提高质量管理人员素质、建设质量诚信体系等内容。如我国西部某市的2009年质量状况分析报告中"产品质量状况分析"部分关于"服装质量,与去年相比有较大的提升"的分析就是抽检合格率提高了几个百分点,缺乏进一步的原因分析;"对策建议"部分提出的对策和建议主要是:提升质量管理水平、推行服务业质量标准体系、认真组织实施和推动"质量强市"战略、加快质量诚信建设、加大监督抽查和产品监管力度。这些对策和建议带有普遍规律性。

(四)现有宏观质量分析报告面临的困境

1. 缺乏反映区域质量状态的指标体系

现有的宏观质量分析报告中,用来反映区域质量状态的指标只是少数几个,有的甚至只有一个。除了指标本身的科学性受到质疑以外,还没有形成一个系统性、逻辑性和科学性均较强的指标体系,特别是缺乏反映区域质量安全状态的指标。如东部某市2009年产品质量状况分析报告,对于"产品质量基本状况"的分析包括"全市产品质量监管概况"、"食品及食品相关产品质量监督抽查情况"、"其他工业产品质量监督抽查情况"、"各区市产品质量监督抽查情况";对于"重点产品质量监督抽查"的分析包括食品及食品相关产品、家电电子、纺织服装、农资、建筑材料、化工、轻工等产品的质量监督抽查分析。分析报告中有关产品质量的描述及分析只采用了监督抽查合格率这一项指标。

2. 指标缺乏时间和空间上的可比较性

由于缺乏统一的、科学的质量评价指标体系,现有的宏观质量统计分析指标在时间和空间上进行对比也就缺乏理论支撑,不具有说服力。如监督抽查合格率在不同区域或不同时期的抽检对象可能不一样,其能否在同一区域进行纵向比较和不同区域进行横向比较,没有理论上的研究、阐述和定论,因此进行纵向和横向的比较都无从谈起。

3. 分析不能切中区域宏观经济的变化

一个区域质量发展水平从很大程度上决定了其经济发展水平,同时,其经济发展水平也能够反映出该区域的质量发展水平,即质量发展与经济发展具有较强的相关性。现有的质量分析报告在对质量状况进行分析时,往往就质量问题谈质量问题,或者说从事质量分析工作的人员不懂得经济分析,很少将质量方面的问题与经济方面的问题相结合进行分析,不能切中区域宏观经济的变化。分析质量问题,不但是要为提高产品安全性和产品质量开出良方,更要为区域宏观经济发展把脉。如中部某省的2008年度质量状况分析报告在前言部分提及"受国际金融危机影响,我国经济运行中的困难增加",然而,在正文部分分析质量问题时,没有再提及经济发展状况对于质量的影响;再如,东部某省的2008年度质量状况分析报告,没有提及任何经济发展背景。

4. 分析的结论过于宏观和抽象

现有宏观质量分析报告中分析的结论大多是宏观的、抽象的,如东部某省的《关于2009年全省产品质量情况分析的报告》中关于产品质量基本情况的结论是:"涉及安全的产品质量总体上有所提高"、"块状经济的产品质量总体向好"和"产品质量投诉大幅下降",这些结论虽然有一定的数据作为支撑,但是没有直观性或定量化的结论。

5. 报告所给出的对策不具有针对性

现有宏观质量分析报告中的对策往往具有一般规律性,在不同区域和不同时间都适用,缺乏具有区域特色和时期特点的针对性。如东部某省2008年度和2009年度的全省产品质量分析报告中都提到"块状经济向现代产业集群转变"、"落实产品质量(安全)责任"、和"加强质量管理工作"等对策,不具有时效性。再如,东部某省2009年度和中部某省2007年度的质量状况分析报告中都提到的对策有:"深入开展质量兴省活动"、"进一步推广先进质量管理方法"、"加强企业质量诚信制度建设"等,在区域间没有针对性。

6. 指标及分析没有落实在对所属区域的横向比较

我国不同区域的质量水平具有差异性,即使同属一个区域的不同省、市、县,其质量水平也可能具有差异性。基于这种差异性的事实,将质量水平进行区域间的横向对比就可以发现差异性背后的真正原因。然而现有质量分析报告中的宏观质量统计分析指标及分析,主要还是用于不同省、市、县进行各自的质量状况分析,缺乏对所属区域的横向比较。如西部某省的多个市、县都开展了质量状况分析工作,但大都局限于现在的自己与过去的自己的比较,没有进行同一级别区域间的横向比较,区域间质量水平具有差异性的原因也就无法找出。

7. 分析报告对不同区域的地方政府缺乏激励和约束

现有的一些针对出现质量问题而采取的措施,更多起到约束作用而非激励作用,如出现重大质量安全事故,就要追究政府部门或者企业相关人员的责任。这些措施都是非常被动的且具有滞后性。究其原因,正是缺乏阶段性的常规的质量状况或质量工作的考核指标,因此现有质量分析报告无法反映出不同区域间的质量状况或政府部门质量工作的好坏,从而对不同区域的地方政府起不到相应的激励和约束作用。

8. 不同区域的分析报告缺乏宏观上的规范性和一致性

目前,质量分析工作只是在不同区域间分别展开,没有形成宏观的统一模式,不同区域的分析报告不但缺乏可比性,还缺乏宏观上的规范性和一致性。如东部某省是以质量技术监督局文件的形式发布产品质量情况分析报告,篇幅也较少,只有4000字左右;中部某省是以"质量状况白皮书"的形式发布和分析该省年度的质量状况,篇幅达到3.5万字左右;西部某省还容纳了各级市、县的质量分析报告,篇幅达到8万字左右。这些省份的质量分析报告在发布形式、内容篇幅、框架结构等方面都有很大不同。

9. 地方政府对质量分析报告的总体满意度不高

虽然,地方政府越来越重视质量分析报告,予以批示或者采纳的内容也逐渐增多,但是相对于经济领域的分析报告而言,质量分析报告的科学性、系统性、规范性、直观性和针对性还有待提高。现有的质量分析报告用到的反映质量状况的指标很少,没有形成指标体系,不能反映总体的质量状态;现有的质量分析报告一般都没有反映区域的质量安全状态的指标;一些对策建议也往往缺乏针对性。如东部某市的2009年产品质量状况分析报告用到的指标就是监督抽查合格率,没有区域质量安全状态的指标及分析,对于存在问题的分析及措施和建议也是寥寥数语。

10. 宏观质量分析报告的编写工作陷入一定的困境

定期编写和发布质量分析报告是各级质量监督部门的一项重要职能和应尽的义务,也是政府进行宏观决策的一项重要依据。但由于现有质量分析报告本身的内容和构架等方面的局限性,往往得不到政府决策者的强烈共鸣。除极少数区域外,大部分区域的质量分析报告中的内容都很少被政府部门采纳,也就很少能成为政府决策者作出宏观经济发展决策的依据。

第八章 宏观质量分析报告的结构体系设计

一、宏观质量分析报告的需求研究

（一）需求主体的确定

1. 企业、消费者和政府主体的需求比较

根据职能的不同，质量的参与主体可分为企业、消费者和政府。在市场经济条件下，企业的目标就是利润最大化或成本最小化，企业会自发地更为关注本企业产品质量的分析，以及与本企业有竞争关系的产品质量的对比，包括本行业的产品质量状况。企业的这种需求显然带有企业本位的微观色彩，不是宏观质量分析报告所能够满足的。而消费者更关注自我选择的产品质量的状况，对质量状况的把握更多的来自于价格、广告、厂商和卖场的知名度以及口碑相传等因素。因而，本质量分析报告也不能满足消费者这些个性化的需求。政府作为质量的行政监管机构，其职能是通过行政监管和政策制定，对总体质量进行科学而有效的监督和促进。很明显，政府更为关注一个区域总体质量状态，以及基于这一状态对本地产品质量的未来走势，最终围绕本区域经济社会的发展，提出基于质量方面的法律的、经济的和行政的公共政策。可以说，微观质量的管理主体是企业，是企业或某一个私人部门，它们对质量实施微观层面上具体的管理。宏观质量管理是政府机构对总体质量的公共管理行为，其主体是政府，政府的综合协调的作用不可替代。由于宏观质量分析报告是为整个社会经济利益主体服务的，而不是为单个经济利益主体服务的，宏观质量分析报告更为偏重社会性，其主要的需求主体是职能特性具有社会性的政府。

2. 政府是宏观质量分析报告的主要需求者

实现经济结构调整的战略任务，促进经济发展方式的转变，其难点和关键都在于基于质量和效益来调配社会的资源配置方式。要实现这一目标,就需要评价各地区的发展质量,引导决策者不仅追求一定速度的增长,更要追求有质量的科学发展。对发展质量的统计和分析,已经成为评价区域经济和社会"又好又快"科学发展的重要内容。在政府月度或季度经济分析会上,既要反映发展数量的数据——"快"的方面,也要反映发展质量的数据——"好"的方面,才能对"又好又快"有更清楚的认识。质量状况的分析报告,是政府进行宏观决策的必备数据支撑。基于定期的质量分析报告对质量问题的连续性观测,政府一方面能够着眼于解决经济运行中深层次的质量矛盾,从而降低甚至消除系统性的质量安全风险,另一方面促使经济增长逐步建立在质量和效益的基础上,增强发展的持续性。鉴于此,各级政府质量分析报告有着较为现实的需求,而且这一需求是常态的。

3. 宏观质量分析报告是质量监管行政部门向政府报告工作的基本方式

质量分析报告可以由企业、消费者、监管部门和全社会来提供,但是监管部门作为质量的宏观管理部门,是质量分析报告最重要的供应主体。监管部门质检业务工作的综合性反映就是质量分析报告,也就是说通过分析报告,可以考核或衡量各级质量监管部门的工作成效。这里的工作成效是指通过本区域内产品的总体质量状态,并不是指该部门发放了多少生产许可证、组织了多少次监督抽查等具体的工作内容,因为这些工作内容是为了达到某一质量目标而采取的手段,而不是质量状态本身。也就是说,产品质量的总体状况,就是评价产品质量监管部门业务工作效果的依据。通过规范的质量分析报告,监管部门即是向政府提供了规范的质检工作成效报告。由于政府具有一定的决策自主权和可支配资源,只有中央和地方政府了解了质量工作,才能对质量工作更加重视,例如许多省、自治区、直辖市以政府名义召开质量工作会议,将质量工作纳入到国民经济和社会发展规划,推动实施质量兴(强)省、名牌、技术标准等战略等。因此,质量分析报告无疑可以成为质量监管部门的重要工作抓手,建立与中央、地方政府密切的工作联系和沟通机制,推动质量监管工作的较好开展。

(二) 政府对宏观质量分析报告的主要需求内容

1. 政府需要通过质量分析报告把握本区域的质量状态

政府对质量状态需求,首先就是客观掌握本区域的质量现状。我国引入GDP之所以是一个大的进步,其原因在于GDP这一综合性数量指标带来了区域与区域之间的竞争,地方政府由于GDP的引导而纷纷将本区域的经济产出最大化作为发展的优先目标。鉴于此,在对质量进行评价和分析时,政府同样需要一个类似于 GDP、CPI 等数量指标的宏观质量统计分析指标,可以评价一个区域总体的状况,激发地方政府把当地特定的环境、资源和其他社会条件因素与经济发展政策的选择结合起来,而不再仅仅依靠单纯的物质资本投入来拉动经济。这就要求这一指标应具有区域空间上的可比性和时间上的稳定性。正是因为宏观质量统计分析指标在区域空间上的可比性,它才能够发挥统计指标对不同地区质量政策和行为的引导作用;稳定性则来源于统计指标是否反映了质量状态的某种本质特征,使得其不随区域发展过程中一些非经济因素的变化而发生改变,该特征的稳定性存在,就会提供时间上质量状态的可比性,也才会反映出质量运行的规律和趋势。

2. 政府需要通过质量分析报告观测本区域主要行业的质量状态

宏观质量分析报告,还要准确把握本区域主要的工业行业。由于各区域的经济结构、资源条件和发展水平的不同,质量分析报告要引导政府制定有区域特色的可持续发展战略,通过地区规划等方式具体明确不同阶段的发展目标和重点。因而,宏观质量分析报告不仅要反映某区域总体的质量状况,还要反映出本区域支柱行业、重点扶持发展行业或高风险行业的质量状况,以帮助政府制定行业的经济政策和质量政策。同时,再基于对工业行业质量状态的指标进行横向和纵向对比,进一步提示管理者采取相关的质量监管措施。

3. 政府需要通过质量分析报告比较本区域和其他区域的质量状态

政府对本地质量状况的把握,是通过比较得出结论的。宏观质量分析报告既是对质量状态的评价,又能够对质量的发展起到强有力的引导作用。激励各地方区域经济的竞争,是我国经济增长的重要方法。质量分析报告必须反映本地区和其他同类地区的质量状态比较,这样才便于各级政府把握不同地区的质量状态,并设立相应的区域质量发展目标,从而对不同地区进行科学的考核。让不同地区的政府决策者,认清本地科学发展的状态,并通过与其他地区的比较以及与本地区过去同类指标的比较,找到影响本地科学发展的质量因素,进而制定推进本地科学发展的质量政策和措施。

4. 政府需要通过质量分析报告判断下一个周期的质量安全预警状态

质量以其特有的公共安全属性,对社会的正常运行构成了潜在的巨大威胁。政府作为一个履行公共管理责任,提供公共管理服务的组织,虽然有众多的价值取向和管理目标,但是,促进一个社会总体质量的发展,对质量安全进行有效的监管,为所服务的公民创造一个质量安全的环境,必然是一个政府的基本职责。

因而,政府对质量分析报告的需要,除了客观地掌握本区域的质量现状以外,还有一个重要的需求,那就是分析和预测本地未来的质量安全风险,也就是质量预警。质量预警的前提,来自于对宏观质量状态的把握,尤其是对其变化趋势的观测。基于对下一周期内质量安全的趋势、安全预警的级别、安全的危害程度、损害的主要人群和可能产生的经济损失等数据快速而全面的把握,政府在第一时间观测到质量安全状态的特殊变化,并选择降低或控制质量安全的风险的政策。

5. 政府需要通过质量分析报告准确地找到存在的问题及其原因

前面所述质量分析报告中对总体质量状态情况,重点行业的质量状况,以及与其区域的质量状态指标的对比情况等,都属于衡量质量状态或趋势的结果性的宏观质量统计分析指标。正是这些结果性的宏观质量统计分析指标,才能使政府对宏观质量统计分析指标所反映的客观对象,进行科学而定量的判断。结果性宏观质量统计分析指标的重要性还在于,统计指标支撑人们进入质量分析的阶段,也就是找到质量问题并追溯产生问题的原因。这些关键原因就是一些导致质量结果的投入性因素,主要包括技术、设备、人才、标准、认证、资金投入和体制制度等。这些因素也需要通过相应的指标来进行反映,如资金投入量与其他地区比较是否减少,名牌市场份额是否增加趋缓等等。依据这些投入性指标,就可以深入地研究一个地区中有哪些因素在导致质量的进步,或有哪些因素在影响质量水平的提升,从而为政府宏观质量的监管提供科学的决策依据。

6. 政府需要通过质量分析报告确定下一个周期质量发展的主要目标

如上所述,质量分析报告是向政府提供的规范性质检工作成效报告,需要对自身工作绩效进行目标设定和分析。那么,在质量分析报告中,有一个重要内容就是要设定下一个周期要完成的质量发展的主要目标,主要包括区域质量状态的主要指标、本地区关键行业的质量状态指标以及质量安全预警指数指标等。定期的质量分析报告,要在分析本周期内质量发展主要目标完成情况的基础上,深入分析影响质量状态变化的投入性指标,即影响质量状态结果的因素,并提出下一周期内投入性指标的实现目标。

7. 政府需要通过质量分析报告明确下一阶段需要采取的政策措施

质量分析报告的最后一个部分,就是针对质量统计的结果和质量分析的问题,提出下一阶段需要采取的政策措施,具体包括以下几个方面:第一,确定下一个周期需要重点加强监督抽查的行业或产品,尤其是对高质量安全产品,包括已经出现舆情或者存在潜在质量风险的产品等。第二,确定下一个周期质量执法的重点行业、重点地区和重点产品,特别是要在不同的周期对重点领域进行专项检查,例如计量、产品生产许可证、实验室检测报告等领域。第三,确定下一个周期质量安全所应采取的主要措施,诸如质量安全专项检查、不合格产品曝光等。第四,确定下一周期质量建设所需要抓的重点工作,诸如质量月的活动开展、重点企业质量诚信大检查、技术机构建设的投资和节点目标。第五,确定下一周期质量激励所应该采取的措施,诸如名牌评选主要激励的行业、政府质量奖表彰的企业等。第六,确定下一周期政府服务企业所要开展的主要工作,诸如质量专家企业行、企业质量管理人员培训等。

(三) 政府对宏观质量分析报告的需求时效

1. 政府需要将质量分析纳入定期召开的经济分析会议

中央和地方政府的经济分析会议,按惯例一般都是以季度为周期进行。经济分析会议主要对本季度经济运行情况进行分析总结,并针对该阶段要完成的经济目标对下一步的经济工作进行部署。目前,我国各级地方政府在实施全面协调可持续发展战略的要求下,需要同时对数量增长和质量改进两方面进行评估和决策,逐步实现低投入、高产出。因而,为对一个季度的发展状况从"好"和"快"两方面进行有价值的分析,政府需要将质量分析同时纳入到经济分析会议。

2. 质量分析报告要能够为政府的宏观决策提供实时的数据支撑

质量监督和管理无论是对状态的把握,还是对质量问题的判断以及处理,都必须建立在对质量信息的快速而全面的把握基础上。恰恰在这一最关键的问题上,政府却面临着数据迟缓、数据不全和数据积累不够的困难。解决这一问题最重要的手段,就是要通过质量分析观测本区域总体质量水平以及主要行业的质量状态,在第一时间获取不同产品领域的质量变化情况。通过定期发布的质量统计和分析,既实现纵向观测指标的变动状态,又实现横向对比不同产业、不同领域和不同区域的质量状态,在这种多维的、动态的质量统计指数中,全面得出对一个国家或一个区域总体质量现状的把握,为政府产品质量评测提供更多的可用数据,提高质量监管政策的科学性和有效性。

3. 政府对质量分析的时效需求最低应按季度进行

不同统计时效或统计周期内的状态数据通过比较,能够反映出考察对象周期性的变化和发展趋势。统计时效是根据指标内容来确定的,一般为一个月、一个季度、半年和一年。应该看到,国民生产总值(GDP)、消费者物价指数(CPI)等既有成熟的宏观经济指标的统计,无不是按照一定的周期进行统计和发布的。虽然经济指标的发布和经济分析会大部分都是按照季度进行的,但是经济指标的数据统计是按月度进行的,为了与经济指标统计的周期相一致,政府对质量分析的时效需求应该是按月进行。鉴于质量业务管理部门目前的人员、设备等条件的限制,质量分析报告也应该至少以季度为周期进行。如果统计周期为半年或一年,则质量分析报告就无法满足政府进行宏观经济运行状况分析的需求,也就无法使得质量分析成为能够成为整个区域宏观经济分析的一部分。

（四）政府对宏观质量分析报告的字数需求

由于质量分析报告主要供各级政府领导或决策层使用,要用明确、完整而具有概况性的文本反映本区域的质量状态,以求在有限的时间内引起政府决策层的兴趣和重视。因此,质量分析报告最核心的内容,也就是本周期的质量状态等关键指标和分析结论,应该让政府决策层在3—5分钟内有一个完整的把握。另外,根据实际调查,政府决策层一般较为深入地阅读一份文件的时间在30分钟左右。这就要求质量分析报告的文本供政府决策层的阅读时间不宜超过30分钟。根据以上的领导审阅时间的分析,整个质量分析报告的字数不宜超过3000字,而关于整体情况的概要不超过200字。

（五）对宏观质量分析报告的规范性和针对性需求

质量分析报告首先必须有规范的文本,包括体例、结构、指标和内容等,这样便于不同季度质量分析报告起草的连贯性。其次,质量分析报告的规范,也有利于不同区域的横向比较以及同一区域的纵向比较。再次,质量分析报告的规范,表现了质量宏观管理工作的成熟。但是,质量分析报告在规范性的基础上,也有相应的针对性和灵活性,这主要表现在采取的政策措施在不同的时间会有相应的区别,对主要行业的分析在不同的时间也会有相应的变化,质量安全预警在不同的时段会有相应的变化等方面。可以说,质量分析报告的规范性是基础,这样便于该项工作制度化、长期化和可比较;质量分析报告的针对性是关键,这样便于该项工作与实际更加贴近,使其分析更有时效。

（六）季度质量分析报告和专项宏观质量分析报告的需求

季度质量分析报告,是指按季度定期上报的质量分析报告。它是建立国家质量分析报告工作制度的核心,是一项基础性、长期性和规范性的工作。由于季度质量分析报告,不可能覆盖质量分析的所有方面,特别是针对政府阶段性的工作需求,以及某些突发的重大事件,季度质量分析报告在时效和针对性上都会有相应的约束。鉴于此,在常态的季度质量分析报告的基础上,采用专题的质量分析报告的形式,可以弥补季度质量分析报告对阶段性、突发性等质量问题分析的不足。总之,季度质量分析报告可以使政府获得规范的质量状态的把握,专题质量分析报告又可以使政府实时动态地把握突发性的质量状态。

二、宏观质量分析报告的主要内容

(一) 宏观质量分析的核心是对某一阶段区域质量状态的把握

1. 质量分析的全部内容应建立在对质量状态判断的基础上

质量是一组固有特性满足要求的程度,是产品的重要属性。一种产品的固有特性少则十几种多则几十种、上百种,产品质量状态呈现多样性,众多产品构成的宏观质量状态则更是千差万别。由于质量状态是总体产品在满足要求程度方面的客观映象,所以,只有通过对总体产品所呈现出的状态进行研究,才能对总体产品满足要求的程度作出客观评价,而这种评价完全是基于对总体质量状态的判断。没有对质量状态的判断,质量问题的原因分析及对策和政策的制定就失去了基础。

2. 对质量状态的判断最为关键的是要用一组定量指标来反映

质量状态既可以定性表达,又可以定量表达,因此,对质量状态的判断除了定性表达外,也可以定量表达。由于总体质量状态呈多维度现象,具有多维度特征,因此,需要从多个层面、多个维度去综合反映质量状态的全貌,而不是从单一层面或一个维度。由于定量分析往往能客观、准确地反映事物的本质,使人们获得对事物清晰、准确的认识,所以,对质量状态的判断应建立在量化分析的基础上,这就需要在研究宏观质量现象时,采用一组定量指标去反映宏观质量状态。而全面性、科学性和可行性是选取这样一组定量指标时应把握的最基本原则。

3. 某一个区域的质量状态主要应抽象构成这一状态的关键因素

总体质量状态不仅具有多维度现象,还具有复杂性特征。因此,要全面把握宏观现象的本质,在对宏观质量现象进行分析和研究时,必须对其进行抽象,而抽象的过程就是通过建立模型去揭示其本质,这就需要在抽象构成这一质量状态的众多宏观质量统计分析指标中抓住关键因素,来展现宏观质量状态的本质特征。只有利用能体现宏观质量状态本质的基本指标,才能使企业、消费者特别是政府决策机构,根据不多的几个量化的指标比较准确地判断区域总体质量状态。

(二) 质量状态的关键构成要素

1. 质量安全构成了质量状态的底线

宏观质量状态的构成,首先表现为总体多样的质量状态,其存在不能以损害消费者为前提,当然,描述质量状态的核心就是质量安全。质量安全是指因质量问题给人们造成的安全影响,包括已发生的直接的生理上的伤害。由于质量安全直接危及人的生命或影响人的生存质量,所以观测某一区域的质量状态,首先要看质量安全状况。质量安全是底线,质量安全达不到要求,质量就会给社会造成恶劣影响。

2. 质量发展构成了质量状态的关键

宏观质量状态的构成,还表现为总体多变的质量状态,其存在不能以损害社会可持续发展为前提,自然,衡量质量状态的未来趋势就是质量发展。质量发展是指为了满足人们日益增长的需求,质量所给人们带来的利益或价值。质量的总目标应在质量安全基础上,使产品质量不断得到提升。只有质量发展了,才会带来真正意义上的社会进步。因此,观测某一区域的质量状态,必须关注质量发展状况,它是构成区域质量状态的关键。

3. 质量安全和质量发展共同构成质量状态的两大关键因素

宏观质量的基本状态就是质量安全与质量发展的统一:没有质量安全,质量发展就失去了基础;没有质量发展,质量安全就失去了目标。质量安全和质量发展共同构成了质量状态的两个基本维度,反映了宏观质量状况,从这两个维度就可以判断出某一区域某一时期内产品质量的总体状况。从这两个角度来观测质量状态,应成为衡量宏观质量的基本方法。围绕着这两个最基本的维度展开对各区域或各行业的质量状况分析,能把握宏观质量管理的本质和特征。而准确把握这两个基本维度,就可以得出对宏观质量状态的基本判断。

(三) 质量状态指标体系的构成

质量状态具有复杂性特征,很难用单一质量状态指标来反映其全貌。所谓质量状态指标,就是反映质量状态的一种定量化指标表达,质量状态在客观上却可以用一组量化的指标来反映,这样一组指标便构成了质量状态指标体系。如,质量伤害率、监督抽查不合格率、产品质量违法货值率和出口产品质量退货货值率等,是一组可直接观测质量在安全方面的状态指标,这类指标数值越低越好,是负向指标。再如,顾客满意度、名牌产品质量贡献率、新产品产值率和环境适应率等,是一组可直接观测质量在发展方面的状态指标,这类指标数值越高越好,是正向指标。质量安全和质量发展状态指标共同构成了质量状态指标体系,而整个质量状态指标体系构成的基础,就是质量状态指标。

(四) 质量状态指标体系是质量分析报告建立的基础

1. 质量分析报告最重要的基础性前提就是某一区域某一时期质量状态指标

每个质量状态指标都从不同角度和侧面反映了当前总体质量的基本特征,多个质量状态指标则能从多个角度全面地反映某一区域某一时期的质量状态。因此,质量状态指标是质量分析报告的基础和前提。没有宏观质量统计分析指标,就不会得出对区域质量状态的最基本的判断,也不能进行纵、横向对比,更不能对质量状态的趋势进行预测等等。因此,质量状态指标是质量分析报告的基础,没有对质量状态指标进行分析的质量分析报告其作用将大打折扣。

2. 对质量状态指标的行业分析可观测某一区域主要产业或产品的质量状态

对质量状态指标按行业统计,可得出某一区域当期行业中主要产业或产品的质量状态结果数据,通过对不同行业质量状态数据结果进行纵向对比(同比和环比)和横向对比分析,可以反映出某一区域主要产业或产品在行业中的质量状态水平是上升还是下降,作出对各行业质量状态的客观评价和正确引导,激励区域决策者使其在宏观质量统计分析指标的引导下,优化资源配置和决策行为,进而提升主要产业或产品在行业中的地位和影响力,使其成为本区域经济发展的支柱产业或行业龙头。

3. 对质量状态指标的横向分析可观测出不同区域的质量水平

质量是一个很重要的考核指标,我国推进经济和质量主体就是区域政府,事实证明,通过地方政府去驱动经济和质量的发展是一项成功的经验。通过进行区域分析,并通过这些指标对区域政府进行考核,能加速区域政府推动总体质量的发展。此外,对质量状态指标按不同区域进行分析,可以得出不同区域在产品总体质量上的水平比较。通过不同区域的横向对比,比较本区域与标杆区域的质量状态所存在的差距,找出本区域在质量安全和质量发展中存在主要问题,使于政府作出科学而客观的决策,发挥宏观质量统计分析指标对不同区域质量政策和行为的引导作用,优化区域的质量行为。

4. 基于质量状态指标的质量结果性指标的分析才有价值

对质量的评价,虽然既能从最终的产品质量结果进行观测,又能从促进质量提高的某些关键性要素进行观测,但是,只有对一系列结果性的宏观质量统计分析指标进行观测,才能使人们对总体质量状态得出科学而定量的判断。过程性指标虽然是决定质量水平的因素,但毕竟不能直接等同于产品质量的最终水平。例如,质量投入率是衡量一个区域对质量重视程度的过程性指标,它本身并不能用来评价一个区域最终的总体质量状况好坏,因为质量投入是否达到预期目标,还需要经过一系列相关过程的最终结果来验证。

(五) 质量过程性指标能够展开对质量报告的具体分析

1. 质量状态指标只反映结果而不能直观反映这一结果性指标产生的原因

结果性的宏观质量统计分析指标的一个重要作用是通过观测它们可得出对区域总体质量状态的直观判断,但是产生这一结果的原因是什么不得而知。过程性的宏观质量统计分析指标虽然不能反映最终质量状态,但它们却可以用来分析产生一系列结果性指标的原因。因此,结果性指标用于统计,过程性指标用于分析。

2. 质量状态指标的意义在于通过它能观测到导致这一状态的原因

结果性的宏观质量统计分析指标的重要性还在于能驱使人们对产生结果的原因进行思考,追溯导致质量结果的一些关键因素,诸如质量管理体系、认证认可、计量水平、标准采用、科技发展、人才素质、体制机制、技术投入和地方政府对质量的资金投入状况等,这些因素称为质量的过程性指标。通过对这些过程性指标的分析,找到影响结果性指标的原因。因此,宏观产品质量状态需要结果性指标来反映,而原因则需要从过程性指标去分析。亦即,结果性指标用于质量统计,过程性指标用于质量分析。

3. 只有找到关键因素才能提出下一阶段质量目标和政策

质量分析报告中,通过状态指标需要寻找的原因,就是以上决定质量发展状态的各项因素,这些因素的好坏决定了一个区域质量状态的水平。因而,在质量分析报告中,反映了质量状态指标之后,接下来需要分析的就是导致这一状态的质量因素。这些因素定量化就构成了宏观质量统计分析指标中的过程性指标,包括采标率、认证率、质量管理体系通过率、许可证发放数、企业技改和研发资金量、质量工程师拥有量和政府财政对质量的资金投入量等。只有找到了这些因素,才能确定质量分析报告中所要提出的下一阶段的质量目标,特别是质量政策措施。

(六) 质量分析报告中统计分析指标的构成

1. 质量状态指标体系是产生质量分析报告的前提

质量分析报告的一个主要目的就是要明晰当期质量工作存在的问题。由于一组结果性指标客观上反映了区域质量状态,所以质量分析报告应基于这组质量状态指标来展开。每个宏观质量统计分析指标的结果状态是什么,同比和环比有什么变化,上升或下降的原因,措施和对策以及下一阶段的目标是什么等,都应围绕质量状态指标体系,形成质量分析报告。因此,质量状态指标理应成为质量分析报告中的问题来源。

2. 质量过程性指标是构成质量分析报告的关键

质量分析报告另一个主要目的就是要对存在的问题进行准确定位。只有对问题原因定位准确,才能采取有针对性的措施和政策,才能使总体质量水平在原有基础上得到提高。由于过程性指标与结果性指标在客观上存在因果关系,所以要想把存在的问题分析清楚,就必须对质量的过程性指标进行全面而客观的科学分析,因此,对质量过程性指标的分析应成为质量分析报告的焦点。

3. 质量下一阶段的状态指标构成为质量分析报告的导向

现阶段产品质量状态仅针对工业产品,暂不涉及服务质量、工程质量和环境质量,随着宏观质量统计分析指标的不断完善,工程质量、环境质量和服务质量将适时纳入,最终形成"大质量"状态指标体系。因此,将下一阶段新的质量状态指标引入质量分析报告,不仅标志着我国宏观质量管理的进步,而且必将会对我国区域总体质量的发展起着导向作用。

三、宏观质量分析报告的工作主体

作为国务院认定的产品质量综合管理部门,国家质量综合管理部门及其下属的分支行政机构,是质量分析报告的工作主体。在现有的工作基础之上,在全国质检系统内建立统一的质量分析报告制度,并逐步完善其工作机制,将推动该项工作的开展和运行。

(一) 各级质量监管行政机构是质量分析报告的工作主体

1. 国家一级的质量分析报告工作主体是国家质量综合管理部门

在国家这一级,国家质量综合管理部门将各省上报的各项指标数据进行汇总和计算,得出国家层面的各项质量状态指标数据,包括各项结果性指标和过程性指标,并基于该指标数据进行质量分析报告的撰写,以及负责向国务院按时上报各分析周期的质量分析报告。

2. 省级质量分析报告的工作主体是省级质量综合管理部门

在地方省一级行政区域内,各省的质量综合管理部门作为本省宏观质量分析报告的工作主体,承担统计分析指标数据的收集、汇总和计算,并基于该指标数据进行质量分析报告的撰写,以及负责向国家质量综合管理部门和各省政府按时上报各分析周期的质量分析报告,同时向质量综合管理部门按时上报各分析周期的相关指标数据。

3. 县和市级质量分析报告的工作主体是县级和市级质量综合管理部门

县和市由当地质量综合管理部门承担质量分析报告的撰写工作,以及负责向当地政府和上级质量综合管理部门按时上报本区域的质量分析报告,向上级质量综合管理部门按时上报相关的指标源数据。

(二) 形成全国统一的宏观质量分析报告制度

1. 构建统一的质量分析报告的模板

从国家到省、市、县区域的质量分析报告,均采用统一的模板进行撰写。统一的模板便于上级主管局向下对比各区域的状态,汇总相关的问题和原因;对地方政府来说,由于质量分析报告的模板与国内主流的经济与社会发展类分析报告的体例相一致,因而可以使地方政府领导在最短的时间内看到当期工作的亮点和关键点,得到地方政府领导的重视和批示。同时,统一的模板将质量分析报告的撰写方法固化下来,降低了质量分析工作中对人的因素的依赖性,而将重点放在对质量工作的梳理和分析当中,大大降低了该项工作的难度和对时间的消耗,能有效地促进该项工作的推进。

2. 构建统一的质量分析报告的指标体系

在质量分析报告模板中的"本区域质量状态的主要指标情况"部分,采用全国各级行政区域统一的指标体系。统一指标体系最大的优点在于,既实现了全国任何区域间的横向对比,又能在一个较长的时间范围看出变化趋势并进行预测,同时为质检工作基础数据的留存和分析提供了路径。当然,该指标体系是开放的,任何指标的增减,都将在全国范围内统一进行,始终保持指标体系的横向和纵向可比性。

3. 构建统一的质量分析报告的方法

在全国质量综合管理部门建立从中央到县(区)级的质量分析报告职能,将其纳入日常的工作职能范围之内,成为各级质量综合管理部门一项重要基础性工作。国家质量综合管理部门承担质量统计职能的部门,负责国家一级质量分析报告的撰写;省及以下机构的质量统计职能部门及人员,承担该机构的质量分析报告撰写工作。

特别重要的是,质量统计职能是质量综合管理部门机构的日常工作职能,机构内设的每一个处室都有相应的统计职责,并向特定的统计职能处室报送自己的统计结果。质量统计职能在质量综合管理部门中的作用,与其他行政机构的差别在于,质量统计是质量综合管理部门履行监管、执法和技术检测职能的基础,不是一般的工作性统计,而是业务统计。

(三)逐步完善宏观质量分析报告制度

1. 逐步建立与统计局等相关政府部门的数据指标获取机制

质量分析报告中多个指标数据的计算,需要直接采用地方统计局或其他相关政府部门的数据。因此,在国家层面,由质量综合管理部门与其他部委进行协调沟通,建立与相关部门常态的数据获取机制,用文件或规章制度的形式固化下来。而在地方,各级质量综合管理部门要与相关的厅局建立积极的业务往来关系,建立地方的数据传输沟通机制,这是保障每一分析周期质量分析报告按时准确上报的一项基础性工作。

2. 逐步建立部门内部各相关业务机构数据共享的机制

质量分析报告中多个指标的基础数据,来源于质量综合管理部门内多个相对独立的业务领域。目前,这些业务数据还没有统一的数据库进行存储,也没有通用的内部网络将其连接起来。由于质量分析报告的撰写最终将由某一个具体的职能部门来承担,因而建立部门内部各相关业务机构的数据共享机制,将大大节省数据传输的时间,同时能为指标结果的计算和生成提供极大的便利和信息技术支撑。

3. 建立质量分析报告的 PDCA 循环机制

目前全国多个区域的质量分析报告不尽如人意的地方在于,缺少对政府最关心问题的把控,组织实施人对该项工作缺乏有效的流程控制和管理。某些地区的先进经验,也未及时在系统内得到有效的交流和普及。

通过设定阶段性目标(P,Plan),在实施每半年或一年之后(D,Do),定期在全国范围内组织各省之间以及省内的经验交流活动(C,Check),提升质量分析报告的撰写水平。通过几个轮次的提升与完善之后,将质量分析报告的撰写经验固化下来(A,Act),开始下一轮的改进与提升。

四、宏观质量分析报告的范式

(一) 本区域质量状态的主要指标情况

质量分析报告最重要的基础前提,就是某一区域某一时期质量状态指标。也就是说,只有基于宏观质量统计分析指标的定量统计,才能得到揭示质量运行的总体,或某个问题的基本特征或基本趋势的定性判断,从而为科学把握质量宏观调控的力度提供依据。因此,质量分析报告首先要说明质量状态指标变化情况,为运用科学原理、围绕决策需要进行形势分析提供支撑。质量分析报告中反映本区域质量状态的主要指标,主要包括以下几方面的内容:

1. 反映本区域质量状态的结果性指标

本区域的质量状态应由能反映总体质量状态的一组指标来反映,这组指标客观上都是结果性指标,诸如涉及质量安全的质量伤害率、监督抽查不合格率、产品质量违法货值率、出口产品质量退货货值率等,以及与质量发展相关的顾客满意度、名牌产品质量贡献率、新产品产值率和环境适应率等。例如:本区域生产产品的质量伤害率为0.3%,比上个季度下降了0.1个百分点;出口产品质量退货货值率为1.5%,比上个季度上升了0.5个百分点;本区域中国名牌和省级名牌产品的销售额为500亿元,质量贡献率为40%,比上个季度上升了8个百分点等等。

2. 本区域主要工业行业和关键产品的质量状态指标

区域的主要工业行业和关键产品是区域的支柱性产业,在区域经济发展中占有重要地位。区域主要工业行业和关键产品的质量状态是呈上升还是下降趋势,在质量分析报告中应进行相关的变化分析。在质量分析中,如食品、化工等高风险行业考察其质量安全水平,如钢铁、纺织等基础行业重点考察其质量发展水平。例如:本区域食品行业的质量伤害率为0.5%,产品质量违法货值率为3%;本区域汽车行业进行自主创新和节能减排经费投入为2亿元,比上个季度增长了 5 个百分点等。

3. 本区域质量状态指标的环比分析

纵向比较是将本区域质量状态按时间序列纵向展开的,通过对质量状态在不同时期的表现状况,去揭示不同时期质量状态的变化趋势或规律。环比分析是纵向比较方法之一,是将当期数据与上期数据进行比较,以观察增减变化情况。环比分析的好处在于,通过本期与上期质量状态指标的比较,可以揭示当期质量状态的趋势走向,一旦质量水平呈下降趋势,便于决策者及时分析导致滑坡的原因,采取相应措施,以便迅速遏制滑坡态势。

4. 本区域质量状态指标与同类地区的比较分析

横向比较是将本区域质量状态按空间结构横向展开的,通过比较不同区域同一时期质量状态的异同及原因分析,来把握共性和特殊规律。横向对比分析的对象要有可比性,进行比较的区域应在水平上具有同一性和相似性。同类地区一般指经济发展水平或行政级别相近的区域,例如各省省会城市。与同类地区进行对比,就是将质量水平相当的地区放在一起比较,这样可以揭示同一时期的质量状态在不同空间条件下的差异程度或相对状态,借以找出本区域与先进区域的差距和不足。

5. 本区域质量安全预警指标及比较分析

政府质量监管的最主要任务,是控制一个社会宏观质量的安全,也就是确保宏观质量不出现重大的质量安全事件。政府质量监管部门认为质量分析报告应反映质量安全的发展趋势。因此,质量分析报告要基于质量状态指标的统计结果和信息显示,分别观测不同产业、不同区域未来一段时间内的质量安全走势,对质量安全未来走势偏低的产品或区域进行监控。

(二) 本区域现阶段总体质量问题及原因分析

1. 本区域现阶段预期宏观质量统计分析指标未完成原因分析

进行质量分析报告的一个前提条件,就是制定每个季度和年度的预期质量目标,即是产品质量安全和质量发展两个维度下的一系列结果指标和过程指标。因而,本部分的研究报告首先要说明本季度或年度哪些预期宏观质量统计分析指标已完成,哪些预期宏观质量统计分析指标未完成。例如:本区域第三季度未完成质量伤害率降低 1%,食品检测实验室设备投入提高 30% 的预期质量目标。接下来,分析报告要着重分析导致这些预期宏观质量统计分析指标未完成的具体原因,从而为接下来采取必要的针对性提高措施,以及制定下阶段的质量目标提供决策依据。

2. 本区域主要宏观质量统计分析指标和工作与其他地区相比差距的原因分析

质量决策部门对质量分析报告的一大需求，就是通过质量分析报告比较本区域和其他区域的质量状态。这样一方面可以推动质量水平的提高，另一方面也可以对各区域的质量工作进行考评。鉴于此，质量分析报告需要将本区域主要宏观质量统计分析指标和工作与其他地区进行比较，即进行质量状态的区域对比。区域对比的对比对象可以是同类地区，也可以是发达区域，这取决于各级质量综合管理部门的发展目标。

3. 制约本地区关键质量工作推进的因素分析

在本部分将主要分析目前开展质量工作时，所面临的基础性、关键性制约条件，特别是影响质量安全的关键因素，诸如有关政策法规需要调整的方面，监管体制需要创新改革的出路，实验室投入的经费不足等。也就是说，这些制约因素就是本地区质量工作推进的瓶颈，只有客观、准确地把这些关键因素找出来，才能为质量工作的开展创造条件，使得质量政策能够传递到企业和市场，促进质量总体水平的提高。

4. 本地区爆发的全局性、系统性的质量安全事件及原因分析

如果本区域爆发了突出的质量事件或重特大质量事故，则该项内容应该纳入到当期的质量分析报告中。全局性、系统性质量安全事件，一般是指被国家监管部门查封、通报或被媒体曝光的有缺陷的产品，并已经对人体造成严重伤害的公共事件。分析的内容应该包括事件产生的背景、产生路径、危害分析、社会影响、采取措施和效果。需要指出的是，如果本区域没有爆发全局性、系统性质量安全事件，则不需要此项分析内容。

(三) 采取的主要质量工作措施和成效

在以上对一系列质量状态指标水平的定量比较之后，接下来就要基于定量分析，对本区域的总体质量状况进行定性判断，从而确定宏观质量调控的取向。基于质量状态主要指标的定量统计，本区域现阶段总体质量状态的评价内容有以下几个方面：

1. 本区域质量安全和质量发展状态的评价及未来的趋势

根据调查认为，党委和政府满意的质量分析报告，主要是能够真实地反映本地产品的质量现状。由第二章可以得出一个基本的结论：质量安全与质量发展

构成了宏观质量的基本状态,从这两个维度就可以判断出某一个区域在某一个时段内产品质量的总体状况。质量安全水平是指,该地生产的产品质量的总体水平是否达到了社会和政府所能容忍的最低标准。质量发展水平,则是指一个地区总体质量提升和进步的能力。在此,质量分析报告要从质量安全和质量发展两个层次,紧扣经济社会发展战略和质量现象,进行逻辑分析和历史比较,从而对本区域现阶段质量运行状况或质量现象作出大体判断。例如:本区域产品质量安全水平的提升有效拉动了居民的消费信心;食品行业质量安全基础进一步巩固;质量标准自主创新步伐加快等。需要特别注意的是,在此对本区域质量安全与质量发展状况进行总体评价,仍要以质量状态指标为支撑进行验证和量化,只不过针对不同的定性评价,需要的支撑统计指标不同而已。

2. 本区域质量的突出变化及相关过程性指标分析

在对本区域质量安全和质量发展状态的总体情况和未来趋势进行评价的基础上,需要思考本区域质量的突出变化。本区域质量的突出变化一般包括两个方面:一是本区域质量安全状态和质量发展状态中某些上升幅度较大、改善较为明显的指标;二是下降幅度较大、处于恶化的指标。在定量化分析本区域质量突出变化的同时,还要定量化追溯产生这一结果的主要原因,诸如导致质量结果的标准采用状况、认证认可状况、技术投入状况和地方政府的资金投入状况等因素。这些因素的定量化分析,称之为质量的过程性指标。也就是说,结果性指标用于本区域质量变化总体情况的统计,而与之相关的过程性指标则用于原因的定量分析,以便于决策部门采取政策措施调整过程性指标,最终达到较好的质量状态。例如:某市针对该市食品质量安全质量水平波动幅度高达50%,经调研、研究认为导致这一结果的主要原因是食品检测实验室的技术条件较为落后,设备资金投入仅为国内其他同类地区60%,可见这就可以为政府加大对实验室资金投入的决策提供支撑。

3. 本区域突出的质量工作绩效

分析本区域现阶段总体质量情况时,还需要对本区域突出的质量工作进行总结,即质检部门质量工作绩效的分析。在此,报告应主要分析针对市场条件的变化、本区域的质量工作状况,质检部门加强质量监管,提高产品质量水平所开展的工作。例如:在经济危机条件下,质检部门开展本区域支柱行业(对支柱行业的市场数据和质量数据进行定量分析)的专项调研,搭建公共技术服务平台,召开产品质量分析会,加快办理行政许可,帮助企业改造升级,积极应对经济危机。需要注意的是,在此分析本区域突出的质量工作绩效,并不是总体的概述,而是针对突出的、有代表的质量工作具体说明，最为重要的是首先要对开展这一系列质量工作所针对的问题和环境进行量化分析。

(四) 本区域的质量安全隐患和预警分析

对潜在的质量安全问题进行防范和预警，是政府质量监督管理部门的重要职责。政府需要通过质量分析报告，较为准确地判断本区域下一个周期的质量安全预警状态，因此在制定本区域下一阶段质量的主要指标时，还应包括质量安全预警的控制性指标。质量安全预警控制性指标的设定，就是要提出总体以及高风险行业的质量安全伤害人数、本地制造产品质量违法货值等指标的上限，以达到控制质量安全风险的目的，最大程度地避免系统性、区域性风险的发生。

(五) 本区域下一阶段主要的质量政策措施

1. 确定下一个周期需重点加强监督抽查的行业或产品

质量监督抽查，是政府针对某些较高安全风险产品，以及社会关注度较高的产品，所采取的法定监督抽查行为。根据分析报告以上部分观测到的质量安全问题和质量状态，可以通过监督抽查加强对产品质量进行监控和把握。因此，在分析报告下一阶段的政策措施中，应首先确定下一周期需要重点加强监督抽查的行业或产品。确定这些行业或产品的主要依据，就是本区域的质量状态、突出的质量问题、质量安全状态预期目标和质量预警控制性目标等。

2. 确定下一个周期质量执法的重点行业、地区、产品及领域

针对存在质量问题依法进行处理，也是质量监督管理部门实现"规范"和"监督"质量行为的重要职能和方法。因此，下一阶段的主要政策措施，也要确定下一周期需要重点执法监管的行业、区域和产品。更为重要的是，还需要明确以下每个周期重点执法检查领域，诸如第一季度重点执法检查食品生产许可证的情况，第二季度重点检查实验室检测报告的规范，第三季度检查《特种设备安全监察条例》的实施情况等。

3. 确定下一周期质量安全所应采取的主要措施

在质量的政策措施中，还特别需要明确对存在较高安全风险，以及关系国计民生的产品进行重点监管的措施。在进行政策制定时，需要针对当前阶段质量安全存在的问题，分析并制定诸如质量安全专项检查、不合格产品曝光、产品召回等措施。

4. 确定下一周期质量建设所需要抓的重点工作

在本节需要针对质量监管部门本身的建设,以及社会质量环境的培育情况,分析下一周期所应采取的重点工作措施。例如:质量技术机构的建设投资以及节点目标实现情况的检查,重点企业质量诚信大检查,质量月活动开展效果检查,消费者对质量监督工作的需求调查等等。

5. 确定下一周期质量激励所应该采取的措施

质量激励措施,即是政府综合运用各种经济手段和奖惩政策,在提高本地企业生产较高质量产品收益的同时,大大提高企业生产劣质产品的代价,从而营造企业愿意生产较高质量的产品的市场环境。例如:名牌评选主要激励的行业、政府质量奖表彰的本地制造企业,质量安全事故一票否定制度等。

6. 确定下一周期政府服务企业所要开展的主要工作

政府质量综合管理部门,还承担着企业在生产经营活动实际困难的服务职能,提高企业质量保障能力,增强企业的质量诚信意识。因此,质量政策措施中,还要确定下一周期政府服务企业所要开展的主要工作,诸如质量专家企业行、企业质量管理人员培训、国际市场贸易的法律法规介绍、国外先进企业的质量控制方法介绍等。

第三编

技术方法研究

第九章 宏观质量统计与分析的技术理论和计算方法

本章以质量评价的技术性需求为出发点,描述了质量评价的总体流程,着重于产品抽样、质量预警区间确定和安全预警等三个关键技术性环节,对已有的各种方法进行深入分析,并给出在质量评价体系中的建议性实施方案。

质量安全预警是质量评价总体流程的最后一个阶段,主要有两种实现方式,一是以质量评价结果为基础,基于质量统计与分析指标数值进行质量安全预警,二是将质量评价结果与网络信息搜集相结合,提供基于网络的实时质量安全预警。本章第四部分较为详细地分析了已有的各种预测和预警方法的优缺点,并深入探讨了针对区域质量安全预警的借鉴性意见和建议方案。

一、质量评价的技术性需求

(一)质量评价的总体流程

质量评价的总体流程包括三个阶段:数据获取阶段(通过质量监督抽查获取观测变量)、质量预警临界值即质量预警区间的确定和预警阶段,如图9-1所示。

宏观质量统计与分析

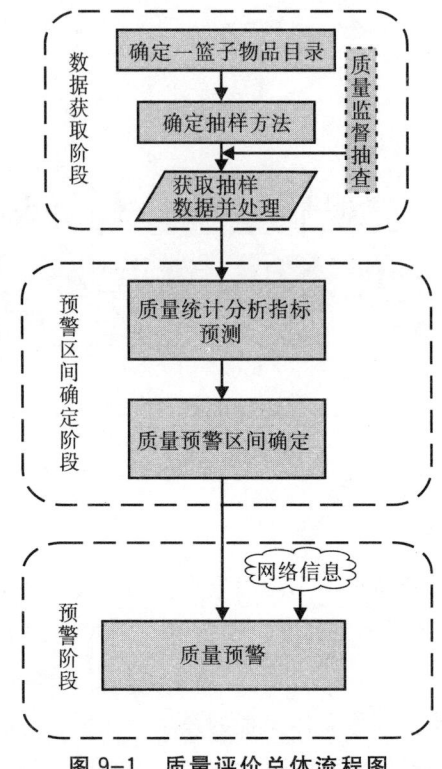

图 9-1　质量评价总体流程图

1. 数据获取阶段

产品质量监督抽查的主要目的是掌握产品微观质量状况,而区域产品质量评价的主要目的是反映产品宏观质量水平和产品宏观质量安全水平。由于主要目的不同,在区域产品质量评价中照搬产品质量监督抽查,显然是不合理的。在抽样方法上,两者应该有所差异。因此,对已有的抽样方法进行分析,并针对质量评价提出质量监督抽查的建议性方案是十分必要的,也是本章第二部分的主要研究内容。

2. 质量预警区间确定阶段

质量预警区间确定阶段是整个质量评价流程的重要阶段,是依据指标数值的预测值确定指标优劣等级的过程。

质量预警区间的确定主要是依据历史的指标观测值,采用一定的预测方法,得到下一阶段的指标预测值,然后采用经验判断法或者数理统计方法,科学有效地将指标数值预测值分成几个层次的过程。

质量统计与分析指标中的每个指标都可以进行质量预警,相互之间保持独立性的同时,又相辅相成,只要有一个指标出现了警情,质量预警系统就会作出预警,并给出详细的警情分析报告。

3. 预警阶段

基于通行指标体系一般规律的研究,宏观质量统计分析指标可以预警质量问题。质量评价的核心意义不仅仅是能够客观表现区域的质量现状,还应该能够根据历史评价结果揭示区域质量状况的发展趋势,对区域宏观质量水平和质量安全进行预测和预警。对于区域质量预警方法的研究,主要有两条技术路线:根据质量评价体系的评价结果进行预测和预警,以及结合网络质量相关信息进行预测和预警。具体方法的分析和建设性方案的提出是本章第四部分的主要内容。

(二) 关键环节的技术要求分析

通过分析质量评价的总体流程,不难看出几个关键环节的技术性要求较高,分别是抽样方法的确定、指标权重的赋予及预测预警方法的选取。

1. 抽样方法的确定

与产品质量监督检查一样,质量评价过程中抽样方法的选取也是关键一环。抽样方法的好坏直接决定抽样数据的好坏,抽样数据的好坏又关系到质量指数的好坏。

抽样时,用部分样本来代表全体样本,有两种抽样误差存在:一种是系统误差,它是由于主观上不遵循随机性原则而引起的误差;一种是代表性误差,它是由于随机性而带来的偶然性代表误差。虽然抽样误差无法避免,但在进行质量评价抽样时要遵循随机原则,被抽样的样本要尽可能具有代表性,使得抽样误差达到最小。

2. 指标权重的赋予

在任何指标评价体系中,指标权重的确定都是重要一环。目前,指标权重确定方法主要有主观赋权法、客观赋权法和主客观相结合赋权法,具体方法多达十几种。在质量评价体系的建立中,如何从这些方法中选出最合适的方法将是本阶段的重点之一。

3. 预测预警方法的选取

质量评价体系能够对区域宏观质量水平和质量安全水平进行预测和预警,无疑能得到很好的社会效益和经济效益。对于消费者来说,产品质量的好坏关系到他们生活水平的高低甚至人身安全能否得到保障;对于企业来说,产品质量的现状和未来发展趋势关系到它们的生死存亡;对于政府部门来说,宏观的质量水平对于他们作出相关决策有重要参考意义。

预测预警方法和机制的研究是质量评价体系中最复杂的环节之一,涉及数理统计、数据挖掘、空间信息、网络检索和人工智能等多个学科的知识交叉。

二、抽样方法的可行性分析

质量评价体系的一个重要数据来源是抽样调查,选取合适的抽样方法是确保抽样数据具有代表性的前提,也是整个评价体系具有有效性的前提。

(一) 抽样方法总体性分析

抽样调查是利用统计学方法,从总体中选出具有代表性的样本,对样本进行观察或分析某些属性来推断总体的属性或特征,从而达到认识总体的目的。选取样本的过程就是抽样。

1. 抽样方法的分类

抽样方法总体上可以分为两大类:概率抽样和非概率抽样。概率抽样是以概率论与数理统计为基础,遵循随机性原则进行抽样,总体中的每个元素都有被抽中的概率,这样可以避免主观因素的干扰,减少样本出现的偏差,使样本更能代表总体。概率抽样的优点主要是:通过抽样调查获取的信息比较全面;抽样误差能够被估算;抽样数据具有统计意义,能够推断出总体的数量特征。缺点主要是:进行完全的概率抽样,成本往往很高,耗费时间也较长。概率抽样的主要方法有:简单随机抽样、系统抽样、分层抽样、整群抽样和多级抽样。非概率抽样是按主观意向或判断进行的抽样,它不严格遵循随机性原则,总体中大部分元素没有被抽中的机会,抽样的倾向性偏差很大。非概率抽样的优点主要有:简单易行、成本低、耗时短;在概率抽样较难实施或进行探索性和预备性研究时很适用。缺点主要有:抽样误差无法估计;数据不具有统计意义,不能推断总体数量特征。非概率抽样的主要方法有:方便抽样、配额抽样、立意抽样和滚雪球抽样。

2. 具体抽样方法及适用范围分析

(1) 概率抽样。

简单随机抽样。简单随机抽样是完全的等概率抽样方法,没有对总体进行任何的分组、划类、排序等处理,总体中的元素之间相互独立,每个元素被抽到的概率相等。它通常只适用于总体中的元素之间差别不大且数量较少的情况。

系统抽样。系统抽样也称加等距抽样或机械抽样,它将总体按一定的依据进行排序或编号,然后按相等的距离或间隔抽取样本单位。被抽出来的样本服从均匀分布且数量可少于简单随机抽样。系统抽样在实际工作中应用较多。

分层抽样。分层抽样是按总体中元素的不同属性将总体分为几类或几层,再从每类或每层中抽取样本的方法。某类或某层里的元素之间有较大的相似性,而不同类或层之间的元素有较大的差异性。通过分层抽样得到的样本往往具有较高的代表性,它适用于总体情况复杂,元素较多且差异性较大的情况。

整群抽样。整群抽样的对象是元素集合(群)而非单个元素。在抽样之前按照某种属性将总体分成若干个群,然后随机地抽取群,被抽到的群里的所有元素都是样本。它有利于调查工作的组织和进行,适用于群间差异性不大或者不适宜单个地抽选调查样本的情况。

多级抽样。多级抽样是将抽样过程分为几个阶段进行抽样的方法,它先将总体分成几个单元(一级单元),再将被抽中的一级单元划分成若干个子单元(二级单元),以此类推,这样就形成一个多阶段抽样过程。多级抽样适用于总体复杂且元素数量超大的情况。

(2) 非概率抽样。

方便抽样。方便抽样是指研究者根据现实情况,以自己方便的形式将在某一时间和环境中偶然遇到的每一总体单位均作为样本成员,或者仅仅选择那些离得最近的、最容易找到的单位作为样本成员。它的优点是省时、省力、省钱,缺点是样本代表性不够。

配额抽样。配额抽样是按照某种属性将总体分成几层或若干群,然后按照各层样本数与该层总体数成比例的原则使用主观抽取样本的方法。它与分层抽样相似,主要区别在于分层概率抽样的各层样本是随机抽取的,而配额抽样的各层样本是非随机的。配额抽样的优点是简单易行、成本不高,能满足总体比例的要求;缺点是容易掩盖不可忽略的偏差。它适用于设计调查者对总体的有关特征具有一定的了解而样本数较多的情况。

立意抽样。立意抽样是根据调查者的研究目标和自己的主观经验,来选择那些被判断为最能代表总体的对象作样本的抽样方法。它对研究者对于调查对象的熟悉程度和判断能力要求较高。它的优点是充分利用了研究者的主观能动作用;缺点是样本的代表性难以判断,不能推论总体的数量特征。它适用于研究者分析判断能力较强、研究技术与方法十分熟练、研究经验比较丰富的情况。

滚雪球抽样。从总体中具有所需特征的少数调查对象入手,向他们询问还知道哪些符合条件的人;再去找那些人并由这些人提供他们认为符合条件的人,如同滚雪球一样,可以找到越来越多具有相同特征的群体成员。滚雪球抽样适用于总体单位的信息不足或观察性研究的情况。

基于以上分析,抽样方法可总结成表 9-1 所示:

表 9-1　抽样方法一览表

分类	方法	适用范围
概率抽样	简单随机抽样	总体中元素之间差别不大且数量较少
	系统抽样	总体中元素较多
	分层抽样	总体情况复杂,元素较多且差异性较大
	整群抽样	群间差异性不大或者不适宜单个地抽选调查样本
	多级抽样	适用于总体复杂且元素数量超大
非概率抽样	方便抽样	适用于预调查或预试验
	配额抽样	设计调查者对总体的有关特征具有一定的了解而样本数较多
	立意抽样	研究者的分析判断能力较强、研究技术与方法十分熟练、研究经验比较丰富
	滚雪球抽样	总体单位的信息不足或观察性研究

在实际工作中,人们往往结合运用概率抽样方法和非概率抽样方法。

(二) 产品质量监督抽查和 CPI 计算中抽样方法分析

前面已经分析到,产品质量监督检查体制可嫁接到区域产品质量评价体制,其中一个可以嫁接的环节就是产品的抽样。所以很有必要分析产品质量监督抽查中的抽样方法及它对于质量评价中产品抽样的借鉴意义。另外,CPI(消费者物价指数)是目前关注度较高也较为成熟的一种指数,其中也涉及抽样调查,且调查对象种类繁多,难度较大,这些抽样方法对于质量评价中的产品抽样很有借鉴意义。

1. 产品质量监督抽查中抽样方法分析

《产品质量国家监督抽查管理办法》第二章"确定抽查计划和抽查方案"关于产品质量监督抽查过程中涉及抽样的主要内容有:(1)国家质检总局制定《国家

监督抽查重点产品目录》;(2)省级质监部门、检验机构制订具体抽查方案。方案中的第一条是:抽样。说明抽样依据的标准,抽样数量和样本基数,检验样品和备用样品数量;第五条是:提出被抽查企业名单。确定抽查企业时,应当突出重点并具有一定的代表性,大、中、小型企业应当各占一定的比例,同时要有一定的跟踪抽查企业的数量。必要时,可以专门指定被抽查企业的范围。

产品质量监督抽查中的《国家监督抽查重点产品目录》类似于质量评价中的《一篮子物品目录》。

具体抽检方案中的第一条是确定抽检样本的数量。质量评价中如何确定抽检样本数量,完全可以借鉴产品监督抽查中确定抽检样本数量的方法。具体计算方法可参考文件[①]。

具体抽检方案中的第五条是确定抽查对象。将企业分成大、中、小型,用到的抽样方法是分层抽样。如果将一个企业看作一个群,被抽查到的企业将被抽检重点产品目录中的所有产品,用到的是整群抽样。

在质量评价中也可综合运用分层抽样和整群抽样方法。

2. CPI 计算中抽样方法分析

CPI 计算的主要步骤有:(1)选择代表规格品;(2)抽选价格调查点;(3)计算居民消费价格指数的权数;(4)价格调查及计算平均价格;(5)计算居民消费价格指数。

其中与抽样相关的是第一步和第二步。

第一步是确定抽检产品目录。在选择代表规格品时,现行的国家方法制度规定了调查内容的 251 个基本分类,每个基本分类下包括的代表规格品和抽检最低数量。地方统计局可根据自身实际情况,选取或增选代表规格品。

第二步是确定抽检对象。一般做法是对各种类型的商业网点销售额由高到低排队,然后再进行等距抽样,用到的是系统抽样方法。

在质量评价中也可以将各类企业按销售额由高到低排序,用系统抽样方法进行抽样,确定抽检对象。

(三)质量评价中抽样方法总体建议方案

在质量评价中,由于一篮子物品目录可以确定,在抽样时可以用分层抽样将产品目录中的产品进行细分,然后依据系统抽样选出抽检企业,在企业中对产品目录中的产品进行抽检。总体上,质量评价中抽检对象的确定是以产品为导向

---

① 加里·T.亨利:《实用抽样方法》(沈崇麟译),重庆大学出版社 2008 年版。

的,即先确定抽检哪些产品,对于每一种产品,确定抽检企业的依据是所有企业的该类产品销售额高低,采用的是系统抽样方法。根据不同产品确定的抽检企业很可能重复,但这丝毫不会影响抽检工作的进行,反而可以减少工作量。

三、确定指标权重方法的可行性分析

宏观质量评价体系的研究目标是一个国家或区域的总体性质量状况,其中包含各个领域的宏观质量统计分析指标,如何确定各评价指标的权重,实现宏观质量评价总体上的合理性,是建立宏观质量评价体系的重要环节。

(一)确定指标权重的技术路线

指标的权重与指标对总体目标决策的影响程度正相关,即,影响程度越大,则权重越大,反之,权重越小。就目前较为成熟或已广泛使用的评价指标体系而言,确定指标权重的技术路线主要分为贡献率定权和分值定权两种定权方法。两种定权方案在宏观质量评价体系中都有可借鉴之处,具体采用哪一种技术路线,有待于对实验结果的进一步分析和检验。

1. 贡献率定权

贡献率定权的核心方法是贡献率分析法,是利用各指标对某个事物作出贡献的相对大小来确定指标权重的方法。贡献率定权的技术路线以生产价格指数(PPI)和居民消费价格指数(CPI)为代表,直接以各分项指标在总体目标决策中的贡献率来确定其权重。PPI中权重确定依据是所属行业的销售额比重,利用每个行业对于整个经济增长所作贡献的相对大小来确定权重。CPI中权重确定依据是居民消费支出比重,利用每种消费品对于居民消费总额所作贡献的相对大小来确定权重。

宏观质量评价中的质量状态评价涉及多个领域,如产品领域、工程领域、服务领域、环境领域和教育领域等等,而每个领域对于经济增长的贡献率可以通过全要素贡献率分析法计算出来,进而可以根据贡献率的相对大小确定出各领域的权重。

由于宏观质量评价体系中质量安全评价的研究对象主要还是产品领域的,指标值一般都是比较客观且是定量的,所以在确定指标权重时,可以参考PPI或CPI中指标权重确定的方法。

CPI的商品分类按用途划分为八大类,即食品、烟酒及用品、衣着、家庭设备用品及维修服务、医疗保健及个人用品、交通和通讯、娱乐教育文化用品及服务

和居住。统计局根据13万户城乡居民家庭的消费习惯,在这八大类中选择了262个基本分类。每个基本分类下设置一定数量的代表规格品,目前有600种左右的商品和服务项目的代表规格品作为经常性调查项目。CPI的权重依据居民消费支出的比重确定。

PPI调查的对象是企业法人单位,以北京市为例,调查涉及国民经济行业分类中的36个大类,148个中类,287个小类,其中大类的行业覆盖率达到100%;代表规格品超过900个,并依据所属行业销售额比重确定权重。

但是,单纯地将依据居民实际消费支出或产品实际销售额确定权重的方法,照搬到质量安全评价的指标权重确定中,显然是不够的。

居民实际消费支出或产品实际销售额的比重会随时间和空间的改变而改变,如今年的居民实际消费支出或产品实际销售额的比重与前几年的可能就很不同,但指标权重在一段时期内只能是相对固定,否则将导致指标权重不稳定,而指标权重的不稳定则会导致评价结果没有可比性;而经过一段较长时期以后,原来的指标权重就很可能与实际情况偏差较大,必须要作出修正,否则将导致较为严重的滞后性,如我国CPI指数计算中涉及的住房权重还一直沿用数年前的标准,大概是13%左右,而这几年我国房价上涨猛烈,显然应该加大住房权重,这也是CPI指数"下降",而消费者"没感觉"的原因。

不同区域的经济发展状况是不同的,在相对发达的东部地区,消费者在产品领域中的食品上的实际消费支出所占比例可能不高,而在中部则较高,西部地区就更高。这样就导致宏观质量评价体系和最终的评价结果在区域之间不具有可比性。即使通过采用全国平均水平来统一评价,也将导致一些区域的消费者感觉评价结果与实际感受不一致,降低了评价结果的可信度。

对于质量安全评价而言,涉及的主要是消费产品领域,消费者在进行质量消费的同时,不可避免地被迫接受了由于质量问题带来的安全隐患,消费者购买越频繁的产品,其造成质量安全问题的几率也就越大,对区域质量安全状况的影响程度也就越大,加之质量监管应以"安全"为底线的原则[1],因此,可以依据行业销售额与单件商品平均价格的比值(即被购买的频率)来确定权重。这个比值反映的是居民购买某种产品的频率,而这种频率在一定时期内(除战争或灾害等特殊时期外)是相对稳定的。因此,以行业销售额与单件商品平均价格的比值来反映消费者的购买频率,并据此确定权重是可行和实用的。

---

[1] 程虹:《宏观质量管理》,武汉:湖北人民出版社2009年版。

2. 分值定权

分值定权的技术路线以质量竞争力指数（QCI）为代表，采用专家打分的主观赋权法与数理统计的客观赋权法相结合的方法来确定指标权重，其核心思想是通过专家打分或数理计算标定每个分项指标的权重分值。分值定权的优势在于合理考虑专家的实际经验，并严格遵循指标数据的内在联系，客观反映指标的权重情况。贡献率定权的方法和计算公式相对较成熟，因此，本章如下部分的研究重点是基于分值定权的技术路线，探讨多种指标权重确定方法，并分析各种方法的优缺点以及可行性。

（二）方法的总体性分析

1. 权重确定方法的分类

基于分值定权的技术路线，就目前的研究现状而言，指标体系的权重确定方法可以分为两大类：主观赋权法和客观赋权法。主观赋权法主要包括专家调查法（德尔菲法）、对偶加权法、权值因子判断表法和层次分析法等。主观赋权法是一种定性分析方法，它基于决策者主观偏好或经验给出指标权重。优点是体现了决策者的经验判断，权重的确定一般符合现实，解释能力较强。缺点是主观随意性大，这一点并未因采取诸如增加专家数量、仔细选专家等措施而得到根本改善。客观赋权法主要包括主成分分析法、变异系数法、回归分析法、关联度分析法、熵值系数法、模糊聚类法和贡献率分析法等。客观赋权法是一种定量分析方法，它基于评价矩阵的实际数据，通过建立一定的数理推导计算出权重系数。其优点是权重系数客观性强，缺点是忽视了决策者的知识与经验等主观偏好信息，并且有时会出现权重系数不合理即解释能力较差的现象。

2. 权重确定方法的思路及优缺点分析

（1）主观赋权法。

专家调查法（德尔菲法）。 专家调查法是充分利用历史资料和专家组意见来确定指标权重的方法。它通过设计调查问卷，请专家组对指标的重要程度给予评价，并给出分值，然后对这些分值进行统计分析，对偏差较大的分值，请给出该分值的专家重新给分，直到得到满意的分值为止，最后用专家组给出的所有分值的平均值来确定每项指标的权重。

对偶加权法。 把所有指标按行和列分别列出，然后将行中和列中的指标一一配对比较，如果行中指标比列中指标重要则在相应交叉位置标上 1，反之则标上 0；将分值按列相加，得出所有指标的得分向量；对于得分向量，目前有两种数据处理方法,一种是将向量所有元素相加,得出指标体系的总分,再将每个元素除以总分,得出每个指标的最终权重。还有一种是将得分向量转换成等距量表,然后通过查正态分布表,将 P 值转化成 Z 值,每项指标的 Z 值比例即为该指标的权重。后一种数据处理方法对得分向量进行了转换并利用了统计学知识,科学性更高。

对偶加权法简单易行,有一定的科学严谨性,然而也存在一些不足。对偶加权法在将指标进行两两比较时,只考虑了一个指标是否比另一个指标重要,取值只有 0 和 1,当两个指标重要性相同时无法表示。另外,指标之间重要性的具体差异也无法显现,如有两个指标均比第三个指标重要,则这两个指标是同等重要的,这显然不科学。这也导致了即使后面对得分向量采用科学性较高的正态分布的数据处理方法,但总体上还是缺乏对指标权重的科学性思考。

权值因子判断表法。 权值因子判断表法是通过专家组填写权值因子判断表,然后对各位专家所填权值因子判断表进行统计,用每项指标的平均值来确定指标权重的方法。它实际上也是对指标进行两两比较,与对偶加权法不同的是,它根据指标相对重要性的不同程度可以从一个次序数列中赋予分值,如:若采用四分制时,非常重要的指标为 4 分,比较重要的指标为 3 分,同样重要的为 2 分,不太重要的为 1 分,相比很不重要的为 0 分。在区分指标之间重要性的具体差异上,权值因子判断表法比对偶加权法好,然而在具体确定指标权重时,它采用简单算术平均的方法,数学方法上没有太大的说服力,虽然算出的指标权重可以基本反映指标重要程度的区别,但精度并不高,对评价体系的后续计算可能起到一定的不利影响。

层次分析法。 层次分析法是指标权重确定中使用最频繁的方法之一,它是一种定性与定量分析相结合的多因素决策分析方法。这种方法将专家的经验判断予以量化,在目标因素结构复杂且缺乏必要数据的情况下使用更为方便。

层次分析法的基本步骤如下:

a.在确定决策的目标后,对影响目标决策的因素进行分类,建立一个多层次结构,即建立评价指标体系;

b.比较同一层次中各因素关于上一层次的同一个因素的相对重要性(主观赋权),构造"成对比较矩阵";

c.通过计算,检验"成对比较矩阵"的一致性,必要时对"成对比较矩阵"进行修改,以达到可以接受的一致性;

d.在符合一致性检验的前提下,计算与"成对比较矩阵"最大特征值相对应的特征向量,确定每个因素对上一层次该因素的权重;

e. 计算各因素对于系统目标的总排序权重并决策。

层次分析法的核心是步骤 b,即对评价体系中各因素进行逐层逐个赋权,然后通过计算和修改"成对比较矩阵"得到最终结果。

(2)客观赋权法。

主成分分析法。在实证问题的研究中,为了全面、系统地分析问题,往往必须考虑众多因素(指标)的影响。指标越多,系统结构越复杂,也必然使得问题的分析和决策变得繁琐和困难,如何在定量分析的过程中,通过较少的指标获得较多的信息,是多指标决策中的重要问题,主成分分析法亦随之产生。主成分分析也称主分量分析,旨在利用降维的思想,把多指标转化为少数几个综合指标。其核心思想是通过一系列的数理统计方法,确定所有指标对系统的重要程度,并选取重要程度排在前几位的指标作为该系统问题的主成分。

主成分分析法中,通过对各指标一系列指标值的方差的计算得到各指标的方差贡献率,以确定各指标的重要程度。指标值的方差越大,即指标对整个系统的影响程度越大,该指标的重要程度亦越大,反之,重要程度越小。这也就从客观上给出了各指标相对系统目标而言的权重,即指标的方差贡献率。

运用主成份分析法确定指标权重,是从各指标值的内在关系为出发点,建立指标值的离散程度与指标的重要程度间的正相关关系,从而确定指标权重。主成份分析法是纯粹的数据驱动的权重确定方法,能够保证计算过程的客观科学性,但正因为对数据本身的依赖程度过大,使得该方法在数据样本量不足或数据质量不高的情况下,计算结果的准确性大打折扣。

变异系数法。变异系数法的思想是应该赋予指标值差异较大的指标更多的权重,这样在评价对象之间就有很好的区分度。当指标之间的度量单位或平均数不相同时,变异系数是样本标准差与平均数的比值;当指标之间的度量单位与平均数相同时,变异系数可以用样本标准差替代。变异系数法最大的优点是它可以将两组量纲不同或均值不同的数据进行比较,因为这时候的变异系数是一个比值并且是无量纲数。缺点是当均值(分母)接近零时,均值微小的变化会引起变异系数的强烈波动,精确度降低。它要求指标相对独立,否则相关性强的指标的权重会趋于一致。

回归分析法。回归分析法就是利用数理统计方法在因变量和自变量之间建立起回归关系函数表达式的方法。它是一种从事物因果关系出发,根据统计资料求得因变量与自变量之间因果关系的相关系数,相关系数越大,因果关系越密切。按自变量个数来分,回归分析分为一元回归分析和多元回归分析;按函数表达式的形式,回归分析分为线性回归分析和非线性回归分析。通常,非线性回归分析可以通过一定的数学变形转化成线性回归分析。

在确定指标权重的应用中,它用以往所有评价指标评价后得到的数据作为各自的"自变量",以同一类型评价对象的总体评价分作为"因变量",进行回归分析,从而得出每个指标的最终权重。

回归分析法的优点是充分利用客观数据并借助数理统计方法,将自变量和因变量之间的影响程度用数字定量的表示出来,在进行问题分析和预测时,能够起到很好的作用。缺点是它完全依赖客观数据,当数据本身不科学或有误差时,建立起来的回归模型可能无法有效解释客观事实。

关联度分析法。关联度分析法的思想是:如果某子指标与父指标的变化趋势越一致,则应该给这个子指标赋予越大的权值。这种变化趋势的一致性是通过关联度来描述的。在运用关联度分析法时,子指标和父指标值均是数列,一般是时间序列且要求这些数据是定量的。通过计算数列之间的关联系数,数列中的每一个数据都有一个关联系数,再通过求这些关联系数的平均数算出关联度,然后将每个子指标与父指标的关联度归一化得到每个子指标的权重。

熵值系数法。在信息论中,熵也称作信息熵,它反映系统无序化程度,系统越有序,信息熵越高,反之,系统越混乱,信息熵越低。

在确定评价指标的权重时,如果一个指标在不同评价对象之间的指标值的差异程度越大,说明该指标在区分评价对象水平上能力越强,对应的信息熵也越小,反之,一个指标在不同评价对象之间的指标值的差异程度越小,说明该指标在区分评价对象的水平上能力越弱,对应的信息熵也越大。指标值之间的差异程度可以通过"信息熵"来度量,计算公式为:

$$H(x) = -\sum P(x_i) \ln P(x_i)$$

其中 $H(x)$ 为指标 x 的信息熵,$P(x_i)$ 是指标 x 针对不同评价对象的指标值。

熵值系数法的核心思想是通过指标值的差异程度决定指标的权重大小,指标值的差异程度越大,其对评价对象的区分能力就越大,对整个评价体系而言,其重要程度也就越大,因此,指标值的差异程度与该指标的权重正相关。在熵值系数法中,引入信息论中信息熵的概念,以信息熵来表示指标值的差异程度,换言之,某个指标的信息熵大小与该指标的权重是正相关的。因此,通过上述公式计算指标的信息熵,以确定其权重的方法,能够客观反映指标在评价体系中的重要程度。

模糊聚类法。模糊数学理论是研究和处理具有"模糊性"现象的数学。聚类分析是数理统计中的一种多元分析方法,它是用数学方法定量地确定样本的亲疏关系,从而客观地划分类型。事物之间的界限,有些是明确的,非此即彼,而有些是模糊的,亦此亦彼,此时就要将模糊数学和聚类分析结合起来分析——模糊聚类。模糊聚类分析是模糊数学中的重要研究法方法,是模糊数学理论的主要应用之一,是按照一定的算法对具有模糊界限的事物进行分类的数学方法。

模糊聚类法可用于对指标的权重确定上,其主要步骤如下:

①对各指标的一系列指标值进行归一化处理,使得各指标值位于区间(0,1)之间;

②以各指标一系列指标值形成的矩阵为基础,计算模糊等价关系矩阵;

③计算模糊等价关系矩阵在不同阈值下的截矩阵,对一系列截矩阵做分析可得到评价指标重要程度的分类,即给出各指标的权重。

需要指出的是,通过模糊聚类方法可以定性地得出各指标的重要程度,但缺乏对各指标重要程度的量化标定,也就无法给出各指标的具体权重。模糊聚类方法更多地适用于对指标重要程度的定性判断,或对其他权重确定方法的定性检验。

模糊聚类法在指标权重的确定方面,还有另一个用途:运用模糊聚类方法实现定性指标和定量指标间的转化,其主要步骤与权重确定的步骤基本相同,只是在第③步时,以事先给定的分类个数 K 来划分整个等价关系矩阵,以得到各截矩阵的阈值范围,即相关定量值对应的定性等级。

基于以上对现有权重确定方法的基本思路和优缺点的分析,总结各种方法如表9-2:

表9-2 权重确定方法一览表

分类	方法	思路	特点
主观赋权法	专家调查法(德尔菲法)	专家基于以往的经验知识或掌握的情况进行评分定权	优点:蕴含决策者经验,结合实际,解释力强 缺点:主观随意性大,没有核定标准
	对偶加权法	把所有指标两两配对比较,按列相加,得出指标的得分向量;对得分向量进行统计处理得到指标权重	
	权值因子判断表法	专家根据特定因子来定权	
	层次分析法	将指标分解为多个层次,通过两两比较下层元素对于上层元素的相对重要性,将人的主观判断用数量形式表达和处理	优点:并非纯粹的主观经验赋权,将主观判断的定性问题定量化,既有主观判断和分析也有客观计算和推演 缺点:对于一些病态矩阵,特征值计算方法引起的系统误差不易消除

续表

分类	方法	思路	特点
客观赋权法	主成分分析法	通过计算各指标的方差贡献率,确定各指标的权重	优点:数据关系驱动,评价结果唯一,且客观合理 缺点:计算过程繁琐,且对样本量的要求较大,评价的结果跟样本量的规模有关系
	变异系数法	根据各个指标在所有被评价对象上观测值的变异程度大小来对其赋权,变异程度越大,权重越大	优点:权重大小体现了指标分辨能力的大小 缺点:不能体现指标的独立性大小以及评价者对指标价值的理解,在评价指标独立性较强的体系中采用较为合适
	回归分析法	用以往所有评价指标评价后得到的数据作为各自的"变量",以同一类型评价对象的总体评价分作为"因变量",进行回归分析,从而得出每个指标的最终权重	优点:相对简便,对历史数据的分析体现了前后一致性 缺点:需要样本量较大,样本量少容易造成权重失准
	关联度分析法	以一些特定的相关量来衡量并指出一些变量的变化及关系的密切程度	优点:对各种序列数据都适用,直观、简单,对样本量大小没有过高要求,不需要典型的分布规律,分析结果与实际较吻合 缺点:理论完备性上有争论,还在不断改进
	熵值系数法	熵是系统无序程度的量度,以度量数据所提供的有效信息。某评价指标的差异越大,熵值越小,该指标包含和传输的信息越多,相应权重越大	优点:具有较强的数学理论依据,符合客观实际 缺点:考虑决策人的意向,缺乏针对性
	模糊聚类法	模糊即指隶属度,通过计算各指标的隶属度来确定各指标在体系中的重要程度	优点:可以同时实现定量和定性指标的权重确定问题 缺点:更多的倾向于定性地给出各指标的权重顺序,只能给出指标分类的权重,而不能确定单项指标的权重

3. 主观赋权法之间的比较分析

(1)专家调查法(德尔菲法)。

专家调查法(德尔菲法)完全利用专家的主观判断来确定指标权重,与其他几种主观赋权法在思想方法和数学方法上没有太大的可比性,具有独特的优势。专家调查法通过专家组对各指标重要程度打分来确定权重,一般来说,通过这种方法确定指标权重,借鉴了专家的实际工作经验,充分考虑了在实际应用中各指标对系统总体决策目标的影响程度,能够在一定程度上反映指标的重要程度。然而,专家调查法纯粹依靠人为主观判断的定权思想,容易造成由于参与专家不同而导致的权重设置的区别。客观科学性不足,是专家调查法的最大缺陷。

(2)层次分析法、对偶加权法和权值因子判断法。

层次分析法、对偶加权法和权值因子判断表法,在总体思路上呈现相似性,而在数学方法上表现为差异性。

上述三种方法都是基于指标重要性的两两指标比较,首先定性地判断出各指标的重要程度,再通过具体的数学方法进行量化赋权。在数学方法的应用上,三种方法表现出截然不同的思路:层次分析法首先建立一个等级划分的指标层次结构,然后进行两个指标的重要性比较,同时对于"成对比较矩阵"进行一致性检验,最后通过特征值和特征向量求解指标权重;对偶加权法建立指标的两两比较矩阵,通过"0"和"1"的二元向量分别标定指标"不重要"和"更重要",最后以各指标的分值比例确定权重;权值因子判断法在标定指标是否重要时,以分值形式的多元向量(如4分、3分、2分、1分等)取代"0"和"1"的二元向量,在一定程度上改进了"非黑即白"的评判标准,然后以各指标的分值比例确定权重。

不难看出,无论是在指标两两比较的结构设置上,还是后续计算方法的科学严谨性上,层次分析法无疑具有优势。对偶加权法和权值因子判断法简单地依据分值比例确定权重,在数理上缺乏说服力。层次分析法基于等级划分的指标层次结构进行重要程度比较,提高了结论的可信度,利用特征值和特征向量求解指标权重提高了结论的数理说服力和精确度。

4. 客观赋权法之间的比较分析

(1)主成分分析法和回归分析法。

主成分分析法和回归分析法,在数理思想上具有相似性,在具体操作过程中呈现差异性。

上述两种方法的核心思想都是将系统的总体决策目标作为一个决策函数,各指标作为函数中的各个因素,通过建立数学模型,基于数学模型中各因素的系数大小来确定指标权重。

在具体操作过程中,主成分分析法依据的是稀疏性原则,即多个影响因素中重要的、关键的因素是少数几个。在数学方法上,利用线性变换,将所有因素的影响归结到几个重要因素的影响上,基于因素系数的相对大小来确定指标权重。回归分析法依据的是因果关系。在数学方法上,它通过建立回归数学模型,将这种因果关系的程度通过系数进行量化。在确定指标权重上,回归分析法就是利用回归数学模型中的系数的相对大小来确定权重的。

从具体操作过程来看,可以说,回归分析法是主成分分析法的一个子集。在主成分分析法的操作过程中,虽然利用线性变换,将所有因素的影响归结到几个重要因素上,但依然需要建立回归数学模型,只不过该模型中仅仅包含几个重要因素,而不是回归分析法中的全要素回归模型。

主成分分析法的作用主要体现在指标体系的建立上,它能从众多指标中选出少数的重要的几个。回归分析法的作用主要体现在预测上,在因变量和自变量之间建立起回归模型并进行必要的检验后,就可以对因变量的未来值进行比较精确的预测。

然而,正是因为上述两种方法都纯粹的以数理分析为主要手段,对数据的依赖性很大,因此它们也存在共同的缺点:数据质量不高或数据样本量缺乏将会导致数学模型的结果不理想,可能出现与主观判断或客观事实不符等解释力差的情况。

(2)变异系数法、关联度分析法和熵值系数法。

变异系数法、关联度分析法和熵值系数法,在数理思想上基本相同,都是依据指标的区分度能力来赋予权重。在具体数学方法的应用上,上述三种方法表现出较大的差异性。变异系数法和熵值系数法对指标值序列进行运算,是对一组数列的运算,变异系数法采用指标值的标准差与平均值的比值来标定指标的区分度能力,而熵值系数法引入信息熵的概念,以信息熵标定指标的区分度能力;关联度分析法计算父指标和子指标之间的相关度,通过关联度标定指标的区分度能力,是对两组数列的运算。

在关联度分析法的实际操作过程中,需要确定父指标和子指标的变化趋势,这就需要针对某一对父子指标的具有时序性的大量先验历史数据,使得该方法在实际应用时有一定难度。此外,相比于变异系数法和熵值系数法,关联度分析法需要对两组数列进行计算,方法的复杂度相对较大。采用变异系数法或熵值系数法,以变异系数或信息熵值标定指标的区分度能力,计算较为简便,结果较为直观,形成从"变异系数或信息熵值"到"区分度能力",从"区分度能力"到"重要程度",从"重要程度"到"指标权重"的一系列正相关传递链。

(3) 模糊聚类法。

模糊聚类法与其他各种客观赋权方法,在总体思路和数据方法应用上均存在较大差异,具有其独特性。它并不是利用传统的数理统计方法来确定指标权重,而是通过对各指标相应指标值的归一化处理,以及模糊矩阵的生成,判别指标的重要程度。模糊聚类法仅仅提供了一个定性判断指标重要程度的手段,缺乏具体量化标定值的劣势,这决定了在指标权重确定过程中,该方法仅仅只能作为辅助性手段。

另一方面,值得一提的是,正是由于模糊聚类法能够基于量化的指标值作出定性的判断,因此,在定性指标和定量指标间的转换方面,该方法具有独到优势。作为定性指标的定量化,或定量指标的定性化工具,模糊聚类法跨越了定性和定量的鸿沟,能够确保在同一个多指标决策系统中,基于同一种判别标准进行计算。

(三) 核心方法分析

基于对指标权重确定方法的总体性分析,不难发现,所有的主观赋权法拥有一个共同的优点,即,充分借鉴专家的实际工作经验,贴近实际,同时,也存在一个共同的缺点,即,仅仅依靠主观判断,缺乏科学严谨性(某些方法运用的是数理统计方法,但其基础和核心仍然是人为的主观判断);所有的客观赋权法(模糊聚类法除外)拥有一个共同的优点,即,依靠严格的数理统计方法进行计算,具有科学严谨性,同时,其缺点也十分明显,即,纯粹的数据驱动,数据的质量对计算结果有较大影响。因此,采用单一的某一种方法来确定宏观质量评价体系中各指标的权重是不切实际的,也不可能得到理想的效果。一方面,这是由于宏观质量评价体系中指标涉及领域的广泛性决定的,另一方面,由于主观赋权法和客观赋权法在优缺点上具有互补性,加之定性指标和定量指标的不同特性,使得采用主观赋权法和客观赋权法相结合的方法,应该成为确定宏观质量评价指标权重的主要思路。

通过查阅大量文献发现,目前,很多评价指标体系在确定指标权重时采用主观赋权法,这是由评价指标体系中很多指标的重要程度确实具有主观体验性的事实决定的。对于一些量化评价指标,也就是具有较强客观性的指标,选用客观赋权法较为合适,通过对量化的数字的分析,能够有效得到指标的内部联系和指标间的相互关系。

基于上述分析,基本确立了确定宏观质量评价指标权重的基本思路,即主观赋权法和客观赋权法相结合。以下分析几种核心方法在确定宏观质量评价指标权重过程中的可行性与必要性。

1. 层次分析法

层次分析法的核心思想与宏观质量评价体系的结构具有天然的相似性,都是基于层次结构的(如图9-2所示)。不同的是,在宏观质量评价体系中,一级指标、二级指标、三级指标是指标内容上自上而下的逐层细化过程,而层次分析法中,对每个指标权重的确定是影响因素自下而上的逐层概括过程。采用对底层指标进行主观赋权,而在自下而上的概括过程中采用客观计算方法,是层次分析法的最主要特性,而这也使得层次分析法不仅能够包含专家的实际经验,同时也充分考虑了指标体系客观上的层次结构。

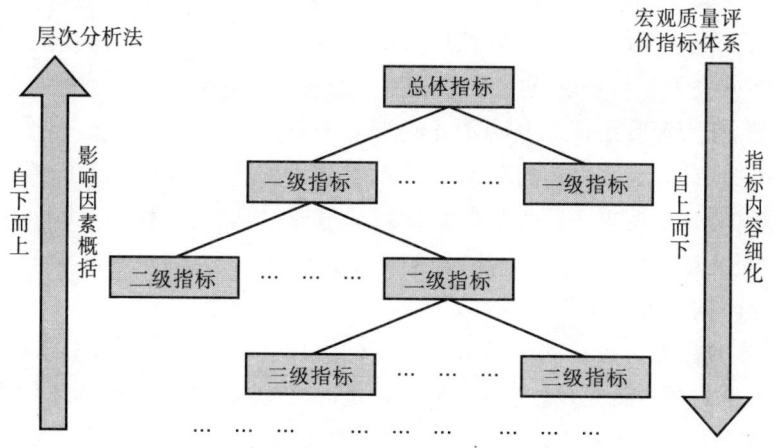

图9-2 层次分析法与宏观质量评价指标体系的联系

然而,不可否认的是,在宏观质量评价体系的指标权重确定过程中单一地采用层次分析法是具有其局限性的。第一,宏观质量评价体系中所指的质量涉及的领域广泛,如产品领域、工程领域、服务领域、环境领域和教育领域等等,因此,也就需要各个不同领域的专家来共同进行权重确定,而且在宏观质量范畴内,上述各个领域质量的权重如何确定,各领域的专家可能各执一词;第二,之所以将层次分析法划分为主观赋权法,是因为其核心的赋权过程仍是主观性的,其客观性仅仅体现在基于层次结构的权重概括过程中,这在另一个层面也就造成了权重的确定可能过于主观,对于指标值内部和指标之间的相互关系考虑的不够全面;第三,层次分析法的基础仍然是基于专家打分的方式,这也不可避免地出现由于选用的专家(或专家组)不同,而造成的指标权重不同,这也就使得宏观质量评价体系中指标度量的一致性大打折扣。

因此，在宏观质量评价体系中运用层次分析法，应该着重应用其基于指标层次结构划分的指标权重概括，通过其他各种方法对底层指标权重进行计算，然后运用层次分析法自下而上逐层概括指标权重。另一方面，对于底层指标中的定性指标而言，更多地涉及主观的定性判断，应该采用专家打分的层次分析法确定其权重。

2. 主成分分析法

由于宏观质量评价系统涉及产品领域、工程领域、服务领域、环境领域和教育领域等多个指标，哪些指标对于区域宏观质量水平的影响较大，是必须掌握的重要信息。主成分分析法在宏观质量评价中的主要作用之一就是根据影响宏观质量水平的不同程度从众多指标中筛选出重要的几个，并对每一个选出来的指标根据指标的方差贡献率赋予权重。通过主成分分析法确定指标权重，使得我们在进行宏观质量评价时，能够抓住关键性因素，使得评价体系的实用性更强，而对于政府决策部门来说，也便于根据主要影响因素来分析问题和解决问题。

当然，在宏观质量评价中，主成分分析法也存在其局限性：

（1）主成分分析法分析的数据是定量的，而宏观质量评价体系可能有一些指标是定性的，这就要求必须将这些定性指标值通过适当的转换方式转换成定量的；即使是定量数据，也要统一量纲，无形当中增加了任务量，且不同的转换方式可能导致不同的分析结果。

（2）主成分分析法是基于稀疏性原则的数理统计方法，因此，其计算过程要求分析数据的样本量充足，当样本量不充足时，会直接影响计算结果的准确性，而在宏观质量评价体系中，很可能会出现某些指标值的样本量不足，这给主成分分析法普遍性应用造成了障碍。

（3）主成分分析法可以筛选出对宏观质量水平影响较大的几个因素，对这些因素进行分析就抓住了影响宏观质量水平的要害，但对于其它影响因素如何进行分析，主成分分析法没有做进一步解释。

主成分分析法虽然依据严格的数理统计方法，能够甄别出对评价结果起重要作用的指标，并对其赋予权重，但是，对其他指标的权重确定显得有些无能为力，而且在样本量不足的情况下，难以发挥作用。因此，单纯地依靠主成分分析法来确定各指标权重并不是优选方案，还应结合其他方法配合使用。主成分分析法的主要作用应该体现在对重要指标的筛选和赋权上，把握住指标赋权的大方向，并与其他方法确定的指标权重相比较，综合确定各指标权重。

3. 变异系数法

在宏观质量评价体系中，指标的值大部分是定量的且不接近于零，如产品合格率,这样通过变异系数法求解而来的变异系数的波动性不会太大,适合运算,变异系数法本身计算也简单。此外,由于宏观质量评价体系的指标值具有可回溯性,获取指标值的一组数列(时序数列或截面数列)相对容易,这一组指标值数列的差异程度可以通过变异系数来刻画,这样各个指标都有各自的变异系数,通过不同指标的变异系数的相对大小来确定指标权重,区分能力强。在对多对象进行评价特别是要对它们的质量水平进行排序时,对这种权重确定方法应给予足够的重视。

在用变异系数法确定宏观质量评价体系指标的权重时,也有它的局限性。由于指标值序列会随时间和空间的改变而改变,如果利用变异系数法来确定指标权重,这时指标的权重在理论上将会呈现动态的变化,这就要求在这些不断变化的指标权重中得到一个在一段时期内相对稳定的、比较合适的指标权重,而这个指标权重的选取没有理论依据可循。在经过一定的时期后,指标权重要视具体情况作出相应的调整,否则评价结果将不理想,如出现滞后性等。

4. 模糊聚类法

通过模糊聚类方法来确定宏观质量评价体系中各指标的权重,最大的优势在于,能有效解决可能含有模糊语言值的指标值问题,还可以将最终定量的评价结果转换为定性的评价,即,当计算得到某个区域最终的宏观质量评价指数后,可以基于对大量样本区域的分析,得出该区域宏观质量的定性评价。然而,单纯地采用模糊聚类方法来确定权重是不可取的,它只能给出哪几类指标应该给予更高的权重,哪些应该较低,哪些应该最低,而很难针对每一个具体指标给出精确的权重。因为,当聚类个数与样本个数相同时,模糊聚类也就失去了其根本意义。因此,模糊聚类方法更多地应该被作为一种定性指标和定量指标相互转化的纽带,需要结合主观赋权方法或客观赋权方法综合确定指标权重。

(四)确定指标权重的总体建议方案

1. 宏观质量状态评价体系中指标权重的确定

宏观质量评价体系是一个涉及多领域知识的多层次、多指标复杂系统。在确定各指标权重时,要根据指标本身的性质以及样本数据的数量和质量等具体情况来选取适当的权重确定方法。基于上述对指标赋权方法的总体性分析和核心方法分析,拟提出针对指标权重确定的总体建议方案(如图9-3所示):

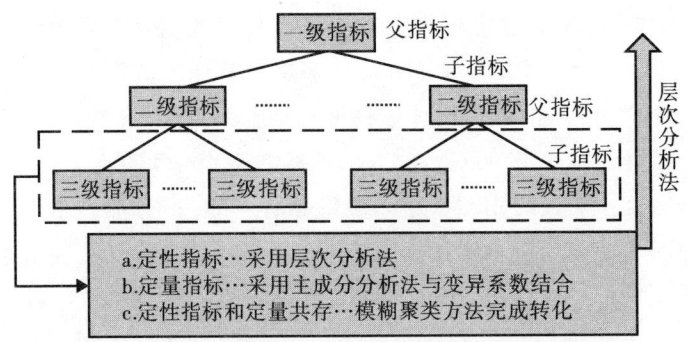

图 9-3　宏观质量评价体系权重确定方法的建议方案

指标权重的确定包括底层指标权重的确定、指标权重的逐层概括和结果的校正。

(1)确定底层指标的权重是整个宏观质量评价体系的基础,对于不同特性或不同类型的指标,应采用不同的权重确定方法。依据对层次分析法的分析,对于定性的底层指标,其天然的主观性决定了运用层次分析法确定其权重是可行的;对于定量的指标,可以采用主成分分析法确定主要影响指标,并赋予权重,然后,采用变异系数法确定各指标权重,并与主成分分析法的结果进行综合比较,最终确定各定量的底层指标权重。

(2)由于层次分析法与宏观质量评价指标体系在结构上的相似性,在从底层指标向高层指标进行"权重概括"的过程中,层次分析法具有独特优势,通过对比分析各子指标相对其父指标的重要程度,自下而上地概括指标权重。

(3)由于宏观质量评价体系的复杂性,采取多种方法进行指标权重计算,然后进行综合比较是较为合适的方式。在如(1)(2)所述确定各指标权重后,可以单纯使用专家调查法重新确定各指标权重,然后将两次结果综合比较,确定较为合适的指标权重。此外,还可运用贡献率定权的技术线路确定指标权重,将几次结果综合比较,最终确定指标权重。

2. 质量安全水平评价体系中指标权重的确定

宏观质量安全水平评价体系也是一个多层次、多指标的体系,在确定指标权重时,除了可以借鉴宏观质量状态评价体系中的权重确定方法以外,还需考虑自己的侧重点——质量安全。

对于不同产品安全性的重要程度的判断,最终要反映到指标权重当中,而对于安全性的判断是主观的、定性的,所以如何将产品安全性这一定性指标定量化至关重要。目前,将定性指标定量化的主要方法有:模糊评价法、层次分析法、两级比例法和乐观系数法等。

在质量安全水平评价体系中,产品的安全性并不是一个具体的指标,而是在确定不同产品的权重时,除了考虑产品的销售额这一主要指标外,还应该充分考虑产品的安全性。产品销售额是定量指标,可以通过贡献率定权法得出一套权重;产品安全性是定性指标,可以考虑通过层次分析法得出一套产品的安全性权重;将这两套权重进行综合是目前的主要思路。

四、质量安全预警方法的可行性分析

(一)质量安全预警的技术路线

质量安全预警是宏观质量管理中的重要部分,是根据已有的区域质量信息,预测未来的区域质量状况,对可能产生的质量安全问题,提前发出警示,供决策部门参考,以有效预防质量安全事故的发生。从质量安全预警的预测性和信息来源渠道两个不同角度,质量安全预警主要分为基于质量评价的质量安全预警和基于网络信息的质量安全预警两种技术路线。

1. 基于质量评价的质量安全预警

从本质上说,质量安全预警是对未来的预测,即,随时间的推移,预测某区域质量状况的变化情况。从这个意义上说,质量安全预警是一个时间序列预测问题。但凡时间序列预测问题,都需要一个基准点作为预测的起点,在质量安全预警中,可以等同为区域现实质量状况的总体评价。

宏观质量评价体系提供了很好的观测区域现实总体质量状况的工具,基于宏观质量评价体系得出的区域总体质量评价结果,能够有效反映出区域的现实质量状况,也就是质量安全预警中的基准点信息。因此,以区域宏观质量评价结果为基础,运用时间序列预测的相关方法,预测区域未来某时刻的总体质量状况,是质量安全预警的技术路线之一。

基于质量评价的质量安全预警是以某个或某些区域的宏观质量评价指标值的历史数据为基础,运用时序数据挖掘的方法对今后某时刻的宏观质量评价指标值进行预测,并应用数理统计或模糊聚类的方法划定警限、制定警级、提出警示。

2. 基于网络信息的质量安全预警

另一方面,质量安全事故的发生不是一个瞬态过程,换言之,质量安全事故并不是毫无征兆地突然发生,而是众多个体质量安全事件的累积,以致最终爆发。从宏观角度来看,质量安全事故的发生是显性的,而个体质量安全事件的发生是隐性的,从根本上说,是宏观与微观的关系,微观的积累形成了宏观的现象。从这个意义上说,如果能在个体质量安全事件的累积过程中提早发现问题和解决问题,也就截断了个体质量安全事件不断积累的链条,达到防止大规模质量安全事故爆发的目的。

然而,如何捕获隐性的个体质量安全事件信息,是其中重要的环节。互联网是现代社会中人们传递和获取信息的最主要渠道。截至2009年6月,我国的网民人数已突破3亿,就我国现在的人口总数而言,除去15岁以下和60岁以上的人口,所占比例超过30%。[①]"质量"作为民众日常生活中不可避免的关注热点,肯定会在互联网中留存大量的个体质量安全事件信息。因此,以互联网为载体,大面积搜索质量安全的相关信息,并运用相关技术手段实现信息的综合反映,预测区域质量安全状况,以预防大规模质量安全事故的爆发,是质量安全预警的另一种技术路线。

基于网络信息的质量安全预警是以互联网为信息载体,以网络爬行算法等信息技术为手段,实时收集某个或某些区域的微观质量信息,如某产品出现质量问题的评论或新闻等,通过大量微观质量信息的聚集,运用WEB数据挖掘的相关方法,如基于质量领域本体的信息检索、文本信息挖掘等,最终实现对区域宏观质量安全状况的综合性分析,并提出警示。

从两种质量安全预警技术路线的基本思路来看,基于质量评价的质量安全预警直接以宏观质量评价结果为输入,是从宏观到宏观的质量安全预警;而基于网络信息的质量安全预警是以广泛分布于互联网的微观质量信息为输入,是从微观到宏观的质量安全预警。两种质量安全预警技术路线的结合运用,可以实现区域质量安全从微观到宏观的全方位预警。

(二) 方法的总体性分析

1. 安全预警机制的总体分析

目前,我国在食品、粮食、环境、疾病、地质灾害和经济等领域都建有比较完善的预警机制。这些预警机制大致可分为信息系统(数据库)、评价和决策系统以及应急和对策系统三部分,它们总体上呈现信息化、专业化和智能化等特征。

在建立预警指标体系进行预警时,应选取少数的最重要的几个作为警示指标,而不是很宽泛地选取,这样的预警指标体系简单易行。

[①] 中国人口与发展研究中心:《2008年中国主要人口数据》,http://www.chinapop.gov.cn/wxzl/rkgk/200903/t20090303_166730.htm,2009年3月9日发表,2009年10月5日引用。

无论哪一种预警机制,都要收集与是否作出预警相关的信息或数据。收集这些信息或数据的方法主要有:建立相对固定的检测观察点、有针对性的问卷调查分析、利用现有的权威数据以及利用网络信息等。收集的数据一般要求是定量的指标值,这也便于利用一些方法,如数学建模、统计方法和经济学方法,对这些数据进行预测,并根据预测结果进行警示判断。

在评价和决策系统中,一般是利用统计学方法,如多元线性回归、时间序列或人工智能方法,如神经网络、遗传算法等,对警示指标的指标值进行预测,然后将预测值进行相对比较或者与已经确定好的客观警线进行绝对比较,可以在给出每一项警示指标的预警级别的同时,给出一个总的预警级别。在设定预警警线时,每个预警等级都有详细的明文规定,它通过设定一些指标值的范围再结合一些现象的发生来共同确定预警等级。在应急和对策系统中,主要是根据出现预警的状况,分析原因、查找警源、采取对策、解除预警的过程。

2. 质量安全预警的区域性分类

质量安全预警方法的区域性分类是从预警针对的操作对象的角度进行划分,主要分为单一区域的质量安全预警、多个离散区域的质量安全预警和多个聚集区域的质量安全预警。质量安全预警方法的区域性分类与质量安全预警的技术路线无关,只是在质量信息的筛选上需要进行区域性的考虑。质量安全预警的区域性分类和技术路线分类如图9-4所示。

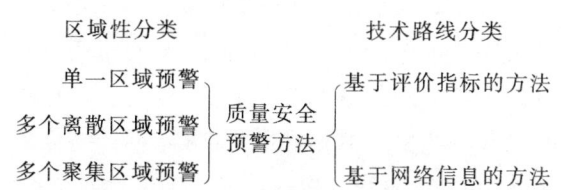

图9-4 质量安全预警方法的分类

质量安全预警是以收集得到的质量安全信息为基础,运用数理统计、数据挖掘和智能分析等多种技术手段,实现对质量状况的预测和质量安全的预警。如上一节所述,从质量信息的来源渠道入手,质量安全预警可分为基于质量评价的质量安全预警和基于网络信息的质量安全预警两种技术路线。从质量安全的预警对象入手,质量安全预警可进行区域性分类:单一区域的质量安全预警、多个离散区域的质量安全预警和多个聚集区域的质量安全预警。从根本上说,质量安全预警是对某区域质量现状的隐含性分析,或质量状况随时间推移的变化情况的预先或实时预测并提出警示。因此,从某种角度来说,质量安全预警方法都属于数据挖掘方法的范畴。

单一区域的质量安全预警是指只针对单一的某个区域进行质量安全预警。在对单一区域的宏观质量状况进行预测的过程中,需要以该区域宏观质量评价的历史指标值为基础,进行时间序列的推演,得到今后某时刻的宏观质量评价指标值。由于只针对单一区域,没有其他区域进行样本分析,因此,只有基于该区域宏观质量评价历史指标值的统计分析,如 t 分布等,来划定警限,并基于预测值提出警示。

多个离散区域的质量安全预警与单一区域的质量安全预警的主要区别并不在于区域宏观质量状况的预测,而在于质量安全警限的划分和警示的提出。多个离散区域的质量安全预警仍然是以多个离散区域宏观质量评价的历史指标值为基础,进行时间序列的推演,得到今后某时刻的宏观质量评价指标值。此时,警限的划分依据对这些评价区域预测指标值的总体性分析而得到。具体做法是运用模糊聚类的方法对所有被评价区域的预测指标值进行综合评价,得出划分的质量安全等级,并提出警示。

多个聚集区域的质量安全预警在质量安全预警方法中显得尤为重要。目前,为了节约供应链成本、扩大生产规模、形成优势产业,很多地区形成了某些产业的区域聚集效应。此外,由于某些产品消费群体的特殊性(如,由于"三鹿奶粉"价格相对较低,因此"三鹿奶粉"事件的受害者大多来自甘肃、内蒙等欠发达地区),也会产生产品消费的区域聚集性。而且,对区域质量状况的现状进行分析,可以发现,一个区域中高水平企业和质量检验机构的数量与区域总体质量状况基本成正相关的关系。依据经济地理学理论,空间上距离近的区域之间的联系比空间上距离远的区域之间的联系更为频繁,空间上的区域聚集性势必影响区域间经济、交通、文化等诸多领域的相关性,区域间的空间距离与区域间的相关联系成反比。因此,对多个聚集区域的质量状况进行安全预警,就不得不从空间和时间两个维度来考虑,这也从需求上决定了多个聚集区域的质量安全预警适合使用时空数据挖掘的方法。

3. 质量安全预警方法的分析

从根本上说,质量安全预警方法是根据已有的质量安全信息,预测未来质量安全状况的隐含性分析过程,可以说,质量安全预警的各种方法都属于数据挖掘的范畴。而且,如本章第三部分第一节所述,基于质量评价的质量安全预警是以区域现状评价为基础,预测随时间推移的质量状况变化情况,因此,适合采用时间序列数据挖掘相关的分析方法;而基于网络信息的质量安全预警是以互联网为信息载体,搜索质量安全信息,反映总体质量安全状况。因此,适合采用网络数据挖掘相关的分析方法。采用的质量安全预警方法与采取的质量安全预警技术路线密切相关。

时间序列数据挖掘方法主要包括：控制图法、模糊聚类法、马尔科夫链预测法、灰色动态模型法、回归预测模型法、时间序列法、BP神经网络法、支持向量机法和时空序列模型法等；网络数据挖掘方法主要包括：智能搜索、语义检索、文本挖掘和本体构建等方法。

（1）时间序列数据挖掘方法。

控制图法。控制图法是将已经观测到的反映一个事件的数据描绘成曲线图形（控制图），以此来判断或预测事件的趋势或强度，还可以作出预警。

控制图法主要应用于质量过程控制中，如对产品不合格率进行控制。在评价企业质量水平时，要将企业是否实施有关质量控制的方法，作为一项评价项目，控制图法就是其中一种。

模糊数学。模糊数学是诞生于20世纪60年代的一门新兴的数学分支，是用数学方法研究和处理具有"模糊性"现象的数学，具有非常广泛的应用前景，主要的应用有模糊聚类分析、模糊模式识别、模糊决策等。

在研究质量评价体系中的预测问题时，有些指标值很有可能是模糊的，比如在预测产品需求量时，不同的因素对于产品的需求量的影响是不一样的，且需求程度具有模糊性，如急需、很需要、需要、不怎么需要、不需要，这涉及到隶属度问题，因此应用模糊数学方法是很有必要的。由于模糊数学方法最终的结果是对研究对象的一个等级描述，所以它既可以用于质量评价又可以用于质量安全预警。通过对质量评价结果进行模糊聚类，可以科学的划分警限，达到合理划分质量安全等级的目的。通过查阅大量文献也发现，模糊综合评价广泛应用于各个领域的质量评价和质量安全预警中，如农产品质量安全评价、工业产品质量评价、粮食安全预警、物流风险预警等。

马尔科夫链预测法。马尔科夫链预测法是对预测对象未来所处状态的预测。所谓状态，是指事物可能出现或存在的状况。运用马尔科夫链预测法进行预测，主要原理就是建立马尔科夫链预测模型，利用初始状态概率向量和状态转移概率矩阵来推知预测对象未来某一时期所处的状态。目前，马尔科夫链预测法主要应用于产品市场占有率、市场销售情况、期望利润等方面的预测。

在质量评价体系中，产品的市场占有率是很重要的指标。对产品的市场占有率进行预测，对于整个质量评价都很重要。马尔科夫链预测法在预测产品市场占有率方面有很好的效果。在已知产品占有率现状的条件下，根据市场调查得到产品市场占有率的状态转移概率矩阵，就可以预测未来的产品市场占有率。

灰色系统理论。灰色系统理论是我国学者邓聚龙于20世纪80年代创立的一门新兴学科，已经在各行业得到广泛和深入的应用。灰色动态模型是灰色系统理论中的一个重要的组成部分,它是利用不同时段的数据建立灰色 GM(1,1) 预测模型,分别对未来时刻的各项预测值进行计算。

如可以使用灰色系统理论对产品销售额进行定量预测。当研究具有可比性的多个对象时,还可以运用灰色关联度分析法来对这些研究对象的质量水平进行排序。

回归预测模型。回归预测模型是研究因变量和自变量之间线性或非线性关系的方法,根据历史数据建立起模型以后,就可以根据已有的自变量数据(也可以是预测的)预测因变量的值。回归模型包含常用的一元回归、多元回归、多项式回归、指数回归、logistic 回归、自回归等。

由于质量评价体系是多层指标体系,在研究一些客观性较强的指标时,可以考虑使用回归模型,如可以在一个指标和它下一层的多个指标之间建立回归模型,来研究下一层不同的指标对上一层的这个指标的影响程度。

时间序列。时间序列是将某种统计指标的数值,按时间先后顺序排到所形成的数列。时间序列预测法就是通过编制和分析时间序列,根据时间序列所反映出来的发展过程、方向和趋势,进行类推或延伸,借以预测下一段时间或以后若干年内可能达到的水平。其内容包括:收集与整理研究对象的历史资料;对这些资料进行检查鉴别,排成数列;分析时间数列,从中寻找该研究对象随时间变化而变化的规律,得出一定的模式,以此模式去预测该研究对象将来的情况。

时间序列预测法包含一般的回归分析法、传统时间序列分析(趋势模型、季节模型、简单外推模型与分析和指数平滑技术)、ARMA 模型及应用(包含 ARIMA 模型)、动态计量经济模型、自回归条件异方差模型、多参数模型以及面板数据模型等。

运行这些时间序列预测法的主要软件是 EVIEWS 计量统计软件。

实现时间序列分析的步骤:Ⅰ.收集历史资料,加以整理,编成时间序列,并根据时间序列绘成统计图;Ⅱ.分析时间序列;Ⅲ.求时间序列的长期趋势(T)、季节变动(S)和不规则变动(I)的值,并选定近似的数学模式来代表它们;Ⅳ.利用时间序列资料求出长期趋势、季节变动和不规则变动的数学模型后,就可以利用它来预测未来的长期趋势值 T 和季节变动值 S,在可能的情况下预测不规则变动值 I。然后用以下模式计算出未来的时间序列的预测值 Y:加法模式 T+S+I=Y 或乘法模式 T×S×I=Y,如果不规则变动的预测值难以求得,就只求长期趋势和季节变动的预测值,以两者相乘之积或相加之和为时间序列的预测值。如果经济现象本身没有季节变动或不需预测分季分月的资料,则长期趋势的预测值就是时间序列的预测值,即 T=Y。但要注意这个预测值只反映某一现象未来的发展趋势,即使是很准确的趋势线,其在按时间顺序的观察方面所起的作用,本质上也只是一个平均数的作用,实际值将围绕着它上下波动。

在质量评价体系中,由于服务的对象涉及到企业,相关数据往往就是时间序列数据,如月度数据、季度数据和年度数据。此外,质量安全预警本身就涉及质量安全状态随时间变化的预测。因此,时间序列预测法的应用将十分必要。运行这些时间序列预测法的主要软件是 EVIEWS 计量统计软件。

BP 神经网络模型。目前,前馈反向传播神经网络(Back-Propagation-Network 简称 BP 神经网络)是使用最广泛的预测方法之一。常用的 BP 神经网络共有三层组成:输入层、隐含层和输出层。在输入层输入原始数据,一般情况下,数据要经过预处理;隐含层像一个黑盒子,只要选取适当的神经元个数,其他的事留给计算机完成;在输出层得到要的结果。

使用神经网络进行预测的步骤主要有:收集数据并预处理;建立神经网络模型并用历史数据进行训练,到误差小于给定的拟合误差为止;利用训练好的神经网络模型进行预测。主要用 Matlab 软件里的神经网络工具箱进行编程来实现神经网络模型。

支持向量机模型。支持向量机(SVM)是数据挖掘中的一种方法,能非常成功地处理回归问题(时间序列分析)和模式识别(分类问题、判别分析)等诸多问题,并可推广于预测和综合评价等领域,因此可应用于理科、工科和管理等多种学科。

支持向量机和神经网络一样,也是一种机器学习方法,也就是说它们都要经过数据的训练,然后建立起模型,最后进行预测。它们各自的优缺点在第二部分中已有介绍。目前,实现支持向量机的专业软件是台湾大学林智仁博士等开发的工具 LibSvm。

虽然支持向量机和神经网络在原理上有不同,但在处理质量评价这样的多指标的复杂问题时,也能起到良好的效果。一般情况下,质量评价体系中反映各指标的数据最终都是定量的,所以用神经网络和支持向量机来进行预测非常合适,但鉴于神经网络的普及度比支持向量机要高,所以在宏观质量评价中建议采用神经网络方法。

(2) 网络数据挖掘方法。

网络数据挖掘方法包括智能搜索、语义检索、文本挖掘和本体构建等方法,但需要指出的是,其中任意一种方法都只在网络数据挖掘中的某个具体步骤中实施,单独的某一个方法不可能起到质量安全预警的作用,上述方法的有步骤的综合应用才构成了网络数据挖掘方法。

网络数据挖掘方法的基本思路是:首先,通过网络爬行算法在网络中针对质量安全信息进行智能搜索;其次,建立质量安全信息本体库,并以此本体库为基础,对网络搜索结果进行某些关键信息的语义检索;然后,对检索形成的文本信息进行文本挖掘,实现信息的综合表现;最终借助人工辅助形成能够综合反映区域质量安全状况的报告。

网络数据挖掘方法以智能搜索方法为手段,充分利用网络资源,结合本体构建、语义检索和文本挖掘等方法对捕获的信息进行分析,采用方法具有前沿性,结果具有科学性。但是,在具体研究某个问题时,需要给出有针对性的解决方案,数据挖掘技术的运用需要专业人员操作,结果的审查也要专家认可,往往由于结果不满意需要反复分析。网络数据挖掘的具体流程将在下节中予以详述。

基于以上对现有质量安全预警方法的基本思路和优缺点分析,各种方法一览表如下:

表9-3　质量安全预警方法一览表

分类	方法	思路	特点
时间序列数据挖掘方法	控制图法	将已经观测到的反映一个事件的数据描绘成曲线图形(控制图),以此来判断或预测事件的趋势或强度,还可以作出预警	优点:通过图像进行观察控制,直观明了,易于操作 缺点:容易出现"误发警报"错误
	模糊聚类法	以隶属度函数等模糊性思想为指导,通过给定的阈值分析各区域指标值的所属类别,进而评价区域质量水平	优点:能较好处理分级界限不确定等"模糊"问题,数学模型简单,容易掌握,对多因素、多层次的复杂问题评判效果比较好 缺点:对评价结果影响较大的隶属函数的选取没有标准,选取不同的隶属函数将得到不同的评价结果
	马尔科夫链法	建立马尔科夫预测模型,利用初始状态概率向量和状态转移概率矩阵来推知预测对象未来某一时期所处的状态	优点:不需要考虑过去的状态,只需要知道现在的状态和转移概率就可以对未来状态进行预测,在样本较少时也能运用 缺点:转移概率不易获取,预测准确率低,存储复杂度高
	灰色动态模型法	利用不同时段的数据建立灰色GM(1,1)预测模型,分别对未来时刻的各项预测值进行计算,还可以运用灰色关联度分析法来对多个研究对象的质量水平进行排序	优点:对数据量没有太高要求,也不需要典型的分布规律,计算量小,结果与定性分析的基本一致,对数据间内在关系的挖掘,在规律的发现方面有其独到之处,本质上是一种以数找数的方法,从系统的离散数列中找出系统的变化关系,建模方法简单 缺点:对于数据中的周期和随机成分则无法进行预测

续表

分类	方法	思路	特点
时间序列数据挖掘方法	回归预测模型法	研究因变量和自变量之间线性或非线性关系的方法,根据历史数据建立起模型以后,就可以根据已有的自变量数据(也可以是预测的)预测因变量的值	优点:可以在依存(因果)关系较明显的变量之间建立起回归模型,有较强的解释能力和预测能力 缺点:自变量之间不能有显著的相关性,自变量与因变量之间要有显著的相关性,往往要对自变量进行删选,过程较繁琐
	时间序列法	通过编制和分析时间序列,根据时间序列所反映出来的发展过程、方向和趋势,进行类推或延伸,借以预测下一段时间或以后若干年内可能达到的水平	优点:既考虑了观测数据在时间序列上的依存性,又考虑了随机波动的干扰 缺点:时间序列预测法因突出时间序列暂不考虑外界因素影响,因而存在着预测误差的缺陷,当遇到外界发生较大变化,往往会有较大偏差,时间序列预测法对于中短期预测的效果要比长期预测的效果好;它要求历史数据是平稳的,经常需要对数据进行预处理;模型多样,难以选取
	BP神经网络法	一种可以处理大量因素的、能有效建立起因素和结果之间复杂关系的模型	优点:实现了从输入到输出的映射功能,具有实现任何复杂非线性映射的能力,特别适合于求解内部机制复杂的问题,而且具有自学习能力 缺点:不加改进的BP算法会出现学习速度很慢、陷入局部解或选取样本典型性不够等问题,此外,在应用问题的实例规模和网络规模间存在矛盾,而且,新加入的样本会影响已学习成功的网络,网络训练的成本较高
	支持向量机(SVM)法	数据挖掘中的一个新方法,能非常成功地处理回归问题(时间序列分析)和模式识别(分类问题、判别分析)等诸多问题,并可推广于预测和综合评价等领域	优点:全局最优、结构简单、推广能力强等 缺点:针对每个数据集的最佳核变换函数及其相应的参数都是不一样的,而且每当遇到新的数据集时都必须重新确定这些函数及其参数,在实际操作过程中,往往要对模型进行调整以使结果达到理想状态

续表

分类	方法	思路	特点
时间序列数据挖掘方法	时空序列模型法	构建对象的空间序列模型,将空间序列作为时间序列的一个子元素,以形成时空序列,并利用相关时序预测方法研究空间序列中各对象的属性值随时间的动态变化	优点:将时间维度和空间维度结合,表现了空间序列中各对象是一个时空体的概念,对时空体变化的描述简单明了,易于接受 缺点:对于时空体的数据表达比较困难,模型中运用的计算方法也较复杂,当时空体或时间点较多时,数据就会繁多,甚至冗余,降低了模型的效率
网络数据挖掘方法	多种方法的综合体	以互联网为信息载体,采用多种数据挖掘方法建立起信息数据库,再对数据库进行划分、重组等处理得到信息文本库,针对研究本体在信息文本库里进行语义检索得到不同类别的检索结果,分析检索结果得出综合信息	优点:以网络信息为基础,具有广泛性,以前沿技术为依托,具有科学性 缺点:在具体研究某个问题时,要给出有针对性的解决方案,数据挖掘技术的运用需要专业人员操作,结果的审查也要专家认可,往往由于结果不满意要重新分析

(三) 核心方法分析

1. 时间序列方法

质量评价体系的可回溯性和可比性等需求决定了时间序列方法的适用性,如可以用传统的时间序列对单个评价对象的质量水平进行评价、预测,可以用面板数据对区域性较强的多个评价对象的质量水平进行评价、预测,这样也便于比较;质量安全预警本身也涉及质量安全状态随时间变化的预测,使用时间序列也非常合适;在质量评价体系中,服务的对象有企业,相关数据往往就是时间序列数据,如月度数据、季度数据和年度数据。时间序列方法在单一区域的质量安全预警和多个离散区域的质量安全预警中十分适用。

2. BP 神经网络方法

从质量评价体系角度分析,其包含的指标很多,而这些指标对系统的影响不可能是简单的线性关系,对处理复杂问题的模型是十分必要的。从评价对象角度分析,无论是对单个对象还是对多个对象进行评价、预测,采集的数据都有很强的时序性,数据还很有可能是多维的矩阵形式,神经网络模型就是这样一种可以处理大量因素的、多输入、多输出的、能有效建立起因素和结果之间复杂关系的模型。另外,它实现起来也不是很困难且精度较高,所以神经网络模型将是进行预测的主要工具。

3. 模糊聚类方法

前面对模糊聚类的理论已有介绍,这里介绍它在分类方面的应用。模糊聚类分析有两种基本方法:系统聚类法和逐步聚类法。

系统聚类法是基于模糊等价关系的模糊聚类分析法。它的主要步骤是:Ⅰ.将评价指标体系取为论域,用数字描述每个待分类样本的每个指标的值;Ⅱ.计算样本之间的相似系数;Ⅲ.运用合成运算求出最接近相似关系的模糊等价关系;Ⅳ.选取适当水平,对多个对象进行分类,得到一个聚类。

逐步聚类法是一种基于模糊划分的模糊聚类分析法。它预先确定好分成几类,然后按照最优化原则进行分类,经过多次迭代直到合理为止。在分类过程中可认为某个样本以一定的隶属度隶属于某一类,又以另一隶属度隶属于另一类。这样样本就不是明确的属于或不属于某一类。用数学公式算出每个样本对于所有类的模糊划分矩阵。最优分类标准是样本与聚类中心的距离平方和最小。

4. 时空序列建模方法

目前,时空数据挖掘的研究主要有两种途径:其一,是将时间维嵌入空间数据库,将部分空间数据挖掘方法扩展到时空数据挖掘中;其二,是将空间关系嵌入时间序列中,利用时序挖掘的方法解决时空数据挖掘的问题。

时空序列建模方法是时空数据挖掘的主要方法之一,其核心思想是从时间和空间两个维度建立对象的序列模型,将一个空间序列作为时间序列的子序列进行预测分析,属于时空数据挖掘的后一种研究途径。时空序列建模涉及两个步骤:空间序列抽象和时空序列融合。空间序列是仿照时间序列构建而成,是将具有某种空间关系的众多对象抽象为一个集合,这个集合即为空间序列。在构建空间序列的基础上,将空间序列作为一个整体,看作是时间序列中的一个元素,即时间轴上的每个时刻对应一个空间序列(如图9-5所示)。

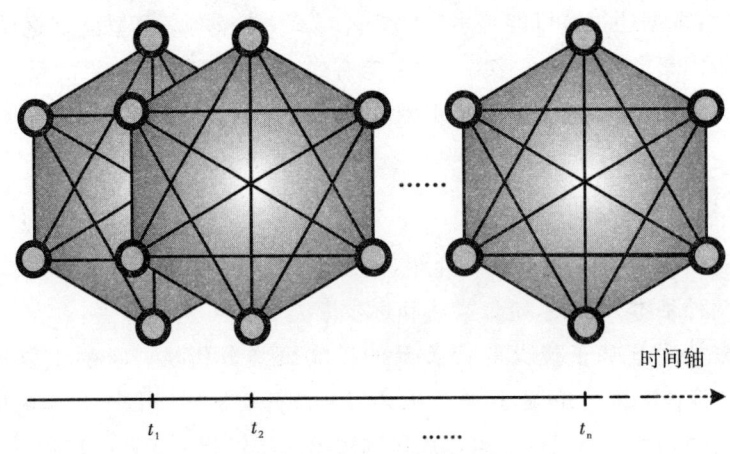

图 9-5　时空序列模型

在时空序列模型中，对象（即图 9-5 中的每个节点）间的空间关系是不变的，随时间轴推移而改变的是对象间的联系力度（即图 9-5 中节点间的边的权值）或由此造成的各对象属性值（图 9-5 中各节点的属性值）的改变。如前所述，基于时空序列建模的时空数据挖掘方法十分适合对多个聚集区域进行质量安全预警，具体到实施过程，可分解为如下步骤：

（1）对聚集区域或具有产业集群的区域（即具有相邻空间关系的区域）构建空间序列（如将武汉城市圈的各城市构建一个空间序列），将各区域的宏观质量评价指标值作为其固有属性；

（2）以空间序列为基础，构建从某一时刻到另一时刻的时间序列，即这些区域的宏观质量评价指标值集合的历史数据；

（3）依据各区域宏观质量评价指标值关于时间和空间两个维度的输入矩阵，采用 BP 神经网络的方法进行预测，得到这些区域在今后某个时刻的宏观质量评价指标值。

采用基于时空序列建模的时空数据挖掘方法能充分考虑空间聚集效应对聚集区域内个体区域宏观质量状况的影响，将空间关系融入时间序列中，能针对由于产业集群或区域性经济政策引起的聚集区域，有效解决聚集区域整体性质量状况预测的问题。

5. 网络数据挖掘方法

网络数据挖掘方法是针对基于网络信息的质量安全预警的适用性方法。网络数据挖掘方法并不是某一种方法的单一性运用，而是涉及到本体构建、智能信息搜索、网络爬行算法和文本挖掘等多种数据挖掘方法的综合体。由于所涉及

第九章 宏观质量统计与分析的技术理论和计算方法

内容的广泛性以及具体研究具有一定难度,在此大致叙述网络数据挖掘方法在区域质量安全预警中的实现思路,具体研究还需进一步深入开展。

在区域质量安全预警中采用网络数据挖掘方法遵循以互联网为信息载体,由微观质量信息到宏观质量状况的研究思路。其具体实施分为以下几个步骤(总体流程如图9-6所示):

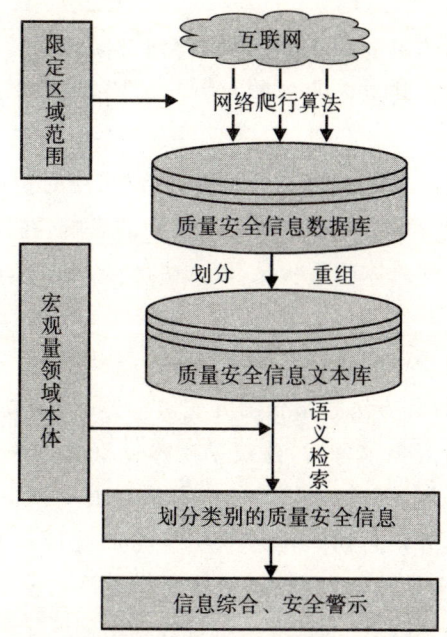

图9-6 网络数据挖掘方法实现质量安全预警的实施步骤图

(1)利用网络爬行算法,对整个互联网进行质量相关信息的实时检索,将相关信息存放于系统后台,形成海量的质量安全信息数据库;

(2)描述区域宏观质量涉及的类、子类以及实例,定义类间关系、类属性及属性关系,构建具有层次结构和语义表达能力的宏观质量领域本体,实现对宏观质量概念和概念间关系的统一规范化描述;

(3)对已有的海量质量安全信息数据库进行信息重组和文本划分,形成质量安全信息本文库;

(4)以基于本体协助的智能搜索方法为基础,在文本库中进行语义检索,划分质量安全信息类别;

(5)对同一类别的质量安全信息进行综合(需要人工参与),以形成具有代表性的区域宏观质量状况评价,并根据信息量的多寡或占总信息量比率的高低决定是否提出质量安全预警以及警示的级别。

(四)质量安全预警的总体建议方案

由于质量安全预警的信息来源渠道和预警对象不同,质量安全预警具有多种类型,针对不同类型的质量安全预警,需要采用不同的适合其特点的方法。基于上述对质量安全预警方法的总体性分析和核心方法的分析,提出以下总结性建议:

(1)对于单一区域的质量安全预警和多个离散区域的质量安全预警,建议采用单纯的时间序列方法,其包含的各种方法可在 Matlab 或 SPSS 等数理统计软件中直接实现。

(2)对于多个聚集区域的质量安全预警,建议采用时空序列建模和 BP 神经网络结合的方法,充分考虑空间和时间两个维度的影响,在体现区域的空间聚集性的同时,预测其今后的总体质量状况,该方法可在 Matlab 或 SPSS 等数理统计软件中编程实现。

(3)对于基于评价指标的质量安全预警而言,警限的划定和警级的制定建议采用模糊聚类方法和统计方法相结合的方式,当对多个区域(样本量足够或是对全国各城市)进行质量安全预警时,建议采用模糊聚类方法划定警限,依高到低制定警级;当对单个区域(或样本量较小)进行质量安全预警时,建议采用 t 分布的统计方法划定警限,并依高到低制定警级。t 分布统计是通过算出所有评价对象的质量安全指数的平均值和标准方差,然后将离平均值一个方差的某倍数距离(如 0.6 倍的方差距离,具体的倍数根据统计学中的 t 分布来确定)的两个点和平均值这一点,一起共三个点,将质量安全指数分为四个等级。如图 9-7 所示,图中每个级别所占面积(概率)大概均是 25%。

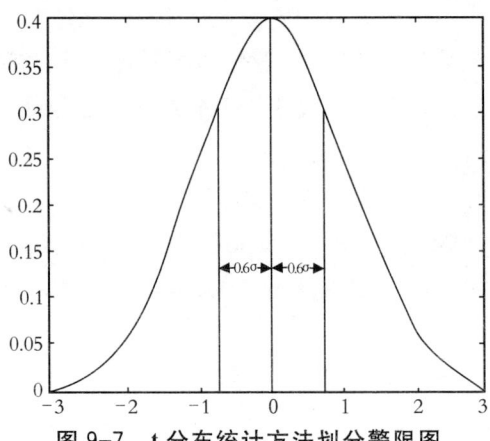

图 9-7　t 分布统计方法划分警限图

第十章 宏观质量统计与分析质量预警的模拟检验

质量预警是指依据历史的质量统计与分析指标数值,采用科学的预测方法,测算出未来一段时期的质量统计与分析指标数值,并依此对该段时期的质量状态进行等级划分并作出相应级别的预警。

一、质量预警设计

质量预警的设计包括了质量预警的概念、质量预警的流程、质量预警的等级和质量预警的依据等关键性问题的分析。

(一) 质量预警的概念

质量预警的原理是依据一组质量统计分析指标的预测值,判断其反映的质量处于何等水平,并作出相应的质量预警。

质量预警的方法是指依据历史的质量统计分析指标数值,预测未来一段时期的质量统计分析指标数值,并对预测值采用科学的数理统计方法,确定出这些指标的预警临界值,即确定预警区间,并依此判断该时期的指标数值落在哪个预警区间,并最终作出相应等级的质量预警。

(二) 质量预警流程

质量预警作为一个体系,从历史数据的收集到预测值的计算,再到质量预警区间的确定,最终作出质量预警,有一套完整的流程。

质量预警流程如图 10-1 所示:

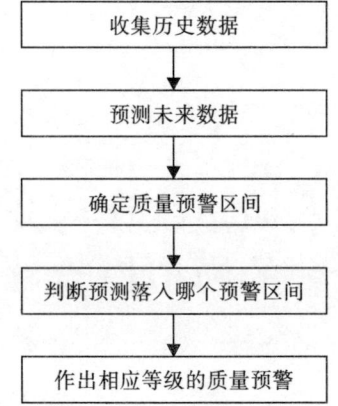

图 10-1　质量预警流程图

质量预警的前提是收集质量统计分析指标的历史数值,关键是临界值即预警区间的确定。预测未来一段时期内的质量统计分析指标,需要一定数目的历史数据,一般至少需要 5-8 个历史数据,如果数据太少,预测值的精度会很低。

由于质量统计分析以季度为周期,因此要实现质量统计分析数值的预测,需要一年半至两年的数据积累才能真正实施。

(三) 质量预警级别

按照目前通用的方法,质量预警采用级别的形式展现。质量预警级别划分为三级:较好、一般、较差,它们分别对应蓝灯区、黄灯区和红灯区,如下表 10-1 所示:

表 10-1　质量预警分级及其标识

级别	描述	标识	
一级	较好	蓝灯区	●
二级	一般	黄灯区	●
三级	较差	红灯区	●

其中第二等级和第三等级说明质量水平较低,值得警惕。

(四) 质量预警的依据

质量预警的依据是质量统计分析指标的预测值。预警流程是,首先基于一组区域(如 10 个区域)的质量统计分析指标的历史观测值,采用科学的预测方法(参见附录Ⅱ),预测出下一统计周期的质量统计分析指标的预测值,然后对一组预测值采用一定的分级方法确定预警临界值;然后依据该组区域中每个区域质量统计分析指标的预测值,判断其落入哪个预警区间,并作出相应的质量预警。

在质量统计分析指标体系中,共有 8 个指标,这些指标在质量预警过程中,起到的作用同等重要,每一个指标均可以单独的进行质量预警,只要有一个指标出现了警情,均需要作出质量预警。

以 10 个区域的某个质量统计分析指标为例,假设已知其前 5 个周期的质量统计分析指标数值,以及第 6 周期的质量统计分析指预测值,如表 10-2 所示:

表 10-2 区域 1-10 在第 1-6 周期的质量统计分析指标数值及预测值

周期 区域	第 1 周期	第 2 周期	第 3 周期	第 4 周期	第 5 周期	第 6 周期 (预测值)
区域 1	$a_{1,1}$	$a_{1,2}$	$a_{1,3}$	$a_{1,4}$	$a_{1,5}$	b_1
区域 2	$a_{2,1}$	$a_{2,2}$	$a_{2,3}$	$a_{2,4}$	$a_{2,5}$	b_2
区域 3	$a_{3,1}$	$a_{3,2}$	$a_{3,3}$	$a_{3,4}$	$a_{3,5}$	b_3
……	……	……	……	……	……	……
区域 8	$a_{8,1}$	$a_{8,2}$	$a_{8,3}$	$a_{8,4}$	$a_{8,5}$	b_9
区域 9	$a_{9,1}$	$a_{9,2}$	$a_{9,3}$	$a_{9,4}$	$a_{9,5}$	b_9
区域 10	$a_{10,1}$	$a_{10,2}$	$a_{10,3}$	$a_{10,4}$	$a_{10,5}$	b_{10}

其中 $a_{i,j}(i=1,2,\cdots,10;j=1,2,\cdots,5)$ 表示区域 1-10 在周期 1-5 内的质量统计分析指标数值;$b_k(k=1,2,\cdots,10)$ 为第 6 周期的质量统计分析指标预测值。

质量预警的前提是基于区域 1-10 在第 1-5 周期的质量统计分析指标值,采用一定的预测方法,如时间序列预测法、神经网络预测模型(具体内容见附录Ⅱ),而得到的区域 1-10 在第 6 周期的预测值,然后依据每个区域的 b_k 的取值来确定该区域的预警级别。

如针对一组区域的指标预测值,采用数理统计方法中的 t 分布来制定预警区间,取 50% 和 75% 的置信区间作为预警区间。

在宏观质量评价体系中,质量统计分析指标有正向指标和负向指标,前者指的是数值越大越好,后者指的是数值越小越好。因此,在选用预警区间临界值计算公式时,正向观测变量和负向观测变量应分别采用不同的计算公式,具体情况参见附录Ⅰ。

由于质量预警区间是根据质量统计分析指标的预测值来划分的,而一组预测值就能确定一组临界值。因此,对于不同的预测值,就会得到不同的临界值,并且预警区间的临界值不是一个固定的值,它会随着时间的推移即质量统计分析指标预测值的改变而改变。

二、质量预警的模拟计算

以下利用数据模拟来说明利用质量统计分析指标进行质量预警的过程。

由于质量预警是基于统计与分析指标来进行的,因此本部分将以某个指标为例,此处选择"监督抽查不合格率"为例,来进行质量预警模拟。

假设已知第1-5统计周期10个区域的监督抽查不合格率数值,基于以上数据,采用时间序列中的指数平滑法来预测第6周期的数值,如表10-3所示:

表10-3 第1-5统计周期10个区域的监督抽查不合格率实际值

周期 区域	第1周期	第2周期	第3周期	第4周期	第5周期	第6周期 (预测值)
区域1	3.74%	3.52%	4.03%	3.87%	3.54%	3.73%
区域2	20.85%	18.64%	21.43%	17.52%	22.32%	20.42%
区域3	17.17%	16.85%	17.92%	16.94%	17.56%	17.11%
区域4	14.58%	15.34%	15.28%	16.37%	16.45%	15.72%
区域5	10.16%	11.24%	12.35%	11.43%	12.78%	11.54%
区域6	11.48%	12.34%	11.89%	12.56%	12.68%	12.17%
区域7	11.77%	12.54%	12.35%	11.89%	12.34%	12.26%
区域8	14.93%	15.56%	14.34%	15.43%	14.21%	14.61%
区域9	31.00%	28.00%	34.00%	35.00%	29.00%	31.17%
区域10	13.89%	13.44%	14.09%	14.76%	13.22%	13.83%

下面采用t分布来确定临界值,分别计算第6周期区域1—10的这一组预测值的50%、75%分位数作为红灯区、黄灯区和蓝灯区的临界点,其中n=10, $\alpha = 0.75, t_{0.25}(9) = 0.7027$。

将表10-3代入附录Ⅰ表Ⅰ-2中的计算公式,可以得到质量预警临界值,如表10-4所示:

表10-4 质量预警临界值

等级	一级、较好	二级、一般	三级、较差
临界值	(0, 15.26%]	(15.26%, 16.83%]	(16.83%, 1]

将表 10-4 中的计算结果与预警级别、预警区间和信号灯的进行关联,可以得到表 10-5 所示的结果:

表 10-5 质量监督抽查不合格率预警区间

预警级别	质量水平	预警区间	信号灯
一级	较好	(0,15.26%]	蓝
二级	一般	(15.26%,16.83%]	黄
三级	较差	(16.83%,1]	红

通过表 10-5 可以看出,当质量监督抽查不合格率的数值在 0 和 15.26% 之间时,表明质量水平较好,对应一级预警级别,信号灯为蓝色;当质量监督抽查不合格率的数值在 15.26% 和 16.83% 之间时,表明质量水平一般,对应二级预警级别,信号灯为黄色;当质量监督抽查不合格率的数值在 16.83% 和 1 之间时,表明质量水平较差,对应三级预警级别,信号灯为红色。

将表 10-3 中的第 6 周期的 10 个区域的质量监督抽查不合格率分别与表 10-5 中的预警区域进行对应,作出相应的质量预警,结果如表 10-6 所示:

表 10-6 10 个区域第 6 周期质量监督抽查不合格率预警结果

区域	第 6 周期(现阶段)	预警级别	信号灯
区域 1	3.73%	一级	蓝
区域 2	20.42%	三级	红
区域 3	17.11%	三级	红
区域 4	15.72%	二级	黄
区域 5	11.54%	一级	蓝
区域 6	12.17%	一级	蓝
区域 7	12.26%	一级	蓝
区域 8	14.61%	一级	蓝
区域 9	31.17%	三级	红
区域 10	13.83%	一级	蓝

从表 10-6 可以看出,区域 2、区域 3 和区域 9 的监督抽查不合格率较高,发

布红色预警;区域4的监督抽查不合格率稍高,发布黄色预警;其他区域的监督抽查不合格率尚可接受,发布蓝色预警。

三、质量预警的模拟计算分析

质量预警是基于质量统计分析指标的观测值来进行的,而质量统计分析指标在同一区域的不同统计周期的观测值构成了时间序列,可以进行纵向的比较分析,以便观测该区域的该指标数值的变化趋势;另外,质量统计分析指标在同一周期的不同区域的观测值构成了一组数列,可以进行横向的比较分析,以便得出不同区域在该指标上的优劣程度。

(一)质量统计分析指标在同一区域不同统计周期的纵向对比

选取质量预警模拟计算部分的区域1的第1至第6周期的数据为样本,对其进行纵向的时间序列分析,如图10-2所示:

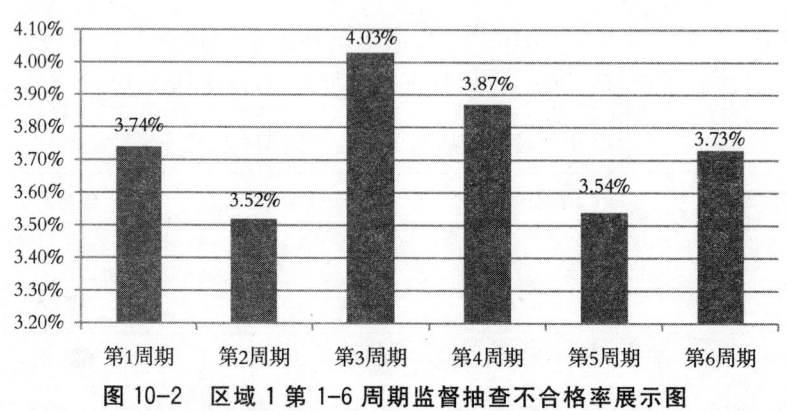

图 10-2 区域 1 第 1-6 周期监督抽查不合格率展示图

图10-2反映了区域1的监督抽查不合格率在周期1至周期6的变化趋势,可以看出,第3统计周期的监督抽查不合格率偏高。

(二)不同区域质量统计分析指标在同一统计周期的横向对比

选取质量预警模拟计算部分的第1周期的区域1至区域10的数据为样本,进行横向的空间比较,结果如图10-3表示:

第十章 宏观质量统计与分析质量预警的模拟检验

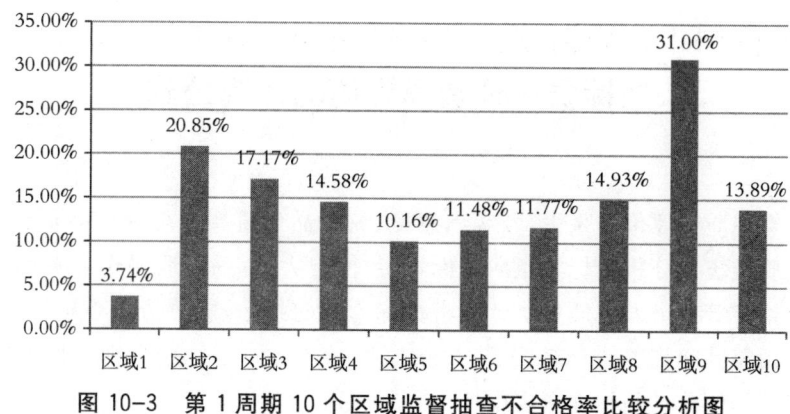

图 10-3 第 1 周期 10 个区域监督抽查不合格率比较分析图

图 10-3 显示出第 1 个统计周期内不同区域的监督抽查不合格率的数值,可以明显看出区域 2 和区域 9 的监督抽查不合格率偏高。

(三)质量预警的可视化表达

一组区域的质量预警等级将通过地图形式展示出来,并且每个区域会标上对应预警等级颜色。以下将对第二部分的质量预警模拟计算部分生成的预警结果进行实例展示,具体结果如图 10-4 所示:

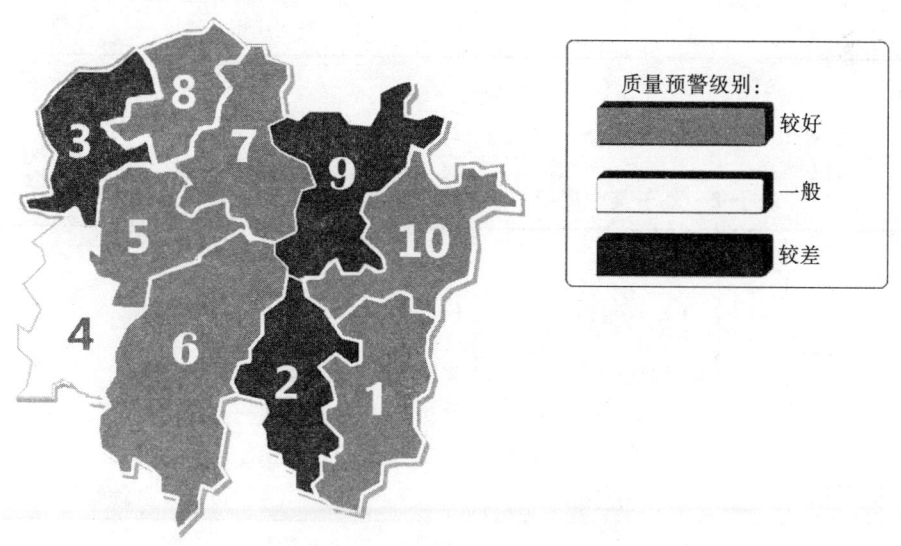

图 10-4 质量预警可视化模拟图

附录Ⅰ：质量统计分析体系中正向指标和负向指标质量预警临界值的计算公式

在宏观质量评价体系中，顾客满意度、新产品产值率和名牌产品贡献率这3个宏观质量统计分析指标为正向指标，即数值越大越好；而质量伤害率和监督抽查不合格率等5个宏观质量统计分析指标为负向指标，即数值越小越好。因此，在选用预警区间临界值计算公式时，正向指标和负向指标应分别采用不同的计算公式。具体分类归纳在下表中：

表Ⅰ-1　正向指标和负向指标一览表

正向观测变量	负向观测变量
1. 顾客满意度	1. 产品质量伤害率
2. 新产品产值率	2. 监督抽查不合格率
3. 名牌产品贡献率	3. 产品质量违法货值率
	4. 出口产品质量退货货值率
	5. 环境适应率

正向指标采用的计算公式如表Ⅰ-2所示：

表Ⅰ-2　基于某个周期的正向指标数值的质量预警等级和区间

预警等级	较差	一般	较好
预警区间	$[0, \bar{a} - t_{0.25}(9)\frac{s}{\sqrt{10}})$	$[\bar{a} - t_{0.25}(9)\frac{s}{\sqrt{10}}, \bar{a})$	$[\bar{a}, 1]$
预警区间含义	0 到置信水平为 50% 的某置信区间的置信下限	置信水平为 50% 的某置信区间的置信下限到样本均值	样本均值到 1
级别颜色	● 红	● 黄	● 蓝

负向指标采用的计算公式如表Ⅰ-3所示：

表 I-3　基于某个周期的负向指标数值的质量预警等级和区间

预警等级	较好	一般	较差
预警区间	$(0, \bar{a})$	$[\bar{a}, \bar{a}+t_{0.25}(9)\frac{s}{\sqrt{10}})$	$[\bar{a}+t_{0.25}(9)\frac{s}{\sqrt{10}}, 1]$
预警区间含义	0 到样本均值	样本均值到置信水平为 50% 的某置信区间的置信上限	置信水平为 50% 的某置信区间的置信上限到 1
级别颜色	蓝	黄	红

附录 II：质量趋势预测方法

在统计指标体系中生成的质量状态指标是量化的数值，经过几个统计周期的积累，质量状态指标就形成了一组时间序列，可通过科学预测方法预测未来某时段的质量状态指标数值。选取何种预测方法来预测质量状态指标，要基于对质量状态指标本身的需求。质量状态指标要实现在时间上纵向可比，可采用时间序列预测法，因为时间序列预测法是专门针对随时间变化而产生的序列的预测方法，特别对于具有周期性的时间序列具有较好的预测效果；同时，质量状态指标需要实现区域间的横向可比，采用神经网络预测方法较为可行，因为神经网络预测方法可实现"多输入、多输出"的预测，体现区域间的关联关系及随时间变化的发展，即多个区域的质量状态指标的同步预测。

（一）时间序列预测法

时间序列预测法是以时间数列所能反映的社会经济现象的发展过程和规律性，进行引申外推，预测其发展趋势的方法。时间序列主要包含回归分析法、传统时间序列分析（趋势模型、季节模型、简单外推模型与分析和指数平滑技术）、ARMA 模型及应用（包含 ARIMA 模型）、动态计量经济模型、自回归条件异方差模型、多参数模型以及面板数据模型等。运行时间序列预测法的主要是 EVIEWS 计量统计软件和 STATA 统计分析软件。

（二）神经网络预测模型

神经网络预测模型是一种应用类似于大脑神经突触连接的结构进行信息处

理的数学模型。常用的 BP 神经网络共有三层组成:输入层、隐含层和输出层。在输入层输入原始数据,一般情况下,数据要经过预处理;隐含层像一个黑盒子,只要选取适当的神经元个数,其他的事留给计算机完成;在输出层得到所要的结果。主要用 Matlab 软件里的神经网络工具箱进行编程来实现神经网络预测模型。

附录Ⅲ:质量预警级别临界值的确定方法

统计指标体系中各观测变量的分值及质量预警指数的预警级别临界值的确定可采用以下两种方法:经验判断法和数理统计方法。

(一) 经验判断法

经验判断法是依据长期的对观测变量的认知,在基于一定共识的基础上,确定出分值或指数较优、正常和不正常的取值范围,以此来确定预警级别临界值。

统计指标体系中的监督抽查不合格率、顾客满意度、名牌产品质量贡献率和新产品产值率的历史数据较充分,容易达成关于临界值的共识,此类宏观质量统计分析指标采用经验判断法较为合适。如根据经验可制定顾客满意度的预警区间为:小于 60% 为较差;60% 至 75% 为一般;75% 以上为较好。

(二) 数理统计法

数理统计法是基于数理统计学知识,对一组观测变量数值按照一定的函数分布来确定预警级别的临界值,主要有 t 分布法和模糊聚类法。

1. t 分布法

在得到一组观测变量数值或增长率后,求出这组数值的均值和标准差,然后依据 t 分布计算不同水平的置信区间,置信度为 $1-\alpha$ 的置信区间为 $[\bar{x} - t_{\frac{\alpha}{2}}(n-1)\frac{s}{\sqrt{n}}, \bar{x} + t_{\frac{\alpha}{2}}(n-1)\frac{s}{\sqrt{n}}]$,分别计算置信度为 50% 和 25% 的置信区间,并根据区间的端点来确定指标预警级别的临界值,如图Ⅱ-1 所示。

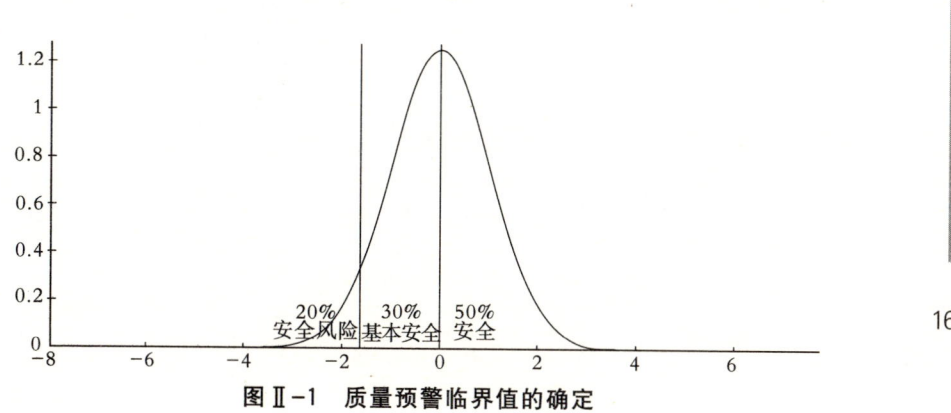

图Ⅱ-1 质量预警临界值的确定

2. 模糊聚类法

模糊聚类是从模糊集的观点来探讨事物的数量分类的一类方法,它的研究对象的界限是不明确的即模糊的。由于目前还没有科学的依据来对质量预警的三个等级的界限进行明确的划分,因此也可用模糊聚类法确定质量预警的临界值。模糊聚类最常用的工具是模糊聚类树。

统计指标体系中的质量伤害率、出口产品质量退货货值率、产品质量违法货值率和环境适应率是此次项目新设计的观测变量,它们没有历史数据可供参考,不易达成关于临界值的共识,在项目实施初期阶段,采用数理统计方法较合适。随着数据不断的积累,再进行适时调整。

总之,在经验判断法和数理统计方法中,前者基于经验判断,是较为主观的方法;后者基于数据运算,是较为客观的方法。在实际操作中,可将两种方法同时使用,然后将两者的结果进行对比以便对临界值进行再一次调整,实现主客观方法相结合,效果会更好。

第四编

指标研究

第十一章 "产品质量伤害率"指标的构建

一、指标含义

产品质量伤害率,是一个统计我国因产品质量问题而对人产生生理伤害事件的数量(人次)在总人口中所占比例的指标。

从该定义可以看出,该指标统计的首先是由于产品质量问题而对消费者造成的伤害。产品质量问题,指的是产品的物理、化学属性上的缺陷、瑕疵,是产品本身明显存在的或潜在的、危害产品使用者的危险状态。这种危害,有可能在使用的当时即发生,也有可能潜伏很长时间,积累到一定程度而引起伤害。

任何一件产品的使用,都可能对消费者产生伤害,如菜刀会切到手,烧水壶会造成烫伤,等等。但是,诸如此类的情况,有很大的可能是由消费者的不当使用引起的,并不是产品本身的质量出了问题。存在缺陷和瑕疵的产品,即使消费者在正常的使用状态下,仍然有可能造成伤害。如菜刀的刀尖断了伤到手,塑料烧水壶的接缝断裂导致开水溢出而烫伤使用者,那么这类因为产品质量问题而导致的伤害,正属于该系统的统计范围。

消费者受到产品的伤害之后,最直接的选择,即是去医院就诊,且越是严重的伤害,消费者越倾向于到急诊室就诊。在医生问诊的时候,面对一个受伤的病人,首先需要询问的就是受伤的原因。不管是对于医生还是病人来说,伤害是否是由产品质量引起的,都是一个非常容易判断的事实,同时也是消费者必然会向医生描述与倾诉的经历。因此,该指标的统计,是存在可靠的信息来源的。

当然,也存在另一种情况,那就是由于消费者错误的使用某种产品,导致该种产品脱离了正常使用状态,进而对消费者造成了伤害。如热得快等加热设备一直处于通电状态,某消费者忘记切断电源从而引起火灾。类似这样的情况,在医生接诊时有可能存在判断的困难。但从概率上来说,产品做了正确的标识之后,消费者无视标识错误操作的概率是非常小的。更多的情况是,假冒伪劣产品没有做有效的标识就出厂销售,进而造成消费者的伤害。因此,该指标在统计中,暂时忽略这种情况的影响。

其次,该指标统计的是对消费者产生的生理上的损伤,如切割伤、擦伤、烫伤、烧伤、中毒等,在财产、精神层面上对消费者的伤害,还有未产生伤害的小的、仅引起消费者抱怨的质量问题,则不在本指标的统计范围之内。

二、国际应用状态实证研究

目前,国内还没有对消费者因产品质量而受到伤害的全面统计。而在国际上,美国、欧盟、日本等多个发达国家和地区,在该领域的统计与应用分析,已进入到一个相对较为成熟的阶段。在实际运行中,通过对质量安全结果的监测,在对消费者的保护中起到了积极的作用。因此,下文将以历史最为悠久、体系最成熟的美国"国家电子伤害监控系统(National Electronic Injury Surveillance System, NEISS)"为例,介绍国际上先进的产品质量伤害统计方法的实际应用状态。[①]

(一) 样本选择与数据来源

美国"国家电子伤害监控系统",是由美国消费者产品安全委员会(CPSC)主管的,实现产品质量伤害监控职能的一个电子信息系统。NEISS 利用统计学技术,从全美的医院中选择一定数量医院的急诊室[②],作为其伤害监控的信息来源。通过对收集到的产品质量引起伤害信息的处理和后期调查,该系统有效地帮助 CPSC 确定有危害产品的源头,并对其进行及时的监管,进而将产品危害控制在发生的早期。

在 1972 年消费者产品安全委员会成立之前,该系统就已进入设计阶段,到 1972 年系统正式开始运行至今,已经历了 38 年的历程。在这 38 年当中,该系统经过了 2 次大的改版,对伤害统计范围的界定、统计类别定义、抽样方法、系统构架等部分,做了诸多修改,最终形成了目前这套自 2000 年以来相对稳定的伤害

---

① 本文内关于 NEISS 的资料,均来自于美国消费者产品安全委员会官方网站,http://www.cpsc.gov/library/neiss.html,2010 年 6 月 20 日。

② "Since the Commission's inception, data from an emergency department system have proven to be the single most effective means for fulfilling the Commission's data needs."——quoted from "NEISS The National Electronic Injury Surveillance System, A Tool for Researchers",意为:急诊室系统的数据被证明是能满足 CPSC 要求的唯一最有效来源,2000 年 3 月,CPSC。

监控系统。

在 1978 年以前，NEISS 基于对美国 1968 年的医院存量数，以及 1960 年的人口统计结果，在 48 个州选择了 119 家综合性医院的急诊室作为统计的数据来源。1978 年，CPSC 委托 Westat[①]这一研究机构对抽样框架进行了重新设计，计划在全美拥有 6 张以上急诊室病床的 6017 家医院中，挑选 130 家医院的急诊室作为数据来源。这 130 家医院按照年急诊接诊量（由 SMG Group 调查公司提供）分为 4 个层次，年接诊量越多的医院，其抽样的比例越高。

表 11-1　1978 年 NEISS 抽样样本特征（提案）

NEISS 样本特征

从 1978 年 10 月 1 日至 1979 年 9 月 30 日（提案）

（原计划抽样 130 家医院，但从未实施过）

样本层	总平均接诊数的范围	该范围内的医院总数	总抽样数量	权重	超出范围的样本数量	范围内的样本数量
1	1—14770	4290	78	55.00	8	70
2	14771—24315	729	16	45.56		16
3	24316—39717	549	16	34.31		16
4	39718 以上	268	12	22.33		12
烧伤医院		181	8	22.63	1	7
合计		6017	130		9	121

其中，超大型医院[②]（样本层 4）的抽样比例为 4.48%，大型医院[③]（样本层 3）的抽样比例为 2.91%，中型医院[④]（样本层 2）的抽样比例为 2.19%，小型医院[⑤]（样本层 1）的抽样比例为 1.82%，还有烧伤专科医院[⑥]（产品引起的燃烧是 CPSC 的重点监控范围）的抽样比例为 4.42%，总的抽样比例为 2.16%。

然而，这一从科学角度出发的框架设计，由于预算约束、医院并购与停业和样本拒绝参与等多种原因，从未完全付诸实施。在 1979 年的第一步实施（计划分两步，第一阶段 79 家医院，第二阶段达到 130 家）中，只有 74 家样本医院参与

[①] Westat is an employee-owned corporation providing research services to agencies of the U. S. Government, as well as businesses, foundations, and state and local governments. www.westat.com.

[②] 超大型医院，年急诊室接诊量超过 39718 人次，该数值后经多次调整，每次提高约 6% 至 8% 不等。

[③] 大型医院，年急诊室接诊量介于 24316 人次和 39717 人次之间，该数值后经多次调整，每次提高约 6% 至 8% 不等。

[④] 中型医院，年急诊室接诊量介于 14771 人次和 24315 人次之间，该数值后经多次调整，每次提高约 6% 至 8% 不等。

[⑤] 小型医院，年急诊室接诊量低于（含）14770 人次，该数值后经多次调整，每次提高约 6% 至 8% 不等。

[⑥] 烧伤专科医院，该类医院的调查于 1990 年终止，并于 1997 年开始增加"儿童医院"这一类。

了该计划,总体抽样比例只有1.23%。在五类医院(4个基本分类和烧伤专科类)中,超大型医院和烧伤专科医院全部保留,而其他三类医院的样本都只有原计划的一半。一直到1990年的这12年间,样本医院数一直都在62家至74家间不断波动,在样本最少的年份(如1987年),总抽样比例仅为0.97%。

1991年之后,CPSC对NEISS的样本医院进行了大量的扩充,按照预算和医院存在状态从90至100不等。依据2009年的数据,该系统在全国范围内,挑选了96家有代表性的医院的急诊室,作为质量伤害统计的样本点。这96家医院分布于美国大部分州一级行政区域,越是人口密集的州,所选择的样本医院的平均规模越大。其中超大型医院有21家,大型医院有8家,中型医院有13家,小型医院有46家,儿童医院(与儿童相关的产品是CPSC的重点监控范围)有8家。

(二) 数据采集

由于NEISS系统是由消费者产品安全委员会(CPSC)建立和主管的系统,因此多年以来,该系统统计的项目,特别是引起伤害的产品类型,与CPSC的职能和监管产品范围有着高度的一致性。

每天的急诊工作结束之后,专职人员(医院急诊室的工作人员)将当日该医院急诊室所有接诊病例当中,符合CPSC统计要求的病例数据,填入相应的表单,并存储于专用的电脑当中。

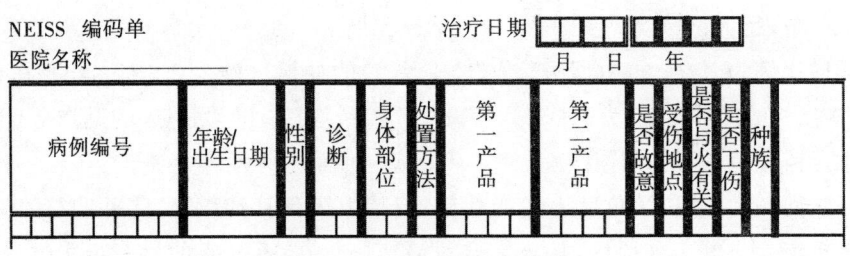

图11-1　NEISS病例代码填报单

如图11-1所示,一个病例的报告需要包括的内容有:治疗日期、病例编号、病人基本信息(出生日期、年龄、性别等)、诊断、身体受伤部位、处置方法、涉及的产品、是否故意、受伤地点、是否与火有关、是否工伤、种族、评论等部分。其中,所涉及的900多种产品、诊断、身体受伤部位等数据项,均以代码的形式进行填报,方便录入,以及下一步对数据的统计与分析。

基于以上日报的工作制度,CPSC的伤害统计数据库每晚都定时更新,以保证伤害的后续调查(电话调查、网络调查)能快速到位。

2000年以后,NEISS系统进行了一次大的扩展,不仅统计由产品质量而引起的对消费者的伤害,还统计所有由产品引起的伤害。这些数据在美国疾病控制中心、国家职业安全与健康研究院、健康与人类服务部、交通运输部等多个政府部门中得到应用,同时也为该系统的运行带来了相应的费用补充。同时,CPSC 还将 NEISS 系统的数据来源,扩展到死亡证明、消费者和律师的报告等多个渠道,但医院的急诊室报告系统,依然是 NEISS 最主要的产品质量引起伤害的信息来源。

(三) 权重与计算

依照每一层次医院的抽样比例,NEISS 将该比例的倒数,作为该层次医院所统计伤害数量的乘数①,以得到全国总的产品质量伤害估计数量(Estimates)。

$$Estimate = \sum_i wgt_i x_i$$

其中:

wgt_i表示第 i 家医院的乘数;

x_i表示在第 i 家医院统计到的伤害数量。

同时,NEISS 通过统计学方法,对估计值进行广义抽样误差调整,以降低由于抽样方法的限制所带来的误差。

对于产品质量伤害的统计,CPSC 以月度为周期进行计算和报告,并对权重和误差进行月度调整。

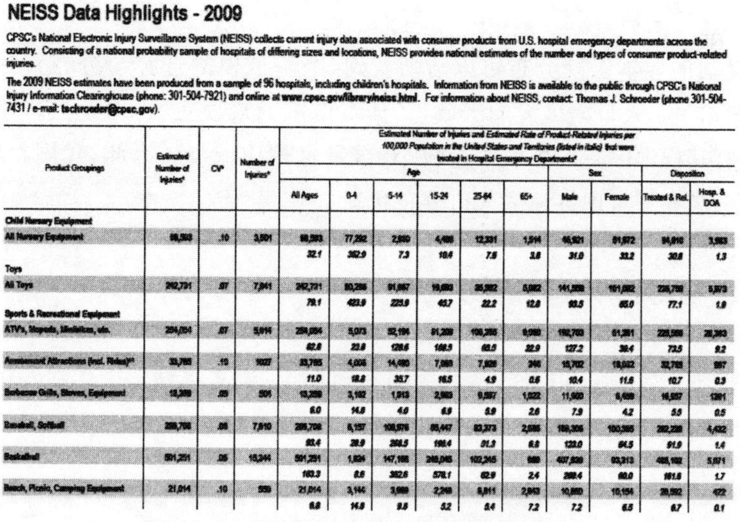

NEISS Data Highlights - 2009

CPSC's National Electronic Injury Surveillance System (NEISS) collects current injury data associated with consumer products from U.S. hospital emergency departments across the country. Consisting of a national probability sample of hospitals of differing sizes and locations, NEISS provides national estimates of the number and types of consumer product-related injuries.

The 2009 NEISS estimates have been produced from a sample of 96 hospitals, including children's hospitals. Information from NEISS is available to the public through CPSC's National Injury Information Clearinghouse (phone: 301-504-7921) and online at **www.cpsc.gov/library/neiss.html**. For information about NEISS, contact: Thomas J. Schroeder (phone 301-504-7431 / e-mail: **tschroeder@cpsc.gov**).

Product Groupings	Estimated Number of Injuries*	CV*	Number of Injuries*	Estimated Number of Injuries and *Estimated Rate of Product-Related Injuries per 100,000 Population in the United States and Territories (listed in italic)* that were treated in Hospital Emergency Departments*									
				Age						Sex		Disposition	
				All Ages	0-4	5-14	15-24	25-64	65+	Male	Female	Treated & Rel.	Hosp. & DOA
Child Nursery Equipment													
All Nursery Equipment	98,503	.10	3,501	98,503	77,292	2,550	4,488	12,331	1,514	46,921	51,572	94,910	3,583
				32.1	*352.9*	*7.3*	*10.4*	*7.8*	*3.8*	*31.0*	*33.2*	*30.8*	*1.3*
Toys													
All Toys	242,731	.07	7,941	242,731	80,286	91,967	19,693	35,982	5,082	141,258	101,082	236,758	5,973
				79.1	*423.9*	*225.9*	*40.7*	*22.2*	*12.8*	*93.5*	*65.0*	*77.1*	*1.9*
Sports & Recreational Equipment													
ATV's, Mopeds, Minibikes, etc.	254,054	.07	5,914	254,054	5,073	52,194	91,238	106,285	9,060	192,703	61,281	225,558	28,383
				82.8	*23.8*	*128.6*	*188.5*	*48.5*	*22.9*	*127.2*	*38.4*	*73.5*	*9.2*
Amusement Attractions (incl. Rides)**	33,785	.10	1027	33,785	4,006	14,490	7,068	7,826	346	15,702	18,032	32,788	997
				11.0	*18.8*	*35.7*	*16.5*	*4.9*	*0.6*	*10.4*	*11.6*	*10.7*	*0.3*
Barbecue Grills, Stoves, Equipment	18,288	.09	506	18,288	3,102	1,913	2,983	9,597	1,022	11,920	6,659	16,957	1281
				6.0	*14.6*	*4.6*	*6.9*	*5.9*	*2.6*	*7.9*	*4.2*	*5.5*	*0.5*
Baseball, Softball	286,708	.08	7,810	286,708	6,157	108,976	85,447	83,373	2,086	186,306	100,385	282,238	4,432
				93.4	*28.9*	*268.5*	*198.4*	*51.3*	*6.8*	*123.0*	*64.5*	*91.9*	*1.4*
Basketball	501,251	.06	18,244	501,251	1,824	147,188	249,045	102,245	988	407,920	93,313	495,182	5,871
				163.3	*8.6*	*362.6*	*578.1*	*62.9*	*2.4*	*268.4*	*60.0*	*161.6*	*1.7*
Beach, Picnic, Camping Equipment	21,014	.10	559	21,014	3,144	3,989	2,249	8,811	2,843	10,880	10,154	20,592	422
				6.8	*14.8*	*9.8*	*5.2*	*5.4*	*7.2*	*7.2*	*6.5*	*6.7*	*0.1*

图 11-2 2009 年 NEISS 统计报告(部分)

① Weight,直译为“权重”,但该算法在公式中的意思更多地偏重于“乘数”,因而在此采用“乘数”这一提法。

如图 11-2 所示,可以清晰看到在全国范围内,哪一种产品因质量问题而对消费者产生的伤害次数最多,可以有效地引导政府对高危害产品进行严格监管。

依据 2009 年 NEISS 的统计报告,产品伤害数共有 391944[①] 人次,由此得出全国的伤害数估计值为 13966898[10] 人次。这包括了急诊室系统外所有的信息来源,也包括了产品质量之外所有由产品引起的伤害。

(四) 小结

经过 CPSC 三十多年的工作,美国的产品质量伤害降低了超过 30%[②],NEISS 系统在其中起到了重要的作用。与此同时,美国政府为该系统的建立与运行,投入了大量的资源。

我国目前还处在市场经济初期,这也正是因产品质量而产生伤害的高发时期。因此,借鉴美国已经非常成熟的 NEISS 系统,逐步建立符合我国国情及发展趋势的质量伤害统计系统,引导政府在产品质量监管上的政策,是非常有必要的。

从以上对美国 NEISS 系统的实证分析可以看出,对于质量伤害的统计,不需要统计全国所有的医院,而是可以通过在全国范围内科学的选择一定量的样本医院,通过统计学方法,完成该指标的统计与计算。这一抽样的比例,达到 1%[③] 即可被认为是科学的。同时,大型医院因其更大的接诊量,应抽取更高比例的样本。

从美国的样本医院分布可以清晰看到,医院规模的选择与分布,与当地人口数量高度相关。人口密度大的区域,其样本医院的规模更大,数量更多;人口密度小的区域,其样本医院的规模普遍较小,数量也相应减少。因此,我国在样本医院的选择上,应充分考虑各地的人口分布状态。

三、指标统计与计算方法

基于以上对美国 NEISS 系统的描述与分析,下文将详细论述在我国构建"产品质量伤害率"指标的统计与计算方法。

---

① 数据来源:NEISS 查询系统。
② 数据来源:CPSC 官方网站 www.cpsc.gov。
③ 在人口统计学中,多个国家对人口的统计都是采用的 1% 人口抽样方法。

(一)样本医院的选择

与美国医院体系不同的是,我国对医院的等级有明确的划分,包括三级甲等、三级乙等、三级丙等、二级甲等、二级乙等、二级丙等、一级这七类。基于医院急诊室的规模,以及中国消费者受伤后就医时对医院规模的选择习惯,该系统将借鉴 NEISS 的 4 层抽样方法,选择三级甲等、三级乙等、二级甲等、二级乙等这四类医院中的综合医院作为样本医院的范围。由于丙等医院数量太少,因此不列入该指标统计范围。2009 年医院数量如下表所示:

表 11-2 2009 年我国综合医院数量及急诊门诊(outpatient[①])诊疗量

医院等级	综合医院数量	诊疗人次(亿次)	平均诊疗人次(万次)
三级甲等	472	5.4	114.4
三级乙等	219	1.2	54.8
二级甲等	2364	6.6	27.9
二级乙等	1435	1.7	11.8
合计	4490	——	

在此,参照美国 NEISS 系统 1978 年科学抽样框架提案中 2.16% 的总抽样比例计算如下:

$4490 \times 2.16\% = 96.984$

因而,我国"产品质量伤害率"指标的样本医院数量应为 97 家。

从表 11-2 中可以看出,这四级样本医院的平均诊疗人次有明显的递减规律,参照美国 NEISS 系统的 4 层医院抽样比例,我国各级医院的样本数量如下表所示:

表 11-3 2009 年各级综合医院数量及抽样样本数量

医院等级	综合医院数量	抽样比例	样本数量	乘数[②]
三级甲等	472	5.08%	24	19.68
三级乙等	219	2.74%	6	36.49
二级甲等	2364	1.86%	44	53.76
二级乙等	1435	1.6%	23	62.5

---

① 在国家统计局公开的卫生统计数据中,仅公布了急诊、门诊合计的接诊量,从科学角度而言,单独的急诊接诊量数据为佳。

② 乘数的数值,由抽样比例的倒数得出。

宏观质量统计与分析

依据人口数量与抽样医院数量与规模正相关的原则,各省、直辖市、自治区的样本医院分布如下表所示:

表11-4 各省、直辖市、自治区医院样本数量

序号	省区[①]	2008年人口数（万人）	三级甲等医院	三级乙等医院	二级甲等医院	二级乙等医院
1	广东	9544	1	1	2	-
2	河南	9429	1	1	2	-
3	山东	9417	1	1	2	-
4	四川	8138	1	1	2	-
5	江苏	7677	1	1	2	-
6	河北	6989	1	1	2	-
7	湖南	6380	1	-	2	1
8	安徽	6135	1	-	2	1
9	湖北	5711	1	-	2	1
10	浙江	5120	1	-	2	1
11	广西	4816	1	-	2	1
12	云南	4543	1	-	2	1
13	江西	4400	1	-	2	1
14	辽宁	4315	1	-	1	1
15	黑龙江	3825	1	-	1	1
16	贵州	3793	1	-	1	1
17	陕西	3762	1	-	1	1
18	福建	3604	1	-	1	1
19	山西	3411	1	-	1	1
20	重庆	2839	1	-	1	1
21	吉林	2734	1	-	1	1
22	甘肃	2628	-	-	1	1
23	内蒙古	2414	-	-	1	1
24	新疆	2131	-	-	1	1
25	上海	1888	1	-	1	1
26	北京	1695	1	-	1	1
27	天津	1176	1	-	1	1
28	海南	854	-	-	1	1
29	宁夏	618	-	-	1	1
30	青海	554	-	-	1	-
31	西藏	287	-	-	1	-

---

① 按照我国各省、直辖市、自治区的人口数量降序排列。

各省、直辖市、自治区在选择样本医院时,应挑选年诊疗人次数①接近平均值的同级医院;同时在国家层面,使所有省、直辖市、自治区的同级医院年诊疗人数平均值与全国平均值相等。

(二) 数据采集方式

在所有样本医院内,配置系统专用的电脑,并由指定的人员在每日上午 12 点以前,将上一日所有的急诊病例中,与产品质量相关的伤害病例信息输入电脑,并上传至服务器。

(三) 需统计的数据项

每一个因产品质量问题而导致伤害的患者的表单,应包含如下表格项:系统自动生成的案例编号②,治疗日期,年龄,性别,伤害诊断,受伤的身体部位,处治方法,涉及的产品,受伤地点,事件简单描述这十项。除"事件简单描述"这一项外,其他九项的回答范围都是有限且可标准化的,均可以用电子表单的形式,将回答内容设计成选择模式,以简化操作。特别是"涉及的产品"这一项,将需要统计的产品类型进行分层编号(coding system),具体产品代码另行规定。

(四) 统计与计算周期

由于该系统数据采用电子化方式获取,因而可以做到准实时的报送。由于产品监管时效性的要求,定期产品质量伤害数的报送,应以月度为周期。

(五) 计算公式

$$Estimate = \frac{\sum_i wgt_i x_i}{T}$$

其中:

wgt_i 表示第 i 家医院的乘数;

x_i 表示当月(年,或任意时间段)在第 i 家医院统计到的产品质量伤害数量③;

T 表示当月(年,或任意时间段)全国人口总数。

在该系统运行半年之后,通过对数据结果的分析,定期对样本进行抽样误差调整。

---

① 急诊与门诊接诊量之和。
② 应与医院的病例号相匹配,以便于后期调查。
③ 该数值的统计,可以精确到某一具体的产品类型。

第十二章 "监督抽查不合格率"指标的构建

一、指标含义

本章所称的"监督抽查不合格率",是指政府质量监管部门,按照一定的抽样方法,基于某项检验标准,针对某些高安全风险的产品所进行的质量执法行为,被检产品不合格的批次占总抽查批次的比率。

该指标获取的来源,就是国家、省、市、县等各级质量技术监督部门和检验检疫部门,通过产品质量监督抽查而统计的"监督抽查合格率",这里只不过把"合格率"转化为了"不合格率"。产品质量监督抽查,是政府依靠特定的质量法规或行政规章,查找质量问题,保障产品质量安全的法定行为。另外,通过实证调查,消费者对产品质量的感知,与作为正向指标的监督抽查合格率结果的超高位运行,存在一定的出入。监督抽查不合格率(负向指标),比监督抽查合格率(正向指标)更易被消费者所接受,也更贴近政府质量监管的基本职能。

本章将以县为单位(设区的市以区为单位)按季度进行测评,逐级加总出市、省和国家的监督抽查不合格率,实现指标横向跨区域、纵向跨时间段的比较。

二、现有基础和条件——我国产品质量监督检查制度的实证分析

产品质量监督检查制度是我国产品质量监督部门,依照有关法律的规定,对产品质量进行监督和管理的主要方式。它是国务院以及省、市、县级质量监督部门,组织产品质量检验机构通过对企业生产、销售的产品进行抽样、量化指标检

验,进而判定产品质量是否合格,并对抽查样品不合格的企业采取相应处理措施的国家监督活动。自 1985 年产品质量监督检查制度被确立以来,在 24 年具体运行的过程中,其法律法规、工作方法、技术、机构、人员等各方面,不断得到完善和发展。目前,全国已形成了以国家监督抽查和地方监督检查两头并重的产品质量监督检查体系,产品质量监督检查已成为政府及时了解产品质量问题、把握行业状况的可靠手段,尽管其管理和技术还存在一些问题。应该可以看到,区域产量质量评价就其本质而言,就是通过科学的抽样、检验等技术,获得某一区域或行业中总体产品的质量等级状态。可以说,区域产品质量评价的对象、方法、手段和技术,与现行的产品质量监督抽查具有一定的相同之处。

鉴于以上的研究出发点,下文将对产品质量监督抽查制度的发展和运行状况进行回溯和总结,藉以通过对其发展历程、工作成效、监管对象、监管类型、技术环节、经费构成以及存在问题等方面的分析,对区域产品质量评价体系的构建提出有益的支撑。

(一)产品质量监督检查制度概述

本部分从产品质量监督检查制度涉及的相关概念和法律依据入手,分析和论述产品质量监督检查的主要内容、性质和特点。

1. 产品质量监督检查制度的含义

根据 1993 年第七届全国人民代表大会常务委员会通过、2000 年第九届全国人民代表大会常务委员会修订的《中华人民共和国产品质量法》(以下简称《产品质量法》)第十五条规定,"国家对产品质量实行以抽查为主要方式的监督检查制度,对可能危及人体健康和人身、财产安全的产品,影响国计民生的重要工业产品以及消费者、有关组织反映有质量问题的产品进行抽查。抽查的样品应当在市场或者企业成品仓库内的待销产品中随机抽取。监督抽查工作由国务院产品质量监督部门规划和组织。县级以上地方产品质量监督部门在本行政区域内也可以组织监督抽查。"依据该规定,可以给出产品质量监督检查制度的定义,即国务院质量监督部门和县级以上产品质量监督部门,依照国家法律、法规的规定,对生产领域、流通领域的可能危及人体健康和人身、财产安全的产品,以及影响国计民生的重要工业产品,进行质量监督的一项制度。

2. 产品质量监督检查制度的主要内容

(1)产品质量监督检查范围。

根据《产品质量法》的规定,"本法所称产品是指经过加工、制作,用于销售的产品。"产品质量监督检查的范围要同时具备两个条件：一是经过加工、制作的产品；二是用于销售的产品。因此，不同时具备这两个条件的产品就不属于法律规定的范围，例如初级农产品、原始矿产品、自产自用的产品等。另外，建筑工程也不属于产品质量监督的范围，但是建设工程使用的建筑材料、建筑构配件和设备，属于法律规定的产品范围的，属于产品质量监督检查的范围。

（2）产品质量监督检查的主体。

根据《产品质量法》的规定，产品质量监督检查行政法律关系主体是质量技术监督部门、工商管理部门及其他行业行政主管部门。

（3）产品质量监督检查的类型。

按照《产品质量法》，监督抽查是产品质量监督检查的主要方式和类型。产品质量监督检查包括国家监督抽查和地方监督抽查两大层面，每个层面的监督抽查类型主要有定期监督检查和不定期的专项监督检查。国家监督抽查，是指由国家产品质量监督部门规划和组织的对产品质量进行定期或专项监督抽查，并发布国家监督抽查公报的制度。地方监督抽查，是指县级以上地方产品质量监督部门在本行政区域内进行的监督抽查活动。

（4）产品质量监督检查的程序。

产品质量监督检查采取事先不通知企业的办法，由组织监督抽查工作的行政机关委托符合资质的产品质量检验机构进行。其工作主要遵照以下程序：制定抽检计划、制定抽检方案、抽取样品、检验和判定、检验结果反馈和检查结果的处理等。被抽查的生产者、销售者如果对抽查检验的结果有异议，有权要求复检。

（5）产品质量抽查检验后的处理。

《产品质量法》第十七条规定，监督抽查质量不合格的产品，由实施监督抽查的产品质量监督部门责令其生产者、销售者限期改正。逾期不改正的，由省级以上人民政府产品质量监督部门予以公告；公告后经复查仍不合格的，责令停业，限期整顿；整顿期满后经复查产品质量仍不合格的，吊销营业执照。监督抽查的产品有严重质量问题的，依照有关规定处罚。省级以上质量监督部门应当将检查结果定期向社会公开，以使产品的优劣能够接受消费者的监督。

3. 产品质量监督检查制度的性质

（1）权威性

产品质量监督检查的权威性是指产品质量监督管理部门对产品质量的强制力，和产品生产销售企业、消费者以及其他组织对产品质量监督检查的信任。产品质量监督检查的权威性主要源自于它的合法性，其主要依据的《产品质量法》等法律法规强化了产品质量监督部门的权威，为政府实施有效的产品质量监督管理提供了前提和基础。

(2) 社会性

产品质量监督检查的社会性是指产品质量监督检查的重点是整个社会普遍存在的产品质量问题,而不是个别产品质量问题。产品质量监督检查不仅会对每个经济利益主体有影响,更重要的是对整个社会有影响。也就是说,产品质量监督检查是为整个社会经济利益主体服务的,而不是为单个经济利益主体服务的,更偏重社会性。

(3) 经济性

产品质量监督检查的经济性是指在完成监督检查任务的基础上,投入的工作量与获得的监督效果之比。投入的工作量越少、监督效果越明显,产品质量监督检查就越经济。产品质量监督检查的经济性主要表现在三个方面:一是满足政府对产品质量进行总体分析、宏观决策的需要;二是向社会提供质量信息,解决消费者与生产销售企业之间的信息不对称问题;三是对违法的企业给予惩戒,促使其停止违法行为。

(4) 公正性

产品质量监督检查的公正性是指要平等对待产品质量监督检查对象。产品质量监督检查的公正性主要表现在两方面:一是为了防止利益驱动,检验费用不得向被检验人收取,由国家财政拨款支付;二是委托产品检验的技术检验机构处于第三方,使其与受检产品的生产、销售企业没有利益关系。

(5) 公开性

产品质量监督检查的公开性是指产品质量监督检查的过程和结果公开。监督检查的程序以部门规章的形式向社会公布。国家监督抽查的结果以国家质检总局的局发文形式向各省、自治区、直辖市质量技术监督局通报,地方监督检查结果以各级质量技术监督局的局发文形式向下级质量技术监督局通报。

4. 产品质量监督检查制度的特点

(1) 产品质量监督检查是国家强制实行的法规制度。

作为上位法的《产品质量法》,其第十五条既为产品质量监督行政执法活动提供了行为规范,又为产品质量的监督提供了法律依据。产品质量监督检查由国家质量监督部门,根据产品质量监督检查的有关法律规章,直接、统一组织抽样、检验和判定,具有一定的权威性。因而,产品质量监督检查活动,是产品质量监督部门代表政府进行的一种市场监督管理活动。对于依法进行的产品质量监督检查,生产者、销售者都不得拒绝。

(2) 产品质量监督检查的对象是事关安全的产品。

根据法律法规,产品质量监督抽查的产品范围包括三个方面:一是可能危及人体健康和人身、财产安全的产品,如食品、药品、医疗器械和医用卫生材料、化妆品、压力容器、易燃易爆产品等;二是影响国计民生的重要工业产品,如农药、化肥、种子、计量器具、烟草,以及有安全要求的建筑用钢筋、水泥等;三是消费者、有关社会组织反映有质量问题的产品,包括群众投诉、举报的假冒伪劣产品,掺杂掺假、以假充真、以次充好,以不合格产品冒充合格产品,造成重大质量事故的产品等。可见,产品质量监督抽查是通过对最关键的质量安全领域的控制,达到对区域总体质量的监管。

(3) 产品质量监督检查的技术性和专业性极强。

监督检查工作中,无论是受检企业的名单、检测依据的标准、检测项目、检测方法、合格界限和判定原则的制定,还是抽样地点、数量、方法、封样和运送方式、抽样人员和抽样线路的确定,以及检测仪器的操作和使用,无不需要专业的技术作为支撑。因此,承担监督检查工作的检验机构,必须具备相应的检测能力和条件,才能保证抽查工作的客观、公正和正确。

(4) 产品质量监督检查是政府提供的公共物品。

市场竞争主体有天然的逐利性,当单个行为主体的成本与收益,与社会的成本收益不对称时,就会为了短期利益而忽视产品质量,从而导致企业提供低于社会最优水平的产品质量。因此,产品质量监督检查属于公共物品的范畴。面对这样的状况,就需要政府质量监管部门制定严格的标准,对企业的质量行为进行强制性管制,这就是实施产品质量监督检查的原因之所在。为了保证政府质量监管第三方独立地位,使其充分维护全社会在质量领域的公共利益,而不被监管对象所"俘获",《产品质量法》规定,根据监督抽查的需要,可以对产品进行检验。检验抽取样品的数量不得超过检验的合理需要,并不得向被检查人收取检验费用。监督抽查所需检验费用按照国务院规定列支。

(二) 产品质量监督检查工作的历史沿革

在我国,对产品质量实施监督检查,是同整个经济社会的发展同步进行的。对于生产领域的产品质量监督检查来说,其主要实施主体是质量技术监督部门,本书将研究领域集中于生产领域的产品质量监督检查制度,分析其起源与变迁历程,大致可以将它分为以下五个阶段:

1. 1985 年:国家监督抽查制度确立

产品质量国家监督抽查工作起源于 20 世纪 80 年代中期,当时我国正处于经济体制改革的初始阶段。由于当时固定资产投资规模扩大,消费基金膨胀,社会总需求大于总供给,少数企业片面追求产量而放松了质量管理,迅速崛起的部分乡镇企业也处于质量管理的初级阶段,工业生产中就出现了片面追求产值、利润,互相攀比速度的现象,导致部分工业产品质量出现明显的下滑趋势。在1984年第4季度,全国主要工业产品质量稳定提高率比上年同期下降11.6%,到1985年第1季度下滑趋势仍比较明显。更为严重的是,产品质量弄虚作假、违法乱纪的现象不断发生,"假、冒、次、劣"产品在市场上也经常出现,严重危害了消费者权益和国家信誉。原国家经委在组织全国范围的质量检查和调查的基础上,向国务院和全国人大常委会递交了《关于扭转部分工业产品质量下降状况的报告》,提出了9项加强质量工作的措施,其中重要的一项就是实行产品质量国家监督抽查制度。1985年9月,国家经委以经质〔1985〕556号文下发了《关于实行国家监督性的产品质量抽查制度的通知》,并于1986年10月以经质〔1986〕664号文发布了《国家监督抽查产品质量的若干规定》,对国家监督抽查工作予以规范。自此,国家监督抽查作为质量监督检查制度的一种形式被固定下来,产品质量监督检查工作全面铺开。

根据该规定,原国家经委授权国家标准局所属质量监督局,会同有关部门组织国家级检测中心具体负责产品质量国家监督抽查工作。确定国家质量抽查每季度进行一次;抽查产品的范围是热销的消费品和重要的生产资料;计划抽查的产品名称和企业名称不预先通知有关部门和企业;抽查的样品根据不同的情况,从生产企业、销售单位和用户仓库中随机提取,检验的依据是国家(部)标准或国家有关规定中的主要量化指标;被抽查的企业适当分散选择,尽可能覆盖全国各地区,力求把全国广大生产企业的产品质量置于国家的经常监督之下。

2. 1986年—1992年:规模化应用阶段

自1985年国家监督抽查制度建立以后,每个季度国家、各省市都会对国内、省市范围内企业生产产品实施监督抽查,其基本方法是先制定产品标准,然后按产品标准对生产企业生产的产品质量是否符合标准进行检测和处理。1985年起,原国家经委在全国开始建立国家级产品质量监督检验测试中心,各省、市、自治区组建产品质量监督检验站,在工业集中的城市建立产品质量监督检验所。产品质量监督抽查工作,由此进入了规模化应用阶段。通过对企业形成外部压力,产品质量监督检查在一定程度上维护了市场经济正常秩序,遏制了产品质量违法乱纪问题的发生,也提高了产品质量的稳定率。

在此阶段,监督抽查工作的开展是依靠各有关工业部门来完成的。由于当时的经济管理体制,工业产品及其生产企业都由中央各工业部直接管理,例如化学工业部、煤炭工业部、电力工业部、纺织工业部等工业部门。监督抽查计划一般是由有关工业部门申报计划,经国家产品质量监督管理部门批准后执行。在国家产品质量监督管理部门的委托下,各工业部门的产品质量检测机构和各地区综合性检验机构,对受检产品和企业实施质量监督抽样、检测工作。每个季度的产品质量监督检查结果,由产品质量监督管理部门对外公开发布,并用抽查结果统计计算工业产品监督抽查合格率指标。经抽查,同一类产品合格率低的,由行业归口部门会同有关部门,组织检查生产企业的质量管理状况,制定改进措施。1992年,以产品质量监督抽查为信息来源和调查手段的中国质量万里行活动,正式启动,并迅速获得了强烈的社会反响。产品质量监督检查,为使政府获得真实的质量信息,针对性地采取政策和措施,促使企业持续地、稳定地生产合格品起到了重要作用。需要说明的是,在1988年第4季度以后,产品质量监督检查工作由国务院新组建的原国家技术监督局负责组织领导,原国家技术监督局质量监督司具体组织实施。

3. 1993年:确立监督检查制度法律地位

1993年2月22日,第七届全国人大常委会第三十次会议讨论通过的《产品质量法》,于1993年9月1日正式实施。它明确规定"国家对产品质量实行以抽查为主要方式的监督检查制度",这就确立了产品质量监督检查制度的法律地位,也说明产品质量监督检查工作就是依据《产品质量法》而开展的一项执法监督。《产品质量法》,还对生产者、销售者产品质量责任和业务、损害赔偿等方面作了相应的规定。自此,质量管理部门的产品质量监督检查工作就以法律形式被固定和实施。负责组织和实施产品质量监督检查的原国家技术监督局,以及各省、自治区、直辖市的技术监督、标准计量(标准)局,针对质量问题较多的产品和重要生产资料产品,每个季度定期开展全国统一的执法监督检查工作。

4. 1994年—2001年:不断规范稳定阶段

1994年第一季度,针对部分农业生产资料产品质量问题较多、无证生产问题屡禁不止的状况,原国家技术监督局组织对22个省、直辖市的种子、农药、农机及其零配件等10类农业生产资料产品进行了国家监督专项抽查。这是我国实施的第一次专项监督抽查,自此我国产品质量监督检查开始以定期监督检查和专项监督检查相结合的方式实行。另外,在监督检查实施过程中,暴露出企业的质量责任和质量意识淡薄的问题,亟需对多次产品质量不合格的企业主要责任人进行追究。自1995年起,原国家技术监督局采取与国务院有关工业主管部门协同,向企业所在省市政府发函的方式,建议责成企业有关主管部门免除负有直接质量责任的企业领导职务。1995年—2001年,产品质量监督部门共向有关部门建议撤免了24家企业的领导职务,而这些企业都是在国家监督抽查中连续两次以上产品质量不合格的企业。

2000年7月8日第九届全国人民代表大会常务委员会第十六次会议,对1993年颁布实施的《产品质量法》进行修正,2000年9月1日起实施。此次修改,法条设置新增25条,删除2条,主要从产品质量监督的异议处理、不合格企业的处理、监督检查公告、法律责任等方面做了补充规定。2001年12月29日,国家质检总局(2001年,国家质量技术监督局与国家入境检验检疫总局合并,组建中华人民共和国国家质量监督检疫总局,简称"国家质检总局")发布了《产品质量国家监督抽查管理办法》,明确规定国家监督抽查分为定期实施的国家监督抽查和不定期实施的国家监督专项抽查两种。国家质检总局根据《目录》制定国家监督抽查计划,并向省级质量技术监督部门、检验机构下达抽查任务。此外,该办法还对抽查方案、抽样、检验、异议处理与汇总、结果处理、工作纪律等方面作出了严格而明确的规定,进一步规范了产品质量监督检查的技术工作。

在此阶段,随着相应法律的完善和管理办法的实施,监督抽查的工作类型,国家、省(区)、市、县等各级质量监管部门开展产品质量监督检查的职能分工,抽样检测的技术性环节,以及检查结果处理方法都得以进一步完善、明确和规范,逐渐形成了一套较为完整的质量监督检查实施体系。

5. 2002年以来:聚焦质量安全阶段

针对小麦粉等五类食品的国家监督专项抽查和专项调查结果,反映出这些产品在涉及人体健康、人身安全等强制性标准规定的主要项目上并没有达到规定要求,质量安全问题较为严重。因此,国家质检总局自2002年7月开始对小麦粉等五类食品实行质量安全市场准入监督管理。食品质量安全市场准入监督管理,由质检总局统一管理、各级质监部门具体实施,主要定期检查企业是否满足保证产品质量的必备条件,是否保证食品质量安全符合标准规定的要求,以及食品安全生产许可证和市场准入标志的使用情况。

2003年全国突发SARS疫情,全国质量监督部门对防"非典"产品及食品进行了国家监督专项抽查,由此开辟了专项抽查为消费者选购安全产品提供有效指导的工作新思路。2004年到2005年,国家质检总局从涉及人体健康和人身安全的重点产品入手,制定当年全国重点抽查产品目录。目录主要包含可能危及人体健康和人身、财产安全的产品,影响国计民生的重要产品以及消费者、有关组织普遍反映有质量问题的产品。各省级质量技术监督局组织实施监督抽查时,将目录内产品列入监督抽查范围。2006年,为了建立和完善全国产品质量安全监管体系,按照"六个围绕"①和"七个安全"②的要求,国家质检总局制定了"全国重点产品质量安全监管指南",以指导质量技术监督系统对涉及人体健康和人身安全的重点产品、重点企业的质量安全强制性项目进行抽查。产品质量监督抽查的思路,因此也明确为"质量安全监管"。在质量安全监管的思路下,2007年国务院发布《国务院关于加强食品等产品质量安全监督管理的特别规定》,并成立产品质量和食品安全领导小组,对涉及人体健康和生命安全的消费产品,在全国范围开展专项检查和整治行动。2008年发生的三聚氰胺等严重危害人民身体健康的产品质量安全案件,再次强化了对质监工作的定位和职能要求,那就是负责全国范围的产品质量监督工作,保证产品的质量安全。

通过以上分析,可以清晰地看到,产品质量监督检查制度的产生和发展,是我国在市场机制尚不健全和完善的情况下,规范企业市场行为的产物。产品质量监督检查,起源于产品质量水平的大幅下降和质量安全问题的发生。也就是说自1985年诞生之日,产品质量国家监督抽查制度就承担着监督产品质量安全、保障经济社会稳定的重任。在经历了规模化应用、法律地位确立和不断规范的发展阶段后,近年来随着重大质量安全事件的频发,促使产品质量监督检查工作越来越聚焦于质量安全的监管。以"存在普遍性的大幅度质量波动"为起点,到以"解决质量安全问题"为终点,产品质量监督检查制度的发展历程形成了一个闭合的循环。这一规律说明,从目前我国现阶段的国情出发,产品质量监督检查的任务,应该是减少产品质量问题的发生,确保产品质量安全。

(三) 产品质量监督检查的工作成效

产品质量监督检查制度自1985年确立以来,面对不断涌现的新问题,不断得到完善和发展,也切实提高了产品质量监管工作的有效性,其所取得的主要成绩和效果主要表现为以下方面。

1. 政府监管产品质量的制度和手段已确立

监管,就是监管主体依靠所制定的法律或行政规章,对客体进行直接干预的行为或规则。监管的构成要素包括监管主体,监管客体,以及监管的依据和手段。监管的手段主要是依靠法律所赋予的强制性权力,对客体进行强制性的行政许可、检查和制裁。很明显,产品质量监督检查并不等于政府对企业的服务,

---

① "六个围绕":围绕贯彻落实科学发展观、围绕建立创新型国家、围绕建设社会主义新农村、围绕以人为本、围绕国家产业结构调整和优化升级、围绕发展循环经济和建设节约型社会。

② "七个安全":食品安全、人身财产安全、生产安全、劳动安全、公共安全、金融安全和通信安全。

而是一种基于法律授权的监督管理行为。质量监督部门通过对生产企业产品定期和不定期的强制性检验,依靠检测数据评价产品质量状况,然后对不合格产品所属企业进行制裁,以降低系统性质量风险。因此,产品质量监督检查制度,已明确确立了政府监管产品质量的制度,并形成了比较可操作的掌握产品质量状况的方法和手段。监管的主体就是各级质量监督部门,监管的客体就是产品生产企业,监管的依据就是《产品质量法》等法律和行政规章。

2. 从国家到县的监督检查体系初步建立

我国已经初步建立国家监督抽查和地方质监部门监督检查两头并重的产品质量检查体系,该体系具备了稳定的法规、技术、人员、机构、资金、管理等要素。按照职能划分,该体系中包括产品质量监督行政部门和产品质量检验机构,其中产品质量检验机构是隶属于质监行政部门的事业单位。产品质量监督行政部门,是指负责制定、组织和实施质量监督检查工作的方针、政策和行为的各级质量技术监督局。产品质量检验机构,是承担产品抽样、检验等技术工作的机构。产品质量监督行政部门,包括国家质检总局,以及省、市(州)、县各级质量技术监督局。产品质量检验机构主要包括国家质检中心,省、市(州)、县综合性质监院(所)和省级产品质量监督检验站等。覆盖国家、省、市(州)、县的质量监督行政部门和质检机构,为上下联动、及时有效地开展产品质量监督检查工作提供了基础。

3. 职能定位和法律法规越来越倾向质量安全

政府进行质量监管的重要性,在全世界都有普遍共识。从我国产品质量监督检查制度发展历程看,它在经历产生、确立法律地位、规模化应用和规范发展等阶段后,最后仍进入"关注质量安全"的阶段;其监管对象也经历了最初从主要以生产领域为主,到突出重点产品,再到涉及消费者人身和健康安全的消费品的演变;工作规范从"国家监督抽查产品目录",到"国家监督抽查重点产品目录",再到"全国重点产品质量安全监管指南"。产品质量监督检查的职能定位,已越来越关注质量安全。同时,除了《产品质量法》中有一般性的安全保障法律规范,涉及质量监督抽查的有效管理法律手段也越来越关注质量安全。这些手段可以概括为四种:标准化管理、安全认证管理、许可证管理、商品标识管理。针对涉及消费者人身安全和健康的产品,这些法律手段通过制定强制性的各项安全指标,强行要求产品达到相应的安全标准,从而保障消费者的消费安全,而且通过标志的管理,让消费者警惕那些不安全的产品。也就是说,目前监督抽查的作用就是依靠涉及质量安全底线的法规,强制性规范企业质量行为,保证不同企业生产的产品,在质量上达到社会的底线——质量安全。

4. 关键领域和时段质量预警机制初步形成

国家越来越关注质量安全产品质量监督检查,对于一些安全敏感性较高的关键产品,尤其是在节令性时段,尤其会加大监督抽查的力度,以降低质量安全群体事故的发生。这些关键产品,一般都与消费者吃、穿、用相关,例如食品是我国产品质量监督检查的重中之重,自1994年起质监部门就开展了食品安全专项整治,不断加强日常监管,尤其是在"两节"时期。由于同一时段不同地区的同一类型产品质量抽查结果,往往预示该产品质量的系统风险和发展趋势。因此,通过对食品、农资产品等关键领域产品的连续监督抽查,在第一时间收集产品质量信息,一旦该结果出现非常态的变化,就在一些报纸或网站上向消费者发布产品质量公告和信息,以引导消费者安全消费。

5. 质量信息收集、存储与反馈的机制基本建立

市场经济条件下,尤其是在计划经济向市场经济转轨的条件下,政府仍处于市场的主导地位,其获得质量信息的机会成本最小、难度也最小。基于这些优势,我国质监部门已初步建立了质量信息收集、揭示、传递、存储与反馈的机制。它们通过监督检查,全面收集、检验、汇总质量信息,并功过分析、归纳等处理,判断质量状态和发展走势,作出合格与否的判断,提出对不合格产品所属企业采取措施,并向消费者发布质量公告。对国家、省、市(州)、县各级质量监督部门来说,其开展的各种类型质量监督检查,均是按照统一计划、统一检验细则、统一统计口径收集,按照统一信息网络、统一通报格式存储进行的。质量信息收集、存储与反馈机制的建立,使得国家和地方各级质监部门可以共享信息、上下联动,也使得消费者可以获悉产品质量的供给状况。当然,由于信息不对称等问题,该机制的有效性还有待进一步提高。

(四)产品质量监督检查受检对象实证分析

由于产品的种类细分多、数量大,作为质量监督部门不可能也没有必要对所有种类的产品进行检查,所以需要对产品品种进行筛选,确定受检产品。产品质量监督抽查是国家监督抽查,其抽查对象的变化具有代表性和典型性。本部分就以监督检查的受检对象为例,来观察产品质量监督检查对象的变化特征。

1. 定期监督抽查受检对象

我国产品质量监督抽查受检对象主要包括工业产品、日用消费品、农资产品、建筑及装饰装修材料等类型。现对1985年—2008年我国产品质量监督抽查

产品对象以及工业产品所占比重进行统计,统计结果如表 12-1 所示。

表 12-1　1985 年—2008 年产品质量监督抽查产品对象及工业产品占比统计表

年度	监督抽查产品对象	工业产品种类占比
1985 年	工业甲醛、工业硼酸、色酚 AS、900-20 轮胎、化学试剂、分散蓝 2BLN 染料	100%
1986 年	矿用钢、轧花机、工业磷甲苯胺、坯布、升压二极管、钽电解电容器、涤纶电容器、心电图机、毛巾、车床、彩色电视机、单缸柴油机、5%、10%葡萄糖注射液、水泥、制冷压缩机、杠杆式双盘 200g 万分之一天平、JD-1 型调度绞车、液压支架、手拉葫芦、弹簧扁钢、一般用途钢丝绳、矿用高强度圆环链、醇酸磁漆、白色陶质釉面砖、回扫变压器、电炉、硅高频小功率管、机床主轴轴承和滚、针轴承、高压轴向柱塞泵、安全帽、化学试剂、浇钢用粘土砖、涤纶短纤维、火灾探测器、柴油发电机组、酚醛清漆等	95%
1987 年	丙烯腈、防毒面具、工业硅、液体二氧化硫和发烟硫酸、特高频(UHF)机械式调谐器、医用诊断 X 射线机、汽车冷轧钢板(带)、汽车大梁板、不锈耐酸钢棒、液压支架、无碱玻璃纤维纱、钒催化剂、农药、灭火剂、载货汽车、水泥、牛黄解毒片、铝锭、聚氯乙烯树脂、坯布、固碱、托辊、稳定剂、罐头、注射用硫酸链霉素、染料和染料中间体、腊纶短纤维、混砂机、氧化锑、化学试剂、硅开关二极管、变压器、农用碳酸氢铵、收录机用电源变压器、丝织被面、雪花膏、玻璃钢波形瓦、轮式装载机、绝缘子、电冰箱、链条等	88%
1988 年	电镀锡薄板、压力容器用钢板、碳素焊条钢盘条、盛钢桶用滑动铸口砖、镀锌薄钢板带、焦炉用硅砖、轴承钢、低中压锅炉用无缝钢管、硅钢产品、锅炉用钢板、热轧圆盘条、轮胎用钢丝、碳素弹簧钢丝、铸造用生铁、涤纶低弹丝	93%
1989 年	离子交换树脂、聚氯乙烯树脂、自行车外胎、喷雾机(器)、电阻炉、涤纶低弹丝、化学试剂、甲醇、硅酸钠、石墨设备、手提式灭火器、分散蓝 2BLN 染料、工业磷甲苯胺、农用碳酸氢氨、氧化锑等	90%
1990 年	工业氢氧化钠、振动桩锤、平炉用镁铝砖、石英、玻璃、盐酸林可霉素、单圈式不锈钢宫内节育器、结构用无缝钢管、柴油机、白砂糖、CC1 型瓷介固定电容器、工业玻璃温度计、示波器、茉莉花茶、螺旋榨油机、彩色电视机、家用电动洗衣机、静电复印机、采煤机液压泵马达、刮板输送机、煤矿许用炸药、超声诊断仪、磷酸盐、开放式炼胶机、摩托车外胎、温度试验箱、远红外木材干燥炉、高铝砖、农药杀虫双水剂、冰染染料和胶辊等	87%

续表

年度	监督抽查产品对象	工业产品种类占比
1991年	磷肥、工程塑料、橡胶医用手套、邻苯二甲酸二丁酯、邻苯二甲酸二辛酯、工业冰乙酸、工业乙酸酐、汽车液压制动皮膜、汽车液压制动皮碗、苯二甲酸酐、橡胶挤出机、橡胶压延机、羊毛洗净毛、自行车、石英玻璃仪器器皿、矿车连接链、起动用铅酸蓄电池、电饭锅、葡萄酒、紫外—可见分光光度计、点型感温火灾探测器、电力变压器、节流阀、彩电用回扫变压器、铜管材、轴承、阀门、煤矿用隔爆电气产品、电焊机、电动工具等	88%
1992年	橡胶用炭黑、O型橡胶密封圈、聚氯乙烯树脂、搪玻璃设备、氧化乐果、900-20轮胎、电石、平板硫化机、AO4-9各色氨基烘干漆、CO中温变换催化剂、煤矿用难燃输送带、玻璃钢用液体不饱和聚酯树脂、防火涂料、陶质釉面砖、石棉橡胶板、烧结普通砖、农用碳酸氢铵、溶解乙炔、C03-1各色醇酸调合漆、工业硫酸、白酒、肉类、食品、茶叶、果茶、非凝固型乳酸饮料等	72%
1993年	对轴承钢棒材、快速微型热电偶、弹簧度盘秤和电子计价秤、防盗安全门、固化机、电阻炉、汽车制动液、溶解乙炔、硫化染料、钢丝编织液压胶管、普通运动鞋、工业用液氯、工业沉淀碳酸钙、6.50-16汽车轮胎、50%甲基对硫磷乳油、35%水胺硫磷乳油、40%辛硫磷乳油、原药、固定灭火系统和耐火构件等	73%
1994年	溴氰菊酯、三唑酮、久效磷、百菌清、模具钢、高压锅炉用无缝钢管、高压用无缝钢管圆管坯、镀锌钢绞线、防爆荧光灯、小麦粉、建筑涂料、翻新轮胎、混凝土输水管、水泥工业用管磨机、汽车安全玻璃、饮用天然矿泉水、医用射线防护装置及用具、羽绒服、家用燃气灶具、玉米和棉花种子等	78%
1995年	双桶家用电动洗衣机、火灾报警控制器、八宝粥罐头、纤维缠绕压力管、切纸机、推推开关、低中压锅炉用无缝钢管、工业用氢氧化钠、化肥催化剂、热轧盘条、一次性使用无菌注射器(针)、清洗机、赛车、电池车类游艺机、石墨电极、固定车箱式窄轨矿车、化学试剂、玻璃钢用玻璃纤维、刮板输送机用刮板、摩擦制品、红外辐射加热器、葡萄酒、儿童服装、钛白粉、西服、活塞、活塞环、渐开线圆柱齿轮、合成树脂牙、微型泵、膨化食品、工业电雷管、动力青贮切碎(铡草)机、金属波纹管膨胀节、小型铅酸蓄电池、医用X射线透视荧光屏、玻璃马赛克、铝塑泡罩包装机等	79%
1996年	单张纸平版胶印机、电解铜、高压锅炉用无缝钢管、蒸馏水机、水泥、瓦楞原纸、单元式空调调节机、试验筛及金属丝网、洗衣机、单缸柴油机、YZR系列起重及冶金用电动机、小包装食用油、铝合金建筑型材、一次性使用输血器、服装用皮革、棉毛类针织内衣、一次性使用输液器、金属缠绕垫片、隔爆水袋、水环真空泵、平衡机、一般压力表、医用诊断X射线机、羽绒服装、羽绒被、印花镍网、六角头螺栓、普通V带、隔爆型接线盒、漏电保护器、磨浆机等	80%

续表

年度	监督抽查产品对象	工业产品种类占比
1997年	家用电子学习（游戏）机、防火刨花板、眼科光学计量仪器、液化石油气钢瓶、手提式压力蒸汽消毒器、摩托车乘员头盔、吸油烟机、防爆电气产品、矿用防爆局部通风机、隔爆型手持式煤电钻、刮板输送机用液力耦合器等	60%
1998年	家用燃气快速热水器、灭菌奶、大衣、家庭影院、葡萄酒、建筑防水卷材、凿岩用硬质合金钎头、农业机械刀片、石英晶体元件、玻璃纤维无捻粗纱、高频手术器、医用内窥镜、汽车制动液、锯床、化肥催化剂、隔爆热电偶、步进电动机、浮法玻璃、自动电饭锅、在用车后雾灯等	69%
1999年	便携式甲烷检测报警仪、打印机、低中压锅炉用钢管、离子交换树脂、液压齿轮泵、阴极铜、真空吸尘器、骨科内固定器材、配合饲料、电热水器、冶金焦用煤、液压挖掘机、中型载重汽车轮胎、钢丝增强液压橡胶软管、磷酸铵、人工心肺机、小型潜水电泵、微型计算机、家用燃气快速热水器、混凝土输水管、葡萄酒、植物油、增氧机、锥齿轮、硬聚氯乙烯型材、酱油、食醋、碾米机、摩托车轮胎、塔式起重机、蝶阀、凿岩用锥形连接中空六角形钎杆、纸巾纸、白酒、故障车警告标志牌等	63%
2000年	微波炉、空调、洗衣机、贮水式电热水器、低中压锅炉用钢管、热冷轧薄钢板和钢带、汽车用钢板钢带、轴承钢棒材、高压锅炉用无缝钢管、加碘盐、纸巾纸、压力锅、合成树脂乳液内墙涂料、家用燃气灶、液压挖掘机、数控机床、机械压力机、联合收割机、煤矿用通风机、污水处理设备、柴油机、低压三相异步电动机、通照明灯泡、日用陶瓷饮食器具、冰淇淋、水果蔬菜的农药残留量、婴儿配方乳粉、肉制品、童车玩具、电饭锅、蜜饯、酱腌菜、小麦粉、单端荧光灯（环形）等	57%
2001年	葡萄酒、加碘食用盐、月饼、无糖食品、膨化食品、白酒、啤酒、方便面、酱油、酸奶、肉制品、蜜饯、冰淇淋、雪糕、熏煮火腿、熏煮香肠、调味品、蜜饯、水果冻、空调、家用电动洗衣机、吸油烟机、室内取暖器、儿童玩具、助听器、木制衣柜、纸巾纸、桥梁橡胶支座、水泥、冷轧带肋钢筋、预应力混凝土用钢材、土工合成材料、新型墙体材料、建筑防水卷材、钢管脚手架扣件、联合收割机、铡草机、饲料粉碎机、播种机、喷雾机等	57%
2002年	可移式台灯、普通照明用自镇流荧光灯、单端荧光灯、普通照明灯泡、按摩器、室内取暖器、插头插座、小型断路器、电风扇、薄膜磷酸、膨化食品、瓷抛光砖、鞋面用皮革、珠宝、液化石油气钢瓶、汽车报警器、滑板砖、轮胎、配合饲料加工机械、橡胶型胶粘剂、芝麻油、硝酸铵、多孔粒状硝酸铵、三用阀、压力锅、二氧化碳灭火系统、白酒、羽绒服装、防盗安全门、称重仪表、针织保暖内衣、旅游鞋、机械密封、簇绒地毯、胶合板、中小学生奶粉、葡萄酒等	28%

续表

年度	监督抽查产品对象	工业产品种类占比
2003年	压力锅、家用燃气灶、日用陶瓷饮食器具、吸油烟机、健身器材、儿童玩具、磷酸、配合饲料、农药杀虫剂、钾肥、柴油机、碾米机、旋耕机、小型轮式拖拉机、电热毯、普通照明灯泡、儿童服装、胶鞋、茶叶、中老年奶粉、中密度纤维板、针织内衣、播种机、采暖用散热器、木工锯床、门、窗框用硬聚氯乙烯(PVC)型材、有源音箱、葡萄酒、大衣、一次性餐饮具、农机零配件、卫生洁具等	23%
2004年	大桶水、奶粉和米、面、油、酱油、醋、食用盐、方便面、冷藏冷冻箱、家用电动洗衣机、电热水器、洗面奶、洗衣粉、蜜饯、果(蔬)汁饮料、婴幼儿配方米粉、冷冻饮品、山葡萄酒、饮料酒、小型轮式拖拉机、农机零配件、微型泵、喷雾器(机)、锯床、车床、电焊机、电加工机床等	28%
2005年	食用盐、糖果、啤酒、有色米、合成树脂乳液内墙涂料、强化木地板、溶剂型木器涂料、电冰柜、电风扇、家用电冰箱、吸油烟机、家用燃气灶、洗衣粉、洗面奶等	30%
2006年	白酒、啤酒等食品、电热水器、家用电动洗衣机、童车、玩具等日用消费品、钢筋混凝土用热轧带肋钢筋、铝合金建筑型材、新型墙体材料、荧光灯、喷雾机(器)、旅游鞋、微波炉、润肤膏霜化妆品、笔记本电脑、纸巾纸、DVD视盘机、双向拉伸塑料薄膜、磷酸铵、尿素、婴幼儿配方米粉、童车等	22%
2007年	小麦粉、食用植物油、酱油、食盐、葡萄酒、干坚果、果蔬汁饮料、房间空调器、电动食品加工器具、膏霜类化妆品、香皂、弹簧软床垫、饲料、复混肥料、水田耕整机、联合收割机、低速汽车、潜水电泵、农药杀菌剂、水泥、预应力混凝土钢绞线、绝热用模塑聚苯乙烯泡沫塑料、管材、竹地板、浸渍纸层压木质地板、实木地板等	32%
2008年	白酒、黄酒、果露酒、小麦粉、大米、酱油、食醋、食用植物油、糖果、炒货食品及坚果制品、针织内衣、羽绒服、室内加热器、电热毯、固定式灯具、木制柜、溶剂型木器涂料、细木工板、建筑防水卷材、汽车GPS导航产品、车用汽油、机动车发动机冷却液、电缆电线等	26%

资料来源:根据1985年—2008年各季度产品监督抽查质量公告整理所得。

注:工业产品种类占比 $= 1 - \dfrac{\text{日用消费品种类数} + \text{农资产品种类数} + \text{建筑及装饰装修产品种类数}}{\text{工业产品种类数} + \text{日用消费品种类数} + \text{农资产品种类数} + \text{建筑及装饰装修产品种类数}} \times 100\%$

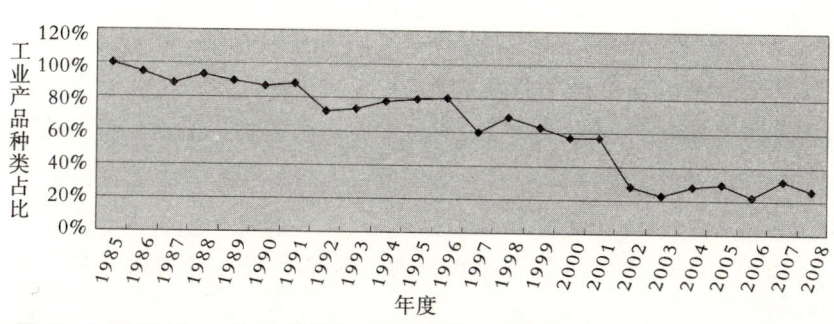

图 12-1　1985 年—2008 年我国产品质量监督抽查工业产品种类占比变化图

依据图 12-1,可以清晰观测到,自实行监督抽查制度以来,我国产品质量监督抽查对象中工业产品种类占比的变化情况。结合表 12-1 和图 12-1,现将我国监督抽查对象变化轨迹及特点分析如下:

(1) 1985—1991 年:受检对象几乎全部为工业生产资料产品。

由前一部分的分析可知,自 1985 年质量监督抽查制度建立以后,在其发展的初期,国家监督抽查对象的确定,主要依靠直接管理各工业行业和企业的工业部门。质量监督管理部门所起的一个主要作用,就是平衡各工业部门上报的抽检产品计划。抽查产品目录,由行业归口部门于上季度最后一个月的月初向质量监督管理部门提出,经其选定汇总,报原国家经委(国家产品质量监督管理部门)批准后执行。每年的监督抽检产品目录中,平均 90% 的产品种类属于工业生产资料产品,主要集中于钢铁、化工、电气设备、机械等行业,而与消费者最密切相关的生活资料产品甚少。

(2) 1992 年—1996 年:在保持工业生产资料比例的基础上提升生活消费产品的抽查比例。

1992 年随着流通体制改革进一步深化,产品质量监督检查范围在生产领域的基础上,逐步增加了对流通领域的监管。同时,随着 1993 年《产品质量法》的颁布实施,监督抽查的对象也在工业生产资料产品的基础上,开始兼顾一些流通领域的生活消费产品。从 1993 年到 1996 年监督抽查的受检产品计划看,家电、服装、饮料、食品等生活资料产品种类开始增多,虽然工业生产资料产品所占比重平均为 80%。

(3) 1997 年—2001 年:增加与消费者息息相关的消费品的跟踪抽查。

随着经济社会的发展,产品质量国家监督抽查不断得到社会的认可。为适应市场经济体制逐步建立的新形势,进一步做好产品质量国家监督抽查工作,突出监督抽查重点,增强可比性,原国家质量技术监督局(1998 年更名)制定了《国家监督抽查产品目录》,并于 1999 年 8 月正式发布。目录中共列入了 19 大类

248种产品,其中重点跟踪抽查产品150种,一般抽查产品98种。重点跟踪产品,原则上每年都要安排国家监督抽查,主要是一些重要的工业生产资料产品(所占比重平均为60%)、农资产品,消费者吃、穿、用类产品比例进一步得到提高。然而,与消费者日常生活关系密切的产品,未必是涉及消费者人身、财产安全的产品。

(4) 2002年—2008年:抽查重点针对涉及消费者人身和财产安全问题的产品。

2002年,面对加入WTO后所面临的国内外经济领域的新变化,国家质检总局鲜明地提出突出监督抽查的重点,完善国家监督抽查的新思路。自2004年—2005年,国家质检总局从涉及人体健康和人身安全的重点产品入手,每年制定当年《国家监督抽查重点产品目录》。各省级质量技术监督局组织实施监督抽查时,将目录内产品列入监督抽查范围。2006年—2008年,国家质检总局制定"全国重点产品质量安全监管指南",以指导地方质监部门对涉及安全问题的重点产品实施各项监管措施。因此,确立抽检产品的标准,已变为该产品是否涉及消费者人身、财产安全,而非是否为本地支柱产业的产品。自此,监督抽查的产品中,工业资料产品类型所占比重大幅度下降,平均比重仅为27%,而消费者日用消费产品比例大幅度增加。

2. 专项监督检查受检对象

表12-2　2002年—2008年专项监督抽查产品品种统计表

年度	专项抽查产品品种个数	专项抽查产品品种
2002年	2	热轧带肋钢筋、桶装饮用水
2003年	7	企业口罩、消毒液、防护服三类防治"非典"产品、电风扇、饮用水产品、学生奶、学生豆奶
2004年	16	大桶水、奶粉、米、面、油、酱油、醋等
2005年	48	甲醛啤酒、苏丹红、猪链球菌、孔雀石绿等
2006年	6	电热毯、粽子、月饼、烟花爆竹、汽车制动液、冷却液
2007年	4	粽子、月饼、烟花爆竹、安全帽
2008年	18	粽子、月饼、洗发液、沐浴剂、香皂、家用卫生杀虫用品、酱腌菜、酱卤肉制品、方便面、烟花爆竹、米、面、油、酱油、醋、灭菌乳产品、熏煮香肠、火腿产品

资料来源:根据2002年—2008年产品监督抽查质量公告整理所得。

如表 12-2 所示,我国自 2002 年以来进行的国家专项监督检查产品品种统计,可以观察到我国专项监督抽查的对象主要是:

(1) 安全敏感性较高的消费品。

米、面、油、酱油、醋、企业口罩、消毒液、电风扇、饮用水产品以及企业制动液等抽查产品,都是与消费者吃、用、行密切相关的产品,直接涉及消费者的健康、人身安全,安全敏感性较高。

(2) 具有时令特点的消费品。

时令性产品主要包括季节性产品和一些重大节日消费品等。这些时令性产品一般来说消费时间较为集中,消费人群也较广,因此产品质量风险也较高,极易出现质量安全公共问题。对粽子、月饼、烟花爆竹等时令性产品进行专项监督抽查,其目的是为了防止时令性产品引起质量安全公共问题。

(3) 发生重大质量安全事故的产品。

由于产品质量问题而引发的重大安全事故,对消费者的人身、健康、心理和财产产生了巨大伤害和损失。为指导消费者科学消费、安定民心、维护社会稳定,针对这些"问题产品"在全国迅速开展的专项监督检查,例如:"非典"产品、甲醛啤酒、苏丹红等产品的专项监督检查,已经成为国家处理质量事故的重要处理措施之一。

3. 对监督检查受检对象简要分析

一是监督检查对象与消费者的最终消费越来越密切——最终产品。基于以上对抽查对象变化的实证分析,可以看到,监督检查的对象从实施初期基本上全部都是工业生产资料产品,到 1992 年以后在保持工业生产资料比例的基础上,提升生活消费产品的抽查比例;再到 1997 年以后进一步明确抽查的重点,逐渐增加与消费者息息相关的消费品的跟踪抽查;2002 年以后既注重重要的工农业生产资料,又较多地关注与消费者吃、穿、用密切相关的日用消费品,建筑及装饰装修材料产品等。表 12-1 和图 12-1 表明,工业产品在监督抽查产品中的占比从 1985 年的 100%,降到 2008 年的 26%,相反消费品、建材装饰、农资等最终产品的抽查比例从 1985 年的 0% 逐渐提高到 2008 年的 74%。很明显,随着产品质量监督抽查的确立与发展,产品质量监督抽查对象与消费者的最终消费关系越来越密切。

二是监督检查领域越来越关注最终产品的质量安全——消费安全。最终产品与消费者距离最近,是与消费者健康、财产安全直接相关的消费品。除了定期监督抽查越来越关注最终产品外,不定期开展的专项监督检查也集中于那些安全敏感性较高的消费品、时令性消费品以及发生重大质量安全事故的产品。因此,产品质量监督抽查的关注领域,已转变到最终消费品的安全性。这再次印证了产品质量监督检查的任务,那就是要确保消费者在消费活动中购买、使用产品时人身、财产的安全性,即消费安全。

三是抽检对象不是稳定、可比的一篮子物品。为了使统计指标具有可比性,国际上的通用做法是采用一篮子物品制度。所谓一篮子物品制度,就是在不影响结果的情况下选择稳定、可靠、有代表性的物品作为篮子物品,然后按照物品种类的比重,编制成一个综合指数的方法。目前,我国产品质量监督检查对象的确定,主要依据有关行业、企业主管部门,产品质检技术机构的建议,或者消费者反映的意见。这种确定方法的优点是使产品抽查针对性较强,可以集中抽检那些问题比较突出的产品,缺点是抽检范围存在随意性,所选取的受检产品无论从数量还是层次上,都无法代表本区域或行业的总体情况,因此也就无法对区域或行业总体质量状态进行长期的对比分析和监测。

(五)产品质量监督检查类型实证分析

对产品质量监督抽查的类型进行分析,可以对产品质量监督检查的性质和特点做进一步的认识,也是对产品质量监督检查存在问题及原因分析的基础。实际工作中,按照监督抽查组织方式的不同,产品质量监督检查的类型可划分为监督抽查、专项监督检查、定期监督检查和日常监督检查四种。具体分析如下:

1. 监督抽查

监督抽查是对可能危及人体健康和人身、财产安全的产品,影响国计民生的重要工业产品进行的检查,包括国家监督抽查和地方监督抽查。监督抽查特别是国家监督抽查是我国产品质量监督检查的主要方式之一。国家监督抽查是国家质检总局制定《国家监督抽查重点产品目录》后,委托有资质的国家检测中心或省级质检机构(极少有地市级机构承检),依据该目录对产品是否达到国家标准、行业标准进行检验的活动。国家监督抽查不向企业收取检验费,检验经费由财政列支。检测中心或质监机构对产品检测完毕后,国家质检总局向其拨付检验经费,拨付标准一般是根据国家制定的检验收费标准和适当的差旅费用补助。国家监督抽查,分为定期实施的国家监督抽查和不定期实施的国家监督专项抽查。定期实施的国家监督抽查每个季度开展一次,国家监督专项抽查则根据产品的质量状况不定期组织开展。

2. 专项监督检查

专项监督检查是根据国家需要和社会要求,对特定产品进行的监督检查。

专项监督检查包括国家专项监督检查和地方专项监督检查,其中地方专项监督检查主要是指省专项监督检查。省专项监督检查任务由省局下达,委托辖区内有资质的检验机构(包括省质检院、省检测中心、市州质检所、少量县级质检所),对企业生产产品是否符合国家标准和行业标准进行检验。实际工作中,地方专项监督检查检验经费,一般是由检验机构向受检企业收取。

3. 定期监督检查

定期监督检查是通过制定产品目录,按照确定的检查计划和检验周期进行的连续性质量监控。定期监督检查是地方对产品进行监督的主要方式。目前,省定期监督检查基本为各市州自行组织实施,检查计划由各县市局申报、市(州)局审批,省局备案后实行,但检验经费向受检企业收取。省级定期监督检查要求对企业全覆盖,检查的频次一般情况下为一年两次。

4. 日常监督检查

日常监督检查是对日常执法发现的、举报投诉的有质量问题的产品直接实施的检查。日常监督检查不一定会抽样检测,即使抽样也不向企业收取检验费。但是,日常监督检查会将检查过程中发现的企业违法行为纳入法律程序,并依据相应的法律法规给予企业相应的经济处罚和行政处罚。

5. 对监督检查四种类型的简要分析

一是基于利益驱动衍生多项监督检查类型。以上四种类型的产品质量监督检查,其基本形式是对生产企业生产的产品质量是否符合标准进行监督管理。其检查对象、工作方法、依据标准、惩罚手段等都是一致的。从本质上讲,这四种类型的监督检查,并没有实质的区别。它们是质监部门基于监督抽查,"衍生"出"名称略有不同但是做法基本相同"的几种监督检查类型。根据在北京、黑龙江、浙江、湖北、广西、新疆六个省域的质量技术监督部门的问卷调查[①],42%的政府质监部门工作者认为,产品质量监督检查的四种类型相互之间没有明显区别,在本质上都是监督抽查。这些"衍生"的监督检查存在的最大理由就是利益。根据《产品质量法》,监督抽查不得向被检查人收取检验费用,但是,衍生的监督检查,例如专项监督检查、定期监督检查的费用是向受检企业收取的,虽然日常监督检查不向企业收费,但是其执法监督是有权向企业罚款的。在国家经费无法保障的情况下,质监系统基于利益的驱动,就产生了不同类型的监督检查方式,监督检查结果的真实性就会受到严重威胁。

---

① 武汉大学质量发展战略研究院:《产品质量监督检查制度问卷调查分析报告》,2010年。

二是四种监督检查在时间上存在严重的交叉和重叠。监督检查的实施主体同属质监部门,只是监督检查主体的级别不同。国家和地方开展的定期监督检查是每个季度进行一次,专项监督检查和日常监督检查不存在时间限定。在现实工作中,一家企业在半年内可能要面对来自省级、市州级的各项定期、不定期的监督检查。虽然按照抽查原则,上级抽查的,下级不再抽查,但由于基层质检机构经费不足,国家规定的"6个月内不能重复抽样"往往落实不到位。实际协调的一般原则是,上级抽了下级不能抽,但下级抽了不影响上级抽。一家企业今年上半年被国家局监督抽查抽到,下半年被省局或市州局、县局监督检查抽到的现象经常出现。据调查,一家企业一年内接受质监部门的监督检查可多达6次。

表 12-3 不同类型产品质量监督检查的主要实施主体统计表

监督检查类型	主要实施主体
监督抽查	国家局
专项监督检查	国家局、省(区)局
定期监督检查	国家局、市(州)局、县局
日常监督检查	省(区)局、市(州)局、县局

注:"国家局"指"国家质量技术监督检验检疫总局";"省(区)局、市(州)局和县局"是指省(区)、市(州)和县级的"质量技术监督局"。

三是质量监督检查与执法检查分工不清。执法检查的范畴比较广,现场勘验、现场检查都属于执法检查,而且不受计划和时间的限定。与专项、定期等质量监督检查相比,执法检查一般由稽查分局实施,监督检查则由技术检验机构实施。由于监督检查需要对产品进行抽样检验,执法检查也需要对产品进行抽样检验,就很容易造成在相当短时间内两者对企业进行重复的抽样检验。这不仅造成资源的重复浪费,而且增加了企业的负担。

(六) 产品质量监督检查程序与关键环节实证分析

1. 产品质量监督检查工作程序

产品质量监督检查涉及抽样、检验和判定等专业性工作,技术性很强。负责监督检查工作的质量监督管理部门,直接组织或委托质量检验技术机构,具体开展抽检工作。产品质量监督检查的一般工作流程,主要遵照确定对象、检查实施和结果处理三大步骤进行,每个步骤中又有若干重要环节,如图12-2所示。

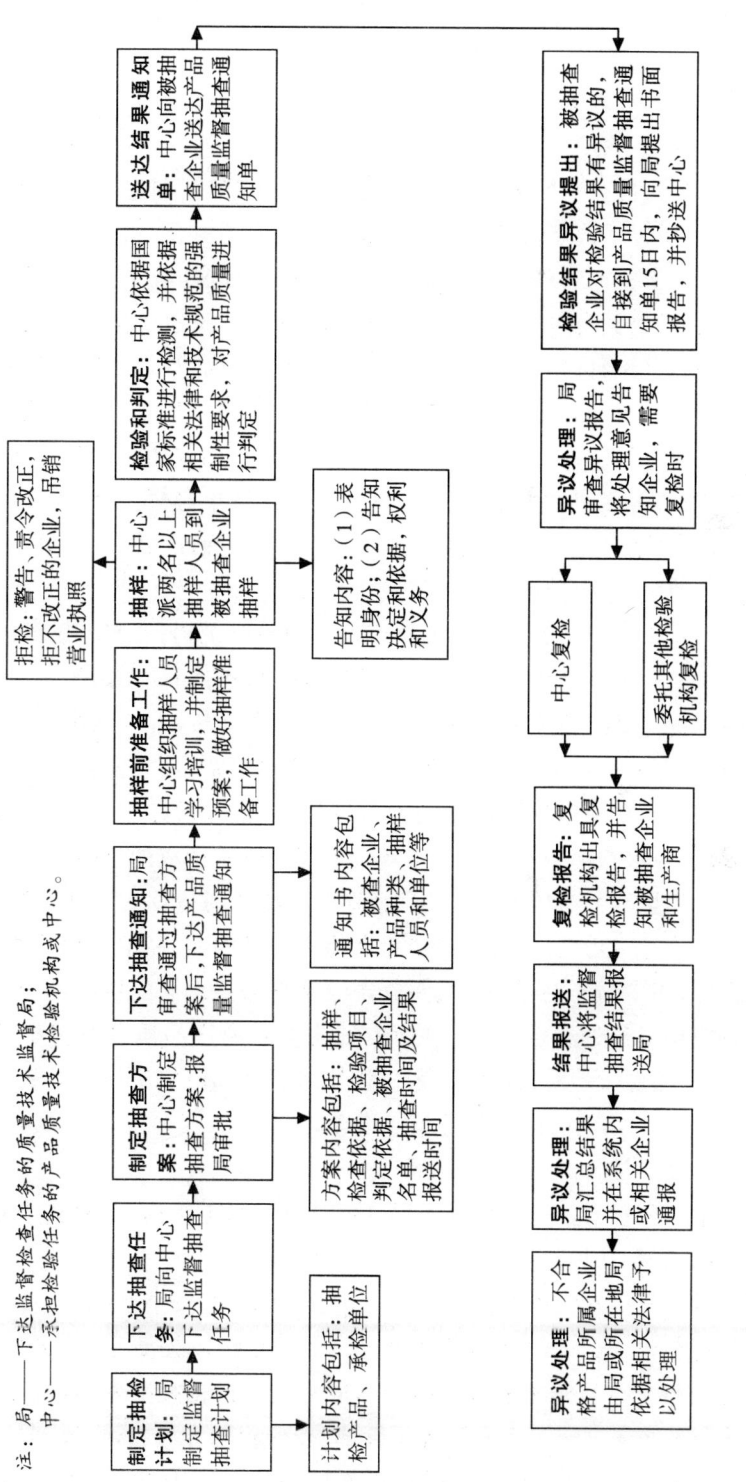

图12-2 产品质量监督检查流程图

2. 产品质量监督检查关键环节

产品质量监督检查工作流程中,有以下五大关键环节:

(1) 制定抽检计划。

为了保证监督检查的顺利实施,质量监督管理部门要制定季度产品质量监督抽查计划,主要包括确定要抽查的产品和承检机构等内容。

抽查产品是指拟抽查的具体产品品种或系列。目前,对于国家监督抽查来说,国家质检总局根据有关行业、企业主管部门或产品质检机构的抽检建议,或者消费者反映的意见,确定抽查产品种类,主要为可能危及人体健康和人身、财产安全的产品。对于地方监督检查来说,受检产品品种一般是由地方质监部门,根据本地区工业产品结构特点和自身检验技术能力来确定的。在确定地方监督检查产品种类时,还要协调省、市、县三级受检产品目录,避免发生同一种产品,同一时间重复检验的问题。若受检企业未生产计划所列产品,承检单位可根据企业实际生产情况,抽取同类产品或其主导产品。

承检机构是指承担产品质量监督检查任务的检验机构。《产品质量法》第十九条规定:"产品质量检验机构必须具备相应的检测条件和能力,经省级以上人民政府产品质量监督部门或者其授权的部门考核合格后,方可承担产品质量检验工作。"我国产品质量检验机构,即抽样工作的承检单位,主要分为如下四类:一是各质量技术监督部门依法设立的检验机构,主要包括各级产品质量监督检验院(所);二是国家和地方质量技术监督行政部门依法授权的检验机构,主要是市场上的产品质量监督检验站;三是其他监督执法部门依据有关法律法规建立或授权的专业检验机构,主要包括进出口商品检验机构、食品卫生检验机构和药品检验机构等;四是国务院有关行政主管部门根据需要设立的负责本行业、本部门产品质量检验工作的检验机构,例如中石化的石油产品质量监督检验中心。其中,第一类产品质量检验机构——各质量技术监督部门依法设立的检验机构,覆盖了业务量70%以上的产品质量监督检查工作。

(2) 制定抽查方案。

抽查方案主要包括抽样和检测依据、检测项目、判定依据、被抽查企业名单、抽查时间和结果报送时间等内容。

产品质量监督检查的检测方法有着统一的规定,即按照产品的国家标准或行业标准进行检验,没有国家标准和行业标准的,按照企业执行的地方标准或企业标准进行检验。国家标准是指由国家标准化主管机构批准发布的,在全国范围内统一执行的技术要求。由我国各主管部、委(局)批准发布,在该部门范围内统一使用的标准,称为行业标准,例如:建筑、化工、冶金、纺织、交通、能源、农业等等,都制定有行业标准。国家标准适用范围宽,是必须满足的基本要求,而行业标准在满足国家标准的前提下,为了适应行业的要求,其所提出的技术要求是高于国家标准的。企业生产的产品没有国家标准、行业标准和地方标准的,应当制定企业标准,作为组织生产的依据,国家鼓励企业制定严于国家标准、行业标准的企业标准,在企业内部适用。

另外,产品质量监督检查检测项目,来源于这些标准的规定,可以是全项检测,也可以是只检测其中的个别项目。《中华人民共和国标准化法》规定,国家标准、行业标准分为强制性标准和推荐性标准。保障人体健康和人身、财产安全的标准和法律、行政法规规定强制执行的标准是强制性标准,其他标准是推荐性标准。但是,推荐性标准一经接受采用,就成为企业必须严格遵照执行的技术依据,具有法律上的约束力。

被抽查企业名单是由承检质检机构接到检测任务通知后,根据监督抽查任务通知所规定的完成批次量来确定的。对于国家监督抽查来说,省级质检机构从登记备案的、已获得产品生产许可证的企业名单中,随机抽取一部分企业作为被检查对象,并注意协调企业的区域、规模、类型等分布。地方监督抽查,被抽查企业名单由市、县各区域质监部门根据所掌握企业实际数量和情况制定的,由于利益的驱动,一般要求抽查企业覆盖拟检查产品的全部生产企业。

(3) 抽样。

抽取样品的过程主要有以下程序:抽样人员到达抽样地点应主动向被抽样单位出示有关证件,提出协作事项,然后进行抽样。样品应在成品库中,或生产终端的待销产品,或贴有合格标志的产品中抽取,根据需要也可在生产或销售部门的待销产品中抽取。市场抽样的样品应包装良好,必要时可请销售单位对该样品进行认定。样品抽取还应妥善保管,当场加封,抽样人应在封条上签字,注明日期,封条应牢固,以保证样品不可调换。认真填写抽样单,不可缺项,无内容应划"/"。填写栏目未能包括的内容均写在备注栏中。抽样人和被抽样单位分别在抽样单上签字,并加盖公章。

确定监督抽样的总体,是抽样环节的前提条件。监督检查中的监督总体,是指同原样、同生产条件、同生产时间、同生产工艺、同型号等级的产品。从监督总体中,按照监督抽样数量标准抽取的样本,被称为一个批次。不同类型产品的一个抽样批次,所包含的产品数量是不同的。即使产品类型相同,但是监督总体数量不同的情况下,抽样的一个批次所包含的产品数量也是不同的。因此,总体数量不能光凭企业自报,还应查看其生产记录、销售记录以及库存等,防止监督总体多或少。抽样结果代表的是抽样品所代表的批次产品的质量,而不能代表与该批次相同厂家、品名、型号的所有批次产品的质量。

监督检验时,不可能也不需要对监督总体进行检验,而是对总体中的个体进行检验,然后进行总体判定,因此,样品的数量 n 是判定准确与否的关键所在。《产品质量法》规定:"检验抽取样品的数量不得超过检验的合理需要。"这个"合理需要",目前是根据我国监督抽样使用的三个计数型和一个计量型的抽样数学模型来确定的。三个计数型模型是:基于二项分布,以每百单位产品不合格数为宏观质量统计分析指标;基于柏松分布,以每百单位产品不合格数为宏观质量统计分析指标;基于超几何分布,适用于总体量较小的情形。计量型质量监督抽样模型,是以总体均值为宏观质量统计分析指标。国家通用的监督抽样标准,依据以上数理统计模型原理,均规定了不同监督总体数量下合理的样品数量,如 GB6378.4—2008、GB2828.4—2008 等。另外,相关产品标准和作业指导书,也按照数学模型规定了检验数量。具体抽样时,采取的是随机抽样,也就是说被抽取的整体样本中个个都有被抽取的可能。为了降低抽样误差,一般是综合运用分层抽样和机械抽样两种方式,也就是先把总体分层,再进行机械随机抽样。在抽样过程中抽样人员必须是具有相应资格的两人同时参加。

(4) 检验和判定。

检验和判定是指遵照检验标准和检验项目,确定产品质量"合格"与"不合格"的活动。检验标准规定了在常规条件下产品的一些物理指标的使用规则,以及产品的一些化学指标的最大使用量,主要是产品的安全、卫生、环保等指标。质检机构利用一定的设备和仪器,根据委托方的要求,按照检验标准的检验项目对样品进行全项检测,或者对某些项目进行检测。例如,肉类食品产品质量国家监督专项监督抽查实施细则,明确规定检验依据的是六个强制性标准,其中"GB2760—1996 食品添加剂使用卫生标准"这一项标准就有 387 项检测指标。但是,监督抽查实施细则中规定的检测项目只有 11 项,分别为标签、净含量、亚硝酸盐、过氧化值、三甲胺氮、酸价、淀粉、山梨酸、苯甲酸、合成色素和微生物指标。

依据实际检测项目对人身健康的危害程度,确定综合判定产品质量原则。对人体健康直接危害程度较大的指标,具有"一票否决"权。也就是说,只要有一项涉及质量安全的指标不达标,该产品质量就被判定为"不合格"。而对人体伤害程度不大的指标来说,当几组同类指标同时出现"不合格"时,产品质量才被判为"不合格"。例如,肉类食品产品质量国家监督专项监督抽查的综合判定原则是,食品标签中的食品名称、配料表、净含量、制造者、经销者的名称和地址、日期标志、质量等级、产品标准号两项及两项以上不合格的判定产品不合格;其他指标一项不合格,即判定产品不合格。

(5) 结果通报。

国家质检总局负责汇总抽查结果,发布产品质量国家监督抽查通报,并向社会发布国家监督抽查公告。在监督抽查结果开始发布之初的 20 世纪 80 年代,监督抽查质量公告主要发布在《中国财贸导刊》上,《中国石油和化工标准与质量》等专业杂志也会对其进行转载。由于这些刊物的发行量,以及读者的受众面都不强,为了扩大产品质量国家监督抽查的影响,原国家经贸委、原国家技术监督局决定,选择更有影响力的《经济日报》,从 1997 年 4 月 1 日起定期发布产品质量国家监督抽查结果。如表 12-4 所示,为 1997 年—2000 年《经济日报》刊载产品质量国家监督抽查部分结果统计表。

表 12-4 《经济日报》刊载产品质量国家监督抽查部分结果统计表

报纸日期	星期	版面	公布内容	产品类型
1997-4-1	周二	二版	1997 年第 1 季度国家专项监督抽查结果	化妆品、微波炉、农药
1997-5-27	周二	六版	1997 年第 1 季度国家专项监督抽查结果	冻虾仁、中空玻璃、钢筋混凝土排水管
1997-6-3	周二	六版	1997 年第 2 季度国家专项监督抽查结果、1997 年第 1 季度国家专项监督抽查结果	双钩型织网机、儿童服装
1997-6-24	周二	六版	1997 年第 1 季度国家专项监督抽查结果	通信设备过电流保护用热敏电阻、重熔用铝锭
1999-3-28	周二	二版	1998 年第 4 季度国家监督抽查结果 1998 年第 3 季度国家监督抽查结果	石材、钨粉
2000-1-4	周二	十二版	1999 年第 3 季度国家监督抽查结果	建筑扣件
2000-2-1	周二	十二版	1999 年第 4 季度国家监督抽查结果	荧光灯
2000-2-11	周五	二版	1999 年第 4 季度监督抽查结果、1999 年第 3 季度监督抽查结果	冷轧钢
2000-3-28	周五	十二版	1999 年第 4 季度监督抽查结果	钢瓶

随着社会对产品质量的关注程度的不断提高以及网络媒体的流行,自 1995 年起国家质检总局网站每个季度都会发布监督抽查结果的通告。但是,通过调查,对于新浪、搜狐等主要门户网站来说,对国家监督抽查结果予以转载的次数并不多,即便转载也只是刊登在与该项内容关联性程度很低的"亲子"、"城市"和

"房产"版块。

3. 对产品质量监督检查工作环节的简要分析

一是已初步形成了质量检验网络,并发挥了技术支撑作用,但检验能力仍需进一步提高。截止到 2004 年,我国质量检验网络中的国家质检中心为 230 多个,省、市(地)、县综合性的质检院(所)为 3000 多个,省级质检站 1400 多个,国务院有关部门设置的质检中心 700 多个,覆盖了 90% 左右的重要产(商)品的检验①。这些质量检验机构,初步构成了一个比较完备的质量检验网络,包括设备、人员等要素,为质量监督抽查行政执法工作的开展提供了技术支撑作用。目前承担绝大部分监督抽查任务的质检机构——质监部门依法成立的质检院(所),大多都成立于 20 世纪 80 年代初期,在改革开放初期,质检机构自身的发展意识不强,在前二十年质检机构的发展几乎处于停滞状态。随着改革开放和经济的迅速发展,产品质量受到越来越多的关注,尤其是垂直上划以来,质检机构也有了迅速的发展。随着科技的发展,新产品不断更新,产品的检验项目越来越多,其要求的检验手段越来越高。由于起步晚,底子薄,发展到今天检验条件仍不能满足当前的检测要求,这已成为基层实验室最为突出的问题。例如目前食品检验已不单纯是营养成分的检验,食品安全项目的检验已成为重点,原子吸收、气相色谱、液相色谱等都是实验室不可缺少的检验设备,但要求投入近百万元,基层检验机构根本无力添置这些设备。由于质检机构不具备这些检测条件,就无法承担抽检业务,没有抽检业务就无法获得收入,没有收入就无法更新检测装备,从而形成恶性循环。因此提高质检机构的检测能力,是质检机构充分发挥其技术支撑职能的关键。

二是质量风险低的企业被抽查的概率较大。监督抽查的地点主要是成品仓库,不是流通领域。基于市场的现实情况,一个区域内企业的数量和生产状态是动态的,例如很多需要着重监督检查的小企业,数量相对较多,而且多是以产定销,很容易出现仓库无货或者季节性停产。那么,监督人员要及时掌握企业的这些信息,从目前质检机构的手段、人力、经费条件来看并没有有效的解决手段。因此,基层局面对不可实现的监督检查任务,将检查对象的确定简单化、形式化,抽查对象主要集中在那些登记备案的、已获得产品生产许可证的、经济效益较好的企业。这种做法的最大缺点就是,产品质量较为可靠的企业总是被抽查到,而恰恰那些产品质量风险较高的企业没有被监管到,这就形成了监管的倒置。

三是产品抽样时人为偏误普遍存在。抽样工作要严格按照抽查的方法、标

---

① 于振凡:《最新统计抽样检验与过程控制实用教程》,中国标准出版社 2004 年版,第 195 页。

准,严格遵守操作程序,尽可能降低人为误差,否则就会造成抽查工作的误判。但抽样人员在进行具体随机抽样时,存在人为的随意性,主要表现在:第一,从各种场所、容器中的相同位置抽样;第二,不注意观察不方便取样的部位;第三抽样人员分层采样时缺少如何构成抽样的详尽方案。

四是抽查对象是同一批次对提高产品质量水平不利。根据 GB/T2828.4—2008《计数抽样检验程序 第 4 部分:声称质量水平的评定程序》,监督检查对象可以是同厂家、同型号、同一周期生产的产品,也可以是不同厂家、不同型号、不同周期生产的产品。但是在现实的监督抽查工作中,很多质监部门强调检验对象必须是同一批次。这种做法的弊端主要表现在:第一,对于中小型企业的同一批次的产品,达不到被监督产品总体量(250 个),或者达到这个总体量,但不是一个批次,从而造成抽样工作无法进行;第二,无形中把产品质量监督检查工作局限在生产领域,因为即使是大型商场出售的产品,同一批次、数量超过 250 个的可能性也不大;第三,只能对一个生产或者验收批次发生作用,也就是说无法保证同一条生产线上生产的其他批次产品就是合格产品,这限制了产品质量控制的范围。

五是现有检测方法下产品质量"合格"并不等于"安全"。目前的产品质量合格与否,是依据相关的国家标准、行业标准或企业标准中的检测项目来判定的。而且这些检测项目,都是人类已知的对人体健康、身体会有某种伤害的成分。也就是说,即使是合格的产品,经过检测没有发现质量问题的产品,实际上也可能存在着涉及人身安全的质量问题。例如,在"三聚氰胺奶粉事件"发生以前,这些含有三聚氰胺的奶粉是被检验为"合格"的,但实际上它却是对人体有伤害的产品。这种非明确的、非直观的、滞后的质量问题,只有当顾客对产品进行使用后才可能逐渐明确起来。因此,为加强质量判断的正确性,需考虑消费者反映的质量信息。

六是产品质量标准不完善,甚至不适合监督检查使用。产品质量标准是产品质量监督检查的主要依据,产品质量标准的水平直接制约着产品质量监督检查的有效性。产品质量标准不完善对产品质量监督抽查的影响主要表现在:第一,由于标准的滞后,对新产品难以进行有效的监督抽查。现行标准中有相当一部分是七、八十年代制定的,按照标准化法的规定,应该五年修订一次,但这些标准都没有修订过,标准十分老化,大部分指标与现实生产的产品宏观质量统计分析指标对不上;第二,标准体系出现问题。由于我国长期由部门进行行业管理,过去一些部门管理的企业一直在沿用本行业标准组织生产,不同行业使用不同的行业标准,国家标准没有得到执行,出现了同一产品执行标准不一的问题;第三,检验方法标准与技术指标标准不匹配。检验方法标准一般都是推荐性标准,如不采用这些标准,而制定企业自己的检验方法标准,得出的结论就与采用推荐性检验方法得出的结论没有可比性,产品质量监督检查就无法作出一致性的判定;第四,部分标准不适合监督检查使用。我国标准制定的目的还是作为企业组织生产的依据,而不是政府监督检查的依据。

七是监督抽查质量公告时效性不强。根据在北京、黑龙江、浙江、湖北、广西、新疆六个省域对消费者的问卷调查[①],44%的消费者认为,质量监督抽查结果公告不醒目,不容易被发现,30%的人认为公告发布不及时。目前监督抽查质量公告,一般要晚于检查时间3个月,甚至7个月批布。但是,消费者对产品质量监督检查结果公告的关注程度,与公告时间距离抽查时间的长短是紧密相连的。公告时间距离监督抽查时间越短,消费者对其关注程度才越高。因此,在抽查后3个月或者7个月才公布某产品质量监督抽查结果,对消费者产生的价值是非常有限的。质量公告的时效性差,还使得消费者得到公告信息后,已经消费了不合格产品;对于经销商来说,其经销的不合格产品也已经售完,从而消费者承受了本来可以减少的质量伤害。

八是相关法律法规的实际操作性还需要提高。监督检查的主要法律依据是《产品质量法》、《标准化法》、《产品质量国家监督抽查管理办法》等。但监督抽查日常工作的可操作性却存在一些问题,具体表现为:根据规定,抽样单必须由抽样人员和被抽查企业有关人员共同签字,并加盖被抽查企业公章才能生效。但是日常抽检工作中,很容易出现被抽查企业拒绝在抽样单上签字的现象。《产品质量法》第五十六条规定,"拒绝接受依法进行的产品质量监督检查的,给予警告,责令改正;拒不改正的,责令停业整顿;情节特别严重的,吊销营业执照。"由于营业执照的吊销权力在工商部门,因此,一旦被抽查企业拒绝在抽样单上签字,质监部门自身并没有实质的手段来管制企业,从而使得监督抽查工作有时无法进行下去。

(七) 产品质量监督检查经费来源与构成实证分析

1. 产品质量监督检查经费来源

根据原国家物价局、财政部1992年发布的价费字〔1992〕496号文,产品质量监督检查经费是指对抽查样品进行检验所需要的费用,主要由材料费、水电燃料费、检验用房维修费、仪器设备折旧费、仪器设备维修费、管理费六项构成。其中管理费包括:办公费、差旅费、会议费及部分管理和检验人员的工资,按检查经费

[①] 武汉大学质量发展战略研究院:《产品质量监督检查制度问卷调查分析报告》,2010年。

计算项目前五项之和的10%计入。对于质监部门来说,其进行监督检查的经费来源主要有以下四个部分:

(1) 中央政府财政拨款。

中央政府财政拨款,是指国务院对纳入预算管理的质监部门拨付的财政资金。根据《产品质量法》的规定,国家监督抽查所需费用由财政部门安排专项经费解决,不向企业收取检验费用。财政部门专项拨付的国家监督抽查经费,在财政部门的指导下,由国家质检总局统一管理、使用。承检机构完成国家监督抽查任务后,向国家质检总局报送有关监督抽查结果报告时,同时呈报监督抽查费用决算表。国家质检总局根据承检机构呈报的抽查费用决算,经审核核算,并结合承检机构的工作质量,核拨相应的抽查经费。抽查经费一般在抽查任务完成之后一段时间(时间长短没有严格规定)内拨付承检机构。

(2) 地方政府财政拨款。

省级政府财政拨款,是指省级政府对质监部门拨付的财政资金。国务院在《关于进一步加强质量工作的决定》中,明确各级地方质量技术监督部门组织的监督抽查,所需经费由各级财政拨款。因此,对于地方监督检查来说,也会向地方财政申请资金支持。各地地方财政一般都向质量监督检查拨款,但金额大小不等。

(3) 面向企业收取的检验费。

为了弥补检验经费不足的问题,地方监督检查会向受检企业收取一定的检验费。地方实际工作中,省一级物价局和财政局一般都制定了监督检查的统一标准,对具体产品的物理、化学等主要检验项目的批次收费标准,做了统一规定。省(区)、市(州)、县等质量监督部门实施的监督检查,主要是定期监督检查,按照此标准向受检企业收取检验费用。

(4) 自筹投入。

自筹投入指质监部门自行筹措的资金投入。对社会关注程度较高或出现质量事件的产品,质监部门会自行筹集一部分资金进行抽查检验。

2. 产品质量监督检查经费构成

据统计,2006年至2008年我国质监部门产品质量监督检查年均经费构成情况为,中央政府财政拨款占5%,地方政府财政拨款占29.5%,面向企业收取的检验费占56%,自筹投入占9.4%。因而,面向企业收取的检验费占监督检查经费的比例最大,其次是地方财政拨款。

3. 对监督检查经费来源与构成的简要分析

一是主要由企业买单的监督抽查难以保证结果的有效性。目前各级政府对质量监督抽查经费的投入远远不够,82%的经费都是由受检企业来承担的。也就是说,监督检查主体是向检查对象收取费用来进行质量检验的。在这种情况下,检查对象通过向政府质量监管部门寻租,获得对自身有利的收益的可能性大大增加。一个本来应该履行社会公共职责的政府质量监管部门,其监管的权力和行为在一定程度上却被某些监管对象所"俘获",甚至有少数质监部门与不良企业结成利益同盟,联手隐瞒真实信息。这不仅混淆了政府检查行为的公共性,而且其检查结果的公正性和有效性便无法保证,更无法防范和减少质量风险的发生,从而造成政府质量监管的失灵。

二是质监部门对社会所需要的监督检查业务投入资源较少。监督抽查费用中的自筹投入只约占抽查费用的10%,政府质监部门相当一部分资源不是投入到监督检查业务中的。作为质量监管的行政单位,质监部门希望获得更多的职能,设置更多的机构,因而将相当一部分资源投入到对本机构的自我服务中。许多县域的质监部门人员严重冗余的现象就充分证明了这一点。因此,对行政机构自我服务的高投入,侵占了对企业进行质量监管的有限资源。

三是质检机构"创收"的积极性与"公共服务"的积极性存在巨大差别。质检机构是在计划经济条件下按照区域或部门的需要设立的,行政上依附于质监行政部门,其业务中以承担政府监督检查任务为主,经济上主要依靠政府财政拨款。由于经费不足,质监部门往往在质检机构完成监督检查任务后,并没有将检查经费拨付给质检机构。质检机构履行了抽查检验的任务,但是又没有获得相应的收入。任何组织的监管都是需要成本投入的,因此,质检机构进行公共服务的高成本、低产出的状况十分突出,其"创收"积极性尤其强烈,已经与其提供"公共服务"的积极性之间产生了巨大差别。强烈的"创收"意识,在某些区域甚至导致监督检查服务的降低,成为一些不公平现象的成因。

(八)产品质量监督检查制度存在问题总体分析

1. 职能定位仍不够清晰

正如前文所分析的那样,产品质量监督检查是政府提供的公共物品。政府作为一个履行公共管理责任、提供公共服务的组织,虽然有众多的价值取向和管理目标,但是,对质量安全进行有效的监管,为公民创造一个质量安全的环境,是一个政府的基本职责。至于产品质量有多好,是市场竞争的结果,应该交给有效竞争的市场来管理。但是,在实际工作中,监督检查的这一职能定位仍不够清晰,主要表现为部分监督抽查的对象、所检测的一些检验项目,并不是基于安全这一底线设立的,却相当于为企业产品质量有多好进行测度、管理。比如:一般来说,牛奶中的蛋白质含量越高,牛奶的质量就越好;但是,政府需要检测的是牛奶是否含有有害物质,在满足蛋白质含量的最低要求的基础上;而蛋白质含量有多高,对市场来说是具有个性化、差异化的。质监部门这种对质量发展的这一私人领域的行政直接管制,不但无法对产品的生产者或销售者施加威慑的力量,而且由于政府由"企业的监督方"转变为了"企业的共同体",无法保持与企业之间的经济、管理等独立地位,使得监督检查也就失去了"监督"的本质含义。

2. 机制设计出现监管行为背离

政府质量监管就是指政府依靠规定的质量法规或规章,对企业的行为进行直接管理。很清楚,政府对企业质量行为的干预是独立于企业的公共行为。从另一方面来说,政府质量管理监管部门的经费来源与所监管企业的关联性越高,其被俘获的风险也越大。由于国家监督抽查的经费由国家财政拨付,地方监督抽查的费用向企业收取,所以,目前产品质量监督检查的经费几乎都是由监管对象买单的,与所监管企业的关联性非常高。公共权力行使的成本,大部分要由监管对象支付。这样,在利益的驱动下,产品质量监督检查就变异为,利用政府的行政权力向企业强行收取费用的行为。而检查对象通过向政府质量监管部门寻租,可以获得对自身有利的收益。而政府质量监管部门被俘获的结果,不仅损伤了政府的公信力,而且损伤了消费者权益,忽视、背离和损害了社会公共利益,这也就背离了产品质量监管检查的初衷。

3. 部分抽查对象与消费者的直接利益关联度不高

产品质量监督检查的目的,是为了监督产品质量,预防与控制产品质量事故的发生。由于产品评价标准中,概念指标已经渐渐对消费者失去吸引力,消费者对产品的消费逐步走向理性认知消费,逐步转为注重产品的安全性。依据《消费者权益保护法》的相关规定,这里的安全性是指消费者在购买、使用产品时,其人身、财产安全的保障。政府希望利用集中于涉及质量危害的指标,实现质量安全宏观管理由经验管理变为科学管理,制定相应的宏观政策,降低系统性质量风险和损失。消费者通过参考产品质量监督检查结果,希望获得近期需要引起警惕的质量信息,降低质量安全信息的不对称程度。对于产品质量监督检查中披露的不合格产品,其评价标准有众多而又复杂的质量性能指标,对于消费者来讲并没有太多的意义。除了普通消费者根本无法弄清楚这些质量量化指标之外,更多的原因是由于消费者需要的是关于产品质量安全的信息,但抽查产品的目录和评价标准并不完全是以安全为准则,相当一部分产品(例如:袜子、语言复读机等)或质量标准,对安全的敏感度不强。

表 12-5 2002—2007 年重点行业产品质量问题国家监督抽查情况通报统计表

行业	主要质量问题	具体内容
食品	1. 超范围使用食品添加剂	超限量使用添加剂（甜蜜素、氧化苯甲酰等）
	2. 微生物指标超标	菌落总数超出标准规定；大肠杆菌超标
	3. 标签问题	未标注产品等级；使用添加剂却没标注；未标明厂址
服装	4. 强制性标准规定的指标不合格	产品染色牢度、PH 值不符合标准要求
	5. 成分标识与实测不符	棉的实际含量与标识不符
	6. 缝纫质量不合格	缝纫质量达不到标准要求
日用消费品	7. 安全防护不符合标准	意外接触接口不合格
	8. 尺寸不合格	尺寸达不到标准要求
	9. 使用寿命不合格	寿命达不到标准要求
机械	10. 安全防护性能不合格	电击防护、急停器件、接地电路连续性不合格
	11. 警告标识不符合要求	警告标志不明确
	12. 技术文件不规范	技术文件不能指导用户正确、安全操作

资料来源：根据国家质检总局产品质量监督司编写的《产品质量监督工作文件汇编》整理。

参照表 12-5，食品产品中的"超范围使用食品添加剂"、"微生物指标超标"，日用消费品中的"安全防护不符合标准"和机械产品中的"安全防护性能不合格"这 4 个问题，是与消费者的人身、财产安全有直接关系的，其余 12 项质量问题都与质量安全没有直接的关系。也就是说，产品质量监督检查质量公告发布的质量问题，67% 都不是直接与消费者的人身、财产安全相关的。很清楚，由于监督检查质量对象与消费者的切身需求和利益关联度不高，因而，虽然当前质量监督检查的范围越来越大，但消费者对产品质量监督检查的关注度和信任度，却没有相应提高。

4. 利益驱动抽查方式的衍生

全国人民代表大会常务委员会通过的《产品质量法》的第十五条，明确规定了一种产品质量监督检查方式——监督抽查，包括国家监督抽查和地方监督抽查，并规定监督抽查所需要检验费不得向被检查人收取。但是，目前省级质监部门依据省一级人民代表大会常务委员会通过的实施办法，明确规定监督检查除了监督抽查,还有专项监督检查、定期监督检查和日常监督检查。同时还规定,产品质量监督抽查和日常监督检查,不得向被检查者收取检验费,其他监督检查的检验费用按照国家和省的有关规定执行。很清楚,《产品质量法》为母法,已经明确规定了监督检查的方式和经费来源,各地又利用子法的形式修订了母法的规定。从立法依据的角度上讲,"国家制定的条律或命令所依据的法律,称作母法;根据母法所制定的法律、法令等称作子法。"因此,子法不能超出母法的权限。子法确立的三种监督检查方式,可以看成是母法确立的监督抽查的衍生品,这些"衍生"的监督检查存在的最大理由就是利益。通过增加产品质量监督检查的类型,监管部门不但获得了向企业收费的依据,而且扩大了监督检查产品的种类和范围,提高了监督检查的频次。但是,行政权力范围的扩大,会带来机构和人员的膨胀,产品种类的增加会成倍增加监督抽查的成本。尤其是在当前产量质量监督检查经费不足的条件下,扩大监督检查的范围并不是理性行为。

5. 抽样技术存在不足

为了使抽取的样本更具有代表性,也就是使抽样误差减小到最低限度,需要运用科学的抽样方法。但是在目前的抽样检查过程中,存在以下两个突出的问题:一是抽样产品的行业存在较大随意性,没有按照统计学规律进行抽查。这就造成了各小类产品的质量监督抽查合格率,不能最后加权合成制造业总体的质量监督抽查合格率。而国际上一般是用销售额或者产值为抽样因子,确定代表整个制造业行业的小类产品行业的抽查样本;二是抽查的产品不是最终产品,最终产品是与消费者距离最近的产品,尽管中间产品可以进行交易并产生质量,但这些质量都将在最终产品中得到集中体现。因此,不将中间产品计入统计范畴,直接计算最终产品,避免了由于重复计算造成统计结果错误。

6. 产品质量监督检查的结果公告效果不理想

国家质监部门统一领导与属地管理的体制,使行政处罚决定等信息层层传递,时效性比较差,而且结果不能及时地反馈。例如,检查一类产品的时间是从获取样品到向被检查企业反馈结果需要 2 个月的时间,向被检查企业所在的省级质量技术监督部门反馈结果又需要 1 个月的时间,省级质量技术监督部门向地市级质量技术监督部门反馈,地市级质量技术监督部门向县级质量技术监督部门反馈又需要一定时间,往往是半年之后才对违反《产品质量法》的企业进行行政处理。现代物流远远快于上述过程,不合格产品早已销售出去,危害早已发生,而无法挽回,无法及时制止企业的不法行为。相反,行政处理的结果也是这样层级传递的,造成对行政处理的结果分析和行政改进相当滞后。如经常可以在新闻媒体中看到,一些监督抽查的结果往往是半年之前的,而其中一些不合格产品的生产企业还没有得到处理。另外,刊登产品质量监督检查质量公告的媒体,大众性和权威性都非常有限。《经济日报》虽然有是较为权威的报纸,但是其读者范围比较窄。新浪、搜狐等网站也会转载质量公告,但版面位置很不明显。因此,根据市场调查①,49%的消费者很少或几乎没有关注质量监督抽查结果,没有将质量公告作为其消费的指导依据。

7. 信息传递的及时性和传递性不高

在质量监督检查工作中,信息大多是单向运行的。上情不能及时下达,下情不能准确上传,这种信息传递和反馈的滞后与失真,导致上级难以对下级产品质量监督抽查情况作出准确的判断和评价,进而无法对下级的失范行为进行有效的制约和监督。制度设计中的缺漏,加上人为因素的干扰,极大地影响了信息传递的及时性和准确度。于是,往往只有当某些地方和行业产品质量问题造成严重后果,引起社会公众强烈反响后,才会引起质量监管部门的注意,采取措施加以解决。

(九) 产品质量监督检查改革的建议

1. 保障质量安全是监督检查的核心职能

产品质量监督检查不应该是没有任何边界的检查和控制,而应该将有限的政府管理资源投入到最关键的质量安全领域。产品质量监督检查,并不等于政府对企业的质量服务,而是一种基于法律授权的质量安全监督行为,监督性是质量监督检查的本质特性和社会属性。通过这种监督,建立社会最底线总体质量的安全,并在此基础上激励企业提供更多的高质量产品和服务。也就是说,质量监督检查的核心职能是对质量安全的预防、控制与处理,而对质量发展的服务是监督检查的从属职能。质量安全与质量发展两者并不矛盾,质量安全是质量发展的基础,质量安全是基本的、核心的、稳定的职能,质量发展是从属的、一般的、可变的职能。同时,质量安全对企业而言是一种平等的公共职能,具有强制性;质量发展对企业而言是一种差异化的公共职能,具有引导性。

2. 保证监督检查全额的检测经费投入

任何组织的监管,任何监督方式的行使,都需要成本投入。只有保证产品质量监督检查拥有比较充足的财政资金,抽查人员具有相对较高的经济地位,监督

---

① 武汉大学质量发展战略研究院:《产品质量监督检查制度问卷调查分析报告》,2010 年。

抽查人员才不会被检查对象所提供的利益诱导，忽视监督抽查的公共利益。为了保证监督检查的公正性、独立性，政府应该对产品质量监督检查所需要的实验室、检测设备以及人员等要素，投入全额的资金保障，使其根本不需要向检查企业索取利益，从而保证其公共权力的充分行使。

3. 受检对象与消费者的切身安全利益相关

有针对性地开展产品质量监督检查，突出重点监督的对象和产品。重点抽查的对象应该是以中小企业和个体、私营企业为主，重点监督的产品应当是直接危及人体健康和人身财产安全的产品。以涉及社会公众最低标准的生存利益为依据，确定监督检查的产品、行业，以及检测项目要突出安全、卫生等强制性标准要求，一般不进行全项目检验，以提高监督抽查的针对性和目的性。同时，加大对重点产品的抽查频次，实行跨年跟踪监督抽查，但还要注意避免同一时间、同一地点的重复检验。

4. 法制化约束监督检查类型

政府进行产品监督检查时具有膨胀性，基于利益驱动衍生多项监督检查类型，只能依靠严格的法律制度加以约束。首先，依照母法规定的产品质量监督检查方式，不能随意扩展产品质量监督检查的方式。其次，对于衍生设定的产品质量检查的方式和范围，需要进行科学的论证，通过限定任务的监管范围，约束其膨胀的根源。

5. 提升监督抽查技术水平

依据行业的年销售额或年产值，选择能够代表制造业总体的行业样本，并在行业样本的基础上确定关于最终产品的样本。从事监督检查的工作人员应保证抽样工作严格按照标准进行，并提前做好抽查方案，具体包括抽样目的、抽样对象和抽样方法等。依据抽样技术，真正能使样本代表整体产品的质量状况，从而最大限度减小误差，降低误判风险。另外，产品标准是检验人员对产品质量进行检验的依据，准确理解标准是使用标准的依据。要准确吃透标准中的条文含义，包括技术要求、工艺指标、采样要求、判定规则、包装、运输、安全、贮存等。

6. 高效及时发布监督检查结果

尽管质监部门在产品质量监督检查工作中，承担着主要的管理职能，但是要切实做好产品质量监督检查工作，还必须充分发挥全社会的监督作用，形成全民监督的合力。大力推广、宣传产品质量监督检查的结果公告，就是动员、引导全体公民积极参与的最好方法之一。为做好产品质量监督检查推广工作，需要充分利用一些发行量大、大众型、时效快、传播范围广的报纸期刊，以及电视台、电台,特别是要发挥互联网的媒体优势,在影响力较大的网站上加大宣传和推广产品质量监督检查结果的力度,进一步提高消费者的质量意识和鉴别能力,吸引消费者更好地参与产品质量的监督。

7. 建立一体化的网络信息平台

建立一体化的信息基础平台,能够有效地为产品质量监督抽查管理提供可靠的技术支持。采用先进的数据管理系统,开发产品质量监督抽查计划管理系统、检查结果数据分析系统、产品质量预警系统、监督抽查结果反馈系统和监督抽查后处理系统,可以有效整合监督抽查工作环节,提高信息传递的及时性和准确性。

(十)产品质量监督检查对区域产品质量评价的借鉴意义

本部分在前面对产品质量监督检查的历史回溯和评价的基础上,形成了一些关于实施区域产品质量评价的初步意见。具体建议主要有以下几点:

1. 区域产品质量评价可利用产品质量监督检查体制

区域产品质量评价,是通过对某一区域中的产品进行科学的抽样,依据一定的质量水平衡量指标对样品产品的质量进行检测和评定,进而得出总体产品质量等级状态指数的过程。该过程的程序结构图,如图12-3所示。将图 12-2 产品质量监督检查流程图简化为图 12-4,比较图 12-3 和图 12-4,可知产品质量监督抽查的关键环节也是"确定对象、抽样、质量检测、质量判定和结果处理"等程序。可以说,区域产品质量评价与产品质量监督检查的具体实施方法具有同构性。

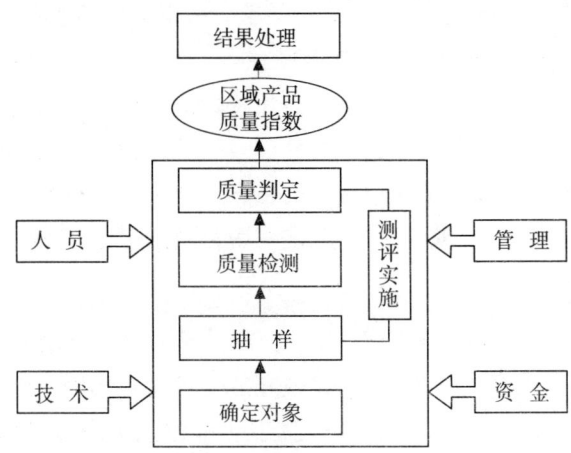

图 12-3 区域产品质量评价程序结构图

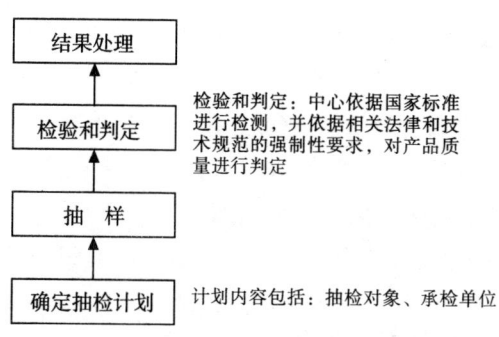

图 12-4　产品质量监督检查简化流程图

根据结构决定功能的原理，由于区域产品质量评价与产品质量监督检查具有同构性，因此区域产品质量评价对技术、资金和管理等要素的要求与监督检查也是一致的。由前文分析知，依靠人员、技术、资金和管理等要素的支撑，产品质量监督检查已基本建立起一套完整的质量检测信息收集和存储体制。那么，如果区域产品质量评价的数据收集、存储渠道嫁接到该体制上，就可以基于现成的资源直接开展区域产品质量评价，避免人员队伍、资金等资源的重复建设。更重要的是，产品质量监督检查是一项国家法定制度，具有明确的法律地位。按照现行的产品质量监督检查体制，依据一定抽样细则可获取的产品质量信息，以进行质量评价的计算数据。这样，区域产品质量评价就能成为依靠相关质量法规，对产品质量进行直接评价的公共行为，并带有一定的强制性。尽管区域产品质量评价是独立于企业的行为，但是在实施的过程中很容易受到来自于生产企业或者经销商的干扰。区域产品质量评价的强制性特征，能为工作的顺利开展和结果的正确性提供更有力的制度保障。

2. 区域质量评价的核心职能是衡量质量安全的状态

由前文的分析可知，由于产品质量监督抽查的职能定位不清晰，直接导致了政府质量监管职责的"越位"和"缺位"。同样，区域质量评价有效性的一个重要前提，就来自于评价主体职能的清晰，以及各机构的协同有效。

区域质量评价职能定位，可以从产品质量监督抽查工作中得到一些启发。由上文分析知，从产品质量监督检查的历史沿革和检查对象的发展变化来看，伴随着质量安全问题的频发，产品质量监督检查工作职责越来越专注于产品质量安全。这折射出由于产品质量安全问题一直以来都没有得到有效解决，社会对质量安全的需求程度却越来越强烈。造成这一结果的原因主要有以下三点：

一是安全需求是消费者最基本和最普遍的需求。对任何一位消费者而言，其购买商品、使用商品都是为了个人或者家庭日常生活的正常进行，在其为商品的提供付出代价后,必然要求商品提供者提供安全的商品,使其人身、精神、财产不受到危害。

二是产品质量安全信息严重不对称。市场经济主体,在市场中作出的一切行为均以利益最大化为原则,企业凭借其质量安全信息优势制定有利于自身的契约,使得质量安全信息隐蔽化。技术创新带来的质量安全信息是否包含不确定性因素,都有很高的隐蔽性和专业性,消费者处于被动的信息接收地位,仅凭借消费经验评价产品的真实质量已经无法实现。

三是产品质量"合格"与否的判断与安全性还不契合。产品质量监督抽查的判定标准还不是完全基于"安全"标准,消费者购买的"合格"产品很有可能存在很大的安全隐患。这就造成消费者消费了"合格"产品后,其人身、精神和健康等仍受到伤害。

基于以上三点的分析,可以看到消费者的消费安全权益具有明显的非排他性和非竞争性,属于典型的公共物品。根据公共物品理论,政府必须对某些涉及国计民生、国家安全、公民基本权利与利益的纯公共物品予以提供,那么消费者的消费安全权益的提供主体就应该是政府。在消费者和生产者的关系上,代表公共利益的政府要以消费者的主权为最高原则,降低质量安全信息不对称程度,为全体公民提供真实的质量安全信号和质量安全环境。作为政府宏观质量监管的一项重要内容,区域质量评价的核心职责必须是保障消费者在质量安全领域的权益。可以说,产品质量水平的领先程度是企业的私人物品,优秀的产品质量是由市场竞争出来的,亚当·斯密的"无形之手"理论早已深刻地回答了这一问题。但产品质量安全的评价与控制,这一公共物品必须由政府提供,才能既满足公共利益要求,又具有效率价值。

3. 区域产品质量评价的范围应是最终消费品

质量安全包含生产安全和消费安全,其中消费安全包括生活中最终消费品的所有领域,而生产安全属于劳动安全问题。前文的分析表明,产品质量监督检查对最终产品的质量安全——消费安全的关注度越来越高,监督检查对象中与消费者相关的产品越来越多。其实,这恰恰说明了产品质量风险的特殊特征。具体分析如下:

一是产品质量风险具有非直观性。质量不等于产品,质量是依附于消费过程之中的。很多质量检测数据,都只是概率或者平均值,并不能直接、明确、具体地反映其质量水平。这种非直观性的质量风险,只有当顾客对产品进行使用体验之后才能逐渐明确起来。虽然这种风险可能并不是商品提供者有意造成或转让给顾客的,但是质量风险的存在却是事实。

二是产品质量风险存在滞后性。对绝大多数产品来说，使用前的检测装置方法只能检测产品的"代用质量特性"。产品质量真实可靠的判断必须等到使用完毕后才能得到，具有明显的滞后性。

三是产品质量风险具有转移性。产品交换有两大要素——价格和质量。如果排除降价风险，价格一般不存在风险。质量则不同，由于信息不对称、顾客往往认识不了质量安全风险。随着商品交换的完成，质量安全风险就从商品提供者手中转移到顾客手中，顾客就可能承担质量安全问题造成的损失。

四是产品质量风险具有叠加性。随着产品生产方式的模块化，生产要素和生产条件的新组合被逐渐引入生产体系，中间产品的质量最终被合成到最终消费品中。同时随着产品的创新技术，产品与其他产品一起使用的合成质量也呈现给消费者。由于产品质量风险具有转移性性，在质量合成的过程中质量风险也被合成到最终消费品中。因此，为了避免造成质量评价对象的重复，只需要依据科学的抽查方法从最终消费品中确定评价的对象就可以了。

在产品质量风险的非直观性、滞后性、转移性和叠加性的特征性现实环境中，消费者就是产品质量风险的体验者和接受者。因此，消费者的使用体验就成为收集、甄别产品质量风险的渠道和手段。基于此，区域产品质量评价的对象应该是消费者直接消费的消费品，并且消费者对产品质量安全的体验性意见应是质量安全的重要衡量指标。

4. 区域产品质量评价必须实行一篮子物品制度

由于产品质量监督抽查对象没有采用一篮子物品制度，导致监督抽查合格率的结果不能进行对比回溯分析。进行区域产品质量评价的目的之一，就是观测关键产品或行业在不同时间上的质量变化情况。基于这一点，必须保证评价对象的相对稳定性。另外，区域产品质量评价反映的是一个区域内总体质量的状况，即所抽查的关键产品或行业必须能够反映总体。因而，区域产品质量评价必须确定"相对稳定，反映总体"的抽查产品种类，即实行"一篮子物品制度"。这样，不仅可以观测某一区域内总体产品质量随时间变化的波动情况，而且还可以将不同区域的产品质量状况进行对比，为政府的宏观质量管理决策提供依据和支撑。

5. 同一批次产品不是区域产品质量评价的必要条件

前文曾论证，产品质量监督检查中，抽查对象是同一批次的做法存在多种弊端，对提高产品质量水平不利。在区域产品质量监督检查中尤其要注意这一点，不能将同一批次产品作为确定抽查对象的必要条件，更不能是充分条件。除了前文所提到的强调抽查对象是同一批次造成的弊端外,从质量风险产生与控制的角度看,抽查对象是同一批次还将导致非系统风险被忽视的结果。

按照风险来源的不同,可将风险划分为系统风险和非系统风险。其中,系统风险又被称为不可分散风险,非系统风险又被称为可分散风险、随机风险。对于生产企业来说,解决产品的系统问题比较容易,而解决随机问题则有一定的困难。因为,生产企业自身在产品出厂检验时,很容易发现由系统原因造成的产品质量问题,控制与解决系统质量风险相对较为容易。但是,控制与解决随机原因造成的产品质量问题比较困难,它不仅仅涉及到技术,而且还涉及到人员的操作水平、环境条件等。如果产品质量评价不对随机风险进行把握,很容易造成生产企业用简单的方法对付政府的产品质量抽检。因此,抽样检验既要发现产品的系统风险,又要发现随机风险,而且主要是通过控制随机因素造成的质量缺陷原因。这样,产品质量风险的控制就不限于消除产品的系统问题,质量风险控制的有效性也能得到提高。

6. 保证区域产品质量评价与评价对象之间的经济独立性

根据公共物品理论,政府如果直接负责公共物品的提供,就具体承担了对经济活动的规制和干预职能,其财政开支的规模也与日俱增,其经费不足会直接导致传统官僚体制内在的弊病,使得自身无法独立、有效地提供公共物品。根据对产品质量监督检查的经费分布和监督检查类型的分析知,在利益的驱动下,有些产品质量监督检查就变异为利用政府的行政权力向企业强行收取费用的行为,背离了产品质量监管检查这一政府公共行为的初衷。

区域产品质量评价,代表着一个行使公权力的行政机构,对总体质量的评价和控制。区域产品质量评价能够保持其权威和公正的前提,就是区域产品质量评价主体与抽查对象不能有任何的利益关联。既然区域产品质量评价是一种公共行为,就必须用公共财政的资金予以支持,而不能向被抽查的企业收取检查的服务费用。因为,这种收取费用的行为,不仅从根本上混淆了政府质量评价行为的公共性,而且在某种程度上会变异为利用政府的行政权力向企业强行收取费用。政府既然要进行区域产品质量评价,就应该向这种行为支付全部的公共资金,使其履行质量抽查行为时,不向被抽查单位收取任何的费用。同时,政府进行质量评价,也可以以政府采购的方式进行公开招标,可以通过多种组织形式,利用市场资源配置优势,来有效地生产各种不同性质的公共物品。这样既满足公平价值,又满足效率价值,并能降低公共财政的支出规模。

7. 建立质量评价信息共享平台

在市场经济中,信息总是不充分而且时常发生扭曲,从而导致市场失灵。由前文分析证明,产品质量监督检查处理滞后,导致了产品质量监督抽查时效性较差的结果,往往在监督之前产品质量问题已经发生,已给社会造成了一定程度的影响了。在政府进行区域产品质量评价时,也会遇到同样的问题,从而导致政府失灵。

因此,多种信息化手段的应用,能够强化区域产品质量评价的监督功能。一是建立产品质量监督抽查结果网上信息公布系统,向全社会及时公布产品质量监督抽查合格产品名单、不合格产品名单、劣质产品名单;二是提供产品质量消费指南、产品质量安全警示公告,充分发挥重要新闻媒体的广泛影响力,提高工作的有效性;三是建立同级、上下级相关部门的信息传递的有效机制,保证信息沟通的真实性,提高部门之间的工作协调配合,并提高行政效率、增加透明度。

三、指标统计和计算方法

(一)测评对象

某区域监督抽查不合格率的测评对象,是本地生产制造的涉及质量安全的产品。以现有的《全国重点产品质量安全监督指南》确定的产品品种为该统计指标的测评对象,就可以直观地反映某一地区质量安全的状态。具体原因有二:

第一,在实际运行中,国家质检总局以质量安全为标准,每年确定《国家监督抽查重点产品目录》,目录产品集中于食品及食品相关产品、日用消费品、工业生产资料、农业生产资料四大领域,产品品种近 400 个,较为全面地覆盖了涉及安全的产品领域,其具有较强的针对性和代表性。这是因为,监督抽查不合格率,针对的是该地影响质量安全最突出的若干产品,本身就不是代表整个区域的总体产品。由于监督抽查不合格率是一个负向指标,质量安全问题概率较低的产品,理应不计入监测范围;如果要统计监督抽查合格率,那么测评范围应该为总体产品领域。

第二,虽然产品质量监督抽查每年都会对产品种类进行调整,即使是同一种产品,能否被抽样也会有所变化。即使不同时段内所抽查的产品品种并不一致,也不影响监督抽查不合格率进行长期的对比分析和监测,因为它们代表的都是某区域的某个时间段内的质量安全水平。

(二)测评区域

按照本书宏观质量统计分析指标总体设计提出的可比性、可行性等原则,本方案认为监督抽查合格率的统计层次(如图 12-5),应包含县级的监督抽查不合格率、市级的监督抽查不合格率、省级的监督抽查不合格率和全国的监督抽查不合格率。这里需要说明的是设区的市,以区的监督抽查不合格率为单位进行加权求和。因此,其测评区域应该覆盖全国各县(区)。

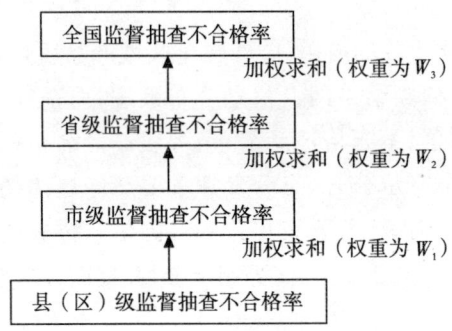

图 12-5 监督抽查不合格率的统计层次

但是,目前存在的问题是,实际运行的国家监督抽查,主要是依据产品的分布来确定抽查地区,这就很容易造成某个地区没有被抽查到,不能进行质量安全水平的跨地区比较。综合将县(区)局、市局、省局监督抽查的结果,和国家局监督抽查的结果相结合,就能够实现区域对比。根据国家质检总局最新发布的《全国重点产品质量安全监督指南》,省、市、县质监局开展的地方监督抽查,可根据本地区的产业分布和检验能力等,因地制宜选择列入《指南》的产品。也就是说,国家监督抽查未抽样的产品或区域,通过地方监督抽查得到了弥补。最直接的方法就是取国家、省、市、县各级组织开展的监督抽查所统计的本区域制造产品的监督抽查不合格率的平均值。即使国家和地方监督抽查的产品口径不一致,也不影响各级监督抽查不合格率的汇总运算,只要数据代表的区域一致即可,因为它们代表的都是此区域某个时间段内的质量安全水平。

(三)数据收集方法

该指标的数据收集方法,就是监督抽查合格率的收集方法,即是国家以及省、市、县级质量监督部门,组织产品质量检验机构通过对涉及质量安全的产品进行抽样、量化指标检验,进而判定产品质量是否合格。国家质检总局负责汇总抽查结果,省、市、县级质量监督部门将监督抽查结果汇总至国家质检总局。

(四)统计流程

该统计指标的流程,就是现行产品质量监督抽查的流程,如图 12-2 所示。

(五) 计算公式

只要确定了"各个统计层次的权重 W_1、W_2、W_3"和"县级监督抽查不合格率",即可得到市、省和国家层次的监督抽查不合格率。

1. 权重的计算公式

县(区)、市、省统计层次的权重 W_1、W_2、W_3,实质上就是各区域相对总体的重要程度。由于各区域之间的相关性不明显,按照通行的做法,某一特定区域的工业总产值占总体工业总产值的比重,能够反映某一特定区域对总体的影响程度。因此,监督抽查不合格率各个统计层次的权重,就是各个区域的工业总产值的比重。这里还需要指出的是,县、市、省工业总产值的数据可在统计局处直接获得。综上,各个统计层次的权重 W_1、W_2、W_3 的计算公式如下:

$$W_1 = \frac{某县的工业总产值}{全市(所有县)工业总产值总额} \times 100\% \qquad 公式(12-1)$$

$$W_2 = \frac{某市的工业总产值}{全省(所有市)工业总产值总额} \times 100\% \qquad 公式(12-2)$$

$$W_3 = \frac{某省的工业总产值}{全国(所有省)工业总产值总额} \times 100\% \qquad 公式(12-3)$$

2. 县级监督抽查不合格率的计算公式

根据以上部分的分析,某县的监督抽查不合格率的计算公式,如公式(12-4)所示。对于某县来说,如果国家局、省局和市局组织的监督抽查中,有没有抽查到该区域的,那么就将该层次的监督抽查不合格率从公式中舍去,并不计入 n 值。

$$某县监督抽查不合格率 = \frac{1}{n} \sum (国家局组织的监督抽查的不合格率 +$$
省局组织的监督抽查的不合格率 + 市局组织的监督抽查的不合格率 +
县局组织的监督抽查不合格率)

其中:

$$监督抽查不合格率 = \frac{监督抽查的不合格产品的批次数}{监督抽查的产品的总批次数} \times 100\%$$

$$公式(12-4)$$

根据公式(12-4)知,国家、省、市局组织的监督抽查的结果,要在按照产品种类进行汇总归类的基础上,按县(设区的市按区汇总)进行汇总归类。

(六) 统计周期

目前,产品质量监督抽查,是按季度和年度进行的,因而提出的监督抽查不合格率,可按季度或年度进行对比分析。

四、指标的模拟运算

(一) 某区域监督抽查不合格率横向比较

按照以上监督抽查不合格率的测评流程与计算方法,对区域 1 第 1 季度—第 4 季度,生产制造产品的监督抽查不合格率,进行实例计算,结果如图 12-6 所示。

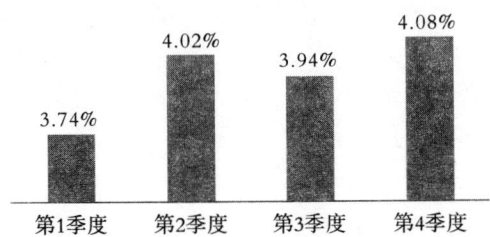

图 12-6　区域 1 第 1 季度—第 4 季度监督抽查不合格率结果图

(二) 不同区域间的顾客满意度纵向比较

按照以上方法,可以得到区域 2、区域 3……区域 10 在第 1 季度的监督抽查不合格率,如图 12-7 所示。

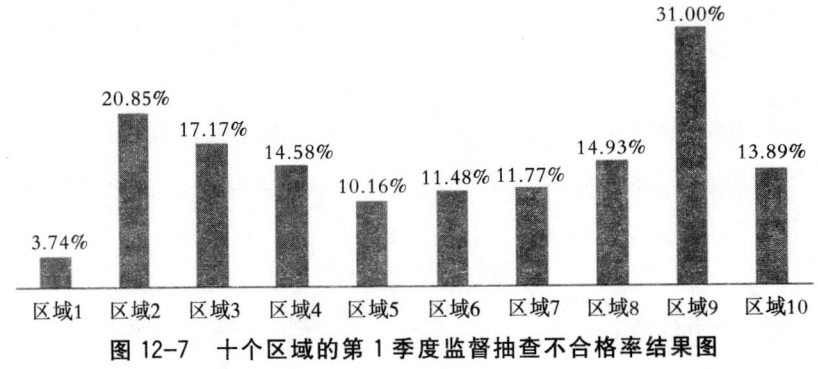

图 12-7　十个区域的第 1 季度监督抽查不合格率结果图

五、工作保障机制

我国已经建立国家监督抽查和地方监督检查并重的产品质量监督抽查体系,该体系具备了稳定的人员、技术、机构、资金、管理等要素。按照职能划分,该体系包括产品质量监督行政部门和产品质量检验机构。产品质量监督行政部门,是指负责制定、组织和实施质量监督检查工作的方针、政策和行为的各级质量技术监督局,具体实施部分为下设的监督司(处、科)。产品质量检验机构,是指承担产品抽样、检验等技术工作的机构,主要包括国家质检中心,省、市(州)、县综合性质检院(所)和省级产品质量监督检验站等。

相比现行的监督抽查工作,根据公式(12-4)知,为进行某县的监督抽查不合格率的计算,仅需要求国家、省、市局组织的监督抽查的结果,在按照产品种类进行汇总归类的基础上,按县(设区的市按区汇总)进行汇总归类。

总之,提出的监督抽查不合格率,与现行的监督抽查合格率具有同构性。因而,可以基于现成的资源,直接开展监督抽查不合格率指标的统计工作,而不需要额外的人员、资金和技术等要素的投入。

第十三章 "产品质量违法货值(率)"指标的构建

一、指标含义

产品质量违法货值,是指政府质监部门依照产品质量的相关法规,对违反质量法规的产品进行查处时,其查处的产品的货值。按照该定义的界定,产品质量违法货值的原始数据,将采用目前质监系统已长期使用的指标——行政执法查获货值。产品质量违法货值率,是指产品质量违法货值占当地工业总产值的比例。

产品质量违法货值(率)指标数据产生的基础,是政府的质量综合管理部门,依照产品质量的相关法规所履行的行政执法。我国的政府质量综合管理部门,依照《产品质量法》等相关法律法规,实行具体的执法打假行为。违法行为包括公民、法人或者其他组织违反计量、标准化、质量等法律、法规和规章的各种行为。因此,该指标所涵盖的产品范围,是由质监局所监管的产品范围,包括棉花、絮用纤维制品、食品、农资、汽车配件、假标识包装物、建材、卷烟、化妆品等。在实际的计算当中,只计算立案并有相应查处行为的违法货值。

通过产品质量违法货值(率)指标的计算,可以对一个区域长期的质量安全状态进行跟踪和预测,反映出质量安全状态差的行业和地区,从而促使政府加强相关行业和地区的严格执法。另一方面,该指标的高企将说明一个地区的质量安全状态差。在现有的质监体制之下,该指标将产生科学执法的信号,在一定程度上规范质监机构的执法行为。

二、现有基础和条件

从 2002 年开始,国家质检总局就在质监系统内开展了行政执法统计调查活动。国家质检总局于 2005 年 6 月颁布了《质量技术监督行政执法统计报表制度》,对地方质量技术监督的行政执法统计作出了综合要求,详细规定了统计范围、计算方法、统计口径和填报目录。其中,包含"行政执法查获货值"项的统计。按照《质量技术监督行政执法(综合)》报表的统计,行政执法查获货值的统计范围包括省、市(地)、县质量技术监督专职执法机构,以及纤维检验或加挂稽查队牌子的有执法职能的机构。该报表已形成月报,其中查获货值依照《产品质量法》第 72 条的规定进行计算。

2005 年 7 月,国家质检总局质检执函〔2005〕91 号,《关于继续实施〈质量技术监督行政执法统计报表制度〉的通知》规定,各级质监局应保证统计工作正常、持续的开展。根据该通知的要求,各级质监局均配备相对固定的执法打假信息统计联络员,并配置了适应软件运行所需的设备。为保障数据在网络传输中的安全性,总局信息中心为各省级局设置了质检总局外部邮箱,专门用于该信息的报送。

因此,行政执法查获货值指标,已经具备了完善的统计工作基础,可以直接应用于产品质量违法货值率指标的统计与计算。

三、指标统计与计算方法

(一)测评对象

产品质量违法货值(率)指标的测评对象,是在本区域制造的工业产品,也包括外地或国外企业在本地投资生产的产品中,被质监部门查获的违法产品的货值。因此,该指标将违法货值与本区域的工业总产值相比较,以得出违法产品在工业总产值中所占的比重。

(二)测评区域

产品质量违法货值(率)指标的测评区域,涵盖全国 2859 个县(区),所有的基础数据来源,以及最基础的产品质量违法货值率的计算,都从县(区)这一行政区域级别开始,进而由县(区)汇总到地市这一级,得到地市级的指标,再由此方法得到省、区、直辖市一级的指标,最终得到国家层面的产品质量违法货值率。

(三) 统计与计算周期

产品质量违法货值(率)指标以季度为周期,按照自然年的日历时间进行统计与计算。每三个月结束之后,以县区质监局为基础统计单位,统计该季度本地区的行政执法查获货值。

县区质监局获得基础数据之后,将本地的行政执法查获货值数,上报至市质监局;市质监局再将本级行政执法查获货值数上报至省质监局,最后由各省质监局将本省行政执法查获货值金额汇总至国家质检总局进行统计计算。

(四) 计算公式

1. 产品质量违法货值(率)指标计算公式

区域产品质量违法货值(率)指标的计算公式为:

产品质量违法货值 = 本地行政执法查获货值 　　　公式(13-1)

产品质量违法货值率 =
(本地产品质量违法货值/本地工业总产值)×100%　　公式(13-2)

该计算公式,既适用于县(区)一级行政区划,也适用于国家、省、市各级政府对本区域产品质量违法货值(率)的考察。

2. 权重的计算公式

县、市、省统计层次的权重 W_1、W_2、W_3,实质上就是各区域相对总体的重要程度。由于各区域之间的相关性不明显,按照通行的做法,某一特定区域的工业总产值占总体工业总产值的比重,能够反映某一特定区域对总体的影响程度。因此,依照各区域工业总产值的比重计算得到的统计权重,就是各区域产品违法货值(率)指标计算时使用的权重。各个统计层次的权重 W_1、W_2、W_3 的计算公式如下:

$$W_1 = \frac{某县的工业总产值}{全市(所有县)工业总产值总额} \times 100\% \qquad 公式(13-3)$$

$$W_2 = \frac{某市的工业总产值}{全省(所有市)工业总产值总额} \times 100\% \qquad 公式(13-4)$$

$$W_3 = \frac{某省的工业总产值}{全国(所有省)工业总产值总额} \times 100\% \qquad 公式(13-5)$$

(五) 数据采集方法

按照《质量技术监督行政执法统计报表制度》的要求,行政执法查获货值数据于下月3日以前,通过电子邮件方式由县局层层上报至国家质检总局。

另一方面，各县、市、省一级质监局，应与本地区的统计局形成稳定的沟通协调机制，每季度定期获取当地的工业总产值数据，以便进行产品质量违法货值（率）指标的计算。

由于国家统计局于每个月的 11 日，定期公布国家宏观经济月度数据，因此，地区工业总产值数据可于每月 10 日（或之前）获得。按此时间节点推算，产品质量违法货值（率）指标，可于下一季度第一个月的 15 日之前全部汇总、计算完毕。

（六）统计与报送流程

统计报送流程如下图所示：

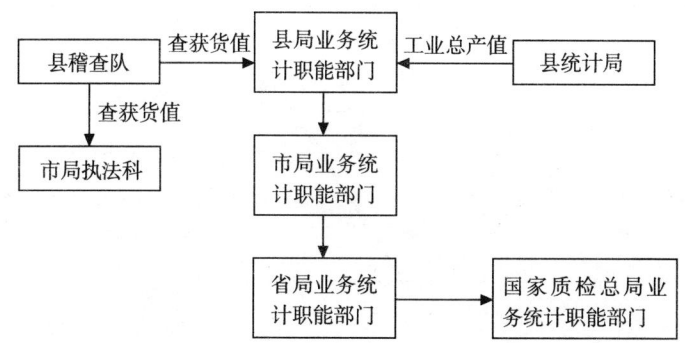

图 13-1　产品质量违法货值（率）指标的统计与报送流程

各县质监局稽查队在每月规定的时间，由联络员将本单位的行政执法查获货值数据报至市局行政执法科，同时在每季度规定的时间，将数据抄送至所在县局的业务统计职能部门，由该职能部门完成县级产品质量违法货值率指标的计算，同时由该部门负责从当地统计局获取工业总产值数据。

市质监局的业务统计（或主管）部门在收到县局报送的数据之后，汇总计算得出本市的产品质量违法货值率指标，同时将本市的行政执法查获货值金额报送至省局的业务统计部门，供其计算得出省一级的产品质量违法货值率指标。最后，由各省质监局将数据报送至国家质检总局，进而得出国家层面的产品质量违法货值率。

四、指标的模拟运算

现以 A、B 两县连续 5 个季度的行政执法数据[①]为例，计算 2 个区域的产品

---

① 本节中列举的所有数据，均为假设的模拟数据。

质量违法货值率指标的增加值,结果如下表所示:

表 13-1　产品违法货值率各季度环比增长率

	Q2 对 Q1 的环比增长率	Q3 对 Q2 的环比增长率	Q4 对 Q3 的环比增长率	Q5 对 Q4 的环比增长率	平均值
A	6.31%	0.33%	5.16%	4.65%	4.11%
B	10.13%	-7.62%	19.75%	-14.84%	1.86%

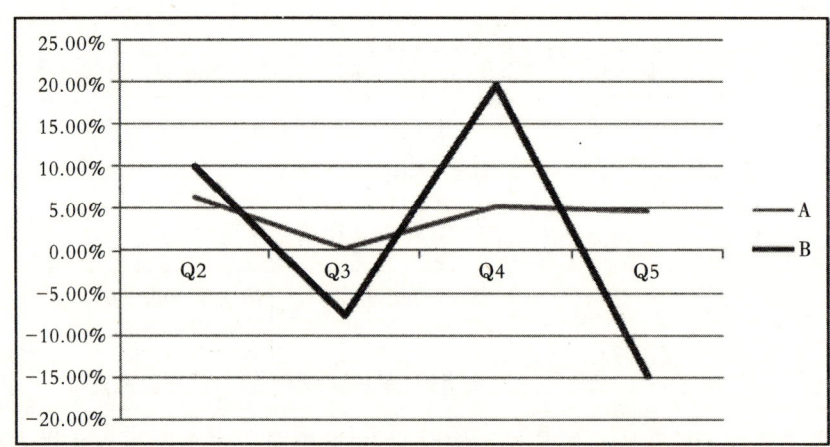

图 13-2　产品违法货值率各季度环比增长率对比

如以上图标所示,A 县的环比增长率数据始终在 6% 和 0 之间波动,5 个季度的平均值为 4.11%;相对的,B 县的 5 个季度平均值为 1.86%,增长较慢。同时该县的环比增长率波动区间为 20% 和 -15%,非常不稳定。因而可知,B 县的质量安全状态,比 A 县有更高的风险。

五、工作保障机制

(一) 统计职能部门的分工

产品质量违法货值(率)指标的统计与计算,由县(区)、市、省、国家各级质监系统的统计职能部门承担。它们具体的工作职能如下图所示:

第十三章 "产品质量违法货值(率)"指标的构建

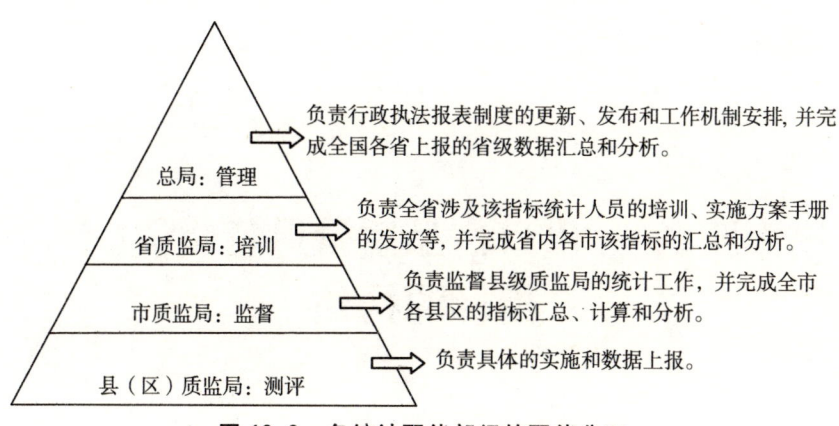

图 13-3 各统计职能部门的职能分工

（二）人员配置

产品质量违法货值(率)指标的统计,将依托质监系统现有的行政执法数据报送系统,以及宏观质量统计指标设计的统计职能部门系统,因而不再另外设置与该指标统计相关的岗位。

（三）统计软件平台

现有的行政执法统计报送系统,是由 Excel 电子表格形成的报表和 Email 邮件传送数据的机制组成,已经实现了相当程度的电子化,能够在下月 3 日前将当月的数据迅速汇总。因此,目前现有的统计软件平台,可以承担该指标的统计与计算。

第十四章 "出口产品质量退货货值(率)"指标的构建

一、指标含义

本章所称的"出口产品质量退货货值",是指**中国制造并出口到其他国家,因质量问题而被退回的产品的货值**。"出口产品质量退货货值率",是指出口产品质量退货货值占该地区出口货品总值的比例。

我国在对外贸易中出现退货的原因主要有三个:出口货物遭遇技术性贸易措施退货、因商品本身质量问题引起退货和无条件退货[①]。出口遭遇退货的原因,还包括客户需求更改、免费维修、运输受损和输往地区错误等其他原因。对于技术性贸易措施退货,可以解释成是出口质量未达到进口国标准的质量问题退货。因此,如果剔除了贸易方面和运输方面的因素,产品符合性质量方面的退货占据了我国出口退货的绝大部分。也就是说,出口产品被退回的一般原因是在产品质量方面不被目的地国或商家所认可,按其标准被检验为不合格。退货,特别是因质量问题而产生的退货,可以说是从使用者的角度,真实地反映了质量的不安全状态。只有使用者在发现产品质量存在安全缺陷,或者发现有潜在的安全风险的情况下提出退货,质量安全问题才会完全暴露出来。本次宏观质量统计分析指标的构建,采取"出口产品质量退货货值(率)"作为衡量区域产品质量的一个重要维度,从消费者的角度,真实地反映了质量的安全状态。这也是没有采用出口检验合格率指标的主要原因之一。

因此,可以将出口产品质量退货货值(率)定义为被目的国退回的产品总货

---

① 中国检验检疫服务网,http://www.ciqcid.com/show/44/53/index_2.shtml。

值与出口的工业品总货值的比例。这一比例的高低,反映了出口产品的质量安全状态。

二、现有基础和条件

对于出口产品质量退货货值(率)的统计,是建立在各地的出入境检验检疫局对出口工业品货物退运信息的采集的基础上的。自2006年国家质检总局出台《出口工业产品货物退运追溯调查管理的工作规范》后,对出口工业品货物退运信息的采集,从出口工业产品的原产地、货值,到产品的退货原因,已经形成了完整的流程,根据国家质检总局《出口工业产品货物退运追溯调查管理的工作规范》(国质检函〔2006〕603号)要求,《出口退运货物情况调查表》和《出口货物退运追溯调查表》中,对这两项统计数据都有所涉及。这些都为该指标的统计工作提供了良好的基础。各口岸直属检验检疫局和各直属检验检疫机构按照正常的工作流程,对这两项数据进行收集与统计。有关该指标的具体统计办法和工作机制在本章的接下来的部分中会详细描述。

三、指标统计和计算方法

(一)测评对象

出口产品质量退货货值率指标意图反映的是,工业产品原产地生产并出口的、被境外客户退货的产品货值,占该地区生产的工业产品出口总货值的比重。值得说明的是,本统计指标的数据尽管来自于各海关检验检疫局,但有部分地区出产的产品,是通过其他地区的海关口岸出口的,对于这种情况,各检验检疫局综合信息处在追溯时发现有辖区外的出口退运货物,会按照相关规定,及时地将有关信息通报相关产地检验检疫局。因此,该指标在数据汇总时,是按照原产地出口货值进行统计,而不是按照口岸出口货值进行统计。

(二)测评区域

正如前文阐述的那样,宏观质量统计分析指标的宏观性的一个突出要求,就是能够基于一个县(区)域的指标加总为一个市域的指标,并进而加总为一个省域的宏观质量统计分析指标,最后加总为全国性的宏观质量统计分析指标。指标在行政区域层次上的逐级加总,就意味着统计指标生成的基础是县(区)级行政区域。因此,对于出口产品产值率指标的统计,应当与整体指标相一致,被测评区域要求精确到县、区。

(三) 数据收集方法

对于该指标涉及到的两个变量,即"出口产品退货货值"与"出口产品总货值"的统计数据,都可以从我国各地的出入境检验检疫局直接获得。对于出口产品总货值的数据收集,各地出入境检验检疫局可通过出口企业填报《出境货物通关单》时填写的"申报总值"获得;同时,对于出口退货产品货值的采集,根据国家质检总局《出口工业产品货物退运追溯调查管理的工作规范》(国质检检函〔2006〕603号)(以下简称《规范》)要求,各地出入境检验检疫局对每一批被国外退回来的货品,都要进行出口退运货物追溯调查,并在《出口退运货物情况调查表》和《出口货物退运追溯调查表》中,对因质量而产生的退货进行注明,注明的内容包括质量的状态、货值、生产厂家和生产的区域。通过这个过程,各地出入境检验检疫局可获得出口退货产品的货值,例如××市按区域统计的退货货值(见表14-1)。

表14-1 ××市各县(市)、区出口退运商品统计表

单位:万美元

县(市)、区	退运批次	退运货值
A市	44	118.2
B市	52	181.2
C市	13	53.0
D县	20	61.8
E县	2	18.3
F县	73	172.6
G区	70	231.6
H区	20	97.0
I区	59	314.5
J区	11	11.0
K区	4	5.6
合计	368	1264.8

综上,由于国家出台了相关的详细工作规范,使该项指标的统计数据的获取和来源没有无法跨越的障碍,使该指标的统计工作切实可行。

(四)统计流程

根据《规范》相关规定,首先,由各口岸检验检疫局综合业务处收集出口退运货物的信息,并将收集完整的出口退运货物信息复印留存后,送达相关业务处室及分支机构,并填写《出口工业品货物退运信息交接表》。接着,各业务处室及分支局根据综合业务处提供的出口退运货物信息,对出口退运的法定检验检疫货物,及时地进行退货调查,并分析原因。然后,各业务处室及分支局按月在规定时间内,将上月的调查结果分析反馈至综合业务处,并填写《出口货物退运追溯调查表》(见图14-1)。

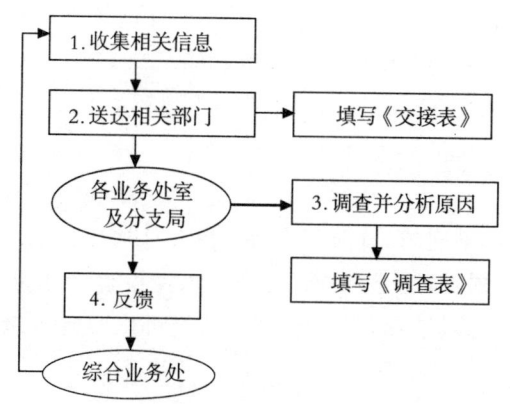

图14-1 出口产品质量退货货值率的检验检疫工作流程

在既定流程的基础上,对于涉及安全、卫生、健康、欺诈等原因退运且造成较大影响的典型案例,还要在调查结束后,立即将有关信息报综合业务处,由综合业务处统一上报国家质检总局。每个月,综合业务处将出口退运货物信息进行分类,填写出口退运货物情况月报表。同时,定期将法定检验检疫退运货物追溯调查结果分析汇总报送国家质检总局;对非法定检验检疫退运货物,进行风险评估,并根据评估结果,必要时向国家质检总局报告;而且,在追溯时发现有本省辖区外的出口退运货物,要及时地将有关信息通报相关产地检验检疫局。《规范》中细化的要求,使得出口产品质量退货货值率指标的统计有了工作机制上的保障。

(五)计算公式

出口产品质量退货货值率指标的计算公式是:

$$出口产品退货率 = \frac{出口退货产品货值}{出口产品总货值} \times 100\% \qquad 公式(14-1)$$

对指标公式的构建,采用"货值"作为衡量单位,而不采用"批次",主要考虑到批次并不能充分反映出质量的"不安全程度"。举个例子,甲、乙两个省份,甲产品的出口货值上亿美元,乙的出口货值仅有几十万美元,甲的出口退货货值为几十万美元,乙的出口退货货值为几万美元。从常识上来看,甲省份的工业产品质量较乙要好,但如果采用批次作为衡量单位时,由于每批次出口产品货值并不相等,两个省份的出口批次不合格率恰好都为10%,如果采用批次合格率这个指标,统计结果的可比性就被大大削弱了。因此,采用"货值"作为统计数据的计量单位,能够更为客观地反映出口产品退货对地区宏观质量造成的负面影响程度。

根据该公式直观的计算,将"出口退货产品货值"与"出口产品总货值"相比,得到的百分率就是出口产品质量退货货值率指标的统计结果了。如表14-1中显示的,A市2010年第一季度的出口货值总额按照14265万美金[①]计算,A市出口产品质量退货货值率指标的计算结果为0.8286%。

(六)统计周期

与其他几个指标不同的是,国家质检总局对该项指标的统计周期,已经规定了要细化到每个月,根据《规范》要求,各地出入境检验检疫局按月填写出口退运货物情况月报表。因此,该项指标的统计,已经可以实现各级单位的按月报送,没有统计周期方面的口径障碍。

四、模拟运算

按照要求,设定了10个假定区域,和这些区域内5个季度的出口产品质量退货货值率,统计区域口径为县(区)级,统计时间口径为季度。具体数据见表14-2。

表 14-2 各区域出口产品质量退货货值率统计数据汇总表

区域 \ 周期	1	2	3	4	5
1	0.10%	0.07%	0.15%	0.19%	0.14%
2	0.05%	0.03%	0.07%	0.03%	0.07%
3	0.03%	0.04%	0.04%	0.04%	0.04%

[①] 数据来源:余姚市出入境检验检疫局,http://www.yyciq.gov.cn。

续表

周期 区域	1	2	3	4	5
4	0.08%	0.06%	0.06%	0.06%	0.06%
5	0.2%	0.25%	0.22%	0.27%	0.24%
6	0.15%	0.13%	0.12%	0.13%	0.18%
7	0.04%	0.04%	0.03%	0.06%	0.06%
8	0.18%	0.18%	0.16%	0.14%	0.14%
9	0.07%	0.05%	0.05%	0.08%	0.05%
10	0.08%	0.06%	0.06%	0.08%	0.09%

以这一系列数据为对象,尝试对仿真性的统计结果进行横向和纵向的模拟分析。

(一) 同一统计周期内不同区域间横向比较

首先,以第 1 统计周期的模拟数据为例,进行了不同区域间的横向比较。图 14-2 中显示的是第 1 统计周期的区域 1—10 的出口退货率统计数据。

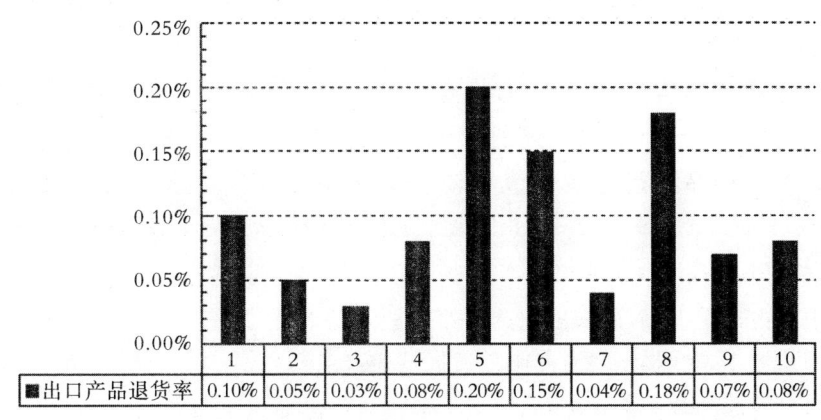

图 14-2 各区域第 1 统计周期出口产品质量退货货值率水平

从图 14-2 中不难看出,在第 1 统计周期中,出口退货率水平由低到高排序为:区域 3、区域 7、区域 2、区域 9、区域 4 和区域 10、区域 1、区域 6、区域 8、区域 5。其中,区域 3 的出口产品质量退货货值率最低,出口产品质量退货货值率为 0.03%,区域 5 的最高,为 0.20%。这说明,区域 3 的质量安全水平,在消费者体验方面的表现最好,区域 5 的表现最差。

(二) 同一区域不同统计周期间的纵向比较

接下来的分析中,以区域1在5个统计周期中的模拟数据为例,进行了同一区域间的纵向比较。图14-3中显示的是区域1在第1至5统计周期的出口退货率统计数据。

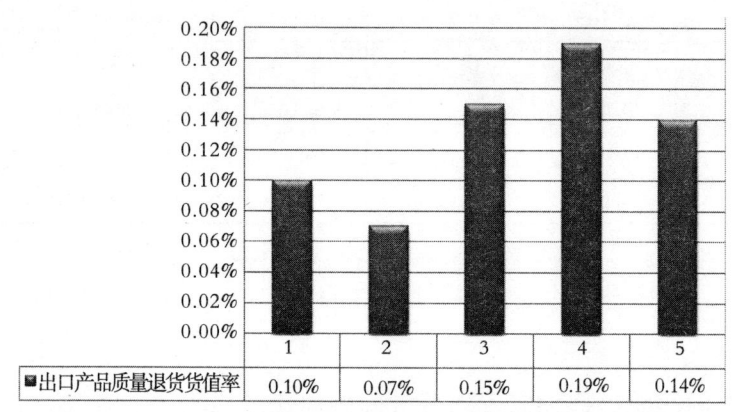

图14-3 区域1在5个季度内的出口产品质量退货货值率水平

观察图14-3,不难看出,区域1出口产品质量退货货值率的最低水平出现在第2统计周期,最高水平出现在第4统计周期。也就是说,区域1在5个统计周期内,第2统计周期出口产品的质量表现最好,第4统计周期表现最差。以第1个统计周期为基期,则区域1在接下来的4个统计周期内,出口产品质量退货货值率同比上升了-30%(即下降了30%)、50%、90%、40%。采用环比的方法,区域1的出口产品质量退货货值率较前一统计周期上升了-30%、114.29%、26.67%、-26.32%(即下降了26.32%)。尽管模拟数据中,对该统计指标的统计结果设定为1%以下,说明出口产品中,不足1%的产品被退回,在全部出口产品货值中所占比重不大,尚未出现严重的质量问题,但该指标在同一对象不同统计周期的比较中,有明显波动,反映出该区域质量的不稳定性,其可比性较强。

通过图中的数值变化可知,区域1的出口产品质量退货货值率在震荡上升,这表明该区域的出口产品的质量水平在逐步下降,或国际上对该地区出口产品的要求在不断提升,也就是说,该区域的宏观质量安全状态,相对于消费者的整体要求,是在下降的。

(三) 不同统计周期不同区域间的数据比较

抽选区域1与区域2,将区域1作为A县,区域2作为B县,将各统计周期假定为 5 个连续季度,通过两县在 5 个季度中的出口退货率水平的比较,展开进一步的数据分析(见图 14-4)。

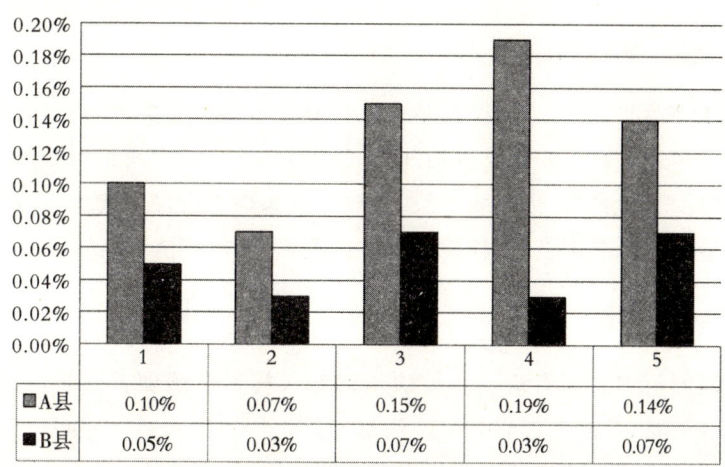

图 14-4　A 县与 B 县在 5 个季度内的出口产品质量退货货值率水平

如图 14-4 所示,在 5 个季度的统计区间内,A 县的出口产品质量退货货值率一直在 0.07% 以上,最低一次出现在第 2 季度,为 0.07%,最高一次出现在第 4 季度,为 0.19%;B 县的该指标统计结果均处于 0.07% 以下,最小值出现在第 2 季度和第 4 季度,为 0.03%,最大值出现在第 3 季度和第 5 季度,为 0.07%;A 县的出口产品质量退货货值率一直高于 B 县,这说明,B 县的质量安全水平,在消费者体验方面的表现一直较 A 县的表现好。从整体趋势上来看,A 和 B 两县的出口产品质量退货货值率水平都有上升的趋势,这可能是由国际上对产品的某方面要求提高造成的。

对 A、B 两县的指标统计结果,还可以从出口工业产品的类型、出口退运的原因与出口国家的具体情况等展开深入分析。

在这里,需要说明的是,某些地区由于生产的产品总体质量状态原因而无工业产品出口,或出口产品数量很少,如果单纯的用百分比进行比较,就会使得这些无出口或少出口的地区的指标得分很高,甚至高于大量出口工业产品的地区,造成统计结果不能客观地反映地区工业产品的质量状态。对于这种反现实情况的处理办法是:为不出口的指标定一个分数档次,甚至可以将出口极少的地区与不出口地区归为一个分数档,比如 60 分;出口量中等的地区归为一个分数档,比如 80 分;出口量大的地区归为一个分数档,比如 90 分,同时,对数量级的衡量,可以根据每一年的出口量来变化。分层级的方法对工业产品出口量大的地区在评分上更加公平。

五、工作保障机制

(一) 统计部门的职能

在统计工作的安排上,入境检验检疫局对该项数据的统计,是由各口岸直属检验检疫局和各直属检验检疫机构共同完成的。各口岸直属检验检疫局负责出口退运货物信息的收集、传递和上报工作;各直属检验检疫机构负责本辖区出口退运货物信息的原因调查、责任认定及责任追究、分析评估和结果上报工作[①]。

(二) 人员配置

因为需要对中央到县级从事该项工作的人员提供培训。为此,开发配套的培训教材和工具,并开办以省为单位的培训班就特别重要,可以使从事质量统计的人员在实施前掌握相应的专业知识和专业技能。

就出口产品质量退货货值率这项具体指标而言,尽管该指标的统计并不是十分成熟,统计周期也没有常态化,但计算公式十分简单,数据来源也没有技术性障碍,对统计数据的上报又有固定、统一的统计周期,这使进行该项指标统计的工作人员无需进行技术性工作,因此,对于统计工作的人员配置,并不需要增加新的人员参与统计工作。

(三) 统计软件平台

关于该指标的统计,基于检验检疫工作的信息化要求,对出口退运货物的快速反应也需要有相应的平台予以支撑。许多地区开通了专门的电子邮箱,将纸质文档报送转化成电子邮件报送。2008年,宁波检验检疫局研发的出口退货信息管理系统通过了国家质检总局的课题鉴定,并于2009年5月后开始在北京、上海、深圳、厦门和陕西五地的检验检疫系统进行扩大试运行,这表明,随着统计工作的不断深化,在数据采集平台上对该指标进行数据采集与统计计算也将成为可能。宁波检验检疫局研发的出口退货信息管理系统已经在扩大试运行中。该系统分政府端、企业端两个子系统,设立了信息采集、信息审核、信息传递、追溯调查、应急管理、统计查询、信息发布、规则维护和系统管理,共九大模块。[②] 该

---

① 《国家质量监督检验检疫总局关于印发〈出口工业产品货物退运追溯调查管理工作规范(试行)的通知〉(国质检函〔2006〕603号)》。

② 中国检验检疫服务网,http://www.ciqcid.com/show/181/183/42483.shtml。

第十四章 "出口产品质量退货货值(率)"指标的构建

系统结合了出口退运货物追溯调查工作实际情况以及追溯管理过程的各项需求,在获得出口退运货物的有关信息后,还能够利用信息化技术手段加以分类筛选。这套系统的覆盖,使出口产品质量退货货值率指标的数据统计具有相应的信息系统支撑,使其数据的获取、计算和传送都有了成熟的信息平台。在此基础上,为了方便地区之间的比较,同时也为了质量预警指标能够正常发挥作用,应当在各省建立数据采集平台的基础上,将各地区的数据采集平台联系起来。因此,可以在2011年开发完成的软件平台中,设计从中央到县级的统计体系架构,并嵌入统计软件,使各级质检部门都能够按照各自的授权登录该平台,实现统计指标的数据收集、统计计算、数据传递、统计分析和数据查询等主要功能。将从信息系统平台得到的数据输入软件,根据计算公式,即可实现出口产品质量退货货值率指标的按月统计,为各地区提供全面、实时的多维度的指标统计结果。

第十五章 "顾客满意度"指标的构建

一、指标含义

顾客满意度(Customer Satisfaction Index,简称 CSI)是从终极的角度,观测产品质量发展的能力。顾客满意,是指顾客对其明示的、隐含的需求或期望已被满足的程度的感受。顾客满意不仅是经济发展的目标,也是质量发展的必然结果,是对产品质量状态的一种客观反映。因而,顾客满意度(CSI),从顾客的角度测评了产品的多维特征满足用户需求的能力、产品创造忠诚顾客和利润的能力,体现了质量发展水平的程度。其数值越高,说明该区域的产品质量发展能力越强。

由于质量统计与分析项目的对象局限于制造业产品,因此"顾客满意度"实际上是"制造业顾客满意度",它是指采用问卷的形式,对一定区域的顾客样本,进行抽样调查,并按照相应的计算方式,得出制造业产品的顾客感受与顾客期望的比值。

二、国内外研究现状分析

顾客满意度(CSI),是美国、欧洲等十几个国家和地区广泛采用的产品质量和宏观经济指标。1989 年,瑞典最先推出瑞典顾客满意度指数(SCSB);1994 年,美国在参照瑞典顾客满意度的基础上,建立了自己的顾客满意度指数计量经济模型,并每季度发布美国顾客满意度指数(ACSI);1999 年,欧盟也建立了欧洲顾客满意度指数(ECSI)。

作为一项国际上通行的指标的统计计算方法,CSI 的计算方法非常成熟。目前,美国顾客满意度(ACSI)模型体系,是最完整、应用效果最好的一个宏观层面

第十五章 "顾客满意度"指标的构建

的顾客满意度模型。

美国顾客满意度测评体系共分四层,最高层为国家顾客满意度指数,下面分为部门顾客满意度指数、行业顾客满意度指数和企业顾客满意度指数。如图15-1所示,为美国顾客满意度官方网址(www.theacsi.org)的介绍信息,主要涉及美国顾客满意度指数(ACSI)的统计结构、数据收集方法、测评企业(品牌)等问题。

How are the measured companies selected? Do they change over time?
ACSI measures customer satisfaction with the products and services of more than 225 companies in 45 household consumer industries and over 130 major customer segments of federal agencies. Within each industry companies are selected on the basis of total sales and the measured companies represent a significant proportion of the overall market share of the industry. Individual companies are added or deleted from ACSI as their market position changes or as a result of mergers and acquisitions. Industries are added as new types of consumer products or services emerge and grow over time like Internet retailers or wireless telephone service carriers.

About ACSI

ACSI reports scores on a 0-100 scale at the national level and produces indexes for 10 economic sectors, 45 industries (including e-commerce and e-business), and more than 225 companies and federal or local government agencies. In addition to the company-level satisfaction scores, ACSI produces scores for the causes and consequences of customer satisfaction and their relationships. The measured companies, industries, and sectors are broadly representative of the U.S. economy serving American households.

How is the Index constructed?
ACSI uses a multi-equation, econometric model to produce four levels of indices or scores: a national customer satisfaction score, 10 economic sector scores, 45 industry scores, and scores for more than 225 companies and federal government agencies.

How are company brands measured?
Customer satisfaction is measured at the company level. When a customer identifies a specific brand, the respondent is coded as a customer of the company that produces that brand. ACSI maintains lists for over 5,000 different product brands of its measured companies.

How are ACSI data collected?
ACSI surveys customers of companies and users of government services randomly via telephone and email. Potential respondents are asked questions about their purchase and use of specific products and services bought within specified, recent time periods (these periods vary according to the product or service). Those who qualify as respondents are then asked from which company or which brand they have purchased, and responses to the ACSI survey questions are coded as a customer interview for that company. The ACSI score for each company is based on a sample of 250 customer interviews, with more than 70,000 interviews conducted annually.

图 15-1 美国顾客满意度指数的相关资料

资料来源:美国顾客满意度指数(ACSI)网址 www.theacsi.org。

依据图15-1可得出,美国顾客满意度指数测评体系选取销售额或产值占到总体国民经济相当大比例的部门、行业和企业作为代表进行测评。为了定量地认识这些代表性的部门和行业在总体国民经济中的占比,本章特以1994年10

月公布的第一期 ACSI 为例进行分析。第一期 ACSI 共选取了 7 个部门,这些部门的 GDP 占到前一年总 GDP 的 74.2%;共选取了 35 个行业,这些行业前一年的销售额占到以上 7 个部门销售额的 58%,占到整个 GDP 的 43%[①]。以上数据说明,美国顾客满意度指数测评体系中所选取部门的国内生产总值(GDP)大概占到总 GDP 的 70%;所选取行业的销售额之和大概占到所选部门销售额之和的 60%。

在每个行业内,依据销售额来选取代表性的企业,这些被选择的企业的市场份额占到该行业总市场份额相当大的比例,所选取的企业数量大概为 200 多家,另外还有数家政府服务机构。

在对企业进行顾客满意度测评时,同属该企业的不同品牌的产品没有差异,均记录为该企业的产品。每个企业的顾客满意度都是基于对随机选取的 250 名最近使用过该企业的产品的顾客进行电话或网络调研的基础上生成的。每年大概需要调研 5—7 万名顾客[②]。

为了对美国顾客满意度的层次结构和得分情况有个直观的认识,以 2010 年 10 月的 ASCI 为例,该测评体系涵盖 12 个部门、47 个行业、225 家以上企业和联邦政府机构,其测评体系和得分情况如图 15-2 所示:

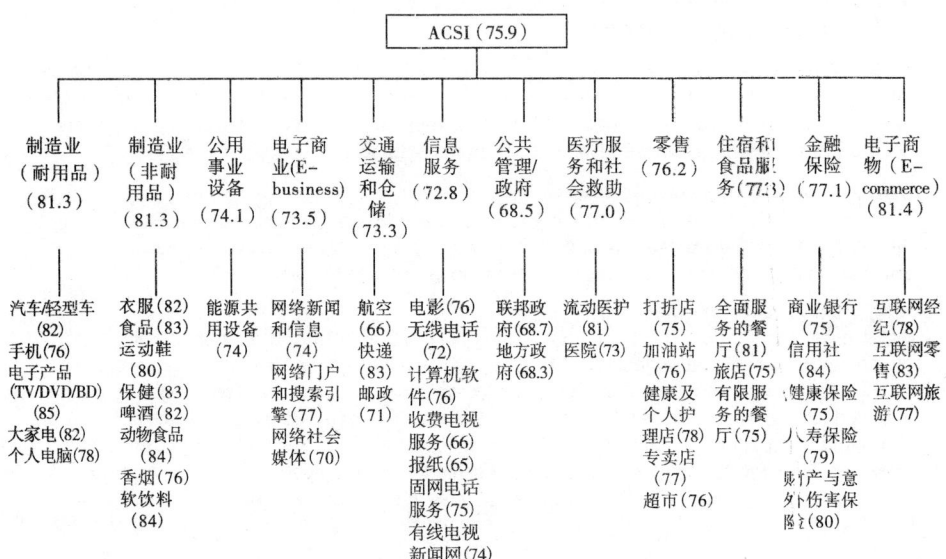

图 15-2　2010 年 10 月 ASCI 测评体系及得分情况

---

① "Introducing The American Customer Satisfaction Index", *Dividend*, Vol. 25, No. 3, Fall, 1994.
② http://www.theacsi.org/index.php?option=com_content&view=article&id=46&Itemid=124.

美国顾客满意度指数 ASCI 的计量经济模型,如图 15-3 所示。

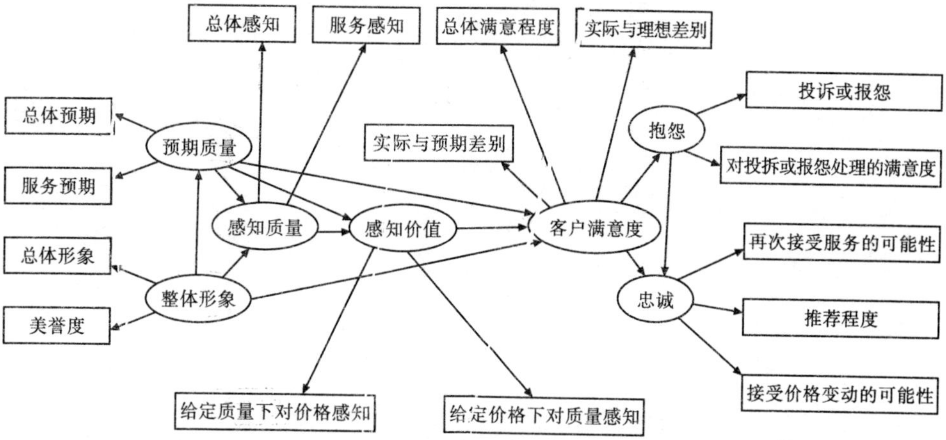

图 15-3 美国顾客满意度指数(ACSI)测评模型

由图 15-3 知,在美国顾客满意度指数(ACSI)测评模型中,"整体形象"和顾客的"预期质量、感知质量、感知价值、满意度、抱怨和忠诚"等为不可直接测量的潜在变量,这些潜在变量可分别通过几个可观测的显在变量来进行测量。

在国内,尽管某些区域,如上海,已经初步形成了行业的顾客满意度指数,但国内还没有建立一套科学有效、统一规范的国家层面(包括行业)的顾客满意度指数测评体系。

三、测评行业、产品和企业的确定

构建制造业顾客满意度指数,首先要建立制造业顾客满意度指数体系的层次结构,然后基于层次结构的框架,对每一层的具体内容进行展开,这里主要包括代表性产品和企业的选取。

(一) 统计的层次结构

按照宏观质量统计分析指标可比性、可行性等原则,构建了制造业顾客满意度的统计层次,具体内容如图 15-4 所示,即:制造业总体顾客满意度、制造业耐用品和非耐用品顾客满意度指数、制造业行业顾客满意度、制造业产品顾客满意度和制造业企业(品牌)顾客满意度。

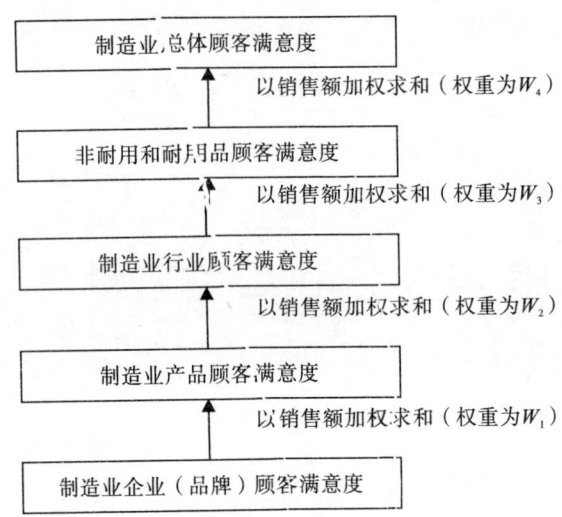

图 15-4 制造业总体顾客满意度的统计层次

按图 15-4 中的统计层次以销售额为依据进行由下至上的加权求和,可分别得到各个层次的顾客满意度指数。

图 15-4 中,制造业行业、产品和企业(品牌)是具有代表性的行业、产品和企业(品牌)。选取代表性行业的依据主要是销售收入之和占到制造业总销售收入一定比例(如 60%)且与消费者日常生活密切相关的行业,销售收入的占比具有一般统计学意义即可;选取代表性企业的主要依据是销售额之和占到该产品总销售额一定比例(如 60%)的数家大型企业;选取代表性产品的依据主要是销售额之和占到该行业总销售额一定比例(如 60%)且与消费者日常生活密切相关的产品。

(二)测评行业的选取

制造业行业分为大类、中类和小类三层,如大类"农副食品加工",中类"植物油加工"和小类"食用植物油加工"。本书在选取制造业顾客满意度测评体系中的代表性行业时,首先基于《国民经济行业分类与代码(GB/T 4754—2002)》,并依据《中国统计年鉴 2010》中提供的 2009 年制造业各行业主要销售收入的数据选取代表性的大类行业,然后再依据中国经济信息网提供的 2009 年 9 月—2010 年 8 月的中类行业销售收入的数据选取代表性的中类行业,最后,在中类行业中选取与消费者日常生活密切相关的小类行业。

表 15-1 展示了 2009 年制造业各大类行业的主营业务收入情况。

表15-1 2009年制造业各行业主营业务收入及占比

行业	主营业务收入(亿元)	排名	占比
通信设备、计算机及其他电子设备制造业	44215.94	1	9.37%
黑色金属冶炼及压延加工业	43905.73	2	9.30%
交通运输设备制造业	41090.49	3	8.71%
化学原料及化学制品制造业	36297.99	4	7.69%
电气机械及器材制造业	32386.51	5	6.86%
农副食品加工业	27624.67	6	5.85%
通用设备制造业	26636.42	7	5.64%
非金属矿物制品业	24081.17	8	5.10%
纺织业	22470.51	9	4.76%
石油加工、炼焦及核燃料加工业	21247.48	10	4.50%
有色金属冶炼及压延加工业	21000.28	11	4.45%
专用设备制造业	16480.15	12	3.49%
金属制品业	15499.20	13	3.28%
塑料制品业	10602.18	14	2.25%
纺织服装、鞋、帽制造业	10140.52	15	2.15%
医药制造业	9087.00	16	1.93%
食品制造业	8865.02	17	1.88%
造纸及纸制品业	8001.90	18	1.70%
饮料制造业	7464.94	19	1.58%
皮革、毛皮、羽毛(绒)及其制品业	6241.35	20	1.32%
木材加工及木、竹、藤、棕、草制品业	5618.95	21	1.19%
仪器仪表及文化、办公用机械制造业	4939.51	22	1.05%
烟草制品业	4870.92	23	1.03%
橡胶制品业	4642.07	24	0.98%
工艺品及其他制造业	4409.87	25	0.93%
化学纤维制造业	3799.18	26	0.81%
家具制造业	3353.25	27	0.71%
印刷业和记录媒介的复制行业	2873.13	28	0.61%
文教体育用品制造业	2570.31	29	0.54%
废弃资源和废旧材料回收加工业	1453.06	30	0.31%
总计	471869.70	—	100.00%

依据表 15-1 中各行业主要营业收入的数据及其与消费者日常生活密切相关的程度,确定出制造业顾客满意度指数测评体系的 11 大行业,如图 15-5 所示,这 11 大行业主营业务收入占到制造业主营业务收入的 46.4%。

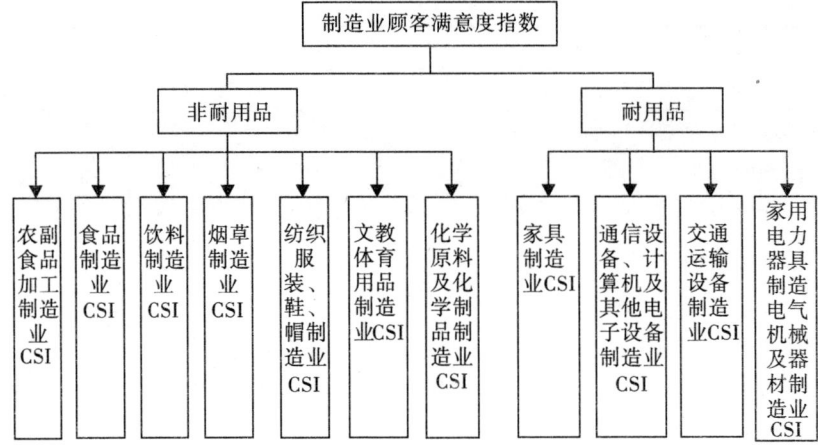

图 15-5 制造业总体顾客满意度指数体系(前两层)

某些行业的主营业收入占比比较高,如黑色金属冶炼及压延加工业为 9.3%、通用设备制造业为 5.6%,但考虑到其与消费者日常生活的相关程度较低,因此不列入指数体系。相反,一些主营业收入占比比较低的行业,如家具制造业为 0.7%、文教体育用品制造业为 0.5%,但与消费者日常生活的相关程度较高,仍然列入指数体系。

按照《国民经济行业分类与代码(GB/T 4754—2002)》中的制造业行业分类标准,以上 11 个行业属于制造业的大类行业,基于此,再依据 2009 年 9 月至 2010 年 8 月一年期间的各大类行业下的中类行业的销售收入①,可以确定出这 11 个大类行业下的代表性中类行业,如表 15-2 所示:

表 15-2 制造业顾客满意度代表性中类行业

产品种类	2009.9—2010.8 销售收入(单位:千元)	销售收入占比
非耐用品		
一、农副食品加工制造业	6179833293	
植物油加工	1086390442	17.58%
制糖	142515333	2.31%

---

① 数据来源:中国经济信息网,db.cei.gov.cn。

续表

产品种类	2009.9—2010.8销售收入(单位:千元)	销售收入占比
屠宰及肉类加工	1339987835	21.68%
其他农副食品加工	531622651	8.60%
		累计:50.17%
二、食品制造业	2042053666	
焙烤食品制造	225640905	11.05%
糖果、巧克力及蜜饯制造	158102190	7.74%
方便食品制造	341528272	16.72%
液体乳及乳制品制造	362457746	17.75%
调味品、发酵制品制造	295177270	14.45%
		累计:67.71%
三、饮料制造业	1714128851	
酒的制造	880367565	51.36%
软饮料制造	625645907	36.50%
精制茶加工	109273067	6.37%
		累计:94.23%
四、烟草制造业	1188664761	
国产卷烟	1161077214	97.68%
		累计:97.68%
五、纺织服装、鞋、帽制造业	2207106657	
纺织服装制造	2084617686	94.45%
		累计:94.45%
六、文教体育用品制造业	566970307	
玩具制造	239952144	42.32%
体育用品制造	168622879	29.74%
		累计:72.06%
七、化学原料及化学制品制造业		
日用化学产品制造	501836701	5.94%
		累计:5.94%
耐用品		
一、家具制造业	750563388	
木质家具制造	434405682	57.88%
		累计:57.88%

续表

产品种类	2009.9—2010.8 销售收入(单位:千元)	销售收入占比
二、通信设备、计算机及其他电子设备制造业	9783390981	
通信设备制造	1793609103	18.33%
电子计算机制造	3484388428	35.62%
家用视听设备制造	834781519	8.53%
		累计:62.48%
三、交通运输设备制造业	9719830199	
汽车制造	7389698018	76.03%
摩托车制造	480006550	4.94%
自行车制造	153671225	1.58%
		累计:82.55%
四、电气机械及器材制造业	7334137927	
家用电力器具制造	1688472659	23.02%
		累计:23.02%

表15-2中非耐用品中的中类"日用化学产品制造"和耐用品中的中类"家用电力器具制造"在各自的大类中的销售收入占比虽然均比较小,但产品与消费者的日常生活相关程度很高,故纳入统计范围。

(三) 测评产品的选取

确定出制造业顾客满意度指数体系的代表性中类行业后,就可以进一步确定出代表性小类行业即产品。依据与消费者的日常生活的密切程度,在每个种类行业中选取代表性的产品,可以得到制造业顾客满意度测评体系的44个代表性产品,如表15-3所示:

表15-3 制造业顾客满意度代表性产品

产品种类	代表性产品
非耐用品	
一、农副食品加工制造业	
植物油加工	食用植物油
制糖	食糖
屠宰及肉类加工	肉禽及其制品

续表

产品种类	代表性产品
其他农副食品加工	淀粉
	豆制品
	蛋
	共6个代表性产品
二、食品制造业	
焙烤食品制造	饼干
	面包
糖果、巧克力及蜜饯制造	糖果
	巧克力制品
方便食品制造	大米
	面粉
液体乳及乳制品制造	酸奶
	奶粉
调味品、发酵制品制造	调味品
	共9个代表性产品
三、饮料制造业	
酒的制造	白酒
	葡萄酒
	啤酒
软饮料制造	饮料
精制茶加工	茶叶
	共5个代表性产品
四、烟草制造业	
国产卷烟	国产卷烟
	共1个代表性产品
五、纺织服装、鞋、帽制造业	
纺织服装制造	男式服装
	女士服装
	共2个代表性产品
六、文教体育用品制造业	
玩具制造	儿童玩具
体育用品制造	体育用品
	共2个代表性产品

续表

产品种类	代表性产品
七、化学原料及化学制品制造业	
日用化学产品制造	化妆美容用品
	洗发用品
	洗浴用品
	洗涤用品
	共 4 个代表性产品
耐用品	
一、家具制造业	
木质家具制造	家具
	共 1 个代表性产品
二、通信设备、计算机及其他电子设备制造业	
通信设备制造	固定电话机
	移动电话机
电子计算机制造	电脑
家用视听设备制造	电视机
	共 4 个代表性产品
三、交通运输设备制造业	
汽车制造	轿车
摩托车制造	摩托车
自行车制造	自行车
	共 3 个代表性产品
四、电气机械及器材制造业	
家用电力器具制造	洗衣机
	电风扇
	电冰箱（柜）
	吸排油烟机
	空调器
	热水器
	微波炉
	共 7 个代表性产品
	共计 44 个代表性产品

(四)测评企业(品牌)的选取

依据2009年企业的销售收入即市场份额情况,确定如下170多家企业(品牌)作为调研对象,如表15-4所示:

表15-4 制造业顾客满意度测评体系代表性企业(品牌)

代表性产品及企业		2009年市场份额
非耐用品		
一、农副食品加工制造业		
食用植物油		
1	金龙鱼	
2	福临门	50%以上
3	鲁花	
肉禽及其制品		
1	双汇	
2	金锣	80%以上
3	雨润	
蛋		
1	湖北神丹健康食品有限公司	
2	上海仟果企业管理有限公司	
3	珠海元朗食品有限公司	60%以上
4	慈溪市爱开食品有限公司	
5	乡里来食品	
6	杭州顺丰祥食品有限公司	
豆制品		
1	统一嘉吉(东莞)饲料蛋白科技有限公司	
2	北京王致和食品集团有限公司	
3	山东万得福实业集团有限公司	
4	大庆天圜日月星蛋白有限公司	
5	长岭县吉安植物油有限公司	30%以上
6	烟台宏发食品有限公司	
7	上海清美绿色食品有限公司	
8	马鞍山市黄池食品(集团)公司	
9	华容县塔市丽峰食品厂	
10	北京京日东大食品有限公司	

续表

代表性产品及企业		2009年市场份额
食糖		
1	南宁糖业股份有限公司	
2	广西贵糖(集团)股份有限公司	
3	广西扶南东亚糖业有限公司	
4	广西凤糖生化股份有限公司	50%以上
5	龙州南华糖业有限责任公司	
6	广西来宾东糖迁江有限公司	
7	广西东门南华糖业有限责任公司	
二、食品制造业		
大米、面粉		
1	岳阳金健米业精米有限公司	
2	昆明顶益食品有限公司	
3	河南省龙云集团有限公司	30%以上
4	郑州海嘉食品有限公司	
5	厦门兴盛食品有限公司	
调味品		
1	河南省莲花味精集团有限公司	
2	通辽梅花生物科技有限公司	
3	安徽丰原生物化学股份有限公司	50%以上
4	佛山市海天调味食品有限公司	
5	河北梅花味精集团有限公司	
糖果、巧克力		
1	箭牌糖果(中国)有限公司	
2	玛氏食品(中国)有限公司	
3	东莞徐记食品有限公司	50%以上
4	不凡帝范梅勒糖果(中国)有限公司	
5	南京喜之郎食品有限公司	
饼干		
1	卡夫食品	
2	百事食品(中国)有限公司	
3	达利食品	50%以上
4	旺旺	
5	康师傅	
6	徐福记	

续表

代表性产品及企业		2009年市场份额
面包		
1	北京盛元吉利工贸有限责任公司	30%以上
2	北京市宫颐府食品厂	
3	苏菲糕饼食品(北京)有限公司	
4	北京稻香村食品有限责任公司	
5	北京聚庆斋食品有限公司	
三、饮料制造业		
茶叶		
1	中国茶叶股份有限公司	50%以上
2	浙江省茶叶集团有限公司	
3	湖南省茶业有限公司	
4	安徽茶叶进出口有限公司	
5	云南大益茶业集团	
饮料		
1	百事可乐	80%以上
2	可口可乐	
3	康师傅	
4	娃哈哈	
5	统一	
酸奶、奶粉		
1	内蒙古伊利实业集团股份有限公司	70%以上
2	内蒙古蒙牛乳业(集团)股份有限公司	
白酒		
1	四川省宜宾五粮液集团有限公司	60%以上
2	中国贵州茅台集团有限责任公司	
3	泸州老窖集团有限责任公司	
4	湖北稻花香集团	
5	山西杏花村汾酒集团有限责任公司	
葡萄酒		
1	烟台张裕集团有限公司	90%以上
2	中法合营王朝葡萄酿酒有限公司	
3	华夏葡萄酿酒有限公司	
4	烟台威龙葡萄酒股份有限公司	
5	烟台中粮葡萄酿酒有限公司	
6	中国长城葡萄酒有限公司	

续表

代表性产品及企业		2009年市场份额
啤酒		
1	北京燕京啤酒集团	
2	青岛啤酒集团	45%以上
3	华润啤酒集团	
四、烟草制造业		
国产卷烟		
1	湖南中烟工业有限责任公司	
2	上海烟草(集团)公司	
3	红云烟草(集团)有限责任公司	40%以上
4	玉溪红塔烟草(集团)有限责任公司	
5	武汉烟草(集团)有限公司	
五、纺织服装、鞋、帽制造业		
男式服装		
1	劲霸男装	
2	柒牌男装	40%以上
3	七匹狼男装	
女士服装		
1	周仕依林	
2	范多伦	40%以上
3	圣玛田	
六、文教体育用品制造业		
儿童玩具		
1	佛山市南海中美玩具厂	
2	好孩子儿童用品有限公司	
3	佛山市南海区官窑华轩玩具厂	30%以上
4	上海荣威塑胶工业有限公司	
5	永勤玩具实业(深圳)有限公司	
体育用品		
1	佛山市南海中美玩具厂	
2	佛山市南海区华轩玩具厂	
3	好孩子儿童用品有限公司	30%以上
4	中山广盛运动器材有限公司	
5	泰山体育器材集团有限公司	

续表

代表性产品及企业		2009年市场份额
七、化学原料及化学制品制造业		
化妆美容用品		
1	大宝 北京大宝化妆品有限公司	35%以上
2	隆力奇 江苏隆力奇集团	
3	雅芳 AVON 中国雅芳	
洗发用品		
1	海飞丝洗发水	50%以上
2	清扬 CLEAR	
3	夏士莲洗发水	
4	霸王洗发水	
5	潘婷 PANTENE	
洗浴用品		
1	玉兰油 OLAY	70%以上
2	舒肤佳 Safeguard	
3	六神沐浴露	
4	力士沐浴露	
洗涤用品		
1	雕牌	45%以上
2	立白	
3	奇强	
耐用品		
一、家具制造业		
家具		
1	曲美	30%以上
2	红苹果	
3	宜家 IKEA	
4	联邦	
5	华日	
二、通信设备、计算机及其他电子设备制造业		
电视机		
1	康佳	50%以上
2	创维	
3	长虹	
4	TCL	
5	海信	

续表

代表性产品及企业		2009年市场份额
电脑		
1	联想	60%以上
2	惠普	
3	戴尔	
4	华硕	
固定电话机		
1	西门子 SIEMENS	60%以上
2	步步高	
3	TCL	
移动电话机		
1	诺基亚	60%以上
2	三星	
三、交通运输设备制造业		
摩托车		
1	钱江摩托	40%以上
2	本田摩托	
3	豪爵摩托	
4	宗申摩托	
自行车		
1	捷安特	40%以上
2	美利达	
3	永久	
4	凤凰	
轿车		
1	大众	70%以上
2	别克	
3	现代	
4	丰田	
5	日产	
6	本田	
7	比亚迪	
8	奇瑞	
9	吉利	
10	雪铁龙	

续表

代表性产品及企业		2009 年市场份额
四、电气机械及器材制造业		
洗衣机		
1	海尔 Haier	
2	小天鹅	70％以上
3	西门子	
电风扇		
1	美的 Midea	
2	艾美特	70％以上
3	格力 GREE	
电冰箱（柜）		
1	海尔 Haier	
2	容声	
3	美菱	60％以上
4	新飞	
吸排油烟机		
1	方太	
2	老板	70％以上
3	帅康	
空调器		
1	格力空调	
2	美的空调	50％以上
3	海尔空调	
热水器		
1	斯宝亚创	
2	斯帝博	40％以上
3	蓝勋章	
微波炉		
1	格兰仕微波炉	70％以上
2	美的微波炉	

从表 15-4 可以看出，不同产品的产业集中度有着较大差异，某些产品少数几家企业就占有较大市场份额，如家用电器、电脑，这类产品的顾客满意度调研相对容易；而有些产品没有什么知名企业，也没有市场份额特别大的企业，数家企业的市场份额之和只有 30％以上，如豆制品、儿童玩具，这类产品的调研比较困难，可以考虑不依据企业来调研，而直接对产品进行调研。

将以上表 15-1 至表 15-4 中代表性行业、产品和企业的数量进行统计,结果如表 15-5 所示：

表 15-5　测评行业、产品和企业数量一览表

统计层次	分类结构	数量(个)
制造业	非耐用品行业	7
	耐用品行业	4
	小计	11
产品	—	44
企业	—	175

四、统计流程和关键环节

(一) 统计流程

对于顾客满意度评测具体过程的展开,需要设计一般的流程。流程包括三个重要的节点:评测准备、实施调查和计算分析,具体测评流程如图 15-6 所示。

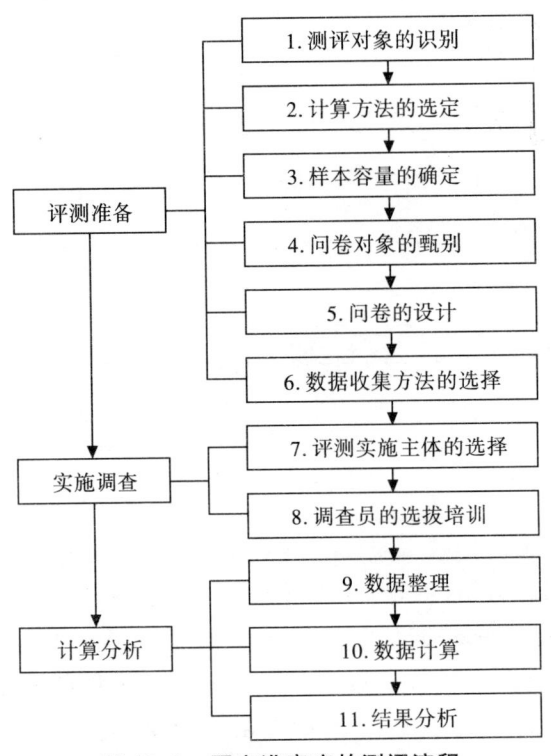

图 15-6　顾客满意度的测评流程

(二) 指标测评流程中的五个关键环节

1. 样本量的选择

按照顾客满意度的计算方法,每个测评对象至少需要250份的有效样本,才能保证95%信度区间。本方案将对每个企业的消费者进行调查,一个企业需要收集250份有效问卷,按70%的有效率,共需发放360份问卷。对于本方案提出的175家测评企业来说,每个季度共需获得$175 \times 250 = 43750$份有效问卷,需发放$175 \times 360 = 63000$份问卷,结果如表15-6所示:

表15-6 所需调研问卷数一览表

测评企业数量	每个企业需调研问卷数	每季度所需有效问卷数	每季度所需调研问卷总数
175家	250份	43750份	63000份

2. 调研区域的确定

由于制造业产品顾客满意度是计算制造业行业顾客满意度和制造业总体顾客满意度的基础,因此在选取顾客满意度(CSI)的测评区域时,主要考虑被调研产品的销售区域分布情况,所以应当选取制造业产品销售额最大的若干区域作为调研区域。

3. 问卷发放对象的甄别

问卷对象是指问卷调查的被访问者。顾客满意度的问卷对象,主要是指近期消费过被调研产品的公民。在对问卷对象进行抽样的时候,要界定居民的社会属性(如职业、社会地位等)和自然属性(如年龄、性别等)。

4. 问卷的设计

调查内容设计主要是问项问题的设计。所需要调查的问题,就是第二部分中顾客满意度测评模型中各结构变量的观测变量,具体如下表所示,共计18个问项。

表 15-7　顾客满意度调查问卷问项

结构变量		问项（观测变量）
顾客满意度	品牌形象（X_1）	1. 整体印象 X_{11}
		2. 知名度 X_{12}
	预期质量（X_2）	3. 总体预期 X_{21}
		4. 个性化预期 X_{22}
		5. 可靠性预期 X_{23}
		6. 服务质量预期 X_{24}
	感知质量（X_3）	7. 总体感知 X_{31}
		8. 个性化感知 X_{32}
		9. 可靠性感知 X_{33}
		10. 服务质量感知 X_{34}
	感知价值（X_4）	11. 给定价格下对质量的感知 X_{41}
		12. 给定质量下对价格的感知 X_{42}
	满意度（Y_1）	13. 总体满意度 Y_{11}
		14. 实际感知质量同预期质量的差距 Y_{12}
		15. 实际感知同理想产品的差距 Y_{13}
	忠诚度（Y_2）	16. 重复购买的可能性 Y_{21}
		17. 向他人推荐的可能性 Y_{22}
		18. 价格上升的购买可能性 Y_{23}

5. 数据收集方法

由于美国的信息化程度较高，企业的顾客资料较为充分，网络通讯较为发达，手机和电脑的普及率非常高，因此美国顾客满意度测评主要采取的是电话调研和电子邮件（网络）调研。而我国信息化程度不高，企业也往往缺乏顾客的基础资料，顾客联络渠道不畅通，因此在顾客满意度评测中，可以综合采取多种数据收集的方式，包括现场问卷调查法、邮寄问卷法、电话调查法和网络调查法等。

(三) 顾客满意度的计算

在计算出制造业企业（品牌）、产品和行业顾客满意度的基础上，可通过加权求和得到全国制造业顾客满意度。

数据收集完毕之后，需要剔除无效数据和异常数据，然后依据结构方程模型

(SEM)进行数据计算。在顾客满意度模型中,通常采用偏最小二乘法(PLS)算法,并借助能够处理结构方程模型的软件,如 PLS 软件、LISREL 软件或 AMOS 软件,依靠计算机软件进行循环运算以求得最优估计值。关于顾客满意度(CSI)的计算,采用与美国顾客满意度相同原理的方法,如公式(15-1)所示:

$$CSI = \frac{E[\xi] - min[\xi]}{max[\xi] - min[\xi]} \times 100\% \qquad 公式(15-1)$$

公式中,ξ 代表"顾客满意"这一结构变量;$E[\xi]$,$min[\xi]$,$max[\xi]$ 分别代表"顾客满意"结构变量的实际期望值、最小值和最大值;$E[\xi] = \sum_{i=1}^{n} w_i \overline{x_i}$,$w_i$ 是"顾客满意"结构变量的观测变量(即二级指标)的均值,$\overline{x_i}$ 是变量的权重,i 是变量个数。

(四)统计周期

按照国内外通行的做法,顾客满意度测评是按季度进行统计的。同时,由于国民经济统计数据(计算权重时用),也是按季度进行统计的。为了让我国的顾客满意度(CSI)指标能够与国外的顾客满意度指数进行对比,顾客满意度指标应按季度进行统计。

由于顾客满意度指标属于新的统计指标,其数据收集完成的具体时间,可以按其他指标完成的具体时间来定。

五、工作保障机制

(一)组织形式

顾客满意度测评可以采取"政府+高校+公司"的组织形式,其中政府充当"采购"的角色,主要负责顾客满意度测评工作的管理、协调和实施,不具体参与顾客满意度的测评;顾客满意度的具体建模和计算工作,则可以委托高校专业机构进行,问卷的市场调研也可以委托咨询公司进行。

(二)经费预算

根据前面的计算,对于 175 个测评企业来说,每个季度共需发放 63000 份问卷。根据目前实际的市场调查和估算,每份调查问卷的调查成本约为 10 元,若要形成制造业的总体顾客满意度指数,则每季度需要花费 63 万元经费,每年需花费的经费即为 252 万元。

(三) 分阶段实施

从前文构建的制造业顾客满意度(CSI)指数所需要的工作量和经费看,若要形成制造业的总体顾客满意度指数,需要测评的行业、产品和企业的数量较大,调研费用也相对较高。考虑到这些实际测评过程中的成本、技术和可行性等因素的约束,建议对于 CSI 指标的测评可以采取"分阶段实施"的策略,即可在某些行业先进行 CSI 测评的试点,如食品制造业、饮料制造业等,形成该行业的顾客满意度指数,等条件相对成熟时,再开展制造业的总体顾客满意度指数的测评工作。

第十六章 "投诉举报量"指标的构建

一、指标含义

本章所称的"投诉举报量",是指质监部门受理的消费者对本地工业产品投诉和举报的总案件数。

在产品质量的主体中,最主要的就是两个,一个是产品质量的供应方,即生产企业;另一个就是质量的需求方,即消费者。消费者与产品生产者之间,存在着严重的信息不对称。一方面,在产品质量信息的拥有与传播上,生产厂家相对于消费者有着更多的优势。个体消费者在质量的专业知识以及经济力量,与生产企业相比处于明显的弱势地位。另一方面,消费者又是质量安全问题的最大利益相关方。如果产品质量出了安全问题,毫无疑问,最大侵害对象也同样是消费者。虽然,消费者在行动能力和专业知识上,与产品生产企业相比,都处于弱势地位,但由于消费者是产品的实际使用者,这使得消费者成为产品质量的最佳评判者。

此外,目前我国质量监管部门的监督抽查是一种符合性检测,即根据已经颁布和实施的国家、行业标准的规定对产品进行检测和判断,当前我国现代科技的发展日新月异,产品更新换代周期变短,几乎每天都可能发现新的添加剂和化学物质的新用法。而我国的很多标准都是二十多年前制定,存在着较大的"标准滞后"的问题,因此很多产品的质量问题,只有通过消费者使用,在使用过程中才会暴露出来。例如,在三鹿事件中,就存在国家检测标准和制定三聚氰胺最高限量标准滞后的问题。前期,我国检测牛奶蛋白质用的是凯氏定氮法,就是用强酸处理样品,让蛋白质中的氮元素释放出来,通过测定氮含量推算蛋白质的含量。由于当时的检测标准没有充分考虑到评估三聚氰胺等违法添加剂带来的风险,导致牛奶中添加伪蛋白的问题无法检测出来,形成了乳品行业的潜规则。直到消费者使用过程中爆发出"三聚氰胺门"事件,并对消费者产生了严重质量伤害时,国家才修订检测标准,公布三聚氰胺限量标准,弥补凯氏定氮法的缺陷,从而能够检测出乳粉中蛋白质的真正含量和冒充蛋白质的含量。

由以上的分析知,消费者的投诉举报信息,对于产品质量评价具有较高的价值。选取投诉举报量这一指标的意义,也就在于此。

二、现有基础和条件

目前,我国质检部门的"12365"消费者投诉平台,是建立在"12365"质量投诉热线电话基础上,通过快捷、高效的质量信息网络,面向广大的消费者,进行举报受理、咨询服务、信息传递、执法打假等服务的平台。

按照国家质检总局和地方政府要求,目前我国大部分省已经建立12365服务平台。近年来12365业务受理量逐年上升,2009年达到115万件。巨大的投诉举报数字后面,又连着具体的质量问题和质检工作。这为统计全国各级区域的投诉举报的数据,提供了良好的基础和条件。

目前,随着质监系统内部信息化工作的发展,12365消费者投诉平台正在逐渐形成一个有机的体系。地方省质监局根据实际在投诉举报热线的基础上,加强局内部机关科室之间、省局与市县局之间、质监系统网站与当地政府门户网站之间的信息交流。2009年10月,国家级质监12365举报处置指挥系统启动。同时,各个省由于地域环境、经济发展程度等实际情况存在差异,消费者投诉平台运行模式也不尽相同,按照市、县级质监局是否设置投诉受理中心,12365消费者投诉平台的运行模式可以划分为省市县三级网络、省市两级中心和省一级平台。

三级网络是指地方省局、市局、县局形成三级接听网络,分别对辖区内的质量投诉负责。在多级平台中,省市县三级之间的联网互通很重要,而且如何界定上一级与下一级的权利义务是应该考虑的问题。在广东省三级投诉平台中明确规定省市12365举报投诉平台对下一级工作平台有指挥、调度、督办的权利。河北省实行省市县三级办理模式,省、市局设投诉举报中心、县局设处理中心。四川省是两极指挥、三级受理,省、市州和县全面开通12365投诉举报服务台。

二级运行模式就是投诉平台网络限于地方省局和地级市局,并不辐射到县局。另外还有"两级接听,三级受理办理"模式,例如有些省已在省、市两级设立

12365电话热线,而县级基层局实行原有的固话受理投诉举报,这样就形成省市两级集中接听、省市县三级办理的格局。实行"两级部署(省局和市局)、三级应用(省、市、县)",把举报投诉受理中心设置在省市两级,县级局设立投诉举报服务中心,实现各级之间信息共享。

一级运行模式是指仅在省局一级设立12365投诉举报中心,这些地方主要是因为省内发展不平衡,企业主要集中于省会城市,海南省只有省总队投诉举报中心,各市县未设立;青海省省局12365投诉举报平台设立在西宁市质监局。

随着社会认知度的加深,12365作为质监部门与人民群众重要的直接沟通方式,咨询答疑的功能日渐凸显。目前,12365热线的投诉举报情况,已经可以按天进行数据统计和计算。实际工作中,各级质监部门按月进行投诉量、举报量等情况的通报。因而,投诉、举报作为质量评价信息的重要来源之一,在现有工作条件下投诉举报量指标的获取具有极大的可能性。

三、指标计算方法

(一)投诉举报量的计算公式

某区域投诉举报量的计算公式,如公式(16-1)所示:

投诉举报量(起) = 投诉事件数量(起) + 举报事件数量(起)　　公式(16-1)

(二)统计周期

目前,质监系统12365热线的投诉举情况,可以按天进行统计。为了与其他宏观质量统计分析指标的统计周期一致,本指标的统计周期可以是月度或季度。

四、指标的模拟运算——某省投诉举报量的走势图

以某省的实际统计数字为例,8月份该省全省质监系统12365热线受理的投诉举报量为82起,同比减少2.4%,环比增加24.2%,其中投诉35起,同比增加2.9%,环比减少2.8%;举报47起,同比减少6%,环比增加56.7%。1—8月份全省质监系统12365热线投诉举报走势如下图:

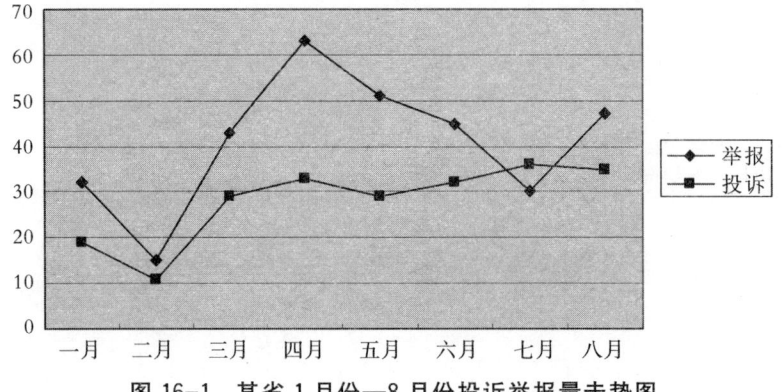

图 16-1　某省 1 月份—8 月份投诉举报量走势图

8月份,全省质监系统 12365 热线受理投诉 35 起,分布情况如下图 16-2 所示,其中轻工类投诉 1 起,占投诉总数 3%;机电类投诉 11 起,占投诉总数 31%;食品类投诉 6 起,占投诉总数 17%;建材类投诉 6 起,占投诉总数 17%;计量类投诉 5 起,占投诉总数 14%;特种设备类投诉 2 起,占投诉总数 5.7%;农资类投诉 2 起,占投诉总数 6%;其他类投诉 2 起,占投诉总数 6%。

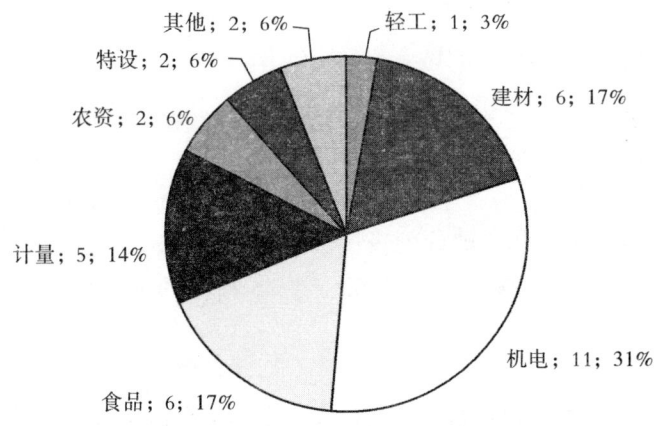

图 16-2　某省 8 月份质监系统 12365 热线投诉分布图

本月受理举报 47 起,分布情况如下图 16-3 所示,其中食品类举报 23 起,比上月增加 13 起,占举报总数 48.9%;建材类举报 4 起,占举报总数 8.5%;轻工类举报 5 起,占举报总数 10.6%;机电类举报 4 起,占举报总数 8.5%;特种设备类举报 3 起,占举报总数 6.4%;农资类举报 1 起,占举报总数 2.1%;其他类举报 6 起,占举报总数 12.8%。

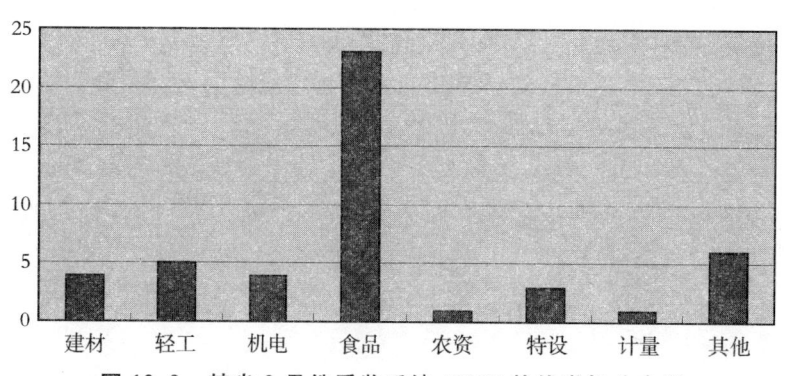

图 16-3　某省 8 月份质监系统 12365 热线举报分布图

五、工作保障机制

我国已经建立了 12365 热线投诉举报情况按月进行通报的制度体系,该体系具备了稳定的人员、技术、机构、资金、管理等要素。因而,可以基于现成的资源,直接开展监督抽查不合格率指标的统计工作,而不需要额外专门的人员、资金和技术等要素的投入。

第十七章 "名牌产品贡献率"指标的构建

一、指标含义

本章所称的"名牌产品贡献率",是指某区域国家名牌和省级名牌产品的销售额,与本区域工业总产值的比值。

质量的几个重要要素,如标准、认证、质量管理体系和顾客满意等,本身很难确定其固有的经济价值。而"名牌产品"则把这些要素都集成在一起,而且,它的价值可以得到清晰的确定。名牌产品集中地体现了质量的各种要素,是质量综合能力的物理载体:

首先,信息经济学的理论研究证明,名牌实际上是一种信号,这种信号表达的是一个产品的质量。对于一般消费者而言,质量水平很难被直接观察到,这样,就存在厂商与消费者之间在产品质量上的信息不对称。于是,厂商就需要用一定的信号机制,来向消费者传递自己的质量能力,"名牌产品"无疑是这种信号传递的最佳工具。包括广告和传播推广等,从根本上不是为了提高某个产品的知名度,而是要向消费者告知,之所以敢于不断地推广该产品,是因为它有高于其他同类产品的质量性能。

其次,现实经验表明,消费者之所以更愿意选择名牌产品,最重要的理由是名牌产品代表着同类产品中更高的质量,所以消费者愿意为名牌产品付出更高的价格。这种现象并不主要是由于名牌产品的形象影响力,而更多的是对名牌产品背后更高质量性能的肯定。

第三,名牌产品的形成是多种质量因素共同作用的结果。名牌产品意味着更高的质量标准,只有采用高于同类其他产品的标准,才能形成产品的竞争能力；名牌产品的制造需要先进的全面质量管理体系作保证,只有全过程、全方位和全员的质量管理,才能保证产品具有更好的性能和更高的精度；此外,名牌产品实际上意味着获得了各种形式的认证,在诸如环境、安全和社会责任等各个方面,达到了社会所能接受的更高水平。

最后,名牌产品还有赖于技术的创新和人力资本的投入。从名牌产品贡献率的角度,可以观测出这些技术性因素对质量发展的作用。

二、现有基础和条件

自2001年以来,名牌产品的评比已经在国家层面开展了七个年度,共表彰了1957个中国名牌产品、10个中国世界名牌产品,基本覆盖了我国现有工业制造业中的高质量产品。2008年以后,虽暂停了中国名牌产品的评选,但因为已有的中国名牌已经覆盖了大部分的工业领域,所以我们依然可以考察中国名牌产品的产值占中国制造业产品总值的比重,并通过逐年的比较,观测名牌产品贡献率的变动情况。

除了中国名牌产品之外,全国各省、市和自治区,一般都在正常地按年度开展本地名牌产品的评选,因而也可以将省级名牌产品纳入名牌产品贡献率的测算。

三、名牌产品贡献率测算方法的分析和选取

"名牌产品贡献率"是指一个区域或国家的产品质量的提高在经济发展过程中所起作用的大小。定量地测算一个区域或国家的名牌产品的贡献率,能够形成对该区域或国家的产品质量是否提高以及提高了多少等定性和定量问题的理性的、直观的认识。

目前,测量贡献率的方法主要有:计量经济模型、系统分析方法和数值占比方法。

(一)计量经济模型

运用计量经济模型来测算某个因素对于经济增长的贡献率,最具有代表性的是全要素生产率,其中使用最为广泛的是索罗(Solow)余值法。索罗余值法模型将经济增长中无法由劳动投入增长和资本投入增长说明的部分归结为"科学技术进步"。

有学者将"科学技术进步"进一步分为"体现型科技进步"和"非体现型科技进步"。"体现型科技进步"是伴随新要素质量的提高而产生的技术进步,如因劳动质量的提高而产生的技术进步;"非体现型技术进步"是指不依赖要素质量的外部因素作用产生的技术进步,如管理水平的提高、资源配置更合理等等。

要运用计量经济模型来测量产品质量的提高对于经济增长的贡献率,可以考虑将其等价于测量体现型科技进步对于经济增长的贡献率。

许多学者在运用索罗余值法测量某个因素对于经济增长的贡献率时,一般要将该要素从"科学技术进步"中剥离出来,虽然这样也能得到一个贡献率的计算结果,但往往精度不够。

(二) 系统分析方法

系统分析方法将经济发展的投入和产出过程中涉及的所有要素看作一个系统,并对系统中所有影响经济发展的因素进行多维度的划分,然后对划分好的因素赋予权重,再基于问卷调查来评估每个因素对经济发展的贡献程度,最后计算出所要研究的因素在所有因素对于经济增长的贡献中的比例,即该因素对于经济增长的贡献率。

例如,国家"十五"科技攻关项目"认证认可关键技术研究与示范"成果,其中对国民经济和社会发展的贡献率研究,就将影响经济增长的要素按影响企业创造价值的因素和部门进行二维的组合,得到每个因素和部门的组合权重,再构建复合矩阵,最后基于问卷调查评估认证认可在不同部门创造价值中的作用程度,并按部门进行加总,最后得到认证认可对于企业创造价值的贡献率。

影响企业创造价值的因素主要有 20 项,即领导力、企业文化、环境保护、能源节约、诚信经营、发展战略、市场开发、顾客满意、人力资源、资金运用、基础设施、信息系统、四新技术应用、自主创新、供方和伙伴关系、过程管理、绩效测量与分析、知识管理、持续改进和体系/产品认证。先按重要程度对这 20 项因素分级,然后对不同级别用层次分析法赋权,得到各因素权重。

从企业价值创造流程分析,各类企业主要职能部门包括生产制造、质量/技术、采购供应、市场营销和财务管理五部分。对每个部门按对企业效益贡献程度和认证参与程度评价其重要性程度,再依此计算权重。在得到每个因素和部门的组合权重之后,构建因素和部门的复合矩阵。然后由 5 个主要职能部门的负责人员,分别对 20 项因素在企业价值创造过程中所发挥作用大小,按 1—10 分进行评价,再结合部门和因素的组合权重,计算认证认可对经济发展的贡献率。

(三) 数值占比方法

数值占比方法就是计算所要研究的因素在统计时期内的经济增加值在经济总增加值中的占比。在宏观经济的研究领域中数值占比法的应用非常广泛,其普遍适用性和较高的精确性和可行性,使之在宏观经济分析和研究中占有非常重要的地位。如:第二产业增加值在 GDP 增加值中的占比;劳动力因素、资本因素、科技进步分别在总经济增长中的占比;消费、投资、净出口因素分别在一个国家经济增长中的占比;居民食品支出总额在居民总消费额中的占比;居民存款额在其总收入中的占比等等。数值占比分析法的可行性和可靠性在这三种方法中都处于较高的水平。

产品的质量是其核心价值之一,所有被消费者认可的名牌产品无疑都是在同行业产品中质量较高的产品,因此名牌产品的总产值在工业总产值中的占比,在很大程度上反映了名牌产品贡献率这一指标。

(四) 三种方法的比较分析

本章将从精确性和可行性两个维度来比较分析计量经济模型、系统分析法和数值占比法的优劣,并综合考虑这两个维度来选取最终用于测算名牌产品贡献率的方法。比较上述三种方法在测算名牌贡献率的精确性时,主要考虑各种测算方法中与质量相关的因素和质量因素本身的契合程度,而非测算方法本身的精确性;比较可行性时,主要考虑测算方法的可操作程度,主要包括测算方法的成熟度、测算所需数据的可获取性等因素。

1. 计量经济模型

名牌产品贡献率中的质量要素主要指产品质量,而体现型科技进步中的质量要素是指新要素质量,可见两者之间的概念并不是很吻合。前者更倾向于结果,即最终产品的质量;后者更倾向于原因,即生产产品的人员素质、工艺水平等的质量。体现型科技进步对于经济增长的贡献率只能间接反映产品质量的提高对于经济增长的贡献率,存在精度欠缺的问题。

通过收集相关的数据,建立计量经济模型,运用相关的软件进行计算和模拟,此方法可行性较高。

2. 系统分析法

通过第二小节的分析,可以采用系统分析法来测算名牌产品要素对经济增长的贡献率,只需在影响企业创造价值的因素中体现出质量这一要素即可,精确性很高。

然而,系统分析法必须耗费较长的时间和较大的精力来确保其科学性,由于此次统计与分析项目的研究时间较短,很难完成整体系统的构建,另外,此方法适用于微观的企业层面,即使采取对企业进行抽样,然后推算出质量要素对于经济增长的贡献率的方法,也会规模浩大,计算相当繁琐,可行性较差。

3. 数值占比法

统计周期内,名牌产品的总产值和国民经济总产值的数据易获取,质量贡献率容易计算,可行性很高。但名牌产品只是质量要素的集中体现,也只能间接衡量质量要素对于国民经济增长的贡献率,精确性稍弱,但相比于计量经济模型,其与质量要素的契合度更高。

三种方法按精确度和可行性的优劣进行比较分析如表17-1所示:

表17-1　三种方法优劣比较

属性 方法	精确性	可行性
计量经济模型	最低	居中
系统分析法	最高	最低
数值占比法	居中	最高

测算质量要素对于国民经济增长的贡献率的三种方法当中,从精确性的角度分析,计量经济模型不适宜;从可行性的角度分析,系统分析法不适宜;数值占比法虽然精确性稍弱,但可行性最高,是测算质量贡献率最为合适的方法。

四、名牌产品贡献率的统计和计算方法

名牌产品属于整个工业产品的一部分,其贡献率的计算比较简单,就是用名牌产品的产值除以整个工业总产值。名牌产品所占的比重越高,则名牌产品的贡献率越大。利用这种测算方法,可以比较不同地区质量贡献率的差异,也可以比较同一地区不同时间名牌产品贡献率的进步程度。此外,测算得到的质量贡献率统计指标,还可以反映出一个地区整个工业的发展质量,名牌的贡献率越大,说明当地工业的投入产出比越高。它也能够引导地方和企业,将资源向名牌产品配置。

(一) 指标的计算公式

名牌产品贡献率的计算公式如下：

$$\text{名牌产品贡献率} = \frac{\text{名牌产品销售额}}{\text{工业总产值}} \times 100\% \qquad \text{公式}(17-1)$$

公式(17-1)中分子之所以选择名牌产品的销售额，而不是产品的产值，主要是从数据获得的可行性考虑，因为企业在申报名牌产品时，需要提供该产品在过去三年内的销售额，而不是产品的产值；其次产品的销售额比产值更能够代表该产品被市场认可的程度。

某区域可能存在新增的名牌产品、超过有效期而复评的产品，还有可能因为违反管理条例而被剔除的产品，因此，为了简化数据来源过程，在计算某区域某统计周期的质量贡献率时，统一以该统计周期内该区域所拥有的所有名牌的销售额作为数据源。

(二) 中国名牌产品和省级名牌产品的权重计算

需要注意的是，要区别对待中国名牌产品和省级名牌产品，在测算其贡献率的指标时给它们赋予不同的权重。至于省以下的区域名牌产品的评选，则不纳入质量贡献率的计算，因为在一个较小区域的名牌，与名牌应有较大的区域影响力的要求不一致。

中国名牌产品和省级名牌产品权重的确定，采用的赋权方法是利用某一年份中国名牌的销售额和省级名牌的销售额分别加总，然后除以相应的名牌数，得到两类名牌的平均销售额，最后通过两者平均销售额的比值来确定权重。其数学表述如下：设某一年份的中国名牌销售额为 M，中国名牌数为 m，省级名牌销售额为 N，省级名牌数目为 n，则中国名牌的权重 WX 和省级名牌的权重 WY 分别表示为：

$$WX = \frac{M/m}{M/m + N/n} \qquad \text{公式}(17-2)$$

$$WY = \frac{N/n}{M/m + N/n} \qquad \text{公式}(17-3)$$

若设某县区的工业产值为 G，则该县区的名牌产品贡献率的计算公式为：

$$\text{名牌产品贡献率} = \frac{M \times WX + N \times WY}{G} \times 100\% \qquad \text{公式}(17-4)$$

五、名牌产品贡献率的模拟运算

以某省的5个县市2008年的名牌产品销售额和工业产值为数据源,进行该质量贡献率计算方法的实证数据模拟。5个县市的名牌产品销售额及工业产值如表17-2所示。

表17-2　2008年某省名牌产品贡献率一览表

市/州	中国名牌		湖北名牌		名牌销售（亿元）	工业产值（亿元）
	数量（个）	销售产值（亿元）	数量（个）	销售产值（亿元）		
A	19	1000	120	848.04	1848.04	3960
B	5	120	37	180.43	300.43	553
C	4	42	41	100.32	142.32	1020
D	6	12	65	23.77	35.77	623
E	1	9	30	100.1	109.10	480

利用公式(17-4)计算,可得到某省A、B、C、D和E五个市州的名牌产品贡献率,排序结果如图17-1所示。

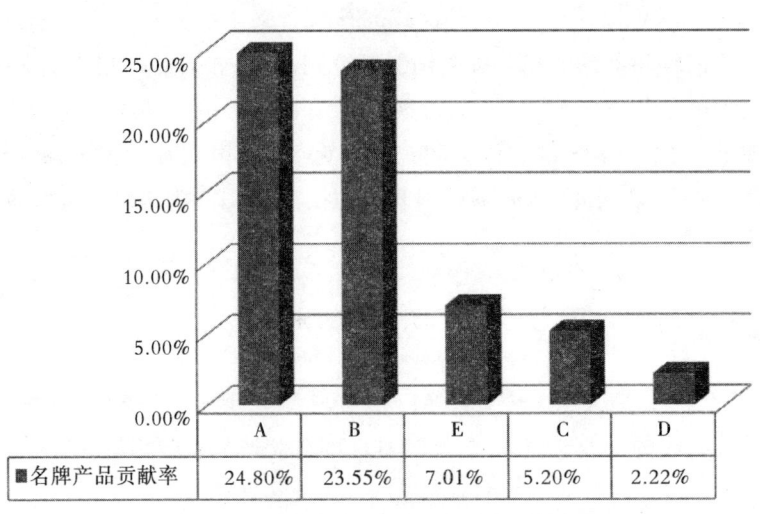

图17-1　某省不同市州的名牌产品贡献率排序图

六、工作保障机制

(一) 经济数据的获取

计算某区域的名牌产品贡献率时,需要得到该区域中国名牌产品和省级名牌产品的销售额,以及本区域工业总产值这些经济数据。这些数据获取的方式如下:

(1)国家名牌产品的销售额和本区域的工业总产值,从当地统计局获得。

(2)省级名牌产品的销售额,可以从当地统计局获得,也可以从省级名牌产品生产企业每年上报的名牌产品复审材料中获取。

(3)国家名牌和省级名牌重叠的产品,只统计一次该产品的销售额。

(二) 组织机构协调

由以上分析知,名牌产品贡献率指标的统计,需要各级质监部门与当地的统计局进行协调沟通和密切配合。

各级质监部门作为产品质量的综合管理部门,负责该指标的统计、计算和分析,督促和协调统计部门对该指标的日常填报和汇总工作。

(三) 人员和经费配置

由于名牌产品贡献率这一指标的统计、汇总与计算较为简单,因而可以基于现成的资源,直接开展该指标的统计工作。

第十八章 "新产品产值率"指标的构建

一、指标含义

本章所称的"新产品产值率",是指**被统计地区(或行业)的新产品的产值占其全部工业总产值的比例**。为了保证宏观质量统计分析指标的分析研究与统计数据采集上的一致性,本书的宏观质量管理指标中,对"新产品"的界定,采用的是国家统计局《科技统计报表制度》中的对"新产品"的解释:是指采用新技术原理、新设计构思研制、生产的全新产品或在结构、材质和工艺等某一方面比老产品有明显改进,从而显著提高了生产性能或扩大了使用功能的产品。国家现行工业统计报表制度中的"新产品"范围,既包括经政府有关部门认定并在有效期内的新产品,也包括企业自行研制开发、未经政府有关部门认定、从投产之日起一年之内的新产品。另外,国家 2005 年调整以后的统计范围中明确规定:若产品只在外观、颜色、图案、包装上有改变,或仅在技术上有较小的变化,不作为新产品统计。

但是,这一概念中,对于新产品的"明显改善"并没有一个明确的界定,相应的,也就无法界定什么是"技术上较小的变化",这使得企业对自己新产品申报的范围无法掌握,统计工作人员审核时也缺乏相应的标准。因此,本着科学性与可行性并重的设计原则,在指标统计之初,考虑到数据采集的便宜性,该指标对"新产品"的定义可以采用上述定义。随着该项指标统计深入,对"新产品"的含义,应当界定为——通过采用新技术、新工艺或新设计构思进行生产的,在原理、结构、功能和形式上发生了可直接观测到的改变,能给消费者带来某种新的感受、满足和利益的相对新的或绝对新的产品;而且,这种感受不包括消费者体验产品外观、颜色、图案、包装上的改变时产生的新感受。

二、现有基础和条件

该指标是国家统计局《科技统计报表制度》中的一项既有指标,是建立在各级统计局对工业统计报表数据的采集的基础上的。自1996年我国开始对高技术行业企业的新产品产值率开展统计以来,随着统计工作的全面铺开,该项指标的统计工作已经深入到了各县、区,被纳入到常规的统计范畴,有着稳定的数据来源。

其中新产品产值与工业总产值的统计数据,采取自上而下的部署和自下而上的报送的形式进行采集。各省、自治区、直辖市统计局都有固定的机构、人员和统计办法,对该数据进行统计。有关该指标的具体统计办法在本章的第三部分中会详细描述。

三、指标统计和计算方法

(一) 测评对象

本统计指标反映的是被统计地区所辖范围内的,所有规模以上工业企业生产的新产品的产值率。在统计过程中,该指标涉及到的两个统计数据,即"新产品产值"与"工业总产值",都是根据该地区所辖的规模以上工业企业填报的工业统计报表中的基础数据进行统计的。因此统计数据不会涉及到外地生产、本地销售的新产品。

(二) 测评区域

如之前阐述的那样,宏观质量统计分析指标的宏观性的一个突出要求,就是能够基于一个县(区)域的指标加总为一个市域的指标,并进而加总为一个省域的宏观质量统计分析指标,最后加总为全国性的宏观质量统计分析指标。指标在行政区域层次上的逐级加总,就意味着统计指标生成的基础是县(区)级行政区域。因此,对于新产品产值率指标的统计,应当与整体指标相一致,被测评区域要求精确到县、区。

(三) 数据收集方法

对于该指标中涉及到的两个变量，即"新产品产值"与"工业总产值"的统计数据，采取自上而下的部署和自下而上的报送的形式进行采集。是由各省、自治区、直辖市统计局负责组织实施，以全面调查的调查方法，将各地的《工业统计报表制度》(以下简称《制度》)下达到各工业相关企业的。各企业根据现行的《制度》要求，由技术开发部门按照全国统一规定的统计范围、计算方法和统计口径，在制度规定时间内，通过纸质文件或网上系统报送各级统计单位，并由各级单位组织人员进行抽样核查。

在对数据的核查中，工作人员需要注意两个方面，一是要注意企业对该指标中"新产品"的统计范围是否符合制度要求；我国从2005年起对"新产品"的统计范围进行了调整，把"新产品"的统计范围从国家级和地区级立项鉴定的新产品，延伸到企业自主立项、研发、认定、投产的新产品。二是要注意企业报送的新产品是否在有效期内；新产品的统计有效期为：从投产之日算起，生产资料类产品为3年，消费类产品为2年。因此，工作人员在核查过程中，要对各企业报送数据的统计范围加以关注，不仅要剔除不符合制度要求的数据，发现漏报，还要督促企业进行补报。

综上所述，该项指标的统计，具有制度化的、全国统一的统计范围、口径和计算方法，因此，其数据的获取和来源没有无法跨越的障碍。

(四) 统计流程

按照国家《制度》相关规定，各省统计局依据《中华人民共和国统计法》和国家统计报表制度要求，结合地方各级政府及有关部门的需求，制定地区的《工业统计报表制度》，规定地区数据报送的统计范围、统计口径、统计周期和报送时间等内容，下达到各市级统计局，再由市统计局下达到各县、区。

上报数据时，各县、区统计局根据辖区内企业通过纸质文件、电子邮件或互联网直报提交的数据进行汇总计算后，将分企业数据与统计结果一并报送到市统计局。市统计局将从县、区获得的分企业数据连同统计结果一并报送省局，省统计局根据分企业数据和各地统计结果进行计算，得到全省新产品产值率的统计结果。具体工作流程如图18-1所示。

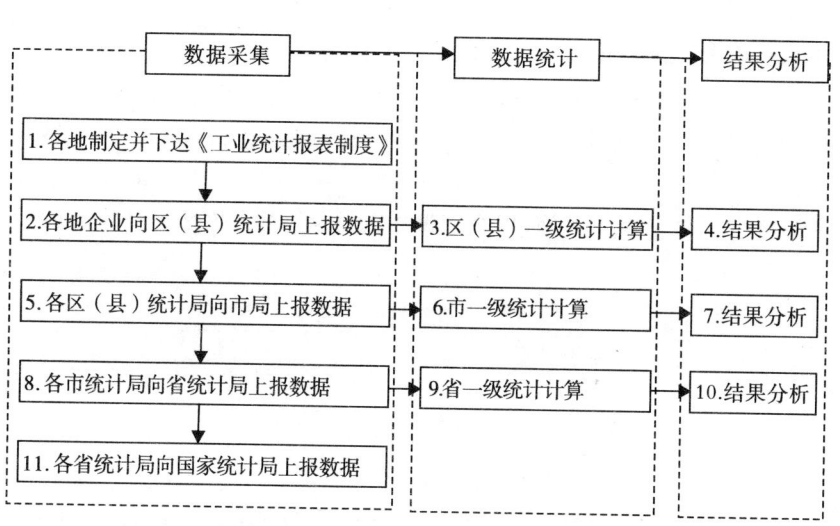

图 18-1 新产品产值率的各级统计局统计工作流程

按照这个流程,各地在保证按时上报地区统计数据的同时,也获得了被统计地区该指标的统计结果。图 18-2 显示的是成都市各区市县统计局对 2008 年新产品产值率的统计。

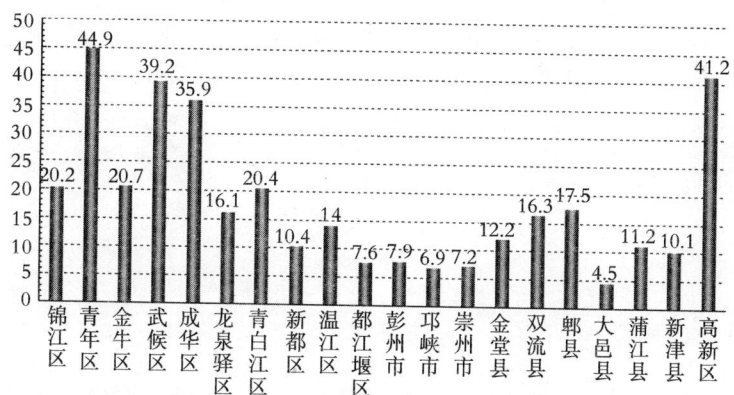

图 18-2 2008 年成都市各区市县新产品产值率

数据来源:成都工业网,http://cdgy.gov.cn。

(五) 计算公式

新产品产值率的统计公式是:

$$新产品产值率 = \frac{新产品产值}{工业总产值} \times 100\% \qquad 公式(18-1)$$

《制度》中对该指标的统计公式,采用工业总产值作为分母,反映新产品产值在工业总产值中所占的比重,此处采用工业总产值作为分母,一方面,为了避免统计时,受到销售价格波动的干扰,对于"产值"的衡量,按照现行价,即报告期当年的价格进行计算即可;另一方面,也是基于统计指标的可行性,与统计局统计口径保持一致。

各级统计局对于该公式的应用,如图 18-3 所示。

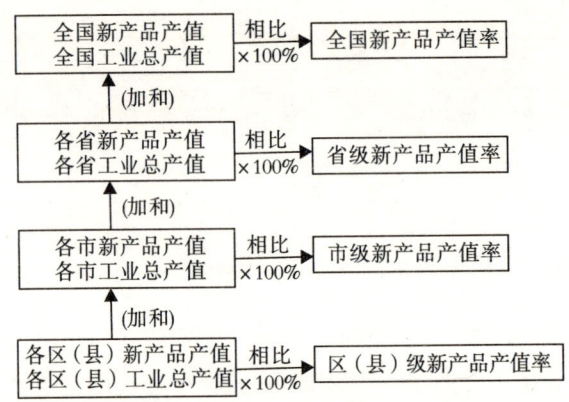

图 18-3 新产品产值率的统计层次

由图 18-3 所示的统计层次知,在采集到各区(县)所辖工业企业的新产品产值与工业总产值后,可以计算出区(县)级新产品产值率,同时根据各区(县)上报的新产品产值与工业总产值,即可计算出市级的新产品产值率,以此类推,便可得到全国的新产品产值率。比如,2000 年北京市的工业总产值按不变价计算为 5467643.19 万元,新产品产值为 836876.24 万元,则北京市当年的新产品产值率为 15.31%。

(六)统计周期

按照国家统计局的《制度》规定,对新产品产值和工业总产值的统计,依照国家统计局的工业统计报表制度,该指标数据为基层年报表数据。以安徽省下发的工业统计报表制度为例,该指标统计以自然年作为统计周期,要求各报送企业在年后 3 月 1 日前报送。按照这类《制度》规定,新产品产值率的统计周期为一年。但在各地区制定的地方《制度》中,这两个数据的统计周期却与国家规定不尽相同。越来越多的地区在本地区的《工业报表统计制度》中纷纷把本地该指标的报告期别定位于按月报送。比如北京统计局对该指标的统计,将该指标纳入《定报基层表》,要求规模以上工业法人单位在月后 3 日 23 时前向地方统计局申报。泉州市也采用了月份作为统计周期,让企业在月后 6 日 12 时前申报统计数据,有些省市还会定期公布各县、区的新产品产值率。这就使该指标在统计计算方面出现了统计周期不一致的问题,而本次宏观质量统计分析指标的统计口径,要求以季度作为统计周期,这样一来,该指标与其他指标之间就存在一个时间上的可比性问题。但这个问题可以通过国家发布统一规定进行规范。

四、模拟运算

按照本次宏观质量统计分析指标的要求,设定了 10 个假定区域,和这些区域内 5 个季度的新产品产值率,统计区域口径为县(区)级,统计时间口径为季度。具体数据见表 18-1。

表 18-1　各区域新产品产值率统计数据汇总表

区域 \ 周期	1	2	3	4	5
1	58.85%	54.25%	55.45%	52.55%	54.65%
2	30.99%	28.69%	34.82%	34.99%	33.09%
3	9.23%	11.23%	10.43%	10.03%	10.83%
4	43.97%	41.97%	41.67%	41.07%	40.47%
5	23.05%	21.45%	25.08%	20.15%	21.15%
6	60.75%	57.75%	58.75%	55.65%	46.85%
7	28.68%	28.68%	29.79%	30.48%	30.78%
8	22.16%	20.16%	20.19%	20.12%	20.14%
9	45.31%	43.54%	43.81%	42.61%	41.71%
10	10.29%	9.24%	13.59%	9.69%	12.49%

以这一系列数据为对象,尝试对仿真性的统计结果进行横向和纵向的模拟分析。

(一) 同一统计周期内不同区域间横向比较

首先,以第 1 统计周期的模拟数据为例,进行了不同区域间的横向比较。图 18-4 中显示的是第 1 统计周期的区域 1-10 的新产品产值率统计数据。

宏观质量统计与分析

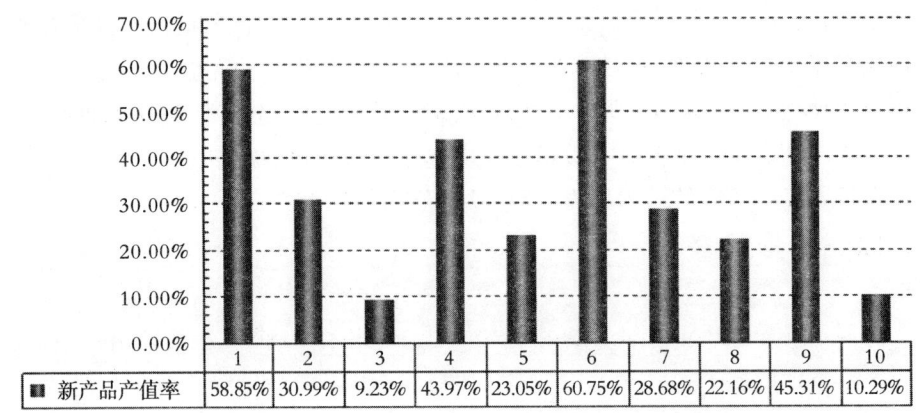

图 18-4　各区域第 1 统计周期新产品产值率水平

从图 18-4 中不难看出,在第 1 统计周期中,新产品产值率水平由低到高排序为:区域 3、区域 10、区域 8、区域 5、区域 7、区域 2、区域 4、区域 9、区域 1、区域 6。其中,区域 3 的新产品产值率最低,统计结果为 9.23%,区域 6 的最大,为 60.75%。这说明,在 10 个区域中,区域 6 的工业企业新产品对该地区的质量发展贡献率最大,区域 3 的新产品贡献率最小;或者说,区域 6 的宏观质量的发展潜力最大,区域 3 的质量发展潜力较其他区域都小。

(二) 同一区域不同统计周期间的纵向比较

接下来的分析中,以区域 1 在 5 个统计周期中的模拟数据为例,进行了同一区域间的纵向比较。图 18-5 中显示的是区域 1 在第 1 至 5 统计周期的新产品产值率统计数据。

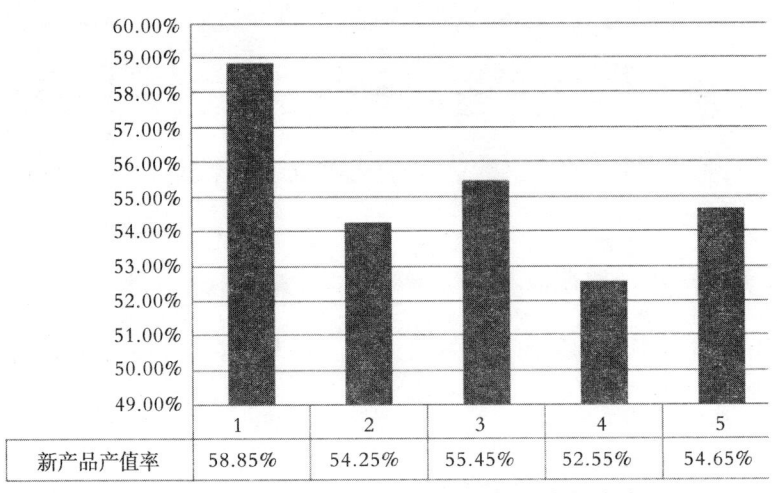

图 18-5　区域 1 在 5 个季度内的新产品产值率水平

观察图18-5,不难看出,区域1的新产品产值率在55%上下波动,其最低水平出现在第4统计周期,最高水平出现在第1统计周期。也就是说,区域1在5个统计周期内,第1统计周期的新产品的研发与生产状态较其他统计周期都好,第4统计周期的新产品研发与生产状态较差。以第1个统计周期为基期,则区域1在接下来的4个统计周期内,新产品产值率同比上升了-7.82%(即下降了7.82%)、-5.78%、-10.71%、-7.14%。采用环比的方法,区域1的新产品产值率较前一统计周期上升了-7.82%、2.21%、-5.23%、3.99%。这表明,该区域的工业企业经过了第一阶段的新产品研发之后,对新产品的开发生产逐渐稳定,新产品产值始终保持占总产值的一半以上,说明区域1的新产品开发能力一直稳定较强,其质量有较强的发展潜力。

通过图中的数值变化可知,区域1的新产品产值率在震荡下降,这表明区域1内工业企业的产品结构在逐渐稳定。

(三)不同统计周期不同区域间的数据比较

抽选区域1与区域2,将区域1作为A县,区域2作为B县,将各统计周期假定为5个连续季度,通过两县在5个季度中的新产品产值率水平的比较,展开进一步的数据分析(见图18-6)。

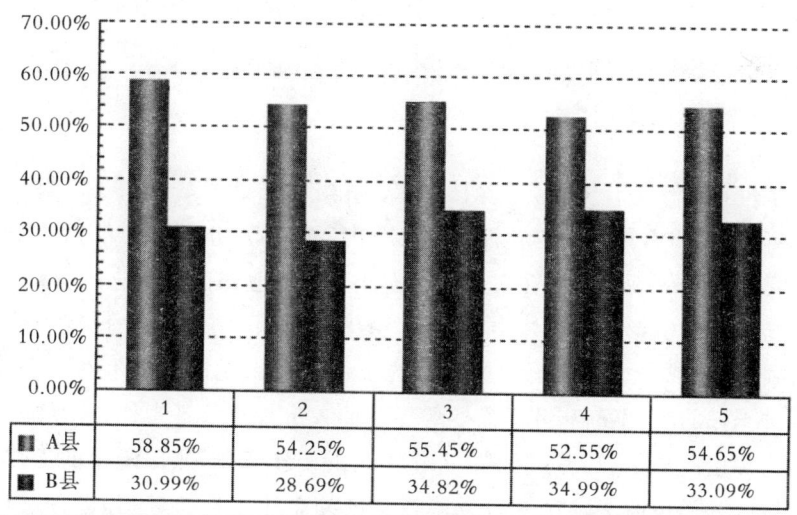

图18-6　A县与B县在5个季度内的新产品产值率水平

如图18-6所示,在5个季度的统计区间内,A县的新产品产值率一直在55%上下波动,最低一次出现在第4季度,为52.55%,最高一次出现在第1季度,为58.85%;B县的该指标统计结果均在30%上下波动,最小值出现在第2季度,为28.69%,最大值出现在第4季度,为34.99%;A县的新产品产值率统计结果一直高于同期B县的统计数据,说明A县的新产品开发生产的能力较B县强。这可能有两方面原因:第一,可能是因为A县的工业企业较B县更重视产品的创新;第二,可能是因为A县的工业产业结构与B县不同,比如电子通讯类产业占主导地位。从整体趋势上来看,A县的新产品产值率在震荡中下降,B县的新产品产值率则有所上升,但A县的表现始终好于B县,这也有可能表明,A县的产品结构在逐渐稳定,B县的产品结构在不断发展当中。

对A、B两县的指标统计结果,还可以从产业结构、质量观念和技术投入等具体情况等展开深入分析。

五、工作保障机制

(一) 统计部门的职能

在统计工作的安排上,该项指标一直由统计局负责统计。国家统计局设工业统计司,各省、市、县(区)统计局都将工业统计处(工交处)作为该项指标的统计机构,负责组织实施工业统计调查。工业统计处的具体职责是:收集、整理和提供相关调查的统计数据;检查和评估相关统计数据;组织指导相关专业统计基础工作;进行原始数据的采集与统计分析。

(二) 人员配置

为了推行质量统计方案,需要对中央到县级从事该项工作的人员提供培训。为此,必须开发与本项目配套的培训教材和工具,并开办以省为单位的培训班,使从事质量统计的人员能够在实施前掌握相应的专业知识和专业技能。

就新产品产值率这项具体指标而言,由于该指标的统计工作已经十分成熟,计算公式也十分简单,使该项指标统计的工作人员无需进行技术性工作,因此,对于统计工作的人员配置,并不需要增加新的人员参与统计工作,也无需对现有人员进行深层次的培训。对于现有工作人员的工作安排,按照既定的工作规范:县(区)级统计局按照所辖区域符合统计标准的企业上报的数据,进行统计计算并上报;市级以上的统计局将所辖区域下级统计局上报的数据分类进行统计计算并上报。

(三) 统计软件平台

关于该指标的统计,很多地区已经在采用电子数据采集平台进行分企业的数据采集,但尚未形成统一的数据管理系统,为各地区提供全面、实时的指标统计结果。为了方便地区之间的比较,同时也为了质量预警指标能够正常发挥作用,应当在各省建立数据采集平台的基础上,将各地区的数据采集平台联系起来。因此,经初步拟定,在2011年开发完成的软件平台中,设计从中央到县级的统计体系架构,并嵌入统计软件,使各级质检部门都能够按照各自的授权登录该平台,实现统计指标的数据收集、统计计算、数据传递、统计分析和数据查询等主要功能。另外,在统一了统计分类标准和编码之后,只需在平台上根据编码进行查询,就可以对该指标的统计结果进行区域和行业的比较。由于该指标的数据计算并不复杂,只要数据真实有效,实现该项指标统计的信息化处理,也是没有技术障碍的。

第十九章 "环境适应率"指标的构建

一、指标含义

本章所称的"环境适应率",是指被统计地区工业企业在提供质量的过程中对环境产生的负面影响,在该地区各项生产及生活活动对环境产生的负面影响中的占比。工业企业对环境的"适应",主要包括生产过程中对能源消耗和产生污染物的控制。由于不同的工业企业对常规能源和非常规能源消耗各不相同,相应的污染物排放也各不相同,若分开统计,无论是统计内容、统计口径,还是计算方法上,都没有统一的标准,又会增大数据的统计计算量,这会给统计工作带来极大的不确定性,指标结果的准确性就难以保障。因此,我们在设计指标时,尝试将能源消耗和污染物排放的量化考核转化为成熟指标的衡量。

我们现采用被统计地区工业生产综合能源消耗量占该地区综合能源消耗品的比例来表达。能源消费量,是指能源使用单位在报告期内实际消费的一次能源或二次能源的数量[①]。工业生产综合能源消费量是指在统计报告期内工业生产用的各种能源折标准煤后进行汇总,并扣除本企业能源加工转换产出的能源折标准煤的汇总量。其计算式如下:

工业生产综合能源消耗量 = 工业生产用各种能源折标准煤之和 −
本企业能源加工转换产出的能源折标准煤之和   公式(19-1)

上式中的本企业能源加工转换产出的能源主要包括火力发电、对外供热、洗煤生产、炼焦生产、石油炼油生产、煤气生产、煤制品加工产出的能源。不包括水

[①] 国家统计局《能源统计报表制度》,2006年。

电、核电、风电、太阳能电以及自产自用的热力[①]。

二、现有基础和条件

该指标并不是采用统计局已经成型的指标,但构成指标的两个变量,即"工业企业综合能源消耗量"和"地区综合能源消耗量",都可以在国家统计局下发的《能源统计报表制度》(部分地区将工业与能源统计工作合并进行,制定《工业、能源统计报表制度》,以下简称《制度》)中查询到。对于"综合能源消耗量",国家统计局下达的《制度》中,规定了统计范围、计算方法和统计口径。地方各级统计局制定的《制度》中,也都规定了相应的统计周期和报送方式。

因此,尽管该指标并不是统计局既有的统计指标,但该指标所需要的统计数据,都可以通过国家和地区两级《制度》规定,从各地符合要求的被统计企业上报的能源统计报表中获得。

三、指标统计和计算方法

(一)测评对象

本统计指标意图反映的是,被统计地区所辖范围内的所有规模以上工业企业的综合能源消耗情况,因此,该指标的统计对象为地区内统计局所辖的所有符合标准的工业企业。因为该数据直接从被统计的工业企业获得,所以该指标在统计对象上,并不存在地域上的歧义。

但对于统计对象的统计范围,各地却有不同的划分标准,按照国家统计局规定,常规数据的统计范围,是辖区内全部国有工业企业和年产品销售收入500万元及以上的非国有工业企业。但各地方统计数据时,根据自身实际情况,对不同数据的统计有不同的范围口径。有些地区规定被统计对象同时还需要满足的条件,是"综合能源消费量5000吨标准煤及以上",如江西省,而有些地区将这个标准定为1万吨标准煤及以上,如福建、山东、内蒙古等省。这一规定的差异造成了该数据的统计口径的不一致,比如新疆巴音郭楞蒙古自治州2007年的统计数据显示,该地区"综合能源消费量5000吨标准煤及以上"的企业共22家,其中消费量5000吨至1万吨企业就有5家,如果因为统计口径的不一致忽略了该类企业,就会使各个地区得到的统计结果缺乏可比性,使统计工作失去意义。但此类问题都是可以通过全国性的制度规范来改善的。

[①] 国家统计局《能源统计报表制度》,2006年。

(二)测评区域

正如总体章节阐述的那样,宏观质量统计分析指标的宏观性的一个突出要求,就是能够基于一个县(区)域的指标加总为一个市域的指标,并进而加总为一个省域的质量统计分析指标,最后加总为全国性的宏观质量统计分析指标。指标在行政区域层次上的逐级加总,就意味着统计指标生成的基础是县(区)级行政区域。因此,对于环境适应率指标的统计,应当与整体指标相一致,被测评区域要求精确到县、区。

(三)数据收集方法

对于该指标中涉及到的两个变量,即"工业企业综合能源消耗量"与"地区综合能源消耗量"的统计数据,由各被统计企业根据各地区制定的《制度》规定,按照全国统一规定的统计范围、计算方法和统计口径,在制度规定时间内,通过纸质文件或网上系统报送各级统计局,并由各统计局组织人员进行抽样核查。

(四)统计流程

我国各地区对能源消耗总量的统计,根据国家与本地区统计调查的要求,结合地区实际情况制定《能源统计报表制度》,并由各级统计局下达到各县、区。各县、区的工业企业按照统一规定的统计范围、统计方法、统计口径和填报目录填写完整,通过纸质文件、电子邮件或互联网直报提交到县、区统计局,再由各级统计局设立的能源统计部门进行抽样检查,整理统计数据,逐级上报(见图19-1)。

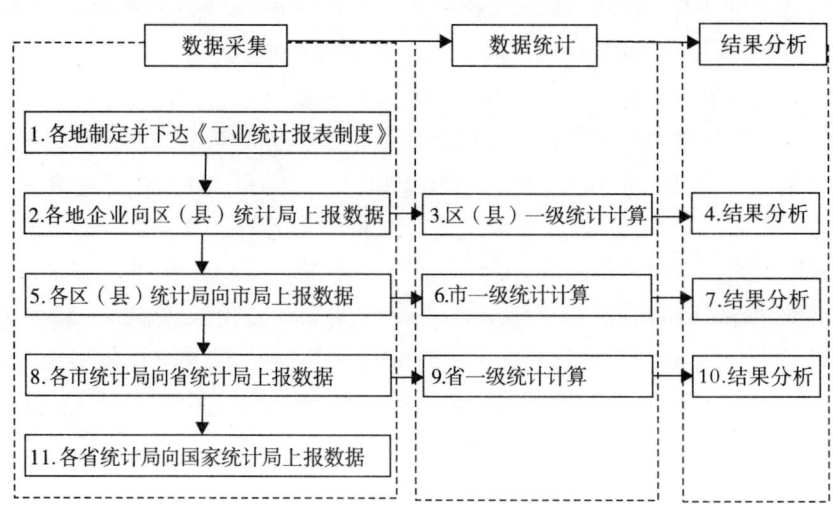

图19-1 环境适应率的各级统计局统计工作流程

按照这个流程,各地在保证按时上报地区统计数据的同时,也获得了被统计地区该指标的统计结果。

(五)计算公式

环境适应率的统计公式是:

$$环境适应率 = \frac{工业企业综合能源消耗量}{地区综合能源消耗量} \times 100\% \qquad 公式(19-2)$$

之所以采用"地区综合能源消耗量"作为分母,主要基于以下两点思考:第一,工业企业与当地综合能源消耗的比例,可以反映出工业企业在向社会提供质量时,对地区环境的负面影响的程度,即,该区域工业企业提供的质量越环保,其能源的消耗对地区整体环境的负面影响越小。第二,该公式计算结果可以间接反映出被统计地区工业产业结构的合理程度,也就是说,公式计算所得的指标结果越大,说明该地区能源消耗类企业所占比重越大,则该地区工业产业结构越不合理。

综上所述,环境适应率指标,能够反映出一个地区产业结构和产品结构的水平,对标准设定程度的高低,以及对能源计量的控制。地区产业结构越是合理,对能源消耗控制越严格,制定的标准越高,能源消耗型企业所占比重小,或能源利用率越高,对环境造成的伤害越小,该地区工业产品质量的长期发展能力就越强。

对于该指标的计算,之所以没有采用工业企业碳排放量在该地区碳排放量的占比,而是采用工业生产综合能源消耗量占比,是由于目前我国没有碳排放量的直接检测和数据,对碳排放的测算研究,一般都是基于对能源消费量的测算得来的。我国对能源消耗的统计,是将其他能源折合成标准煤的消耗,再按国际能源署(IEA)给出的二氧化碳转换因子(1.7532),计算吨标准煤的二氧化碳排放量。这使占比的计算中,分子分母同乘转换因子就失去了计算意义,因此,本书将该指标的计算公式直接用能源消耗占比来表达,使统计公式更为直观,统计计算更加简单。

综上所述,本着科学性与可行性并重的原则,将工业生产中综合能源消耗的占比转化成质量的环境适应率指标,是为了更加贴近地反映质量与环境的关系,也就是引导地区和企业更好地在质量上体现资源节约型和环境友好型的清洁型生产。

(六)统计周期

按照国家统计局的《能源统计报表制度》规定,对综合能源消耗量和工业总产值的统计,依照国家统计局的报表制度,该指标数据为基层年报表数据,要求按年度统计,报送时间为第二年的3月底。工业企业主要能源消费是基层定期报表数据,要求按季度统计,要求在季后15日前报送。同时,根据国家统计局在下达《国家统计局关于修订能源和工业统计报表制度等事项的通知》(国统字〔2007〕47号)的规定,所有"能源加工转换活动的年综合能源消费量在1万吨标准煤及以上的大中型工业企业"必须按月报送,要求在月后20日前报送。

这种对于同指标的两个数据的统计周期不一致的现象,造成了该指标在统计周期方面的问题;而且,不仅不同层次的企业对该指标数据的统计周期不同,企业报告周期在各地区的表现也各不相同,有些地区将该数据的报送定为年报或半年报,有的地区则定为季报或月报,然而,现在,越来越多的地区开始采用按月报送作为该项数据的报告期别,比如江西省制定的《能源统计报表制度》,就规定了企业的能源消耗情况按月度,在月后12日内通过电子邮件的形式报送。因此,我们建议对指标统计数据的报表采集,应当规定辖区内符合标准的企业统一按照月度报送,以避免统计周期不一致带来的统计工作上的困难。

四、模拟运算

按照本次宏观质量统计分析指标项目要求,设定了10个假定区域,和这些区域内5个季度的环境适应率,统计区域口径为县(区)级,统计时间口径为季度。具体数据见表19-1。

表19-1 各区域环境适应率统计数据汇总表

区域\周期	1	2	3	4	5
1	35%	32%	38%	37%	38%
2	30%	27%	33%	34%	32%
3	40%	45%	37%	43%	42%
4	48%	43%	45%	44%	45%
5	36%	33%	34%	38%	38%
6	44%	42%	40%	40%	40%
7	31%	31%	35%	28%	34%
8	38%	35%	42%	34%	41%
9	42%	40%	39%	44%	46%
10	34%	30%	36%	38%	38%

以这一系列数据为对象,尝试对仿真性的统计结果进行横向和纵向的模拟分析。

(一)同一统计周期内不同区域间横向比较

首先,以第1统计周期的模拟数据为例,进行了不同区域间的横向比较。图19-2中显示的是第1统计周期的区域1—10的环境适应率统计数据。

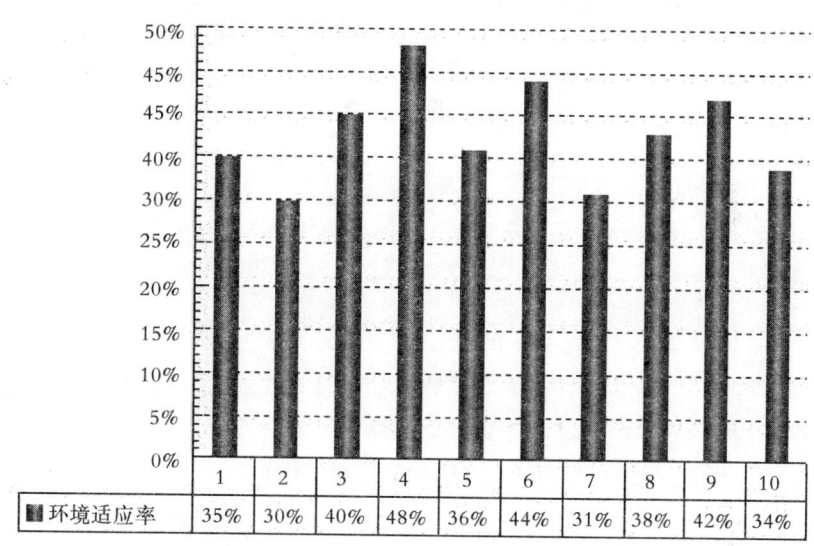

图19-2　各区域第1统计周期环境适应率水平

从图19-2中不难看出,在第1统计周期中,环境适应率水平由低到高排序为:区域2、区域7、区域10、区域1、区域5、区域8、区域3、区域9、区域6、区域4。其中,区域2的环境适应率统计结果最小,环境适应率为30%,区域4的最大,为48%。这说明,区域2对环境的负面影响最小,区域4的负面影响最大;或者说,区域2对能源消耗和环境污染的控制能力最强,区域4的控制能力最弱。

(二)同一区域不同统计周期间的纵向比较

接下来的分析中,以区域1在5个统计周期中的模拟数据为例,进行了同一区域间的纵向比较。图19-3中显示的是区域1在第1至5统计周期的区域1—10的环境适应率统计数据。

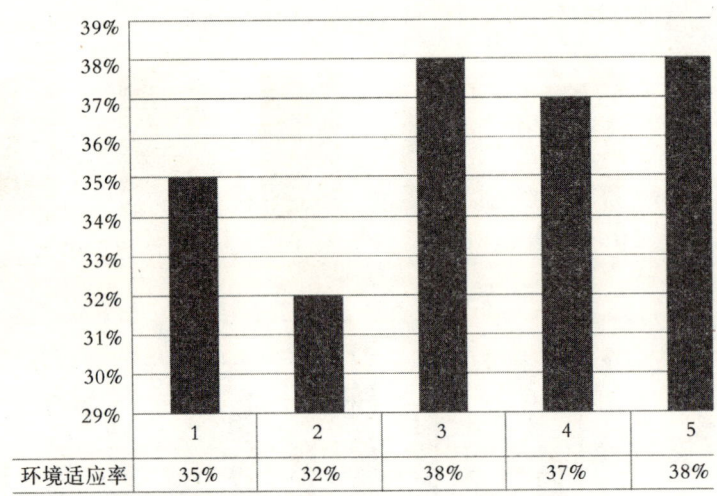

图 19-3　区域 1 在 5 个季度内的环境适应率水平

观察图 19-3,不难看出,区域 1 的环境适应率在 35% 上下波动,其最低水平出现在第 2 统计周期,最高水平出现在第 3 统计周期和第 5 统计周期。也就是说,区域 1 在 5 个统计周期内,第 2 统计周期的环境友好程度较高,第 3 统计周期和第 5 统计周期的环境友好程度较差。以第 1 个统计周期为基期,则区域 1 在接下来的 4 个统计周期内,环境适应率同比上升了 -8.57%(即下降了 8.57%)、8.57%、5.71%、8.57%。采用环比的方法,区域 1 的环境适应率较前一统计周期上升了 -8.57%、18.75%、-2.63%、2.70%。这表明,该区域的工业企业对能源的消耗,一直占该地区能源总消耗的 30% 以上,而且波动不大,产业结构比较稳定。

通过图中的数值变化可知,区域 1 的环境适应率在震荡上升,这表明该区域工业企业的能源消耗水平在不断上升,或能源消耗型工业企业的产能在不断扩大。

(三) 不同统计周期不同区域间的数据比较

抽选区域 1 与区域 2,将区域 1 作为 A 县,区域 2 作为 B 县,将各统计周期假定为 5 个连续季度,通过两县在 5 个季度中的环境适应率水平的比较,展开进一步的数据分析(见图 19-4)。

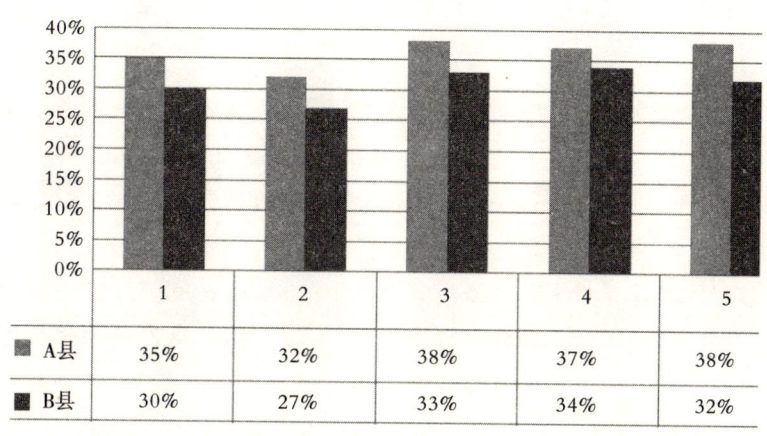

图 19-4　A 县与 B 县在 5 个季度内的环境适应率水平

如图 19-4 所示,在 5 个季度的统计区间内,A 县的环境适应率一直在 35% 上下波动,最低一次出现在第 2 季度,为 32%,最高一次出现在第 3 季度和第 5 季度,为 38%;B 县的该指标统计结果均在 30% 上下波动,最小值出现在第 2 季度,为 27%,最大值出现在第 4 季度,为 34%;A 县的环境适应率统计结果一直高于同期 B 县的统计数据,这可能由于两方面原因:第一,可能是因为 B 县的工业企业在对环境造成伤害的控制方面,表现一直较 A 县的表现好,更加擅于能源的循环利用或开发新能源;第二,可能是因为 B 县的工业产业结构较 A 县更为合理。从整体趋势上来看,A 和 B 两县的环境适应率水平都有上升的趋势,但 B 县的表现始终好于 A 县。

对 A、B 两县的指标统计结果,还可以从产业结构、能源利用和产品类型等具体情况等展开深入分析。

五、工作保障机制

(一) 统计部门的职能

在统计工作的人员安排上,国家统计局在 2008 年还专门设立了能源统计司,各级统计局都设有专门的能源统计部门,如重庆市的能源资源统计处,海南省的能源处,江苏省将能源统计与工业统计进行统一管理,都纳入工业统计处(工交处)的工作范畴。尽管名称不同,但都负责组织实施能源的统计调查工作,这都保障了该统计数据的数据来源的真实可靠。

（二）人员配置

为了推行所设计的质量统计方案，需要对中央到县级从事该项工作的人员提供培训。同时，也需要开发与本项目配套的培训教材和工具，并开办以省为单位的培训班，使从事质量统计的人员能够在实施前掌握相应的专业知识和专业技能。

而对于环境适应率这项具体指标而言，尽管该指标的统计是一项全新的工作，但计算公式十分简单，数据来源也没有技术性障碍，这使该项指标统计的工作人员无需进行技术性工作，因此，对于统计工作的人员配置，并不需要增加新的人员参与统计工作。对于现有工作人员的工作安排，按照既定的工作规范：县（区）级统计局按照所辖区域符合统计标准的企业上报的数据，进行统计计算并上报；市级以上的统计局将所辖区域下级统计局上报的数据分类进行统计计算并上报。

（三）统计软件平台

尽管很多地区已经在采用电子数据采集平台进行分企业的数据采集，但还没有统一的数据管理平台，为各地区提供全面、实时的指标统计结果。为了方便地区之间的比较，同时也为了质量预警指标能够正常发挥作用，应当在各省建立数据采集平台的基础上，将各地区的数据采集平台联系起来。因此，经初步拟定，在2011年开发完成的软件平台中，设计从中央到县级的统计体系架构，并嵌入统计软件，设定该指标的计算公式和碳排放系数，使各级质检部门都能够按照各自的授权登录该平台，实现统计指标的数据收集、统计计算、数据传递、统计分析和数据查询等主要功能。另外，在统一了统计分类标准和编码之后，只需在平台上根据编码进行查询，就可以对该指标的统计结果进行区域和行业的比较。由于该指标的数据计算并不复杂，只要数据真实有效，实现该项指标统计的信息化处理，也是没有技术障碍的。

（四）经费预算

该指标从数据来源、数据统计到数据上报，都有固定的职能部门负责相关工作，尽管该指标目前没有专人负责统计，但由于统计公式简单，数据齐全，计算方面并无困难。因此，在指标的统计工作上，既没有技术上无法跨越的障碍，也没有新增人员配置的必要。

附录：各种能源折标准煤参考系数

	能源名称	平均低位发热量	折标准煤系数
1	原煤	5000 千卡/千克	0.7143 千克标准煤/千克
2	洗精煤	6300 千卡/千克	0.9000 千克标准煤/千克
3	洗中煤	2000 千卡/千克	0.2857 千克标准煤/千克
4	煤泥	2000-3000 千卡/千克	0.2857-0.4286 千克标准煤/千克
5	焦炭	6800 千卡/千克	0.9714 千克标准煤/千克
6	原油	10000 千卡/千克	1.4286 千克标准煤/千克
7	燃料油	10000 千卡/千克	1.4286 千克标准煤/千克
8	汽油	10300 千卡/千克	1.4714 千克标准煤/千克
9	煤油	10300 千卡/千克	1.4714 千克标准煤/千克
10	柴油	10200 千卡/千克	1.4571 千克标准煤/千克
11	液化石油气	12000 千卡/千克	1.7143 千克标准煤/千克
12	炼厂干气	11000 千卡/千克	1.5714 千克标准煤/千克
13	天然气	9310 千卡/立方米	1.3300 千克标准煤/立方米
14	焦炉煤气	4000-4300 千卡/立方米	0.5714-0.6143 千克标准煤/立方米
15	发生煤气	1250 千卡/立方米	0.1786 千克标准煤/立方米
16	重油催化裂解煤气	4600 千卡/立方米	0.6571 千克标准煤/立方米
17	重油热裂解煤气	8500 千卡/立方米	1.2143 千克标准煤/立方米
18	焦碳制气	3900 千卡/立方米	0.5571 千克标准煤/立方米
19	压力气化煤气	3600 千卡/立方米	0.5143 千克标准煤/立方米
20	水煤气	2500 千卡/立方米	0.3571 千克标准煤/立方米
21	炼焦油	8000 千卡/千克	1.1429 千克标准煤/千克
22	粗苯	10000 千卡/千克	1.4286 千克标准煤/千克
23	热力	（当量）	0.03412 千克标准煤/百万焦耳
24	电力	（当量）	0.1229 千克标准煤/千瓦小时

注：1. 此表平均低位发热量用千卡表示，如需换算成焦耳，只需乘4.1816即可。
2. 此表引自发改委、财政部《节能项目节能量审核指南》（发改环资〔2008〕704号）。

第五编

应用范例和政策建议

第二十章 编写规范和应用范例

一、《产品质量分析报告》编写规范

(一) 总 则

第一条 为加强产品质量状况分析工作,统一《产品质量分析报告》编写要求,确保《产品质量分析报告》编写质量,服务质量宏观管理,制定本规范。

第二条 《产品质量分析报告》是指质量综合管理部门运用经济、质量管理、质量监督、行政执法等信息,起草的反映一定时期内区域总体质量状况、存在问题和主要对策的报告文本(以下统称为"报告")。

第三条 报告按季度定期上报一次,是一项基础性、长期性和规范性的工作。本规范主要适用于季度质量分析报告的编写,针对阶段性、突发性质量问题进行的专项质量分析报告,可以参照本规范执行。专项质量分析报告是季度质量分析报告的补充和进一步完善。

第四条 报告的编写应做到具有规范的文本,包括体例、结构、指标和内容等。

第五条 报告的主要服务对象是政府,其编写目的是为同级人民政府和上级主管部门全面、准确地提供工业产品每个季度的质量状况和分析。

第六条 本规范适用于从县至国家各级的季度质量分析报告的编写,规范中确定的主要质量分析指标能进行不同区域间的横向对比,以及区域内部自身的纵向对比,以实现质量分析最重要的功能之一——历史回溯性和区域可比性。

第七条 本规范所针对的质量分析报告,是侧重于区域质量安全状态的分析,关于其他内容的分析将在以后的工作中逐步纳入。

（二）报告构成

第一节　一般规定

第八条　报告由前引、正文和落款构成，其所包含部分结构如下：

（一）前引

1. 标题；
2. 抬头；
3. 概况。

（二）正文

1. 本区域主要质量安全指标情况；
2. 本区域现阶段总体质量问题及原因分析；
3. 本区域采取的主要质量工作措施和成效；
4. 本区域的质量安全隐患和预警分析；
5. 本区域下一季度主要的质量目标和政策措施。

（三）落款

1. 报告编写单位；
2. 报告成文时间。

第二节　前　引

第九条　全国的质量分析报告命名为《我国20××年×季度产品质量分析报告》，省（市/县/区）的报告统一命名为《××省（市/县/区）20××年×季度产品质量分析报告》。

第十条　抬头部分应写报告报送的政府部门，例如：全国的质量分析报告抬头可以为"国务院"，省（市/县/区）的报告抬头可以为"省（市/县/区）政府"；并且抬头后应加冒号。

第十一条　概况部分应概括地阐明该季度本区域内质量安全状态关键指标和分析的结论，字数为200字左右为宜。

第三节　正　文

第十二条　质量分析报告的核心内容，是反映某季度区域质量安全的主要指标，以及基于指标所展开的分析。

第十三条　依照质量分析报告的核心内容，根据科学性和可操作性的原则，目前在质量分析报告中选取监督抽查不合格率、产品质量违法货值（率）、出口产品质量退货货值（率）、投诉举报量等质量安全指标。

第十四条　正文第一部分"本区域主要质量安全指标情况"，应按以下内容结构编写：

1. 监督抽查不合格率的变化情况。

本季度，我局重点组织对××等×类产品质量进行了省级监督抽查。全省共抽查了××家企业生产销售的××批次产品，不合格××批次，监督抽查不合格率为××%，相比上一季度监督抽查不合格率××%，上升了××个百分点，环比增加××%。（本节是以省级质量分析报告为例，对该指标进行的环比）

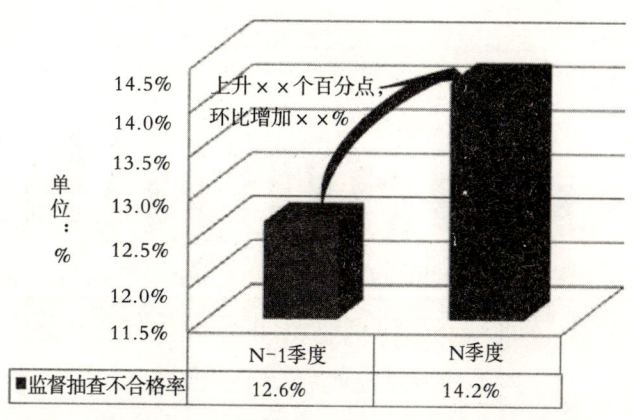

图1 监督抽查不合格率 N-1 季度和 N 季度对比图

2. 产品质量违法货值（率）的变化情况。

本季度全省产品质量违法货值为××万元，相比去年同期××万元的产品质量违法货值，上升了××万元，环比增加××%。（本节是以省级质量分析报告为例，对该指标进行的同比）

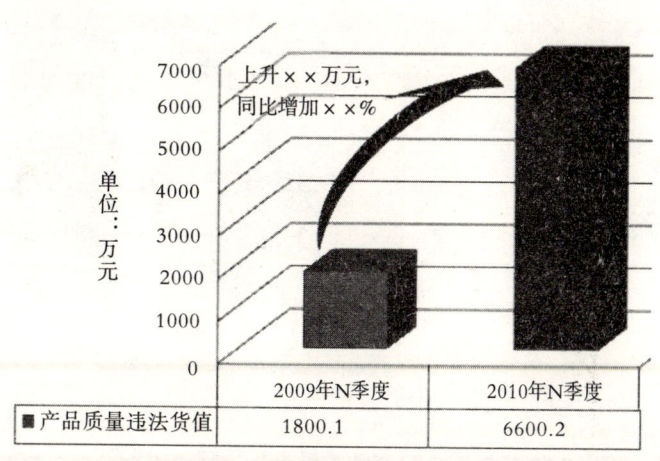

图2 2010年N季度产品质量违法货值与去年同期对比图

3. 投诉举报量的变化情况。

本季度全省"12365"的投诉举报量为××起,相比上一季度投诉举报量××起,上升了××起,环比增加××%。××、××和××等地区的本季度投诉举报量,高于全省的平均水平。特别是××市投诉举报量为全省最高,与全省××起的平均投诉举报量相比,高出××起(××%)。(本节是以省级质量分析报告为例,对该指标的地区排名)

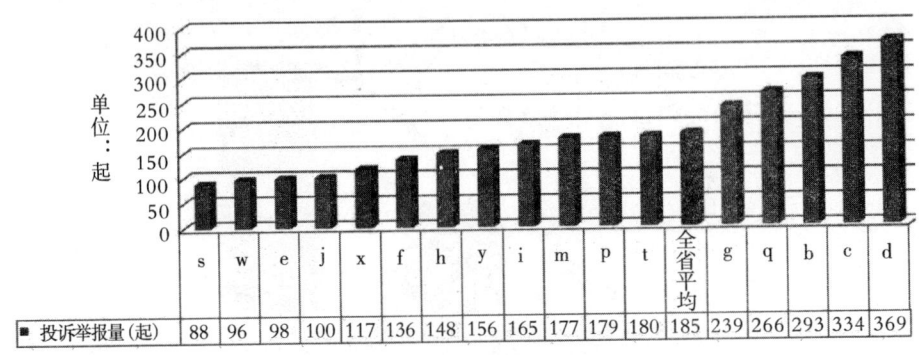

图3　N季度全省投诉举报量区域排名图

4. 出口产品质量退货货值(率)的变化情况。

本季度全省出口产品质量退货货值为××万美元,相比中部其他五省平均的产品质量退货货值××万美元,高出××万美元(××%)。(本节是以省级质量分析报告为例,对该指标进行的与其他区域的对比)

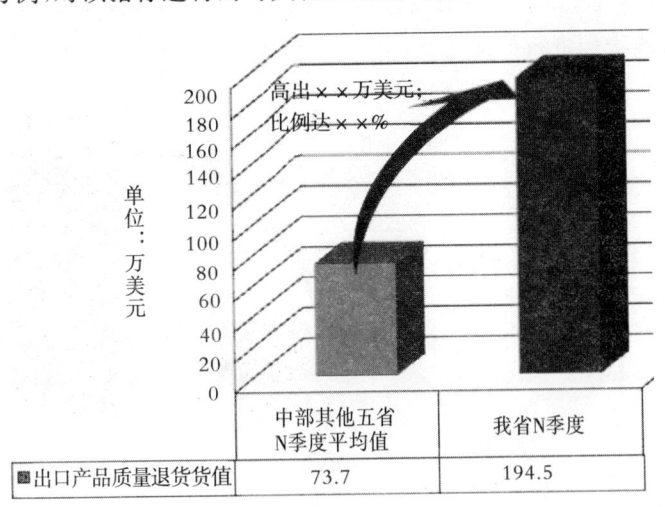

图4　2010年N季度出口产品质量退货货值与中部其他五省对比图

说明:(1)以上四节内容所应用的对比方法,在具体编写中可以灵活选择。

(2)以上四节内容的标题,应能简明地概括该指标在本季度内的数值状态,以及与上季度或其他区域相比的增减变化情况,例如"监督抽查不合格率略有上升"、"产品质量违法货值超常增长"等。

第十五条 正文第二部分"本区域现阶段总体质量问题及原因分析",应按以下内容结构编写:

1. 本区域本季度预期宏观质量统计分析指标未完成的原因分析;
2. 本区域产品宏观质量统计分析指标与其他同类地区相比较大差距的原因分析;
3. 制约本区域质量工作的主要因素分析;
4. 本区域爆发的全局性、系统性的质量安全事件及原因分析(如果区域内本季度没有爆发全局性、系统性质量安全事件,则不需要本节内容)。

第十六条 正文第三部分"本区域采取的主要质量工作措施和成效",应按以下内容结构编写:

1. 本区域质量安全的突出变化及相关影响因素分析;
2. 本区域本季度主要的质量工作措施;
3. 本区域突出的质量工作绩效;

说明:(1)质量安全的相关影响因素,是指造成宏观质量统计分析指标发生变化的主要原因,诸如企业主体诚信建设和守法情况、标准采用状况、认证认可状况、技术投入状况和地方政府的资金投入状况等因素。

(2)质量工作措施,主要分析质量综合管理部门针对本区域的质量工作状况,加强质量监管、提高产品质量水平所开展的工作。

(3)质量工作成效,主要分析质量综合管理部门所开展的工作对质量安全提升、监管能力建设、企业质量文化所起的作用和产生的效果。

第十七条 正文第四部分"本区域的质量安全隐患和预警分析",应按以下内容结构编写:

1. 导致食品质量较大安全隐患的卫生指标的变化;
2. 本区域质量安全较大隐患的地区;
3. 本区域质量安全较大隐患的行业;
4. 本区域质量安全较大隐患的产品;
5. 本区域质量安全较大隐患的企业。

第十八条 正文第五部分"本区域下一季度主要的质量目标和政策措施",应根据正文第四部分确定的存在较大质量安全隐患的指标、地区、行业、产品和企业,按以下内容结构编写:

1. 下一季度的质量安全指标需达到的目标；
2. 下一季度需重点加强监督抽查或执法的指标、地区、行业、产品和企业；
3. 下一季度加强质量综合管理部门支撑能力建设需抓的重点工作和投入。

第四节 落款部分

第十九条 国家质量分析报告的报告编写单位,为国家质量综合管理部门。省(市/县/区)级质量分析报告的编写单位,为省(市/县/区)质量综合管理部门。

第二十条 报告成文时间的格式为"二〇××年×月×日"。一般应在下一季度第一个月份的10号前完成。

(三) 格式编排

第二十一条 报告的名称采用"黑体二号加黑"字体,单独成行并居中。

第二十二条 报告的章节标题编号和字体采取以下格式:

一、×××(居中,黑体三号加黑)

(一)×××(左对齐,仿宋三号加黑)

1. ×××(左对齐,仿宋三号加黑)

(1)×××(左对齐,仿宋三号加黑)

正文采取以下格式:

××××××××××××××××××××××××××(两端对齐,仿宋三号)

第二十三条 报告中的标点符号、图、表等内容的格式参照国家一般的规范。

第二十四条 报告全文的字数在3000字左右为宜。

二、国家产品质量分析报告范例

我国 2010 年二季度产品质量分析报告

(范 例)

二季度,我国产品质量安全水平有升有降,其中监督抽查不合格率下降,质量违法货值率和投诉举报量上升。产品质量安全不平衡的问题非常突出,全国发生了2起重大质量安全事件,分别是××特种设备事故和××省涉嫌销售三聚氰胺超标奶粉事件。

一、主要质量安全指标的状况

(一)监督抽查不合格率略有下降

二季度,重点对食品、日用消费品、建材、农资等产品的质量开展了国家监督抽查。全国共抽查了×类×家企业生产的×种产品,监督抽查不合格率为×%,相比一季度监督抽查不合格率×%,下降了×个百分点,环比减少×%。

(二)质量违法货值大幅上升

二季度,立案查处的质量违法货值为×亿元,相比一季度产品质量违法货值×亿元,增加了×亿元,环比上升×%。

(三)投诉举报量略微增加

二季度,全国"12365"平台的投诉举报量为×起,相比一季度投诉举报量×起,上升了×起,环比增加×%。

(四)×××指标增幅不大

××××××××××××××××××××

二、我国产品质量安全的主要问题和原因分析

(一)发生重大而突出的质量安全事件

6月底,××省××县××乳品厂被发现涉嫌生

产销售三聚氰胺超标乳粉，一些犯罪分子利用2008年尚未完全销毁的×吨"问题奶粉"进行加工、销售。另外，××、××、××等地，也查出百余吨三聚氰胺含量严重超标奶粉。"××××事件"的爆发，引起了公众舆论极大的反响，暴露出××××××××。

×月×日，××市发生的×××塌落事故，造成×人死亡、×人受伤，是目前游乐设施造成死亡人数最多的一次事故，社会影响较大。根据初步调查，事故原因主要是×××设备存在严重的设计缺陷和局部制造缺陷；安装调试期间已发现隐患但未能有效整改；使用过程中维护保养又不到位。统计结果表明，虽然二季度特种设备的死亡人数和万台设备死亡率，均低于国务院安委会下达的全年控制指标的季度平均数，但是特种设备事故发生数量却高于一季度和去年同期。二季度全国共发生特种设备事故×起、死亡×人、受伤×人，与一季度环比分别上升了×%、×%和×%，与去年同比分别上升了×%、×%和×%。

（二）高价值日用消费品的知名品牌产品质量问题增加

二季度，消费者投诉举报产品的涉案金额为××余万元，相比一季度的××万元涉案金额，提高了××万元，环比增加××%。投诉呈现两大特点：一是高价值的日用消费品的投诉居高不下。与一季度一样，二季度前3位热点投诉举报的产品，依然是××、××、××。一、二季度该三类产品的投诉举报量分别为××件、××件、××件,共占平台投诉举报总量(××件)的××%。二是品牌产品是主要投诉对象。据调查,××%以上的投诉都集中于大中型企业生产的品牌产品的质量,其投诉故障具有较大共性,部分消费者感到使用这些产品后的感知质量,远低于其购买前的预期。

(三)部分××××产品的质量安全问题高于平均水平

二季度,国家监督抽查食品类的产品中,××××产品的督抽查不合格率最高,其监督抽查不合格率高达××%,高于所有产品××%的平均监督抽查不合格率×个百分点,高于该类产品××%的监督抽查不合格率×个百分点。从具体检测结果看,××××产品不合格的主要原因××××××××。另外,从一季度的国家监督抽查结果看,××××产品的监督抽查不合格率为××%,高出所有产品的平均监督抽查不合格率×个百分点。可以说,××××产品依然是质量安全问题较为突出的产品领域。

三、主要质量工作成效和措施

(一)食品质量安全水平进一步得到改善

二季度,抽查了特殊配方乳粉、瓶(桶)装饮用水、啤酒、碳酸饮料、膨化食品、绿茶等×类×家企业生产的×种食品。食品的监督抽查不合格率为×%,相比所有产品×%的平均监督抽查不合格率,减少×个百分点;相比一季度×的食品监督抽查不合格率,减少×个百分点,环比下降了×%。食品安全风险监测的×种产品×个样品(×个检测项目)的问题样品检出率为×%,相比去年同期,下降了×个百分点。二季度,食品的违法货值为×亿元,相比一季度食品的质量违法货值×亿元,减少×亿元,环比下降×%。

(二)行政执法、整治和服务的效率提升

二季度,受理的消费者投诉为××件,相比一季度的××件,增加了××件。但是,经积极协调和处理,二季度的结案率为××%,相比一季度的××%,提高了×个百分点,环比增加×%,为消费者挽回经济损失约××余万元,相比一季度的××余万元,提高了××万元,环比增加××%。以超范围、超限量使用添加剂为重点,开展食品生产安全集中整治,4、5月份检查食品生产加工企业××万家(次),完成整改问题×万个。本季度,持续加大了对小企业质量能力提高的服务力度,近×千余家的食品生产加工小作坊,获得了食品生产许可。

(三)常态化缺陷汽车产品的召回和督促整改工作

二季度,我国共实施了×起汽车召回,召回汽车的数量高达×万辆,相比一季度×万辆的召回汽车数量,增加了×倍。从发布召回的时间看,接连两天发布汽车召回通告已成常态,有2次在一天之内发布了×次汽车召回通告,包括进口高端品牌和国产品牌。

针对消费者的汽车投诉,展开缺陷调查,并督促企业实施汽车召回制度,已经进入到了良性发展阶段。

四、我国产品质量安全隐患和风险预警分析

(一)部分区域的质量安全问题需引起高度重视

二季度,××省产品质量违法货值为×亿元,占×亿元的全国质量违法货值总额的×%,位居全国第×,相比第×位的质量违法货值×亿元,高出×%,高出金额多达×亿元。相比一季度×万元的河南省产品质量违法货值,二季度提高了×亿元,环比增加了×倍多。另外,二季度甘肃和宁夏的国家监督抽查不合格率分别为×%和×%,高出全国×%的平均监督抽查不合格率,多达×个百分点和×个百分点,是国家监督抽查不合格率最高的两个地区。

(二)严防三聚氰胺问题奶粉流入市场

今年2月份,我局开展了彻底清查销毁三聚氰胺问题奶粉的专项清理活动,××××××××。根据全国的统计,各地在集中清查问题乳粉期间共报告发现问题乳粉×万吨。随着近期我国乳业的较快复苏,奶粉业成为最大的增长点之一,2008年未销毁的问题乳粉得以再现的风险性大大增加,需继续加大查处、销毁三聚氰胺问题乳粉。

(三)液化石油气中掺混二甲醚成为新威胁

根据二季度的假冒伪劣违法行为的查处结果,液

化石油气中掺混二甲醚成为新的安全问题。据测算，液化石油气二甲醚复合燃料中的二甲醚质量分数不超过××%，两种燃气的互换性较好，能够兼顾使用安全与燃烧效率。在南方气价较高的××、××、××、××等地，二甲醚借机流入液化石油气市场，被掺混于民用液化石油气中，最高掺混比例高达××%。试验结果显示，随着掺混二甲醚含量的加大，钢瓶阀橡胶密封圈的外形尺寸在逐渐收缩，其密封性能降低。可能会漏气的钢瓶对消费者人身财产安全构成××××威胁。

五、三季度主要产品质量安全政策与措施

（一）对××等省份的质量安全问题进行区域重点检查

1. 向××省份派驻调查组，切实摸清其存在的突出质量安全问题。

2. 制定区域专项整治的方案，提出明确的专项整治目标和措施。

3. 加强与××省政府的沟通，召开专题会议，推动地方政府增加投入和出台相关的政策措施。

（二）进一步加强乳品和含乳产品的监督管理

1. 深入调查××海等地的"三聚氰胺奶粉又现事件"，并形成专题调查报告。

2. 在全国重点区域，重点针对乳品和含乳产品的生产企业和小作坊，开展三聚氰胺超标乳粉的全面清

查和查处工作。

3. 进一步严格乳制品生产许可的审查条件，达不到核准条件的，由质检部门依法注销其生产许可证，当地政府要采取吊销其营业执照。

4. 完善和落实从三聚氰胺生产企业、批发商到零售商的销售实名登记等制度和承诺制度，防止三聚氰胺产品及其废料流向食品生产加工企业和饲料生产加工企业。

（三）开展游乐设施安全监管的专项整治

1. 出台对游乐设施开展整治的方案。

2. 分析××××塌落事故原因、性质，以及预防同类事故重复发生的措施意见等，形成《××××塌落事故调查报告书》。

3. 加快启动基于风险的特种设备安全监管关键技术的研究，为特种设备的安全监管提供理论和技术支撑。

（四）关注液化石油气掺混二甲醚的安全风险

1. 针对重点区域、重点企业和重点场所，开展液化石油气掺混二甲醚问题的专项整治。

2. 召开专题研讨会，并形成液化石油气掺混二甲醚对健康危害的研究报告。

3. 制定掺混二甲醚所引起事故的应急处置方法。

×××××××

二〇一〇年七月十日

三、省级产品质量分析报告范例

××省2010年二季度产品质量分析报告

(范例)

二季度,我省产品质量安全水平较之一季度有较大幅度的下降,反映质量问题的主要指标的平均增幅为××%。导致质量安全水平下降的主要原因是,二季度监督抽查的重点是食品,其不合格率的平均水平本身就高于一季度监督抽查的农资类产品;季节性消费因素的影响,由于消费和质量问题最终反映的不同步性,二季度所表现出的质量安全问题,有许多是由一季度的元旦、春节的消费高峰所导致的。除了以上结构性和时间性的因素外,全省没有系统性和区域性的质量安全问题,总体质量安全状况基本平稳。

一、本区域主要质量安全指标的情况

1. 监督抽查不合格率略有上升

二季度,我局重点组织对××等×类产品质量进行了省级监督抽查。全省共抽查了××家企业生产销售的××批次产品,不合格××批次,监督抽查不合格率为××%,相比上一季度监督抽查不合格率××%,上升了××个百分点,环比增加××%。

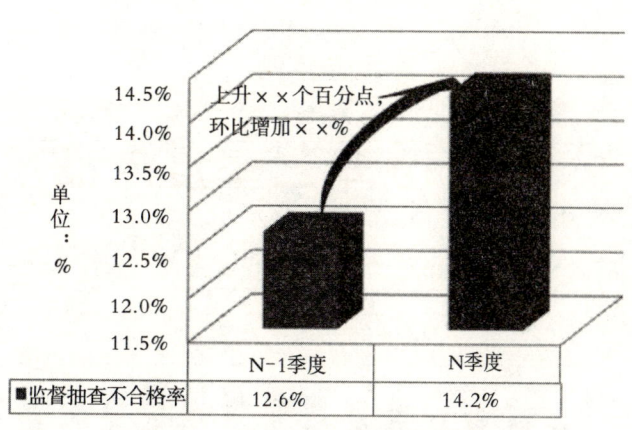

图 1 监督抽查不合格率 N-1 季度和 N 季度对比图

2. 产品质量违法货值（率）的变化情况

二季度全省产品质量违法货值为××万元，相比去年同期××万元的产品质量违法货值，上升了××万元，环比增加××%。

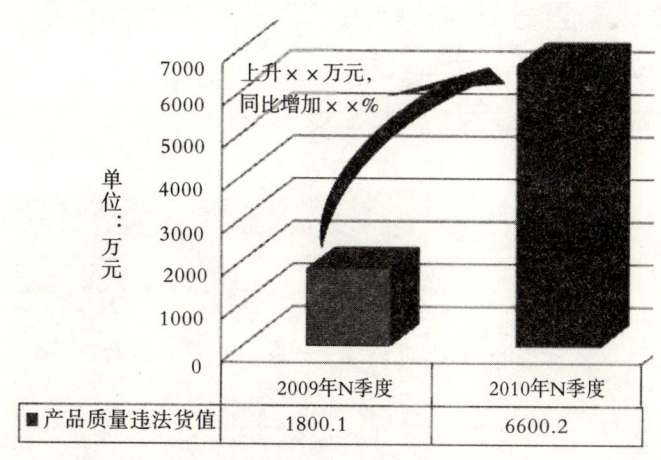

图 2 2010 年 N 季度产品质量违法货值与去年同期对比图

3. 投诉举报量的变化情况

二季度全省"12365"的投诉举报量为××起，相比上一季度投诉举报量××起，上升了××起，环比增加××%。××、××和××等地区的本季度投诉举报量,高于全省的平均水平。特别是××市投诉举报量为全省最高,与全省××起的平均投诉举报量相比,高出××起(××%)。

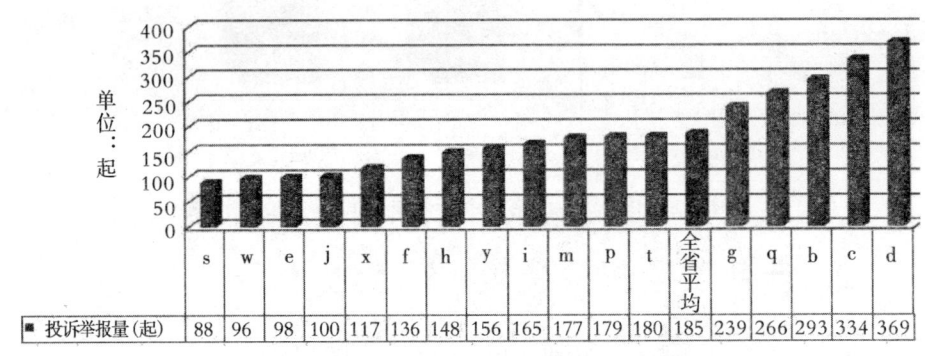

图3　N季度全省投诉举报量区域排名图

4. 出口产品质量退货货值(率)的变化情况

二季度全省出口产品质量退货货值为××万美元,相比中部其他五省平均的产品质量退货货值××万美元,高出××万美元(××%)。

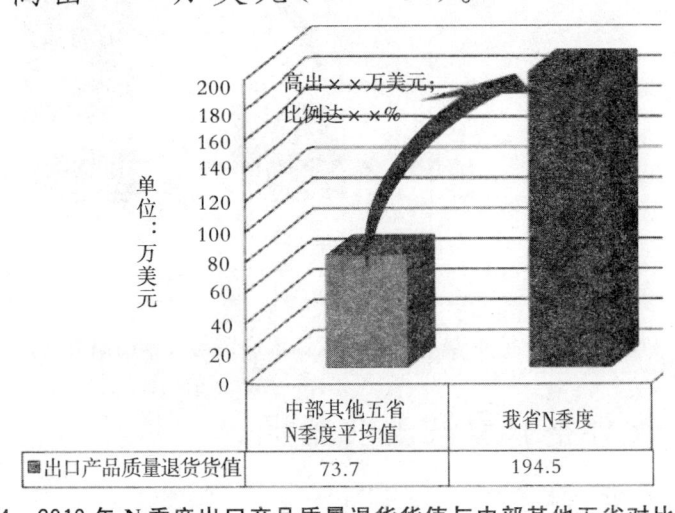

图4　2010年N季度出口产品质量退货货值与中部其他五省对比图

二、我省总体质量问题及原因分析

(一)二季度预期宏观质量统计分析指标未完成的原因分析

本季度的未完成产品质量监督抽查不合格率降低××%,投诉举报量降低××%的预期质量目标。其主要原因是×××××××。

(二)食品依然是质量安全最突出的产品领域

我省监督抽查不合格率与其他同类地区相比较大差距的原因,主要是二季度抽查的产品对象重点是××行业。饮料及乳制品抽查了××批次,监督抽查不合格率为××%;纯净水抽查了××批次,监督抽查不合格率高达××%。在质量违法案件统计中,食品的立案查处案件数高居第一位,食品查获货值为××万元,较之一季度的××万元环比增加了××%。在全部投诉的产品中,食品投诉也高居第一位。较之一季度的食品投诉举报量,二季度上升了××%。食品的出口产品退货货值,二季度比一季度上升了××%。

(三)支撑质量安全的财政经费投入严重不足

二季度,产品质量监督抽查等重要的业务经费投入严重不足,据估算,仅食品监督抽查:省级监督抽查每年需要经费约为××万元,但目前经费实际到位率仅为××%;市级监督抽查每年需要经费约××万元,但目前经费的实际到位率不足××%。

三、我省主要质量工作措施和成效

(一) 食品的重要安全指标得到持续改善

饮料及乳制品中,重要的安全项目细菌等微生物指标和食品添加剂指标不合格的问题持续下降。相比2009年饮料及乳制品微生物指标和添加剂指标××%的不合格问题,二季度减少了××个百分点,环比下降了××%。超量使用食品添加剂甜蜜素等人工合成的甜味剂,细菌总数超标等问题明显下降,尤其是含乳饮料、乳制品和含乳婴幼儿辅助食品,其抽样均未含有三聚氰胺。

(二) 加大质量技术监督行政执法的力度

二季度,我局出动执法人员××人次,相比一季度××人次,环比增加××%。根据国家质检总局下发的执法打假的专项整治,二季度主要展开了对××、××和××等质量安全风险较高产品的执法检查,其中加大了对个体、私营生产企业的查处力度。在立案查处的××家企业中,查处的个体、私营生产企业占××%。

(三) 工业经济领先区域的质量安全水平明显提高

我省工业经济主要集中于××、××和××等地区,这些地区的二季度产品质量监督抽查不合格率,低于全省的平均水平,特别是××市作为特大型城市,质量监督抽查不合格率为全省最低,与一季度××%的监督抽查不合格率相比,下降了××个百分点。

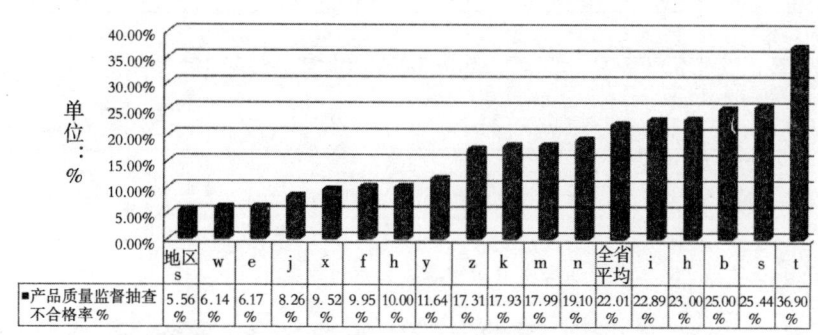

图5 二季度全省产品质量监督抽查不合格率区域排名图

四、我省产品质量安全隐患和风险预警分析

(一)纯净水微生物指标问题突出

二季度,纯净水抽查了××批次,不合格率仍高达××%,比××%的平均监督抽查不合格率,高出××个百分点。纯净水菌落总数、霉菌和酵母菌等微生物指标和电导率指标不合格的问题仍十分突出,不合格主要集中在小型生产企业。主要质量问题表现在,PH值、亚硝酸盐、××等多项指标不合格。造成上述不合格的主要原因是××××。

(二)××地区的质量安全问题需引起高度重视

二季度,××市的产品质量抽查不合格率为××%,高出全省××%的平均水平××个百分点,排名全省倒数第一。相比一季度的省级监督抽查不合格率,该市增加了××个百分点,下降了14个位次,是二季度下降位次最多的市州。

表1　一季度和二季度全省监督抽查不合格率区域排名对比表

市州	二季度排名名次	一季度排名名次	名次变化情况
…	1	5	上升4个位次
…	2	…	…
…	3	…	…
…	4	…	…
…	…	…	…
××	15	1	下降14个位次

注：以上名次为省级定期监督抽查的结果在各市州的排名情况。

（三）××行业是产品质量安全问题的主要来源

二季度，××行业的抽样不合格率为××%，相比2009年度××%的监督抽查不合格率，降低了××%。同时，×行业的监督抽查不合格率仍是其他某行业的××倍，××行业的××倍。

（四）机电产品成为质量问题新关注点

在二季度出口产品退货货值中，机电产品的退货货值为××万美元，占全部出口产品货值的××%；相比一季度机电产品退货货值××万美元，环比增加××%。在二季度重点抽查的机械装备的××个产品批次中，抽样不合格率高达××%，比二季度全省的××%平均抽样不合格率，高出××个百分点。二季度，机电产品的顾客投诉举报量相比一季度，环比增加××%，是所有被投诉产品中环比增加幅度最高的产品。

（五）存在较大质量安全隐患的企业

纯净水生产企业中，××公司、×××公司和×

××公司的监督抽查不合格率,分别超出行业平均值××%、××%和××%。另外,在二季度××万美元的机电产品退货货值中,仅××有限公司一家的退货货值就为××万美元。

五、三季度主要的质量目标和政策措施

(一)质量目标

1. 监督抽查不合格率降低××%。
2. 出口产品质量退货货值下降××%。

(二)开展××产品质量专项提升活动

1. 组织力量进行××产品质量的专项调查。
2. 出台××××专项政策和监管措施。

(三)开展以消费者标签教育为重点的"质量月"活动

1. 编写××××××××××××××。
2. 联合媒体开展××××××××××××××。
3. 9月1日在全省各地开展××××××××××。

(四)加强监管部门的支撑能力建设

1. 全面加强执法人员现场巡查和出动人次的定量管理。
2. 政府下拨产品标签监管和消费者教育的专项经费××元。

3. 加强"12365"投诉平台的推广和投诉对象(企业)分类的分析。

××××××××
二〇一〇年七月十日

四、对编写规范的说明

(一) 关于报告的几个基本问题

1. 为什么报告侧重于反映质量安全状态？

根据研究,质量安全与质量发展构成了宏观质量的基本状态,从这两个维度就可以判断出某一个区域在某一个时段内产品质量的总体状况。质量安全是指因质量问题给人们造成的安全影响,包括已发生的直接的生理上的伤害。92%的调查对象认为,质量安全指标的重要性不低于质量发展指标的重要性。另外,根据在全国范围内的各级地方政府的座谈调研,他们都最为关注本区域质量分析报告中的关于质量安全状态的内容。按照"总体设计、分步实施"的原则,确定现阶段的质量分析报告主要围绕政府和社会最关心的"质量安全"领域来进行,即主要开展侧重于安全的质量分析报告的起草与制定。

2. 为什么报告的对象是产品？

现阶段质量分析报告的目标,是反映产品质量的总体状态,暂时不直接涉及工程质量、环境质量和服务质量的统计。随着该项工作的不断完善,将适时分步将工程质量、环境质量和服务质量纳入"大质量"范畴,最终形成"大质量"宏观质量分析报告。另外,根据对国家以及各地质量综合管理部门的问卷调查结果,近60%的调查对象认为质量分析报告的分析对象是产品质量。

3. 为什么报告按季度编写？

经过反复研究,确定以季度为周期进行连续性的质量分析。其原因在于:第一,国民经济社会发展报告按惯例一般都是以季度为周期进行,这样便于对一个时间段进行有价值的分析。第二,中央和地方政府的经济分析会议,按惯例一般都是以季度为周期进行,经济指标的数据统计是按月度进行的。为对一个季度的发展状况从"好"和"快"两方面进行分析,政府需要将质量分析同时纳入到经济分析会议。鉴于质量业务管理部门目前的人员、设备等条件的限制,质量分析报告也应该至少以季度为周期进行。

4. 报告的作用是什么?

产品质量分析报告的首要作用,就是要使政府决策机构根据不多的几个量化指标,比较准确地判断本区域每个统计周期内工业产品的总体质量状况。除非发生较大的质量安全事件,一般来说产品质量分析报告的内容并没有太大的波动。本规范所适用的季度质量分析报告就可以使政府获得规范、常规的质量状态,当它积累到一定的程度,其所具有的价值将会更大。因而,产品质量季度分析报告是一项基础性、长期性和规范性的工作,也是建立质量分析报告工作制度的核心。

5. 季度报告和专题分析报告的区别是什么?

两者是互为补充的关系,区别是前者是常规的,而后者则是非常规的。前者必须有规范的文本,包括体例、结构、指标和内容等,以便于不同季度质量分析比较的连贯性,而后者是为了使政府实时动态的把握突发性的质量状态,其体例具有相应的个性化。

7. 为什么报告的服务对象主要是政府?

原因有三:第一,面向政府的质量分析报告,与面向消费者或企业的分析报告的内容不同。特别是,一些较为敏感的质量信息,有时不便于向消费者或企业公开。第二,质量状况的分析报告,是政府进行宏观决策的必备数据支撑。各级政府质量分析报告有着较为现实的需求,而且这一需求是常态的。第三,由于政府具有一定的决策自主权和可支配资源,只有中央和地方政府了解了质量工作,才能对质量工作更加重视。因此,以质量分析报告为重要工作抓手,建立与中央、地方政府密切的工作联系和沟通机制,可以争取获得政府在政策、机构、经费等方面给予的支持,推动质量监管工作的较好开展。

8. 不同季度的报告,其内容会不会没有太大变化?

不同季度的质量分析报告的内容没有太大的变化,这是属于正常的现象。由于季度质量分析报告是一项常规工作,如果没有较大质量事件的发生,它的内容变化波动并不十分明显。但是,在不同的季度,报告的内容也是有相应的针对性和变化的,诸如宏观质量统计分析指标(环比、同比、区域对比等)、对主要行业的分析、质量安全预警、采取的政策措施等。

(二)关于报告的编写结构

1. 为什么报告的核心内容是指标及其分析?

质量分析报告的核心内容,是反映某季度区域质量安全的主要指标,以及基于指标所展开的分析。根据研究,基于对象的状态统计指标,是所有经济社会重要分析报告的起点。质量分析报告的开端,同样需要提供一个客观、真实的,有关分析对象目前"是什么"的现状描述。每个宏观质量统计分析指标的结果状态是什么,同比和环比有什么变化,上升或下降的原因,措施和对策以及下一阶段的目标是什么等,都需要围绕质量状态指标体系,最终形成分析报告。

2. 报告正文五大部分的逻辑是什么?

报告正文五大部分的逻辑是"质量状态(指标)——存在问题(分析)——取得成效(指标)——安全预警(分析)——目标措施(指标)"。有效的质量分析,是建立在质量统计的基础上的;科学的质量统计,是服务于质量分析的应用目的。离开科学的质量统计,质量分析的真实性和有效性都不能实现;离开有效的质量分析,质量统计本身也会缺乏应用的目的。报告正文的五大部分反映了这一内在的规律,即首先观察质量状态的指标,同时将宏观质量统计分析指标建立在服务于质量分析的目标之下。这个目标就是进行基于风险监测、安全预警和目标措施的分析,从而使质量统计与分析的结果得到最有价值的应用,也才最为切合政府对质量公共管理的职能定位。

3. 既然是"总体设计、分步实施",目前的报告侧重于质量安全,以后的报告将会纳入哪些方面的内容?

以后将适时纳入关于质量发展的分析。根据研究,对一个社会来说,总体质量状况不仅表现在要对质量安全进行有效的控制,还表现在质量要对社会经济的发展起到重要的促进作用。在分析质量安全状况的基础上,质量分析报告也将反映本区域在质量发展上的状态,即围绕质量发展,展开对本地区质量满意率、由于技术创新和产业结构的调整所引起的产品品种及销售额的增加,以及质量因素对生态环境的影响进行分析。

(三) 关于分析报告的指标

1. 选择指标的原则是什么?

分析报告的指标应在满足科学性的前提下,具备应用上的可行性。可行性的要求主要包括如下三点:第一,数据要能够比较方便地获取。这些数据要么是政府主管部门多年工作长期使用的,要么是现有的工作条件下经过努力可以得到的。第二,数据要能够比较方便地计算。所获取的原始数据,能够进行规范的加总和计算,或者是有方便易用的公式,以使得具体工作的承担者能方便地应用。第三,工作条件要有保障。统计指标的应用取决于相应的人财物和管理能力的配套。

2. 国际上通用的质量分析指标有哪些？本报告采用了没有？

根据研究，国际上普遍采用的质量伤害（率）和顾客满意度（CSI）作为质量分析的指标。为了在我国应用这两项指标，已经初步完成质量伤害率和顾客满意度的构建方案，具体包括定义、公式、样本选择、数据来源、统计流程、计算周期、配套工作机制、经费预算等。但是，由于其所需要的工作保障机制还需完善，目前暂时没有纳入这两项指标。

3. 为什么选择监督抽查不合格率？

虽然监督抽查（不）合格率存在不可回溯、不能代表一个区域总体水平等弊端，但是监督抽查（不）合格率，是质检系统一直在用的主要宏观质量统计分析指标，已经实行了二十多年，积累了大量的涉及质量安全的数据。随着近些年来主管部门的持续努力，监督抽查已经越来越将执法的对象放在了安全风险较高或社会反映比较强烈的假冒产品上。因而，可以该指标作为质量分析报告的分析指标，而不是纯粹的统计指标。虽然产品质量监督抽查，每季度都会对产品种类进行调整，即使是同一种产品，能否被抽样也会有所变化。但是这也不影响监督抽查不合格率进行长期的对比分析和监测，因为它们代表的都是某区域的某个时间段内的质量安全水平。

最为重要的是，该项统计指标有着比较完整而成熟的工作机制作为保证，更具有极大的可操作性。

4. 为什么选择产品质量违法查获货值（率）？

产品质量违法货值，即是质监系统在一段时间内行政执法查获货值的大小，该指标见于《质量技术监督行政执法（综合）》报表。该报表从 2002 年开始，已形成月报制度。根据统计口径，违法行为包括公民、法人或者其他组织违反计量、标准化、质量等法律、法规和规章的各种行为。无论哪一种类型，只要是违反了现行国家质量法规的产品，都可以视之为存在产品质量安全隐患。因而，这一统计指标直接反映的就是产品质量安全的状态。一个地区所查处的产品质量违法货值率越高，说明该地区产品质量处于越严重的不安全状态。将产品质量违法货值除以该地区的工业总产值，即可以得到"产品质量违法货值率"。由于产品质量违法货值率指标的数量级偏小，变化波动较为微弱，所以可以用"产品质量违法货值"指标代替"产品质量违法货值率"指标。

5. 为什么选择投诉举报量？

投诉举报量，是基于质检部门 12365 消费者投诉平台进行统计的指标。随着社会认知度的加深,12365作为质监部门与人民群众的重要直接沟通方式,消费者的投诉举报信息,对于产品质量评价也就具备较高的价值。目前,12365热线的投诉举报情况,已经可以按天进行数据统计和计算。实际工作中,各级质监部门按月进行投诉量、举报量等情况的通报。因而,在现有工作条件下,投诉举报量指标的获取具有极大的可能性。虽然12315热线平台积累的数据比12365热线平台更多,但受限于数据收集的可操作性,现阶段只统计12365平台的数据。

6. 为什么选择出口产品质量退货货值(率)?

出口产品质量退货货值,是建立在各地检验检疫局对出口工业品货物退运信息实时采集的基础上,可以从各地的出入境检验检疫局直接获得的指标。根据调查,目前我国商品出口退运原因包括质量原因、贸易原因和运输原因。根据调查,客户需求更改、技术性贸易壁垒、保修期内正常维修等贸易原因,以及运输中受损、受潮、变质、输往国家或地区错误等运输原因,皆属于质量缺陷的范畴。也就是说,出口产品被退回均是因产品质量方面不符合目的地国或商家的标准而造成的。因此,现有检验检疫局统计的退货金额即是"出口产品质量退货货值",就是从使用者的角度,真实反映的质量的不安全状态。将该指标除以当地法检出口产品货值总额,即可得"出口产品质量退货货值率"。由于出口产品质量退货货值率指标的数量级偏小,变化波动较为微弱,因此可以用"出口产品质量退货货值"指标代替"出口产品质量退货货值率"指标。

7. 对于没有设进出口检验检疫的地区,出口退运指标是否可以省去?

可以。

8. 为什么没有将质量分析指标加权生成一个指数?

根据研究,所有经济社会分析报告的一个共同的特征是,就是都选取了一组平行的状态统计指标。例如《中国国民经济和社会发展报告》,对经济的评价选取了如GDP、产业结构、投资、外贸等一组指标。选取一组状态统计指标的好处,一是其所包含的个别指标的选取将具有开放性和动态性,二是可以引导政府重视各个指标,组合实施多种质量管理的方法和策略,避免其追逐权重高的指标,而忽视权重低的指标。

9. 以上所选取的四项宏观质量统计分析指标都是来源于质检系统内部,如何看待人为因素对指标的影响?

第一,目前国际上尚无类似的宏观质量统计分析指标,选择这四项指标是"可行性"与"科学性"双重标准的结果。这并不是说明这四项指标就是"完美无缺"的,它们自身仍存在较多的弊端,需要在使用中不断地探索,逐步地完善。但是如果因为它们存在这样或那样的弊端,而不使用这些指标,那么这些指标的完善就无从谈起。

第二,任何指标的统计都会受到人为因素的影响,这四项指标在收集的过程中也不例外。但是由于质量分析报告是一项常态、长期的工作,人为因素必然要受到这一时间条件的约束,因而长期来看指标受到人为因素的影响将越来越小。

10. 具体统计指标以百分率为计量单位,有些"率"变化不明显,如何协调?

百分率这一相对值的表达形式,能够有效保证区域对比和时序对比的科学性。只有相对于一定的基数,才能合理反映区域之间的横向差异和时间序列的纵向差异。对于"产品质量违法货值率"以及"出口产品退货货值率"两项指标而言,由于数量级偏小,波动变化不到,就用绝对值代替了相对值进行分析。这就需要在进行区域之间横向差异的比较分析中,选择与本区域出口规模或经济规模大致相当区域进行对比,以规避没有使用百分率的弊端。

11. 四个质量统计分析指标和其他指标的关系如何?

虽然目前只选取了监督抽查不合格率、产品质量违法货值(率)、出口产品质量退货货值(率)和投诉举报量四项质量统计分析指标,但这并不排斥质量损失率、企业投入产出比、质量工作经费投入、标准、计量与认证认可等指标,对于质量统计而言具有特别重要的价值。暂时不将他们纳入质量分析指标体系:一是有些指标完全属于企业内部自我管理行为的需要,企业没有法律义务向外部上报该项指标。政府通过强制性的法规手段,责令企业上报该项数据,缺乏严肃的法理依据。二是有些指标不能反映产品的质量状态,只能反映一段时间内质量工作的变化。

12. 下阶段纳入报告的宏观质量统计分析指标有哪些?

根据大量的研究和对比,下阶段纳入报告中的指标是质量伤害率和顾客满意度(CSI)。

(四)关于质量安全隐患与预警

1. 为什么要进行质量安全隐患和预警的分析?

风险管理,已经成为国际上政府进行质量监管的普遍选择。政府质量监管部门作为一个履行公共管理责任、提供公共管理服务的组织,虽然有众多的价值取向和管理目标,但是,除了客观的掌握本区域的质量现状以外,还有一个基本职责,那就是监测和预测本地未来的质量安全隐患和风险,以把握下一周期本区域内产品质量安全的趋势、危害程度、损害人群等。

2. 进行质量安全隐患与预警分析的方法是什么?

从风险管理的角度出发,质量安全隐患的监测不仅来自于关键指标,例如食品的卫生指标,还可以运用宏观质量统计分析指标进行风险评价,以确定高风险领域的企业、产品、行业,以及具有高风险特征的地区。因此,指标、企业、产品、行业和地区这五个方面,就构成了质量安全隐患的数据库。通过质量安全隐患的数据库,可以对质量的风险形成实际的监测尤其是基于不同指标、企业、产品、行业和地区的相关性分析,可以得出某种趋势性质量安全预警。

3. 有时解决质量安全隐患的短板,是监管部门能力建设或财政投入不足,能否反映到报告中?

可以反映。建议较为具体地提出能力建设或投入不足的方面,例如设备、人员、经费、企业诚信的培育、市场质量文化的培养、消费者教育等,并提出明确的需求。

(五) 关于报告的字数和编写日期

1. 为什么整个报告的字数规定3000字为宜?

根据研究,国家层面以季度为周期发布的经济类分析报告,其篇幅一般在3000字左右;90%以上的地方政府月度/季度经济分析报告的字数在3000字左右。另外,报告体现的是质量监管部门的常规性工作,由于报告主要供各级政府领导或决策层使用,所以要用明确、完整而具有概括性的文本反映本区域的质量状态。鉴于此,整个报告的字数以3000字左右为宜,而关于整体情况的概要在200字左右。

2. 为什么报告要在季后10日左右完成?

由于经济指标的数据统计是按月度进行的,本月度的经济数据一般在次月10号左右公布。另外,需要特别指出的是,报告的编写工作是一项日常性工作,其编写内容较为规范,不需要花费较多的人力和时间来编写。因此,作为按季度编写的质量分析报告,其完成日期应在下一个季度的第一个月份的10号左右,即是季后10日左右完成。

第二十一章 政策建议

一、研究背景

中央"十二五"规划建议明确提出，扩大内需是加快转变经济发展方式的重要内容，要通过改善消费环境，挖掘我国内需的巨大潜力。目前影响消费的一个关键制约因素，是我国频繁爆发的质量安全事件，严重影响了消费者的购买欲望，内地民众到香港抢购国（境）外婴幼儿奶粉就是例证。随着中国成为世界第一出口大国，尤其是近年来频繁爆发的重大质量安全事件，都体现出我国在宏观质量，也就是总体质量安全评价和预警方面的重大缺陷。

传统的质量科学主要是面对企业内部生产作业管理的微观需要，而现在频繁爆发的质量安全事件，更主要的是面对整个社会系统管理的宏观需要。我国的宏观质量管理其根本的目的，是加强对质量安全的有效监管，促进我国区域质量的协调发展。要实现这一根本目的，关键的是要充分的掌握质量的状态，并对这一状态进行实时的分析，发现其中所蕴含的质量安全风险，提出有效的公共对策。宏观质量的统计和分析，是我国政府、企业和消费者的迫切需要。

二、我国宏观质量统计与分析制度的若干政策建议

（一）宏观质量统计与分析应成为我国宏观质量管理的基础性工程

由于质量状态的不确定性，对其状态的把握和分析必须是动态的、实时的，这就需要相应的工作方法和手段来支撑质量状态的分析。《质量分析报告》作为分析和把握质量状态的有效载体，是这一工作方法和手段的最好应用。因而，《质量分析报告》就成为了我国宏观质量管理的基础性工程。要推进这一工程的

进展和取得预期的效果,就需要在宏观质量管理的基础研究、我国质量监管体系的科学定位、质量在科学发展和转变经济发展方式中的地位、宏观质量统计分析指标体系的理论设计、统计指标体系的计算、基于统计指标的质量安全预警方法、质量分析报告的体系架构、宏观质量统计分析指标数据的来源、机构的建立、人员的配备和专项经费的投入等诸多方面,进行战略而系统的设计,建立科学的运行体系和实现机制。《质量分析报告》在我国的宏观质量管理中,具有牵一发而动全身的效应,只有进行系统的设计,才能将这项基础性的工程真正建设好。建议将《质量分析报告》纳入我国各级政府的基础性工作,具体由各级质检部门运行管理,以该项工作带动质量综合管理部门的各项业务工作的发展,支撑政府的经济与社会的宏观决策和管理。

(二) 宏观质量统计与分析需要系统性的工作体系的支撑

《质量分析报告》既要反映当前一个阶段我国区域的总体质量状况,又要分析产生这一状况的主要原因,并提出未来一个阶段质量的目标和主要政策措施。这些内容实际上需要大量的实际工作的支撑才能得出,反映了我国一个阶段质量现状、原因和对策的各个方面。因而,要形成一份高质量的《质量分析报告》,特别是要对各级党委和政府的决策产生有效的支撑作用,其根本的因素并不在《质量分析报告》写作水平的高低,而在于支撑质量统计与分析工作体系的建立,具体包括:

1. 建立《质量分析报告》的决策、执行和应用的行政体系

要将《质量分析报告》纳入各级政府的决策支撑体系中,成为政府经济分析的一个重要组成部分。

2. 建立《质量分析报告》的业务工作制度

应以规范性文件的方式,建立起从国家质量综合管理部门直至县质量综合管理部门的《质量分析报告》制度,对该制度的运行规范、工作程序和应用方法,作出统一的规范,使之成为全国质量综合管理部门的一项常规性的日常业务工作。

3. 建立质量统计和分析的业务机构

作为一项基础性的工程和日常业务工作,需要相应的组织机构作为其运行的保障。为此,建议在我国各级质量综合管理部门中,建立独立的质量统计和分析部门,全面负责质量统计和分析工作。需要特别指出的是,质量综合管理部门的科学决策,只能而且必须依赖日常的宏观质量统计分析指标的统计,没有一个

专业行政部门来履行这项职责,将会造成各级质量综合管理部门在履行职能中的结构性缺陷。

4.规范宏观质量统计分析指标的运行和管理

质量综合管理部门中的各业务职能部门,在日常工作中都掌握并产生着大量的统计指标。这些指标一方面反映着整体质量状况的某些重要特征,另一方面这些指标又不能全面地反映质量状况的全貌。因而,需要建立各业务职能部门指标来源、传递和发布的运行体系。通过对指标的综合应用和管理,来支撑质量状态的分析。

5.配备质量统计和分析的行政业务人员

质量统计和分析具有高度的专业性特征,需要在质量综合管理部门内配备专业的质量统计和分析人员,以支撑这一工作体系的有效开展。

6.保证质量统计和分析的专项业务经费

质量统计和分析工作,无论是统计样本的确定、数据指标的产生和来源,还是分析内容的选择、分析结论的验证和分析报告的应用,都需要相应的经费的投入。这些经费的投入,是要保障质量统计和分析业务工作的正常开展,因而,要将其纳入正常的财政专项预算。

(三)宏观质量统计与分析主要着眼于风险监测和安全预警

所选取的一组宏观质量统计分析指标,其主要的应用就是能够形成对未来风险的监测以及质量安全预警。就质量的本质而言,它是在生产者和消费者之间对质量信息的一种判断,这种判断既来自于对产品的实际检验,更重要还来自于对产品质量信息的快速捕捉和反应,对质量信息反映的一个重要形态就是质量统计的结果。因而,通过宏观质量统计分析指标体系,可以对质量的风险形成实际的监测,从而与基于检测的风险监测,构成一个比较完整而科学的风险监测体系。若干统计指标的上升与下降,最重要的是要反映出未来质量安全的趋势,尤其是基于不同指标的相关性分析,可以得出某种趋势性质量安全预警。只有基于风险监测和安全预警的分析,才能使质量统计与分析的结果得到最有价值的应用,也才最为切合政府对质量公共管理的定位。

(四)科学把握宏观质量统计与质量分析的关系

有效的质量分析,一定是建立在质量统计的基础上;科学的质量统计,一定是服务于质量分析的应用目的。离开科学的质量统计,质量分析的真实性和有效性都不能实现;离开有效的质量分析,质量统计本身也会缺乏应用的目的。本书的研究反映了这一内在的规律,即首先开展质量统计的研究,同时将质量统计的研究建立在服务于质量分析的目标之下。另一方面,又严格依据质量统计的结果,来展开对质量现状、问题和未来对策的分析。无论是质量统计,还是质量分析,都是来自于对宏观质量基础理论规律的把握,又服务于宏观质量管理主体的监管需求。因而,在实际的政府质量监管工作中,要将宏观质量统计与质量分析,构成为一个有内在逻辑联系的业务系统。

(五) 宏观质量统计与分析是一项需要长期研究和实践的系统工程

质量统计与分析首先是一项有迫切需求的宏观质量管理工作,具有突出的实践性和应用性特点。在实际的工作部门中,蕴含着大量有价值的实践性探索,需要不断地在实践中去建立和发现试点单位的应用成果,建立一批在全国有典型示范效应的质量统计与分析应用基地,对于该项工作的开展具有特别重要的意义。另一方面,质量统计与分析有鲜明的基础性和理论性色彩,需要不断地从质量科学、统计科学、经济科学和公共管理科学等多个维度,进行交叉的跨学科研究,只有基础理论的突破,才可能建立起科学的质量统计与分析的应用。要真正使宏观质量统计与分析的理论研究能够不断的科学化,就必须将研究的成果在实践中进行试点应用,通过试点应用成果的提炼,进一步丰富和完善基础理论的科学性。

三、后续研究思路

随着新材料、新物质的不断涌现,以及我国经济规模的持续扩大,产品质量安全评价与监管的对象和数量将越来越复杂,仅仅依靠传统的人力资源的扩张、政策力度的加大和检验技术手段的加强,都不足以支撑这一日益突出的矛盾和挑战。研究和开发适合我国国情、与国际发展趋势充分接轨的"基于风险的产品质量安全预警与快速反应系统",建立产品质量状况评价的信息支撑条件和对策措施抓手,已成为宏观质量统计与分析工作后续急需解决的重大课题。

质量安全预警和反应系统的相关研究工作在国外开展得较早,目前已经建成了一些具有一定实际应用价值的质量安全系统,例如:美国在一系列质量安全预警研究的基础上,建立了美国国家电子伤害监督系统(NEISS,National Electronic Injury Surveillance System),收集并分析由于电子产品造成的人身伤害信息;同一时期,欧盟也建立了消费品快速预警系统(RAPEX,Rapid Alert System for All Dangerous Consumer Products),常规性地发布欧盟市场上各国各类消费品的质量安全预警。这些系统主要作为数据库系统,管理海量的质量安全信息,并在此基础上,利用相关分析模型,开展了一定程度的数据分析,并规律性地发布预警结果。

目前我国主要的质量信息平台,主要是针对行政职能部门内部流程化的质量信息的管理,而不是针对质量安全信息的获取平台进行的设计,基本上也没有实现真正的质量安全数据的挖掘和处理。同时,现有平台的质量安全信息,分隔为不同的行业、区域和机构,还没有有效发挥质量安全信息整合的作用。

质量安全预警的核心是信息的提前获取,获取信息的数量直接决定最终预警的质量。广泛的信息受众,为质量安全预警信息的获取,提供了最重要的基础性平台。尤其是"物联网"技术的成熟,更是为基于风险的产品质量安全预警与快速反应信息系统,提供了重要的质量安全信息来源。具体的研究与开发任务如下:

(一)典型产品关键风险因素研究

通过各类典型产品质量安全事故的案例分析、国内外法规标准比较研究、应用全面风险管理等理论,分析事故规律和主要原因;分析典型产品的关键风险因素,建立典型产品的风险因子数据库;提出基于全面风险管理的事故预防控制策略,构建各环节的风险信息捕捉、辨识、研判、评价、预测、预警、监控、应急、事故调查处理、源头风险降解和事故预防的循环系统;基于风险的分类监管方法,以及监管体制、机制、法规、政策、工作体系的优化策略。

(二)基于风险的企业分类与评价方法研究

主要行业、企业风险辨识、分析、评价,分类、分级的方法、准则和数学模式;制定企业分类分级的安全技术规范或者基础标准(不同行业、企业风险分类分级标准的基础标准);开展企业风险分类分级的工程示范(企业的分类分级,激励约束机制)。

(三)开发符合我国质量安全信息特点的信息搜取和数据挖掘技术

质量安全预警与快速反应信息系统中的海量信息,只有经过分析处理才能形成对决策的科学支撑。该系统将利用关联规则挖掘、聚类分析和时空序列分析等数据挖掘技术,对质量安全信息进行真实性甄别、区域和行业分类、安全级别的划分、未来趋势预测、安全预警级别的确定和决策支持等。

(四) 基于风险的产品质量安全科学监管模式及支持优化技术

政府、相关部门、监察机构、检验机构、企业及相关方等各方安全主体的权利、义务、责任及相互关系;基于风险管理的安全责任划分方法与准则,责任定量和半定量方法研究;安全责任体系的健全和优化(指导法规标准等相关体系的优化);企业的安全经济行为模式(守法、违法成本及行为选择),研究不同行业企业的责任体系(与 ISO9000、18000 等体系的关系),和落实责任的内在机理、动力、机制(激励约束机制)、制度(行政、法律、经济的综合措施),强化企业主体责任。

参 考 文 献

[1] Ita kreft and Jan De Leeuw:《多层次模型分析导论》(邱皓政译),重庆大学出版社 2007 年版。

[2] 〔美〕艾尔·巴比:《社会研究方法》(邱泽奇译),华夏出版社 2007 年版。

[3] 彼得·罗希、马克·李普希、霍华德·弗里曼:《评估:方法与技术》(邱泽奇、王旭辉等译),重庆大学出版社 2007 年版。

[4] 伯纳德·鲍莫尔:《经济指标解读——洞悉未来经济发展趋势和投资机会(第二版)》(徐国兴、申涛译),中国人民大学出版社 2009 年版。

[5] 陈家华等:《畜禽及其产品质量和安全分析技术》,化学工业出版社 2007 年版。

[6] 程虹、李丹丹:《我国宏观质量管理体制改革的路径选择》,《中国软科学》2009 年第 12 期。

[7] 程虹、李清泉:《我国区域总体质量指数模型体系与测评研究》,《管理世界》2009 年第 1 期。

[8] 程虹:《宏观质量管理》,湖北人民出版社 2009 年版。

[9] 程虹:《宏观质量管理的基本理论研究——一种基于质量安全的分析视角》,《武汉大学学报(哲学社会科学版)》2010 年第 63 卷第 1 期。

[10] 〔美〕丹尼尔·豪斯曼、迈克尔·麦克弗森:《经济分析、道德哲学与公共政策》(纪如曼、高红艳译),上海译文出版社 2008 年版。

[11] 〔英〕丹尼斯·C.缪勒:《公共选择理论(第 3 版)》(韩旭、杨春学译),中国社会科学出版社 2011 年版。

[12] 富兰克·H.奈特:《风险、不确定性和利润》(王宇、王文玉译),中国人民大学出版社 2005 年版。

[13] 国家统计局:《中国统计年鉴 2010》,中国统计出版社 2010 年版。

[14] 国家质量监督检验检疫总局:《中国质量监督检验检疫年鉴》,中国标准出版社 2006—2009 年版。

[15] 国家质量监督检验检疫总局法规司:《中华人民共和国质量技术监督法规汇编(2002 年 11 月—2007 年 12 月)》,中国标准出版社 2008 年版。

[16] 〔德〕哈贝马斯:《公共领域的结构转型》(曹卫东、刘北城等译),学林出版社 2004 年版。

[17] 〔美〕路易斯·戈麦斯-梅西亚、戴维·鲍尔金、罗伯特·卡迪:《管理学:原理、案例与实践》(詹正茂译),人民邮电出版社 2009 年版。

[18] 吕晓玲、谢邦昌编著:《数据挖掘方法与应用》,中国人民大学出版社 2009 年版。

[19] 〔美〕罗伯特·J·巴罗:《自由社会中的市场和选择》(沈志彦译),上海人民出版社 2010 年版。

[20] 〔美〕罗伯特·K·殷:《案例研究设计与方法(第 3 版)》(周海涛译),重庆大学出版社 2004 年版。

[21] 罗卫东、姚中秋主编:《中国转型的理论分析:奥地利学派的视角》,浙江大学出版社 2009 年版。

[22] 马庆国编著:《应用统计学:数理统计方法、数据获取与 SPSS 应用(精要版)》,科学出版社 2005 年版。

[23] 〔美〕诺兰·麦克蒂、亚当·梅罗威茨:《政治博弈论》(孙经纬、高晓晖译),上海人民出版社 2009 年版。

[24] 〔法〕让-雅克·拉丰:《规制与发展》(聂辉华译),中国人民大学出版社 2009 年版。

[25] 上海质量管理科学研究院:《认证认可对国民经济和社会发展的贡献研究》,中国标准出版社 2010 年版。

[26] 王书丽:《政府干预与 1865—1935 年间的美国经济转型》,人民出版社 2009 年版。

[27] 王振中主编:《市场经济下的政府职能》,社会科学文献出版社 2009 年版。

[28] 王志刚:《HACCP 经济学基于食品加工企业和消费者的实证研究》,中国农业科学技术出版社 2007 年版。

[29] 〔美〕沃尔特·恩德斯:《应用计量经济学》(杜江、谢志超译),高等教育出版社 2006 年版。

[30] 吴广臣主编:《食品质量检验》,中国计量出版社 2006 年版。

[31] 吴明隆:《结构方程模型——AMOS的操作与应用》,重庆大学出版社2009年版。

[32] 薛毅、陈立萍编著:《统计建模与R软件》,清华大学出版社2007年版。

[33] 〔美〕詹姆斯·M. 布坎南:《公共物品的需求和供给》(马珺译),上海人民出版社2009年版。

[34] 张平主编:《产业利益的博弈——美国337调查》,法律出版社2010年版。

后　记

本书的研究内容,完全是基于国家对宏观质量管理战略的需要,首先要衷心的感谢作为国家质量综合管理部门——国家质检总局战略决策者们的引领,质检总局支树平局长的"抓质量、保安全、促发展、强质检"的思路,为本书的研究奠定了战略的方向;时任国家质检总局局长、国务院国资委王勇主任"大质量工作机制"的工作方针,成为本书研究的核心理念;质检总局刘平均副局长多次参加项目的研究,以正确的决策推动项目研究的前行;国务院参事、质检总局张纲总工更是对项目研究的全过程,进行深入的指导,并把握关键性的研究方法和研究结论。

国家标准委副主任、时任质检总局质量司孙波司长统筹项目研究,国家质检总局质量司田世宏司长、马思宇、惠博阳副司长,直接推动项目的应用。质检总局办公厅、质量司、计量司、通关司、食品局、特设局、监督司、食品司、执法司、科技司、人事司、计财司,中国航空综合技术研究所、中国标准化研究院等机构的负责人,在立项和项目研究中,给予了悉心的关怀与支持;辽宁、黑龙江、陕西、河南、安徽、广东、福建、浙江、江苏、湖南、四川、新疆、广西、北京、上海等省、市、自治区出入境检验检疫局和质量技术监督局的领导,更是为本项目的调研和模拟应用,提供了一流的环境。

中国机械工业联合会、中国建筑材料联合会、中国钢铁工业协会、中国有色金属工业协会、中国石油和化工工业协会、中国船舶工业行业协会、中国食品行业协会、中国轻工业联合会和中国纺织工业协会,为本项目的研究提供了重要的文献支撑和专业支持。

美的集团、宇通汽车、思念食品、三全食品、万向集团、东风汽车、西电集团、天威集团、江淮集团和传化集团等企业,为本项目的研究提供了宝贵的案例分析素材,使本项目的研究奠定在厚实的实证基础之上。

质检总局质量司王赟松、李艳、胡品杰，中国标准化研究院王立志，中国航空综合技术研究所蒋家东、郑立伟等领导和专家，自始至终参与项目的调查、研讨和组织。

中国工程院刘源张院士，国务院参事、北京理工大学郎志正教授，北京工业大学韩福荣教授、中国人民大学刘起运教授、中共中央党校辛鸣教授、国家行政学院张占斌教授等专家，为本项目的研究提供了极具专业价值的学术支持。

武汉大学兼职教授、湖北省质监局王泽洪局长，湖北省质监局周德文、刘嗣元、陈专副局长，湖北省质监局质量处韩玉明处长，湖北省纤检局周开心局长，湖北省计量院朱宝玉院长、质检院陈有武院长、特检院杨笑峰院长、标准院杨建东院长等领导和专家，近距离地参加项目的指导和研究，为项目提供了实证研究的基地。

武汉大学谢红星副校长，人文社会科学研究院沈壮海常务副院长、姜星莉副院长，为项目研究提供了良好的学术环境和资金支持。武大质量院各职能部门的老师，也为项目的开展提供了优质的行政保障和服务。

在此，一并致以最衷心的感谢！

程　虹

二〇一一年初夏

于武汉大学珞珈山樱顶